"十二五"职业教育国家规划教材

管理会计实务

(第二版)

GUANLI KUAIJI SHIWU

新准则 新税率

主　编　刘金星
副主编　李建刚　刘学平　李红梅
　　　　张　君　罗凤巢
主　审　薛祖云

新形态教材

本书另配：教学课件
　　　　　教　案
　　　　　教学计划
　　　　　课程标准

高等教育出版社·北京

内容提要

本书是"十二五"职业教育国家规划教材。

本书广泛借鉴国内外管理会计理论与实务的最新成果,结合财政部2016年发布的《管理会计基本指引》、2017年发布的22项《管理会计应用指引》、2018年发布的7项《管理会计应用指引》等,在保留原有教材特色和主要内容的基础上编写而成。本书包括十三章,内容分别为:管理会计概论、成本性态分析、变动成本法、本量利分析、经营预测分析、短期经营决策分析、长期投资决策分析、全面预算、标准成本法、责任会计、作业成本计算与管理、业绩评价、战略管理会计。为了利教便学,部分学习资源(如视频、答案等)以二维码形式提供在相关内容旁,可扫描获取。此外,本书另配有教学课件等教学资源,供教师教学使用。

本书既可作为高等职业院校财务会计类专业学生用书,又可作为社会相关人员培训用书。

图书在版编目(CIP)数据

管理会计实务 / 刘金星主编. —2版. —北京:高等教育出版社,2019.1(2022.1重印)

ISBN 978-7-04-050885-7

Ⅰ.①管… Ⅱ.①刘… Ⅲ.①管理会计—高等职业教育—教材 Ⅳ.①F234.3

中国版本图书馆 CIP 数据核字(2018)第 263269 号

策划编辑 毕颖娟	责任编辑 钱力颖 毕颖娟	封面设计 张文豪	责任印制 高忠富

出版发行 高等教育出版社	网 址 http://www.hep.edu.cn
社 址 北京市西城区德外大街4号	http://www.hep.com.cn
邮政编码 100120	http://www.hep.com.cn/shanghai
印 刷 江苏德埔印务有限公司	网上订购 http://www.hepmall.com.cn
开 本 787mm×1092mm 1/16	http://www.hepmall.com
印 张 20.25	http://www.hepmall.cn
字 数 490千字	版 次 2019年1月第2版
	2014年8月第1版
购书热线 010-58581118	印 次 2022年1月第5次印刷
咨询电话 400-810-0598	定 价 43.80元

本书如有缺页、倒页、脱页等质量问题,请到所购图书销售部门联系调换

版权所有 侵权必究

物 料 号 50885-A0

第二版前言

　　管理会计是一门新兴的学科，它是自20世纪初到20世纪50年代随着科学技术和现代管理方法的迅速发展，才从传统的会计学科体系中分离出来的。"经济越发展，会计越重要"，作为现代会计两大分支之一的管理会计在我国社会经济发展过程中发挥了不可替代的重要作用。管理会计广泛吸收了管理经济学、行为科学、系统理论、经济决策分析等的研究成果，形成了一个新的、相对独立的理论和方法体系，表现为多种学科的相互渗透与结合，成为一门综合性的学科。

　　本书为适应21世纪高等职业院校会计教学的要求，全面、系统地阐述了管理会计的基本内容及专门方法，对管理会计理论与实务作了较为深入的研究和探讨，广泛借鉴国内外管理会计理论研究的最新成果进行编写。本书第二版以财政部在2016年6月22日发布的《管理会计基本指引》，在2017年9月29日发布的22项管理会计应用指引，在2018年6月5日发布的《管理会计应用指引第204号——作业预算》等5项管理会计应用指引征求意见稿，以及在2018年8月17日发布的《管理会计应用指引第202号——零基预算》等7项应用指引为依据，重新序化了专业内容。本书具有以下特点：

1. 针对性

　　本书在章节的编排、内容的组织、体例的设计等方面，以学生为中心，介绍管理会计的基本理论、基本方法和基本操作技能，以满足高职会计专业培养管理会计人才专业知识结构、素质和能力的需要。

2. 新颖性

　　本书大量吸收了近年来国内外管理会计理论研究的最新成果，系统介绍了经实践证明具有可操作性的先进方法，对关键的管理理念与方法进行了深入浅出的表述。

3. 实用性

　　本书以相关学科知识为背景和支撑，结构合理，案例翔实，注重培养学生参与管理会计工作所需的基本技能和基本观念,以真正达到提高学生能力的目的。为此,本书所选案例紧密与企业管理会计实践相结合,具有一定的代表性。同时,本书每章末尾附有同步实训,突出动手能力的培养,对提高学生的实践能力具有较强的指导意义。

4. 逻辑性

本书在内容的组织与编排上,既符合知识的逻辑顺序,又符合学生的思维发展规律。理论讲解与同步实训前后照应,帮助学生理解"原理—方法—应用"的逻辑推理过程,培养科学的思维方式。

5. 理论与实践相结合

管理会计是一门应用学科,本书的编写既有对理论的高度概括和解释,又有讲解如何运用基本原理去解决实际问题,提高学生分析问题与解决问题的能力。为此,我们还编写了配套的《管理会计实务实训与案例》(第二版),以利于对管理会计实务的操练。

6. 突出问题解答

本书提供同步实训参考答案,可供学生验证学习效果。

本书由山东省精品课程负责人、山东经贸职业学院刘金星主编,由潍坊科技学院李建刚、鲁东大学刘学平、安徽财贸职业学院李红梅、山东师范大学历山学院张君和四川工商职业技术学院罗凤巢担任副主编。本书得到了山东经贸职业学院、潍坊科技学院、山东师范大学、厦门大学管理学院、华中科技大学经济学院等单位的大力支持,厦门大学会计系薛祖云详细审阅了书稿,提出了宝贵的修改意见。本书的出版还得到了高等教育出版社的大力支持。在此对所有关心本书的单位、专家和学者表示衷心的感谢。

本书在编写过程中参阅了大量国内外专家的相关论著,在此致以诚挚的谢意。

限于作者的学识水平,本书定有不妥和疏漏之处,恳请广大读者批评指正。

编　者

2019 年 1 月

目录

第一章　管理会计概论　001

学习目标 …………………………………………………………… 001
引导案例 …………………………………………………………… 001
第一节　管理会计的含义 ………………………………………… 001
第二节　管理会计与财务会计的关系及特征 …………………… 005
第三节　管理会计的内容与职能 ………………………………… 008
第四节　管理会计的理论进展与职业化发展 …………………… 010
典型案例分析 ……………………………………………………… 016
同步实训 …………………………………………………………… 019

第二章　成本性态分析　022

学习目标 …………………………………………………………… 022
引导案例 …………………………………………………………… 022
第一节　成本的分类 ……………………………………………… 022
第二节　成本性态分析方法 ……………………………………… 028
第三节　成本性态分析的应用 …………………………………… 033
典型案例分析 ……………………………………………………… 034
同步实训 …………………………………………………………… 036

第三章　变动成本法　039

学习目标 …………………………………………………………… 039
引导案例 …………………………………………………………… 039
第一节　变动成本法概述 ………………………………………… 039
第二节　变动成本法与完全成本法的区别 ……………………… 040
第三节　变动成本法的优缺点 …………………………………… 047
典型案例分析 ……………………………………………………… 049

| 同步实训 | 050 |

第四章　本量利分析　054

学习目标	054
导入案例	054
第一节　本量利分析概述	054
第二节　保本分析	058
第三节　关联因素变动对保本点的影响分析	065
第四节　本量利分析的应用	069
典型案例分析	076
同步实训	078

第五章　经营预测分析　081

学习目标	081
导入案例	081
第一节　经营预测分析概述	082
第二节　销售预测	085
第三节　成本预测	089
第四节　利润预测	093
第五节　资金需要量预测	094
典型案例分析	097
同步实训	099

第六章　短期经营决策分析　103

学习目标	103
导入案例	103
第一节　决策分析基础	104
第二节　生产决策分析	108
第三节　定价决策分析	115
第四节　存货决策分析	119
典型案例分析	123
同步实训	126

第七章　长期投资决策分析　130

| 学习目标 | 130 |

目录

引导案例	130
第一节　长期投资决策分析概述	131
第二节　长期投资决策分析的基本因素	132
第三节　长期投资决策分析的基本方法	138
第四节　长期投资决策分析的应用	145
典型案例分析	154
同步实训	156

第八章　全面预算　　158

学习目标	158
导入案例	158
第一节　全面预算概述	158
第二节　全面预算的编制方法	161
第三节　弹性预算、零基预算与滚动预算	170
第四节　预算管理的几个问题	177
典型案例分析	179
同步实训	181

第九章　标准成本法　　190

学习目标	190
导入案例	190
第一节　标准成本概述	190
第二节　标准成本差异计算与分析	193
第三节　标准成本管理与控制	196
第四节　标准成本差异账务处理	200
典型案例分析	204
同步实训	207

第十章　责任会计　　209

学习目标	209
导入案例	209
第一节　责任会计概述	210
第二节　责任中心	211
第三节　内部转移价格	219
典型案例分析	222

003

同步实训 ……………………………………………………………………………… 224

第十一章 作业成本计算与管理　227

学习目标 ……………………………………………………………………………… 227
导入案例 ……………………………………………………………………………… 227
第一节　作业成本计算的产生与发展 ………………………………………………… 227
第二节　作业成本法的基本概念 ……………………………………………………… 229
第三节　作业成本计算法的应用和特点 ……………………………………………… 233
第四节　作业管理概述 ………………………………………………………………… 240
典型案例分析 ………………………………………………………………………… 243
同步实训 ……………………………………………………………………………… 245

第十二章 业绩评价　249

学习目标 ……………………………………………………………………………… 249
导入案例 ……………………………………………………………………………… 249
第一节　业绩评价概述 ………………………………………………………………… 250
第二节　业绩评价体系的构建 ………………………………………………………… 252
第三节　平衡计分卡 …………………………………………………………………… 260
典型案例分析 ………………………………………………………………………… 269
同步实训 ……………………………………………………………………………… 271

第十三章 战略管理会计　273

学习目标 ……………………………………………………………………………… 273
导入案例 ……………………………………………………………………………… 273
第一节　战略管理会计概述 …………………………………………………………… 274
第二节　战略管理会计的内容 ………………………………………………………… 278
第三节　企业管理会计报告 …………………………………………………………… 288
典型案例分析 ………………………………………………………………………… 291
同步实训 ……………………………………………………………………………… 294

附　录　296

参考文献　308

资源导航

1-1	管理会计的含义	001
1-2	管理会计如何体现其职能	009
2-1	成本性态与弹性预算	024
3-1	变动成本与固定成本介绍	039
4-1	本量利分析在财务决策中的运用	069
5-1	销售预算的编制	085
5-2	成本预算的编制	090
6-1	产品定价案例介绍	119
7-1	如何通过 NPV 选择项目案例	140
7-2	如何通过 IRR 选择项目案例	141
8-1	如何理解全面预算	160
9-1	标准成本的制定及作用	191
10-1	责任会计制度	210
10-2	某案例公司的责任中心划分	212
11-1	作业成本法	236

第一章 管理会计概论

 学习目标

通过本章学习,要求了解管理会计的形成、发展及其职业发展变化,理解管理会计的概念、职能、作用,掌握管理会计信息质量要求、基本内容和方法,辨析管理会计与财务会计的关系。

 引导案例

智能制造是新一轮产业革命的核心驱动力

机器人是集机械、电子、控制、传感、人工智能等多学科先进技术于一体的自动化装备。自20世纪60年代美国第一台工业机器人诞生以来,历经50余年,机器人产业经过初始阶段的低迷,在近些年开始迅速崛起并日趋完善。

工业机器人被广泛采用,它们准确地、不知疲倦地完成各种简单的重复性工作,有效提高了劳动生产率,降低了生产成本。有学者预言,随着机器人技术的日益成熟,工业机器人极有可能最终取代机床,成为新一代工业生产的基础。服务型机器人在近些年开始走进大众视野,并随着人工智能技术、先进制造技术和移动互联网的创新融合而飞速发展。越来越多的服务型机器人被研发出来,开始改变人类的社会生活方式。

如今,机器人的使用范围已开始向国家安全、特殊环境服役、医疗辅助、科学考察等多个领域扩展。而一旦步入智能化阶段,机器人产业的前景被普遍看好。麦肯锡预计,到2025年全球5%~15%的制造业将被工业机器人取代。英国牛津大学一项针对700多种职业的分析研究则表明,今后10年~20年,美国有一半以上的职业或将由机器人承担。产业所构建的社会网络,将遍及社会生产、生活各领域,成为新一轮产业革命后的社会形态——智能社会的基础。

时代在进步,管理会计未来决策也必须跟进。研发成本的投入,未来价值的研判,都离不开管理会计的强大功能!

思考:

1. 人工智能是否会取代管理会计或财务会计?
2. 管理会计有哪些功能?

1-1 管理会计的含义

第一节 管理会计的含义

现代会计是社会经济与管理信息系统的重要组成部分,无论是在微观经济管理中还是在宏观经济管理中都起着重要的作用。历史经验表明,会计的发展水平是一个社会商业繁荣、科技进步、经济与文化发展、政治与法律变革的重要标志。20世纪初以来,管理会计(Management Accounting)形成、发展成为与财务会计(Financial Accounting)并列的会计分支,是现代社会经济和科学技术及管理水平发展的必然结果。管理会计是现代西方国家把"管理"与"会计"这两个主题巧妙结合起来的一门综合性很强的边缘性学科。它主要是为强化企业内部经营管理、提高经济效益服务。

一、管理会计的形成与发展

管理会计是社会化大生产和科学管理的必然产物,其形成和发展是同现代企业的内外环境及与之相应的管理学理论和实践的发展相联系的,并受社会实践及经济理论的双重影响:一方面,社会经济的发展要求加强企业管理;另一方面,社会实践也需要经济理论指导。与财务会计相比,管理会计的历史较短,它萌芽于20世纪初,20世纪50年代传统管理会计体系及内容基本形成,并得到了较为迅速的发展,80年代以来又有了许多进步与创新。管理会计从传统的、单一的会计系统中分离出来,成为与财务会计并列的独立领域,经历了一个逐步发展的过程,大致可分为以下三个阶段。

(一)管理会计的萌芽阶段

管理会计的形成可以追溯到19世纪末。英国在产业革命的影响下,经济快速发展。由于企业所有权与经营管理权分离,因此企业对簿记提出更高的要求:不仅能记账、算账、报账,而且能审核账目,查错防弊;不仅能解释经济信息,说明问题,而且能研究对资产的估价方法及有关理论。当时英国成为全世界会计理论研究的中心。

第一次世界大战后,美国在经济实力、科学技术和企业经营管理等方面取代了英国的位置,会计理论研究中心由英国转移到美国。1911年,泰勒出版了著名的《科学管理原理》,开辟了企业管理的新纪元。泰勒的科学管理思想受到当时社会和企业界的极大重视,它给企业管理理论和实践带来了深刻的影响和变革。在推行泰勒制的过程中,为企业管理服务的会计也发生了空前的变化和发展。会计领域内相继出现了许多诸如"标准成本""差异分析""预算控制"等同泰勒的科学管理方法直接相联系的新的观念和新的技术方法,企业通过制定标准成本、进行预算控制和差异分析,参与企业管理与成本控制,使会计由单纯的记账、算账、报账,发展到事前预算、事中控制和事后分析相结合,并参与企业内部管理,为提高经济效益服务。此后,各种数学的、技术的数理统计方法逐渐与会计学科结合起来,使会计的管理职能不断扩大和延伸,逐步形成侧重于企业内部管理的会计方法体系。这是管理会计从会计中分离出来的经济基础和历史原因。在西方会计发展史上,第一次提出"管理会计"术语是在1922年,由美国会计学者奎因斯坦在其专著《管理会计:财务管理入门》中首次提出,主张把会计服务重心放在强化企业内部管理上。1924年,另一学者麦金西出版了名为《管理会计》的专著。由此可见,西方管理会计萌芽于19世纪末的美国,是企业管理和会计发展到一定阶段的必然产物。这一时期的管理会计以成本控制为特征,关注如何提高劳动生产效率。

(二)管理会计的形成阶段

20世纪40年代,特别是第二次世界大战后,资本主义生产力迅速发展,企业规模不断扩大,跨国公司大量涌现,国内、国际市场竞争加剧。这种形势迫使企业家将管理的重心转向

第一节 管理会计的含义

企业内部,转向对经营管理的改进和对市场的开发。企业为增强竞争力,不得不广泛推行职能管理、行为科学管理,想方设法调动员工的积极性,同时注重市场调研,加强科学的预测和决策,逐步形成了一个能与市场竞争环境相适应的、能够进行预测、决策、控制、考核、评价的管理会计体系。于是,企业内部的管理科学化、现代化就发展了。同时,现代管理科学也得到了发展。现代管理科学的创立及其在企业管理中的应用,不仅极大地提高了现代企业的经营管理水平,而且有力地推动了会计科学的发展。因此,在会计领域中逐渐形成了一整套相对独立的会计方法体系和理论——管理会计。1952年,世界会计学会年会正式通过了"管理会计"(Management Accounting)这一专有名词,传统的会计部分被称为财务会计。此时,一些国家的财务会计准则日益成熟,财务会计服务与外部利益集团的目标得到进一步的肯定和强调,会计准则对于财务会计的约束性进一步加强,管理会计和财务会计逐步分离。美国、英国等发达国家陆续将管理会计学作为高等院校会计专业和其他财经管理专业的主干课程。

这一时期的管理会计由生产管理转向经济决策,由关注劳动生产效率的提高转向全局性经济效益的提高。

管理会计正式形成以后,传统的单一会计系统逐步分化为财务会计与管理会计两个相对独立的系统。现代管理科学的形成和发展,对现代管理会计的形成和发展在理论上起着指导作用,在方法上赋予它现代化的管理方法和技术。可以说,现代管理会计是在新的历史条件下,以现代管理科学为基础,一方面丰富和发展了其早期形成的一些技术方法,另一方面大量吸收了现代管理科学中运筹学、行为科学等方面的研究成果,将其引进、应用到会计中来,形成了一个新的与管理现代化相适应的会计信息系统。

西方国家一方面把以提供财务报表为主要手段,以企业外部投资人、债权人等为主要服务对象的会计称为"财务会计",它是传统会计的继续和发展;另一方面为适应现代化管理需要,将会计中为企业内部管理人员进行正确决策及有效经营服务的内容从传统会计中分离出来,称为"管理会计"。管理会计是以新的经营管理条件为基础,逐步形成和发展起来的一门新的学科,它既是企业管理的一个分支,又是与财务会计并列的一个会计分支。

(三) 管理会计的发展阶段

20世纪70年代,管理会计师协会在美国成立,并出版了专门的管理会计刊物,管理会计教科书开始走上讲台,管理会计与财务会计的区别开始明朗化、规范化。1980年,在法国巴黎召开了世界各国管理会计联合会议,专门研究管理会计的应用和推广问题。此后,管理会计在世界各国得到广泛发展并传入我国。1979年,我国机械工业部组织翻译出版了第一部《管理会计》。厦门大学是我国第一个将"管理会计"引入课堂的高等学府,引领管理会计的研究和发展,使其逐步成为会计专业的主要课程。

20世纪80年代以后,世界经济一体化和国际性竞争的日趋激烈,为适应社会经济和科学技术的重大变革,基于学科的交叉渗透,管理会计进入了一个新的大发展阶段。从一般性的企业预测、决策、控制、考核、评价转移到企业化和行为化问题,形成了许多新的领域,诸如作业会计、环境管理会计、人力资源价值会计、行为会计、战略管理会计、国际管理会计等。这一阶段,以重视环境适应性为基本特征的战略管理会计发展迅速,著名管理学家西蒙于1981年首次提出了"战略管理会计"一词,他认为战略管理会计应该侧重于本企业与竞争对手关于市场份额、定价、成本、产量等方面的信息,研究内容为成本管理、投资决策、业绩评价等。新领域的拓展要求现代管理会计学理论研究方法不断丰富起来,数量经济分析、风险分析、数理统计推断、运筹学、管理工程学、现代决策论、控制论、信息论、系统论、现代心理学、行为科学以及计算机技术的广泛应用,将极大地推动管理会计的发展。

二、管理会计的含义

管理会计的理论和实践起源于西方社会,但迄今为止在西方尚未形成一个统一的定义。有人将管理会计描述为"向企业管理当局提供信息以帮助其进行经营管理的会计分支",也有人认为"管理会计就是会计与管理的直接融合"。

美国会计学会(American Accounting Association,AAA)于1958年和1966年先后两次对管理会计下定义:"管理会计是指在处理企业历史和未来的经济资料时,运用适当的技巧和概念来协助经营管理人员拟订能达到合理经营目的的计划,并作出能达到上述目的的明智的决策。"此时,管理会计的活动领域限定于微观,即企业环境。

从20世纪70年代起,许多西方学者将管理会计描述为"现代企业会计信息系统中区别于财务会计的另一个信息子系统"。

1981年,全美会计师协会(National Accountants Association,NAA)下设的管理会计实务委员会指出,管理会计是向管理当局提供用于企业内部计划、评价、控制,以及确保企业资源的合理使用和经管责任的履行所需财务信息的确认、计量、归集、分析、编报、解释和传递的过程,并指出管理会计同样适用于非营利组织。这一定义扩大了管理会计的活动领域,指明管理会计的活动领域不应仅限于微观,还应扩展到宏观。

1988年,在国际会计师联合会(The International Federation of Accountants,IFAC)下设的财务与管理会计委员会发表的《论管理会计概念(征求意见稿)》中明确表示:"管理会计可定义为:在一个组织中,管理部门用于计划、评价和控制的财务和经营信息的确认、计量、收集、分析、编报、解释和传递的过程,以确保其资源的合理使用并履行相应的经营责任"。

西方管理会计的理论被介绍到我国后,我国的会计学者在解释管理会计定义时,主要有以下观点:

(1) 管理会计是从传统的、单一的会计系统中分离出来,与财务会计并列的独立学科,它还是一门新兴的综合性的边缘科学。(余绪缨,1982)

(2) 管理会计是西方企业为了加强内部经济管理,实现利润最大化这一企业经营目标的最终目的,灵活运用多种多样的方式和有效地控制经济过程所需要的信息,围绕成本、利润、资本三个中心,分析过去、控制现在、规划未来的一个会计分支。(王家祐,1987)

(3) 管理会计是通过一系列专门方法,利用财务会计、统计及其他有关资料进行整理、计算、对比和分析,使企业内部各级管理人员能据以对各个责任单位和整个日常和未来的经济活动及其发出的信息进行规划、控制、评价与考核,并帮助企业管理当局作出最优决策的一整套信息系统。(李天民,1995)

(4) 管理会计是将现代化管理与会计融为一体,为企业的领导者和管理人员提供管理会计信息的会计,它是企业管理信息系统的一个子系统,是决策支持系统的重要组成部分。(余绪缨,1999)

通过上述管理会计的定义,我们可以看出,管理会计有以下三个方面的特征:

(1) 管理会计的理论基础是现代管理科学。从管理会计的形成和发展来看,管理科学对管理会计的形成和发展起到了推动作用。随着现代管理科学理论的发展,管理会计也会不断地向前发展。

（2）管理会计的职能作用是在有限的资源上尽可能地提高经济效益。经济效益的提高不应是以利润最大化为唯一目标,企业在重视利润的同时,应抓好企业的标准化管理、目标管理,落实好责任制。

（3）管理会计是一个以提供经济管理信息为主的会计信息系统。管理会计所提供的信息不仅能对一个企业过去的活动进行反映与监督,而且应能对其现在和未来的经营活动进行预测、决策、规划,以及对其经营过程进行控制和考核。

综上所述,管理会计是指在市场经济条件下,以强化企业内部经营管理、提高经济效益为最终目的,以现代企业经营活动及其价值表现为对象,通过对财务等信息的深加工和再利用,实现对经济过程的预测、决策、规划、控制、考核评价等职能的一个会计分支,是企业管理信息系统的重要组成部分。管理会计既是一种侧重于在现代企业内部经营管理中直接发挥作用的会计,又是企业管理的重要组成部分。

第二节　管理会计与财务会计的关系及特征

一、管理会计与财务会计的关系

财务会计沿用传统的会计方法对企业的经营活动进行计量、记录、汇总,定期提供总括性的会计报告服务于外部信息的使用者。虽然财务会计的信息也为企业内部管理所用,但信息的提供并不以内部使用者的意志为依据,要受会计准则的约束,着重于对过去事件的如实反映,因此财务会计方法是描述性的。管理会计是管理信息系统的一个子系统,是决策支持系统的重要组成部分,它突破了会计的传统模式,吸收和借鉴了管理学、微观经济学、工程技术研究、统计学和现代数学的部分理论与方法,其特征主要是分析性的,是从动态上来解析企业生产经营活动中形成的资金流动状况,具有较大的灵活性。为了正确认识管理会计的职能特征,我们还是先了解一下管理会计与财务会计的联系和区别。管理会计与财务会计是现代会计的两大分支,两者关系密切,既有联系又有区别。

（一）管理会计与财务会计的联系

1. 起源相同

管理会计与财务会计是在传统会计中形成、发展和分离出来的两大基本内容,两者源于同一母体,共同构成了现代企业会计系统的有机整体。两者相互依存,相互制约,相互补充。

2. 最终目标相同

财务会计为企业外部的投资人、债权人等如实了解企业的财务状况和经营成果提供咨询服务,而管理会计则为企业内部的管理者、决策者有效组织经营提供咨询服务。可见,两者的目标不是对立而是相通的,都是为企业的有关方面提供参谋、咨询服务。管理会计与财务会计共同服务于企业经营管理,最终目标都是提高企业经济效益,实现企业价值最大化。

3. 基本信息相同

管理会计所需的许多资料来源于财务会计信息,其主要工作内容是对财务会计信息进行一系列特殊的深加工和再利用,因而受财务会计工作质量的约束;同时,管理会计信息有时也使用一些与财务会计并不相同的方法来记录、分析和预测企业的经营状况。

4. 服务对象交叉

虽然管理会计侧重于为企业内部经营管理提供服务,但管理会计信息有时也为企业外部利益集团提供服务;同样,财务会计虽然侧重于对外提供信息服务,但财务会计信息对企业内部决策的影响也是至关重要的。财务会计提供的许多重要财务成本指标,如资金、成本、利润等,企业的管理者特别是高层管理者也是需要的;而管理会计提供的许多重要经济信息,企业外部的投资人、债权人也同样需要。财务会计有时把一些原属于管理会计的内部报表对外公开发表,而管理会计也有时把一些企业内部管理的资料数据(如实际成本与标准成本、实际利润与目标利润的对比数)作为财务报表的补充资料对外公开。

(二)管理会计与财务会计的区别

管理会计与财务会计的不同之处可以概括如表1-1所示。

表 1-1　　　　　　　　　　　管理会计与财务会计的区别

要点名称	管 理 会 计	财 务 会 计
核算对象	企业内部各层次的责任单位,侧重于内部管理服务,是"对内报告会计"	整个企业,侧重于对外服务,是"对外报告会计"
核算程序	没有固定的核算程序	必须执行固定的会计核算程序
核算方法	灵活多样,大量运用概率论、微积分等现代数学方法	简单数学计算
核算重点	预计将要发生或应当发生的经济活动	过去已经发生的经济活动
核算时间	不确定,按管理需要进行	按会计期间定期进行
核算行为影响	注重管理行为的结果,关注管理过程,设法调动人的主观能动性	注重财务状况和经营成果,一般不注重管理人员行为的影响
信息使用者	内部使用者:企业各级管理者	外部使用者:股东、债权人、监管机构等
信息属性	现时性、预测性	历史性
信息精确度	要求及时性和相关性,计算结果不要求绝对精确	要求及时性、相关性、真实性,计算结果要求绝对精确
会计报告的类型与频率	内部报告:根据需要随时提供	对外财务报表:年度、半年度、季度、月度
会计报告目的	特定决策、控制等具体目的	一般目的的财务报表
会计报告内容	反映企业内部机构、部门等详细的情况,与决策相关	反映企业整体的总括性情况
约束性	不受会计准则约束	应符合会计准则要求
验证程序	无须审计	须注册会计师审计

二、管理会计的特征

管理会计突破了传统的会计方法，吸收了经济学、管理学和数学的研究成果，借鉴了工程技术研究和统计分析等方法，表现出方法的灵活多样。但灵活多样的方法并不是杂乱无章的，其中贯穿着边际分析的基本原理，表现为差量分析、动态规划和控制的具体方式，使微观经济理论呈现出可操作性。它把企业的经营管理纳入动态分析和控制的轨道，而不是传统会计的表态描述。管理会计的主体可以表述为决策与规划会计和执行与控制会计，其中决策分析可以区分为短期决策分析和长期决策分析。执行与控制是保证计划所确定的目标得以实现的实施过程，主要是通过计划执行结果与预算的比较，评价执行者的工作成绩，通过差异分析获得反馈信息，以便采取措施，达到控制的目的。其中，影子价格和增量成本在制定内部转移价格中的运用、剩余收益、经济增值用作评价投资中心的指标、业绩评价中的相关性原则等都注重边际增量对责任中心的行为和执行结果的影响。可见，管理会计始终贯穿着边际分析的基本原理，采用差量分析的具体形式，与财务会计的总括性静态描述的方法是根本不同的。管理科学，或者说社会科学的各个领域，只有由单纯的定性分析发展到定性分析与定量分析相结合，实现从描述性科学向精密科学转变，才能在理论和实践上大大提升。下面从提供信息的时间特征、提供信息的约束性和信息与个人行为的关系三个方面介绍管理会计的特征。

(一) 提供信息的时间特征

因服务会计方法的描述性和信息的总括性，财务会计所提供的信息具有历史特征。虽然财务会计也涉及未来的事件，如固定资产使用年限的估计、坏账准备的估计提取等，但这些相对于财务会计的信息总体来说是微不足道的，并不能改变财务会计信息注重历史描述的基本特征。

管理会计不同于财务会计，它服务于企业内部管理，因此必须面对未来，是以未来的事件为决策和控制对象。计划是决策的具体化，通过预算落实到具体环节，并作为执行和控制的依据，从而保证决策所确定的目标的实现。管理会计的新概念——平衡计分卡所体现的战略管理思想更是面对未来的典型，所以管理会计所提供的信息的时间特征是现时和未来的，这与管理会计重视历史数据并不矛盾，因为历史数据是预测和规划未来的起点，历史信息可以提供反馈和经验信息，从而保证其所提供的现时和未来信息更为客观可靠。

(二) 提供信息的约束性

财务会计提供会计信息受会计准则的严格约束，这些约束包括会计事项的计量与确认的标准、会计处理的程序和方法、会计报表的种类与格式、会计报告的时间等各个方面。而管理会计则不同，它服务于企业内部管理，所以提供信息是根据经营管理和决策控制的需要，不受会计准则的约束，其方法和程序具有很大的自由度和弹性。例如，会计计量可以不遵循历史成本原则，视不同的情况而采用重置成本或现行价格；在成本的计算上可以不采用传统的完全成本计算方法，而采用变动成本计算方法；业绩评价指标既可以用财务指标也可以用非财务指标；报表的种类并没有严格规定，而是根据管理的需要而设计，其编报的时间和格式都没有特别的要求；在计算和分析方法上更是灵活多样，表现为多学科的相互渗透，以满足经营管理过程中不同方面决策和控制的需要。因此，管理会计在提供信息的过程中，没有较为严格的约束，其宗旨在于满足管理的需要，符合成本效益原则，有利于企业经济效益的提高。

(三) 信息与个人行为的关系

管理会计服务于企业内部管理,目的在于提高经济效益,因此管理会计在提供信息时非常重视信息对人的行为的影响。管理会计进行计划和预算时要考虑有关指标对各级管理和执行者行为的引导,目的在于产生积极的激励作用,调动内部各方面的积极性,使之为企业的总体目标而努力工作,如责任中心评价指标的设置、预算标准的确定、激励政策的选择等。在执行和控制过程中,管理会计关注执行者的行为结果,以便取得反馈信息,修正计划指标,影响或引导有关方面的行为方向。因此,行为科学在管理会计中得到了量化。而财务会计在提供信息时不允许引导信息使用者对信息进行任何方面的修正,必须依据会计准则,客观如实地,如同摄像机一样来反映和描述企业经营活动的历史全貌,而让信息使用者根据客观情况自行作出判断并据以进行决策。

第三节 管理会计的内容与职能

管理会计系统是企业管理信息系统的重要组成部分,管理会计的目标是协助企业管理者组织、规划和控制企业的经营活动,为企业经营管理提供有用信息,所以其内容体系和职能作用同企业内部的管理和控制职能密切相关,同企业的管理控制程序相一致。

一、管理会计的基本内容

管理会计的内容涉及企业内部管理的各个环节、生产经营的各个领域,而且可以不拘一格地采用各种形式和方法加以分析、论证,没有强制性。随着实践的需要,管理会计不断接受各种管理理论和方法的渗透、融合,因而其具体内容和专门方法仍在不断地发展变化中。一般来说,管理会计的基本内容包括预测分析、决策分析、全面预算、成本控制、责任会计和业绩评价等方面。其中,前两项内容合并称为预测决策会计,全面预算与成本控制合并称为规划控制会计,责任会计与业绩评价又是控制与评价会计的主要内容。

(一) 成本管理会计

成本管理会计主要是为企业控制和降低成本服务的。以作业成本系统为代表的成本管理会计是企业控制、降低成本的有效管理工具,通过分析作业的成本和效益,发现问题,并提出解决问题的方案,避免不增加价值的作业,降低企业成本,提高企业竞争力。成本管理会计主要包括作业成本计算与作业管理、本量利分析。

(二) 预测决策会计

预测决策会计主要是为企业预测前景和规划未来服务的。首先,利用相关信息对企业成本、销售、利润及资金等专门问题进行科学的预测、决策分析;其次,按决策程序所确定的目标编制企业全面预算(企业整体计划的数量说明);最后,为规划和把握未来经济活动,将全面预算按照责任制的要求分解,形成各个责任中心的责任预算。预测决策会计主要包括预测分析、短期经营决策分析、长期投资决策分析、决策实施的全面预算。预测决策会计可保证企业经济资源有效、合理地利用,获得最佳经济效益,它在现代管理会计中占据核心地位。

（三）控制与评价会计

控制与评价会计主要是为企业控制现在和评价过去服务的。首先，利用标准成本制度，结合变动成本法，对企业日常经济活动进行跟踪、归集、计算；然后，根据责任会计的要求，将各责任中心实际数额与预算数额进行比较分析，通过编制日常业绩报告，评价与考核责任中心，确定其经济责任和奖惩；最后，将分析过程中发现的重要问题立即反馈给有关部门，迅速采取有效措施，及时整改。

二、管理会计的职能

管理会计是服务并参与企业内部管理的会计，其目标就是提供管理信息以满足实施各项管理职能的需要。

1-2
管理会计如何
体现其职能

（一）分析职能

分析职能是管理会计的一项重要职能。管理会计参与经济活动的事后分析，总结经验教训，提出新的经营目标。决策是管理的核心，为了保证企业各项决策的正确性，管理会计通过收集和分析同该项决策相关的信息为企业各方面的决策提供客观可靠的依据，参与、影响、引导决策。企业的决策从时间上来说主要分为两大类型：短期决策和长期决策。在短期决策分析方面，主要吸收微观经济学的理论，运用增量分析、差量分析和本量利分析，分析相关收入对企业利润的影响，为企业经营过程中一些非常规性的短期决策提供依据；长期决策要重视时间因素对决策的影响，管理会计以货币的时间价值为基础，归集和分析现金流量，考察时间价值对现金流量的影响，分析现金流量与相关因素的关系，从而为长期投资决策提供依据。

（二）预测职能

为了有效地帮助经营管理部门在经营管理决策中作出正确的判断和选择，需要对各种生产经营方案的各项经济指标进行科学预测。管理会计在预测中，主要使用历史数据，并通过把这些历史数据进行科学的加工与整理，预测未来经济活动的发展变化，以减少企业经营管理决策中的盲目性。

（三）决策职能

决策是管理会计的一项重要职能。决策的正确与否关系到企业的成败。管理会计是为企业经营管理决策和提高经济效益服务的。管理会计在参与决策的同时，还要为经营管理决策提供可靠的信息。在提供信息的过程中，除了要根据财务会计资料作进一步的整理与分类外，还要根据经营管理决策的特定要求进行专门的收集、整理与分类。管理会计通过采用各种科学方法来选择最优方案。

（四）计划职能

现代企业一般都实行计划管理。决策选定方案的实施和目标的实现，有赖于严密的计划和控制。计划包括长期财务计划、年度总预算和业务预算等。管理会计通过制订计划、编制经营预算和资本预算的方式，确定实施决策方案的步骤和目标。预算将经营过程中的各项工作和目标逐步分解，使之数量化和具体化，并通过协作沟通层层落实，成为各执行部门的工作目标和依据。为了实现各项指标，管理会计工作要做到长计划短安排，并把计划指标层层分解，形成责任预算体系，这样才便于进行有效的控制与考核。

（五）控制职能

决策所确定的目标能否达到，预算能否顺利实施，有赖于计划和预算实际执行和预算实际执行过程中的控制。控制职能就是按照全面预算的完成情况纠正预算执行过程中的偏差，最终确保预算目标的实现。管理会计通过追踪企业经营活动的预算执行过程，归集实际经营活动中的各项数据资料，通过预算数据和实际数据的比较，揭示和分析差异，发现问题并调查分析其原因，帮助管理当局对预算实施过程进行控制，指导经营活动按既定的目标运行；同时取得反馈信息，对计划和预算的不足之处加以修正，以保证计划和预算的客观可行。管理会计还通过预算与实际执行情况的比较，对企业各部门的工作业绩加以客观评价，运用激励机制产生激励效果，以调动员工的积极性。

（六）成本计算

企业经营活动的各个环节、经营管理的各个方面都离不开成本信息的运用。管理会计在参与企业决策、编制计划和预算、帮助管理部门指导和控制经营活动的过程中，处处贯穿着成本的确定和成本的计算，因此成本确定和成本计算是管理会计职能的重要方面。为了适应管理的不同要求，管理会计对成本进行不同的分类、不同的定义，对成本确定采用不同的方法。管理会计的成本确定和计算的方法随着管理的要求而逐渐发展，如适应于传统管理的标准成本计算和变动成本计算，适应于现代战略管理的质量成本计算、作业成本计算、目标成本计算及生命周期的成本确定与计算等。

（七）考核职能

实施责任会计、定期进行考核是管理会计的又一基本职能。因为各项责任预算的完成必须依靠企业的员工，加强企业经营管理、提高经济效益，必须发挥企业员工的自觉性和主动性，所以管理会计要配合其他职能部门对企业员工的业绩进行考核，并根据业绩的大小给予相应的奖惩，同时注意各种管理和激励方式对人的行为的影响，改善企业内部的人际关系，提高员工的敬业精神和士气。

第四节　管理会计的理论进展与职业化发展

20世纪中叶以来，由于科学技术的推动和社会经济的发展，企业的环境发生了巨大的变化。尤其是随着信息技术和经济全球化的发展，新产品、新技术不断涌现，市场竞争空前激烈，给企业生存带来了很大的压力。企业环境的变化、制造业的创新和服务业的兴起对管理会计的发展提出了新的挑战。

一、管理会计的理论进展

20世纪70年代、尤其是80年代以来，学术界和实务界一直致力于管理会计新方法的研究，也取得了许多新的成果，提出了一些新的观念和方法，如信息经济学、代理人理论、全面质量管理和质量成本计算、目标成本计算、价值分析和价值链分析、作业管理和作业成本计算、适时生产（存货）系统、平衡计分卡等。面对新的发展，有人提出了会计的战略管理，这无疑是管理会计的新动向。新的理论和方法融入传统管理会计，使管理会计充满活力，提高了其在企业战略管理和扩展生存空间中的信息支持作用。

(一) 信息经济学

信息经济学 (Information Economics) 是信息时代企业管理中生成信息和使用的产物。信息是一种经济资源，可以给使用者带来利益，但是获取信息要付出代价。信息经济学就是研究生成、获取信息的成本增加，与掌握、使用信息所获取的经济利益，比较得失、权衡利弊，以确定取得某种信息或建立一个信息系统的必要性。在信息社会里，信息经济方面研究的意义无疑是十分重大的。尤其是以计算机为基础的信息系统的变通应用，对管理信息系统建立和使用的成本、效益的计量和分析评价日益重要。会计信息是管理信息系统的重要组成部分，也是信息经济学的研究对象。管理会计及时反映了这方面的要求，一方面吸收信息经济学的发展成果，另一方面将信息的经济分析和数量化研究贯穿于自身的程序和方法之中，始终以成本—效益原则为指导，对一种信息的取得、使用或信息系统的形成、建立、存在或变更都要进行成本和效益的分析评价，将信息经济学作为理论和方法的基础。

(二) 代理人理论

代理人理论 (Agency Theory) 产生于 20 世纪 70 年代，是同信息经济学密切相关的重要理论。代理人理论主要研究企业同外部有关方面以及企业内部组织方面的关系，它是在企业所有权和经营权日益分离的环境下，吸收了经济学、信息理论和组织行为学的有关理论和方法，从委托人和代理人的关系来研究企业的组织结构、信息和人际关系。代理人理论把企业看成是由一系列不同层次的委托和代理关系构成的整体，把获益的一方称为委托人，把产生行为的一方称为代理人，如：股东是委托人，经理是代理人；经理是委托人，而其下属部门主管是代理人。代理人理论研究代理人的行为，寻找委托人利益结合的最佳点，以减少利益冲突，产生激励机制。代理人理论认为，在委托人和代理人的关系中，委托人的利益受代理人行为的直接影响，而代理人的行为又受自身利益的支配。委托人为了实现自己的利益，要通过一定的活动来达到期望目标。为了激励代理人尽最大努力来完成这一目标，委托人要根据代理人的实际成果确定代理人的业绩，并据此给予代理人相应的、具有激励性的报酬。一般来说，委托人要求代理人以最大努力去工作，承担尽可能多的责任；而代理人则希望获得尽可能多的精神上或物质上的报酬，承担尽可能少的责任。这样在委托人和代理人之间就不可避免地发生利益上的冲突，这种冲突在企业里主要表现为代理人的道德冒险 (Moral Hazard) 和不利选择 (Adverse Selection) 这两种行为。产生这两种行为的原因是委托人和代理人之间存在信息结构的不平衡，委托人没有合理地激励代理人的行为，使他朝着有利于委托人的利益而努力。管理会计研究企业内部的委托和代理关系并加以数量化，对影响代理人的行为进行计量、分析，从而寻求双方利益的最佳结合。管理会计运用代理人理论设置内部激励和业绩评价系统，以减少利益冲突，实现企业目标和员工利益的一致性。

(三) 全面质量管理和质量成本计算

质量是企业综合能力的要素之一，全面质量管理采用质量成本计算服务项目。传统的观念认为质量是需要付出代价的，质量越好就意味着成本越高。所以企业应在质量和成本之间找一个平衡点，质量并非 100% 的满意，确定一个可接受的质量水平范围是可行的。20 世纪 80 年代，日本的全面质量管理 (Total Quality Management, TQM) 受到了各国管理工作者的极大关注。全面质量管理是一种新的质量管理理念，认为质量不是传统产品质量的狭义理解，而是一种全员全过程、以工作质量保证产品或服务质量的质量保证体系。它是从产品研发设计开始，要求产出的产品和提供的服务都是最高质量水准，任何偏离最高质量水准的质量问题都会导致企业的质量损失。所以 TQM 不是简单的统计质量控制，TQM 中的质量走出了传统意义，要求每一个与企业的产品和服务相关联的人，不论是在企业的内部还是外部，都以 TQM 作为建立竞争优势的途径。

质量成本计算是将质量与成本综合考虑的管理模式，质量成本是指与质量相关的成本，质量成本计算将与产品或服务质量水平相关的成本加以归类分析，分析各类质量成本与质量水平的关系，主张以增加事前的预防成本和事中的鉴定成本来减少或杜绝事后的故障成本，从而为质量管理和成本控制提供依据。重视质量，创造质量与成本的竞争优势，是管理会计适应新环境、服务并参与企业战略管理的新内容。

(四) 目标成本计算和价值分析

目标成本计算(Target Costing)与价值分析(Value Analysis)出现得比较早，但纳入管理会计的系统方法之中并得到广泛的重视是在 20 世纪 80 年代以后。目标成本计算与价值分析的意义在于将成本和功能相联系，把内部成本控制和市场的产品价格及功能等综合竞争力联系起来，把成本的管理控制提前到产品的研发与设计阶段中。

一般来说，产品成本的绝大部分(60%以上)实际发生在产品生产和使用阶段，然而产品生产和使用阶段发生的成本绝大部分锁定在产品设计阶段，即成本锁定在产品设计阶段，也就是说产品的生产和使用成本在投产之前的设计阶段已经确定。目标成本计算将成本计算同价值分析联系起来，进行成本、功能和质量的综合评价，确立成本价格的竞争优势。

实施目标成本计算，首先从市场需求的产品功能入手进行分析，确定产品的功能，功能定位并非越高级越好，而是要恰到好处，满足现有和潜在市场的消费需要；然后拟定产品功能实现的各种可能方案，计算各种方案的成本；最后综合成本和功能分析结果来评估各种方案，寻求具有成本和功能优势的功能方案。企业在评价功能和确定具有竞争优势的目标成本过程中，必须充分了解市场，研究竞争对手的情况，分析自身的优势和不足，从而实现企业内部发展战略与外部市场的结合。目标成本计算和价值分析成为管理会计规划和控制的方法之一，是企业开拓生存发展空间、进行战略管理的重要内容。

(五) 作业链分析、作业管理和作业成本计算

企业使用和耗费经济资源产出或提供满足客户需求的产品或劳务，这一经营活动过程实际上是由一系列作业(活动)构成的，我们称之为作业链。在生产技术水平不够发达的条件下，生产工艺简单，企业规模不大，经营活动过程的作业链较少，按作业进行管理和控制并无必要。然而在科学技术高度发达的今天，尤其是计算机在生产过程中的广泛应用，企业规模不断扩大，企业经营活动的作业链越来越长，作业链的关系越来越复杂，增值作业(Added Value Activity)和非增值作业(Non-added Value Activity)并非显而易见，因此对错综复杂的企业组织和经营活动进行分解，提出作业链分析、实施作业管理(Activity-based Management)成为深化和改革管理的必然。

作业成本计算(Activity-based Costing, ABC)是同作业管理相适应的一种成本计算方法。所谓作业成本计算，是指区分不同的作业，按作业归集、计算成本，按引起作业成本变动的成本动因分配成本，使成本的计算更为合适、准确，从而为消除或减少非增值作业、改进增值作业提供更有用的信息。作业成本计算早在 20 世纪初就有人提出，如与泰勒同时代的工程师甘特当时就开始讨论采用多少个分配基础才能使制造费用分配适当，并坚持认为应以成本动因为基础(正常或实际)分配制造费用，可以说这是 ABC 思想的初步体现。但由于当

时生产技术水平不高,直接材料和直接人工以外的间接制造费用在成本总额中所占的比重不大,再加上信息处理主要是靠手工操作,因此作业成本计算欠缺推广应用的强烈需求和基本条件,并未被重视和采用。20世纪80年代以来,随着生产技术水平的高速发展和计算机在各个领域的普遍应用,间接费用比重大大提高,与间接费用相关的作业繁多,差别很大,因此间接费用的分配对成本计算影响很大,管理对真实的成本信息提出强烈需求;同时,计算机技术的发展为ABC运用推广中的大量信息处理提供了便利和低成本条件,从而使按作业计算分配成本成为可能,作业成本计算这才得到较为迅速的运用和推广。

作业成本计算的思想并不复杂,但它对管理会计方法的影响却很大。它不仅包括作业管理和价值链分析,而且包括质量成本和全面质量管理,适时生产系统等管理会计的创新都与作业成本计算的运用和推广有关。

(六) 适时生产系统

适时生产系统(Just-in-time Production System,JIT)最初出现于日本,与价值链分析、作业管理和全面质量管理相联系。实施适时生产系统的目的就是要消除生产过程中的非增值作业(如生产过程中的存货存储、运输、等待等),缩短生产周期,减少不必要的浪费,使产品的生产周期等于对产品进行直接加工和处理的必要时间。适时生产系统是一种拉动式的生产组织方式(Pull-through Production System),要求企业按客户订单需要,为满足客户需求组织生产,由最后生产工序自后向前推进安排生产,组织采购,环环衔接,消除等待和存储,从而做到零存货,所以适时生产系统也称为无存货(Zero Inventory)管理。适时生产系统的实施,促使企业实施全面质量管理,要求工厂生产布局更具有弹性,员工队伍素质全面提高。

价值链分析、作业管理和作业成本计算、适时生产系统都是与全面质量管理相互联系、互为支持的。在新的市场环境和内部生产技术水平条件下,企业管理发生了深刻的变革,管理会计的创新是管理会计对管理领域的变革所作出的反应和支持。这些新的发展通过管理会计的教育和职业培训,得到了广泛的应用和推广。

(七) 平衡计分卡

平衡计分卡(Balanced Scorecard)也称为综合计分卡,是针对现代企业所处的环境,指出传统财务指标在信息传递和业绩计量方面的缺陷,提出业绩计量方面应进行的重大变革,变革的核心就是将传统的以财务数据为基础的业绩计量变为财务指标和非财务指标相结合的综合性计量指标体系。平衡计分卡将企业的财务指标同企业内外环境的各个方面联系起来,是一种战略与管理系统。平衡计分卡通过对企业财务、客户、内部经营活动程序和学习、成长过程的计量评价,将企业目标和战略转换为业绩计量评价系统,成为企业传递信息和沟通信息、全面了解企业现在和未来的信息系统。编制平衡计分卡,使企业能够在追溯财务结果的同时,监视企业在提高能力和获取公司为实现未来增长所需要的无形资产等方面的成就。

管理会计在上述方面的创新使得管理会计更加成熟,成为企业管理的重要参与者和战略管理的得力助手。企业以综合计分的战略评价为导向,指导企业的战略决策,运用目标成本计算、适时生产系统、作业管理和作业成本计算、全面质量管理和质量成本计算等方法进行内部控制,营造企业长期持久的战略优势。

二、管理会计的职业化发展

管理会计的发展和管理会计在管理中的作用,也促进了管理会计职业化的发展。在一些发达国家,如美国,管理会计师也同注册会计师一样,发展成为专业化的职业队伍。

(一) 美国管理会计师的职业发展

由于管理会计在管理中的重要作用,管理会计人员的专业地位得到了会计职业界的重视。1972 年,美国管理会计师协会设立了管理会计证书项目,并建立了执业管理会计师协会负责实施。另外,由管理会计师协会主持,举行了美国第一届执业管理会计师(Certified Management Accountants,CMA)资格考试,考试的内容包括:经济学和企业财务;组织与行为科学;对外财务报告准则、审计和税务;企业内部报告编制与分析;决策分析,包括决策模型的建立和信息系统。执业管理会计师协会负责注册财务管理师(Certified in Financial Management,CFM)和执业管理会计师项目的实施,负责考试的各项事宜,如命题和阅卷等工作。

设立执业管理会计师资格考试项目的目的在于促进管理会计职业化发展,使得管理会计师在现代管理活动中积极参与、创造贡献,像注册会计师一样,得到工商界的信任和青睐。自管理会计证书项目实施以来,管理会计在教育、研究、培训和职业化发展领域的发展都取得了显著的成果,执业管理会计师和注册会计师一样得到了社会的认可,报考的人数逐年增多,获取管理会计证书已成为一些企业聘用员工的优先考虑条件。管理会计师协会在其 1988—1989 年度的通知中指出:许多公司的会计部门及其职员和财务管理人员中都有执业管理会计师,他们最初通常是这些部门的职员或部门主管,其后被任命为公司的财务经理或财务主任,而且该项目得到了企业界的广泛支持,许多家大公司向它们的职员提供财务上的支持,鼓励他们参加执业管理会计师资格考试。可见,管理会计证书项目的实施,大大提高了管理会计的教育水平,吸引和鼓励更多的人从事这一领域的学习和研究,从而推动管理会计理论与实践水平的提高。

(二) 管理会计的业务水准和职业规范

管理会计的职业化发展对管理会计的业务水平的提高和职业道德方面的规范有很大的促进作用,美国管理会计师协会成立了管理会计实务委员会,1995 年改名为管理会计委员会,负责管理会计实践中的发展和信息交流等事务。该委员会的工作之一是就有关的会计问题向其他职业组织或政府机构发表见解,表明立场;工作之二是就管理会计的概念、术语、技术方法和实务,向协会成员和企业管理提供指南和指导。管理会计委员会关于管理会计技术和实践等方面的见解,是通过发表文告的方式进行的,其文告称为"管理会计公告",如 1981 年发表的"管理会计的定义",1985 年发表的"服务和行政管理成本的分配",1988 年发表的"管理会计职业教育"和 1997 年发表的"管理会计和财务管理道德规范标准"等。管理会计委员会的工作促进了管理会计技术水平的提高,推动了管理会计概念、术语、方法和道德规范的公认和标准化。

管理会计委员会于 1997 年 4 月 30 日发表了"管理会计公告——目标",其中的"管理会计和财务管理道德规范标准"从四个方面对管理会计师的品质提出了要求:胜任、严守秘密、诚信、客观。

"胜任"是从知识能力方面对管理会计师的品质要求,要求管理会计师具备一定的知识、技术和技能水平,了解、熟悉有关的法律和制度,能够根据相关的信息和可靠的数据进行分析并提供报告,胜任管理会计工作,履行相关职责。

"严守秘密"要求管理会计师除非出于法律责任的要求,否则应当严守在执行业务过程中所获取的机密,还应避免在执行业务、履行责任的过程中泄露秘密,防止利用掌握的机密为自己或者他人牟取任何利益。

"诚信"是指管理会计师要正直、诚实、维护信誉,在执行业务的过程中应维护相关各方面的利益,杜绝阻碍和破坏业务的合理执行、履行职责的行为和活动,拒绝收受礼品和贿赂,绝不参与或支持有损信誉的活动。

"客观"要求管理会计师如实反映情况,对可能影响信息使用者决策的有关信息予以充分提示。

管理会计业务水准和职业道德规范标准的出现,对管理会计的质量提出了更高的要求,也对管理会计的职业发展和声誉的提高起到了重要的促进作用。鉴于管理的方法灵活多样,没有固定的工作模式,其体系缺乏统一性和规范性,这就决定了管理会计在很大程度上的运用水平取决于会计人员素质的高低。同时,由于管理会计工作需要考虑的因素比较多,涉及的内容比较复杂,因此要求从事这项工作的人员具备较宽的知识面和较深的专业造诣,具有较强的分析问题和解决问题的应变能力。

(三) 其他国家或组织管理会计职业化的发展

除美国以外,其他发达国家的管理会计也在向职业化和专业化发展。1980 年 4 月,美国、澳大利亚和欧洲的会计人员联合会在法国巴黎举行了一次国际性会议,第一次探讨如何推广应用管理会计,这表明管理会计的发展和应用得到了世界的关注和认可。目前,加拿大、英国、澳大利亚和日本等国都有类似美国管理会计的资格考试和职业组织。例如,加拿大的管理会计师协会负责组织和管理加拿大管理会计师证书的考试事宜,考试内容与美国相似,包括管理会计、财务会计和管理学。加拿大约有 30 000 名管理会计师任职于全国的工商企业和政府机构。英国的特许管理会计师协会类似于美国的管理会计师协会,负责管理会计师资格考试及课程设置,并为其成员提供教育、职业发展和商业活动等广泛的服务。英国特许管理会计师的考试内容包括基础会计、管理会计基础及运用、企业管理、战略管理会计和管理会计控制系统等。国际会计师联合会所属的财务与管理会计委员会也致力于提高管理会计师的能力与作用,该委员会发表过一些有关国际管理会计实务方面的文告,如"管理会计的概念""项目的管理控制""资本支出决策的内部控制"和"管理质量改进"等,目的在于提高管理会计专业服务的质量水平,扩大管理会计师的专业服务在国际上的认可范围。总之,无论是国际性的还是某些国家的会计职业组织,它们在管理会计教育、推广应用和职业化发展方面都起着重要的推动作用。

我国注册会计师资格考试和职业认可的制度已运行多年,但目前还没有实施专业管理会计师的资格和职业资格制度。我国会计师资格考试与西方国家的管理会计师考试有相似之处,随着世界经济的融合发展,我国会计职业界可以采取一些措施,发展管理会计师职业资格考试制度,从而在管理会计的职业化方面与国际接轨。事实上,在我国,无论是注册会计师资格考试还是一般会计师的资格考试,都已将管理会计纳入考试的重要内容。管理会计方法在我国企业管理中的运用非常广泛,推动管理会计师职业化在我国的发展,将对我国管理会计理论与方法的研究及其在企业管理中的实践、推广和应用有更大

的促进作用。

财政部于2014年发布《关于全面推进管理会计体系建设的指导意见》。针对各界对管理会计的关注与日俱增、行业需求日益加大的状况,财政部在《会计改革与发展"十三五"规划纲要》中明确指出"到2020年培养3万名精于理财,善于管理和决策的管理人才"的总体目标。与此同时,欧美国家同业协会(美国管理会计师协会、英国皇家特许管理会计师公会)或机构在中国开展着管理会计培训及认证工作。

针对以上情况,中国总会计师协会发挥全国行业组织的职能作用,响应财政部的号召,大力推进管理会计相关工作,主动融入管理会计改革,加强管理会计人才培养,逐步探索建立中国特色的管理会计体系和人才评价机制。

为了配合国家大力倡导的管理会计应用战略实施,中国总会计师协会组织了管理会计师(初级)证书考试。2016年财政部印发《管理会计基本指引》促进经济转型,2017年,会计从业资格证取消后,财政部提出"大力推广管理会计,全面培养高精专管理会计人才"。管理会计师(初级)考试包括《管理会计概论》《预算实务》《成本管理》《管理会计职业道德》,开始谱写我国管理会计发展的新篇章。

随着科技的发展和企业环境的更大变化,管理会计的职业化发展将在更多的国家出现,管理会计的知识和技术将不断创新和发展,在现代管理中发挥更大的作用。

 典型案例分析

管理会计决策:中日两国印尼高铁项目争夺

2015年10月16日,中国铁路总公司牵头组成的中国企业联合体,与印度尼西亚维卡公司牵头的印尼国企联合体正式签署了组建中印尼合资公司协议,该合资公司将负责印度尼西亚雅加达至万隆高速铁路项目的建设和运营,将全部采用中国装备。

一、印尼雅万高铁的基本情况

雅加达是印度尼西亚的首都,是国内最大城市,人口超过1 000万。万隆是印度尼西亚的第三大城市,经济人口影响力虽然远不如雅加达,但是历史上有声名赫赫的万隆会议,因此得名。雅万高铁连接两座城市,其直线距离约120公里。

或许有人会疑惑,印度尼西亚国土面积很小,是否需要建高铁,有没有建高铁的条件?但其实印度尼西亚并不是个"小国家",它的人口数量达到了2.5亿,全球排名第4,仅次于中国、印度、美国,是高铁大国日本的两倍、德国的3倍、法国的4倍。其中,爪哇岛面积只有日本本州岛的一半,人口却达到1.4亿,高出日本本州岛40%,这正是建设高铁市场的需求与条件。而且,短短的雅万高铁只是印尼庞大高铁计划的一部分,它的整体规划是750公里。

最初对印尼高铁建设项目感兴趣的国家是日本,早在2011年,日本国际交通顾问公司就开始对印尼的雅万高铁开展了可行性研究。

二、国家领导之间的博弈

2013年,中国"高铁外交"开始风靡全球,印尼确定向中国抛出橄榄枝,国家领导人之间的博弈拉开序幕。2014年11月北京APEC会议期间,习近平主席会见了印尼总统佐科,谈论的重点问题就是基础设施建设。与此同时,佐科试乘了中国的京津高铁,对中国高铁大加赞誉。

随后,两国领导人互访,签署了两个关键文件。2015年3月26日,印尼总统佐科访华,双方签订《中印尼雅加达—万隆高铁合作谅解备忘录》;2015年4月22日,习主席再次访问印尼,双方签订了《关于开展雅加达—万隆高速铁路项目的框架安排》。

随着两国的频繁互动,日本方面暗中作梗,招数不断。不出所料,印尼在经过3周的评估后,出现戏剧性转折——把中日两国提交的方案都退了回来。给出的解释是第一,价格太高,它不选择建高铁了,选择建时速200千米~250千米的中速铁路,但实际上高铁在运行过程中时速就在两百多千米;第二,更重要的是因为政府不负责为贷款进行担保。

对于印尼高铁项目,中国并没有放弃,而是修改了自己的方案。印尼国有企业部长莉妮在媒体吹风会上表示,中国方案成为雅万高铁的唯一方案。至此,印尼高铁故事算是告一段落。

三、中国在印尼高铁项目上的优势

大家最关心的话题是,印尼高铁能赚钱吗?我们先来看看中日两国关于印尼雅万高铁的报价。

(1)印尼高铁中日方案大比拼:

项目	中国方案	日本方案
工程造价	55亿美元	49亿美元
融资条件	提供全额贷款,年利率2%,无须印尼政府预算及债务担保	75%工程费可提供0.1%低利息日元贷款
还款期限	50年	40年
完工日期	2015年9月奠基,2019年前全面通车	2019年试运营,2021年完工

(2)中日双方报价分析:

中方报价比日方高出6亿美元,折合人民币约38亿元。所以,很多人都认为可能是因为中国是以低价取胜的,这个想法是错误的,实际上中国取胜另有原因:

第一,中国高铁的工程制造具有优势。中国给出的时间表示2018年年底全线运营,而日本给出的时间表示2021年完工,相差时间长达3年。

第二,中国给出的方案更加合理。日本给出的方案是144.6公里,中国给的方案是150公里。而且中国给出的方案站点是8个,日本是7个,选择中国更有利于沿途客流的培育。

第三,中国的融资条件更加优惠。中国还款期限是40年,还有10年的宽限期,而且不用政府担保。日本提供的贷款尽管利率低于中国,但只占工程款的75%。

第四,中国的方案能提供就业机会。中方承诺,工程建设期间雇佣当地员工。据测算,每年将为印尼创造近40000个工作岗位,中方还承诺转让部分高铁技术、部分设备进行本地化生产,帮助印尼提升工业化水平,共同拓展第三方市场。

此外中国在高铁建设上具有丰富经验,建成过世界上唯一一条热带高铁——海南东环铁路。热带的海风、地质状况,跟温带都不一样,这一经验对于同处热带的印尼非常具有吸引力。

四、印尼高铁项目的风险

第一个风险是融资隐患,主要是贷款没有担保,这对于中国的工程建设公司以及装备制造公司而言是没有任何风险的，但是对于提供贷款的银行是有风险的。该风险是可控的，尽管没有国家主权进行担保，但是前面已经分析过了，爪哇岛的人口以及地理条件，以中国高铁的建设与运营经验，确保印尼高铁按照正常商业运作还本付息问题并不大。

第二个风险是转让高铁技术，究竟转让哪些技术，这要看具体的谈判，也要看印尼整个高铁计划的实施情况，但是整体而言印尼的高铁市场不够大，很难有大的拉动作用，核心技术需求量少，转让的可能性很小，最大的可能是一些需求量大的通用技术，包括运营维护等。如果是本地化生产，中国目前的方案是组建合资公司，类似于大众进入中国的模式。

【讨论】在此案例中，管理会计可以如何运用来帮助印尼作决策？

本章小结

管理会计是现代西方国家把"管理"与"会计"这两个主题巧妙结合起来的一门新兴的、综合性很强的学科。管理会计是从传统会计中孕育，随着科学技术的进步和社会经济的发展而逐步形成和发展起来的。管理会计是指在市场经济条件下，以强化企业内部经营管理、提高经济效益为最终目的，以现代企业经营活动及其价值表现为对象，通过对财务等信息的深加工和再利用，实现对经济过程的预测、决策、规划、控制、考核评价等职能的一个会计分支。其本质既是一种侧重于在现代企业内部经营管理中直接发挥作用的会计，又是企业管理的重要组成部分。

管理会计与财务会计是现代会计的两大分支，两者关系密切，既有联系又有区别。管理会计与财务会计的联系表现在：起源相同、最终目标相同、基本信息相同、服务对象交叉。管理会计与财务会计的区别表现在：核算对象不同、核算程序不同、核算方法不同、核算重点不同、核算时间不同、核算行为影响不同、信息使用者不同、信息属性不同、信息精确度不同、会计报告的类型与频率不同、会计报告目的不同、会计报告内容不同、约束性不同及验证程序不同。

管理会计的基本内容一般包括成本管理会计、预测决策会计、控制与评价会计。管理会计的最终目标是提高企业经济效益，实现企业价值最大化。

管理会计具有预测经济前景、参与经济决策、规划经营目标、控制经济过程、进行成本计算、评价考核经营业绩的职能。

管理会计的理论进展主要表现在：信息经济学、代理人理论、全面质量管理和质量成本计算、目标成本计算、价值分析和价值链分析、作业管理和作业成本计算、适时生产系统、平衡计分卡等。

管理会计的职业化发展必将推动管理会计理论与实践的发展。

复习思考

1. 管理会计的发展分为几个阶段？
2. 如何理解管理会计这一概念？它有哪些特征？
3. 管理会计与财务会计有哪些联系与区别？

4. 管理会计的基本内容包括哪些？

5. 管理会计的职能有哪些？

6. 管理会计的职业化、专业化发展有何意义？会产生什么影响？

 同步实训

一、单项选择题（每小题只有一个正确答案）

1. 西方管理会计产生于19世纪末20世纪初的（　　），是企业管理和会计发展到一定阶段的必然产物。

  A. 英国　　　　　　　　　　　B. 法国

  C. 美国　　　　　　　　　　　D. 意大利

2. 1911年，美国人（　　）出版了著名的《科学管理原理》，开辟了企业管理的新纪元。

  A. 泰勒　　　　　　　　　　　B. 蓝斯登

  C. 奎因斯坦　　　　　　　　　D. 斯坦纳

3. 泰勒制下，采用的企业管理方法是（　　）。

  A. 科学管理方法　　　　　　　B. 经验管理方法

  C. 传统管理方法　　　　　　　D. 现代管理方法

4. （　　），世界会计学会年会正式通过了"管理会计"这一专门名词。

  A. 1911年　　　　　　　　　　B. 1920年

  C. 1922年　　　　　　　　　　D. 1952年

5. 管理会计的服务侧重于（　　）。

  A. 股东　　　　　　　　　　　B. 企业外部利益集团

  C. 债权人　　　　　　　　　　D. 企业内部的经营管理

6. 现代管理会计中占据核心地位的是（　　）。

  A. 规划与决策会计　　　　　　B. 财务会计

  C. 成本管理会计　　　　　　　D. 责任会计

7. 管理会计在计划和控制时所依据的资料应当是（　　）。

  A. 过去的　　　　　　　　　　B. 预计的

  C. 任意的　　　　　　　　　　D. 预计将要发生或应当发生的

8. 管理会计编制报告的时间是（　　）。

  A. 按月　　　B. 按年　　　C. 按季　　　D. 按管理需要

9. 以下各项中，不受会计准则、会计制度制约的是（　　）。

  A. 财务会计　　B. 管理会计　　C. 财务报告　　D. 会计核算

10. 管理会计不要求信息（　　）。

  A. 绝对精确　　B. 相对精确　　C. 及时　　　　D. 相关

二、多项选择题（每小题有两个或两个以上正确答案）

1. 管理会计属于（　　）。

  A. 内部会计　　B. 经营型会计　　C. 外部会计　　D. 报账型会计

2. 下列选项中，属于管理会计职能的有（　　）。

A. 参与经济决策 B. 控制经济过程
C. 规划经营目标 D. 预测经济前景
3. (　　　)属于现代管理会计的基本内容。
A. 预测决策会计 B. 成本管理会计
C. 财务会计 D. 控制与评价会计
4. (　　　)的出现标志着管理会计雏形的形成。
A. 标准成本计算制度 B. 变动成本法
C. 预算控制 D. 责任考评
5. 管理会计提供的信息具有(　　　)。
A. 广泛性　　B. 连续性　　C. 针对性　　D. 特定性
6. 下列选项中,可以作为管理会计主体的有(　　　)。
A. 企业整体　　B. 个人　　C. 车间　　D. 班组
7. 管理会计的作用体现在(　　　)。
A. 把传统会计从单纯的反映过去,扩展到着重于规划未来
B. 把传统会计从日常繁杂的记账、算账工作中解脱出来,演变为着重于对经济活动进行日常控制与事前控制
C. 把传统会计从事后编制报表,向外界提供信息,扩展到着重于利用信息,帮助企业内部各级管理人员进行预测和决策
D. 把传统会计从孤立的指标核算,演变为实施与责、权、利紧密联系起来的责任会计制度
8. 下列选项中,关于管理会计的叙述正确的有(　　　)。
A. 核算方法灵活 B. 可以提供未来信息
C. 以责任单位为主体 D. 必须严格遵循公认的会计准则
9. 管理会计与财务会计的联系表现在(　　　)。
A. 起源相同 B. 最终目标相同
C. 基本信息相同 D. 服务对象交叉
10. 管理会计信息的质量特征包括(　　　)。
A. 准确性 B. 相关性
C. 及时性 D. 可理解性

三、判断题(正确的在括号内打"√",错误的打"×")

1. 管理会计与财务会计是现代会计的两大分支,两者既有联系又有区别。(　　)
2. 1922年,美国人奎因斯坦在其专著《管理会计:财务管理入门》中,首次提出"管理会计"这个词汇。(　　)
3. 管理会计是从企业外部来约束企业管理行为的。(　　)
4. 管理会计与财务会计的目标完全一致,无任何区别。(　　)
5. 管理会计的各职能之间无任何联系。(　　)
6. 管理会计与财务会计的核算方法、核算内容完全一致。(　　)
7. 管理会计与财务会计都必须遵守会计准则。(　　)
8. 虽然管理会计侧重于对企业内部经营管理提供服务,但管理会计的信息有时也对企

业外部利益集团提供服务。　　　　　　　　　　　　　　　　（　　）

9. 管理会计的核算结果要求绝对精确。　　　　　　　　　　（　　）

10. 1911年,美国人泰勒出版了著名的《科学管理原理》,泰勒被誉为"科学管理之父"。
　　　　　　　　　　　　　　　　　　　　　　　　　　　　（　　）

查看答案

第二章 成本性态分析

 学习目标

通过本章学习,能了解成本的分类,理解固定成本和变动成本的概念、特征及成本性态的相关范围的概念及其意义,掌握各种成本性态分析的方法。

 引导案例

洋啤酒异军突起冲击中国啤酒业

近几年,除红酒外,洋啤酒正以前所未有的力度,冲击着已经连续增长二十多年的中国啤酒产业。据中商产业研究院数据显示,2015 年 1—8 月,中国啤酒行业共生产啤酒 3 479.23 万千升,同比下降 6.12%;海关总署公布的数据显示,2015 年 1—8 月,中国进口啤酒 36.31 万千升,同比增加 65.7%。厦门海沧港区今年已经跃升为全国第一大洋啤酒口岸。如今,越来越多的贸易商转型销售洋啤酒,据知情人士透露,洋啤酒在内地的零售价甚至比香港还便宜。除了保税店、网店销售模式外,微商也销售洋啤酒。

由于国内原材料价格的上涨,导致国产啤酒成本上升,相对而言,洋啤酒的性价比逐渐提高,加之消费者消费更趋理性等综合因素导致洋啤酒 2015 年的大热。从燕京、雪花、青岛三大啤酒巨头的半年报来看,啤酒行业整体下滑的态势在第 2 季度有所扩大。截至 2015 年 6 月,国产啤酒产量已连续 13 个月下跌,为近二十多年首次出现持续负增长。

中投顾问食品行业的专家认为,经营洋啤酒的商家数量越来越多,洋啤酒市场的垄断性和集中度有所降低;大麦和小麦是国外酿造啤酒的主要原料,而国内啤酒大多用大米或玉米作为原料,消费者的需求日渐多样化,品种丰富、口味多样的洋啤酒能更大程度地满足市场需求。

思考:

1. 啤酒的经营有哪些成本?
2. 原材料成本对啤酒价值、啤酒销售量有何影响?
3. 啤酒产业中的企业如何利用成本费用管理提高经济效益?

第一节 成本的分类

企业为了实现其经营目标,在预测、决策、规划和控制等各个环节,都必须对成本进行认真分析和研究。传统会计学认为,成本是在一定条件下,企业为生产一定产品所发生的各种耗费的货币表现。现代管理会计则认为,成本是指企业在生产经营过程中对象化的、以货币表现的、为达到一定目的而应当或可能发生的各种经济资源的价值牺牲或代价。这是一个广义的成本概念,指为取得一定资产或为提供一定劳务而发生的各种耗费,既包括产品生产成本,也包括期间费用,既核算过去实际已经发生的耗费,也核算将来应当或可能发生的耗费。成本是综合反映企业生产经营成果的一项重要经济指标。在企业中,生产产品耗费的材料、人工费用、生产能力、经营管理水平等众多因素都在一定程度上影响着成本的水平。企业为了提高经济效益,在预测、决策、日常控制等各个环节都十分重视对成本的管理与研究。

按照企业管理的不同需求,可以选择不同的标准将成本划分为不同的类型。

一、成本按经济职能的分类

成本按照经济职能可划分为制造成本和非制造成本两大类。

制造成本又称生产成本,是指企业在生产经营过程中为制造产品而发生的成本,包括直接材料、直接人工和制造费用。直接材料是指直接构成产品实体的原材料成本;直接人工是指在生产中对原材料进行直接加工,使之变成产品过程中所耗用的人工成本;制造费用又称间接制造费用,是指在生产中发生的不能归入上述两个成本项目中的其他成本支出,包括间接材料、间接人工和其他制造费用。

非制造成本又称非生产成本或期间成本,是指除生产成本以外的成本,包括销售费用、管理费用和财务费用。

二、成本按其实际发生的时态的分类

成本按其实际发生的时态可分为历史成本和未来成本两类。

历史成本,是指以前时期已经发生或本期刚刚发生的成本,也就是财务会计中的实际成本。

未来成本,是指预先测算的成本,又称预计成本,如估算成本、计划成本、预算成本和标准成本等。未来成本实际上是一种目标成本或控制成本。

三、成本按其相关性的分类

成本的相关性是指成本的发生与特定决策方案是否有关的性质。成本按其相关性可分为相关成本和无关成本两类。

相关成本,是指与决策有关的未来成本,如差别成本、机会成本、重置成本等。

非相关成本,是指过去已发生,与某一特定决策方案没有直接联系的成本,如不可避免成本、沉没成本等。

四、成本按其可控性的分类

成本的可控性是指责任单位对其成本的发生是否可以在事先预测并落实责任、在事中施加影响以及在事后进行考核的性质。成本按其可控性可分为可控成本和不可控成本。

可控成本,是指在特定时间和范围内,由特定部门的主管人员直接确定和掌握的有关成本费用,如办公费。

不可控成本,是指某一特定部门的主管人员无法直接掌握,或不受某一特定部门的业务活动直接影响的成本费用,如销售部门的挑选整理费。

五、成本按其性态的分类

2-1
成本性态与
弹性预算

成本性态(Cost Behavior)亦称成本习性,是指一定条件下成本总额与特定业务量之间的依存关系。这里的业务量是指企业在一定的生产经营期内投入或完成的经营工作量的统称,可以是生产产品的产量或销售产品的销量,也可以是直接人工小时数或机器工时数。

成本性态是存在于成本总额与业务量之间的规律性联系。从成本性态来认识和分析成本,可以从定性和定量两个方面把握成本的各组成部分与业务量之间的变化规律。了解这种规律有助于企业进一步加强成本管理,寻找降低成本的正确途径,并能促使企业科学合理地搞好经营预测、决策和控制,从而为企业实现最大的经济利益。

成本按其性态可分为固定成本、变动成本和混合成本三大类。

(一) 固定成本

1. 概念

固定成本(Fixed Cost)是指在一定时期和一定业务量范围内,成本总额随业务量的变动保持固定不变的成本,如行政管理人员的工资、办公费、财产保险费、不动产税、按直线法计提的固定资产折旧费等。

2. 特征

固定成本的特征是:

(1)固定成本总额随业务量的变动保持固定不变性。

(2)单位固定成本随业务量的变动呈反方向变动性。

例 2-1 丰源公司生产甲产品的专用生产设备的月折旧额为 3 000 元。该设备最大加工能力为 400 件/月,当该设备分别生产 100 件、200 件、300 件和 400 件时,单位产品所负担的固定成本如表 2-1 所示。

表 2-1　　　　丰源公司单位产品所负担的固定成本

产量/件	总成本/元	单位产品负担的固定成本/(元/件)
100	3 000	30
200	3 000	15
300	3 000	10
400	3 000	7.5

从表 2-1 中可以看出,产量在 100~400 件范围内,每月计提的折旧总成本不变,都是 3 000 元,如图 2-1 所示。但单位产品负担的固定成本却随着产量的增加而减少,如图 2-2 所示。

3. 分类

固定成本按是否受管理当局短期决策行为的影响,可以进一步细分为约束性固定成本和酌量性固定成本两类。

(1)约束性固定成本。

约束性固定成本,是指在日常经营活动中,企业管理当局短期决策行为很难控制并改变

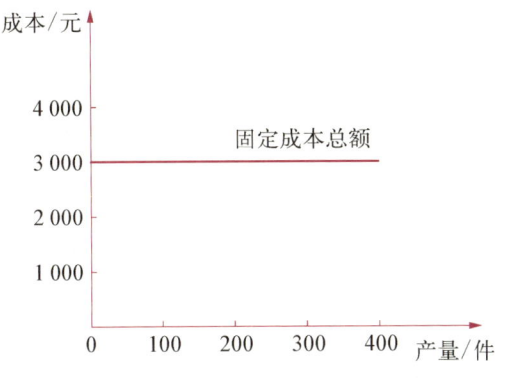

图 2-1　固定成本总额与产量之间的关系

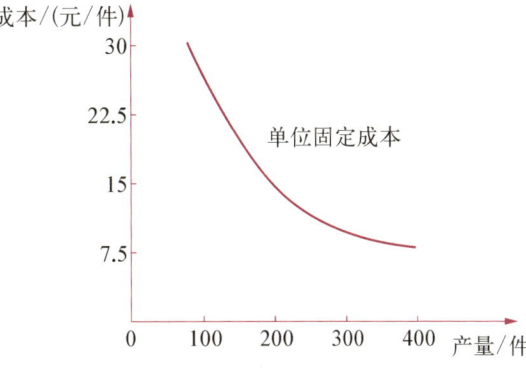

图 2-2　单位固定成本与产量之间的关系

其数额的固定成本。这类成本反映的是形成和维持企业最起码生产经营能力的成本,也是企业经营业务必须负担的最低成本,又称经营能力成本,如厂房和机器设备的折旧费、不动产税、管理人员的薪资、保险费等。企业经营能力一旦形成,这类成本的数额一经确定,在短期内是不能随意加以改变的,因而具有很强的约束性。

因此,在不改变企业经营方向的前提下,要控制约束性固定成本,不宜采取降低其总额的措施,而应从合理地利用企业的生产能力、提高产品产量、降低单位产品负担的固定成本入手。

(2) 酌量性固定成本。

酌量性固定成本,是指在日常经营活动中,企业管理当局短期决策行为可以控制并改变其数额的固定成本。这类成本的发生额直接取决于管理当局根据企业的经营状况所作出的判断,又称选择性固定成本。但是,这并不意味着酌量性固定成本可有可无,可以拒绝,它仍是企业的一种存在成本,如新产品的开发费、职工培训费、广告费等。这类成本的发生可以因领导的决策而作适当的调整,发生额的多少与增强企业的竞争力、扩大企业规模直接相关,但同企业的业务量并无直接联系。

因此,要控制酌量性固定成本,必须从企业的实际需要出发,精打细算,厉行节约,在不影响企业既定的经营方针的前提下,降低其绝对支出额。

4. 相关范围

前面在给固定成本下定义时曾冠以"在一定时期和一定业务量范围内"这样一个约束条件,这就是说固定成本的固定性不是绝对的,而是有条件的,是在一定相关范围内具有固定不变性。这里的相关范围表现为一定的期间范围和一定的空间范围。期间范围指的是固定成本在某一特定期间内具有固定性,超过了某一特定期间,固定成本的特征会发生变化。这是因为随着时间的推移,一个正常生长的企业,其经营能力肯定会发生变化,如厂房势必扩大,设备势必更新,行政管理人员也可能增加,这样就会导致折旧费用、财产保险费、不动产税以及行政管理人员薪金的增加。空间范围指的是在某一特定业务量水平具有固定性,如果业务量的变动超过了这个范围,固定成本的特征也会发生变动。当企业所要完成的业务量超过了现有生产能力,就需要扩大再生产,如添置机器设备、增租厂房等,这样就需要增加机器设备折旧费、厂房租金等。因此,讨论固定成本总额与业务量之间的变动关系,就必须在一定相关范围内进行。

（二）变动成本

1. 概念

变动成本（Variable Cost）是指在一定时期和一定业务量范围内，成本总额随业务量的变动成正比例变动的成本，如直接材料费、产品包装费、按件计酬的工人薪金、按工作量计算的固定资产折旧费等。

2. 特征

变动成本的特征是：

（1）变动成本总额随业务量的变动成正比例变动性。

（2）单位变动成本随业务量的变动保持不变性。

例 2-2 丰源公司生产乙产品，不同产量下的变动成本总额和单位变动成本数据如表2-2所示。

表 2-2　　　　丰源公司不同产量下的变动成本总额和单位变动成本

产量/件	单位变动成本/（元/件）	变动成本总额/元
100	3	300
200	3	600
300	3	900
400	3	1 200

从表2-2中可以看出，在相关范围内，变动成本总额随着产量的变动成正比例变动，如图2-3所示。但无论产量如何变动，单位变动成本总是3元/件，如图2-4所示。

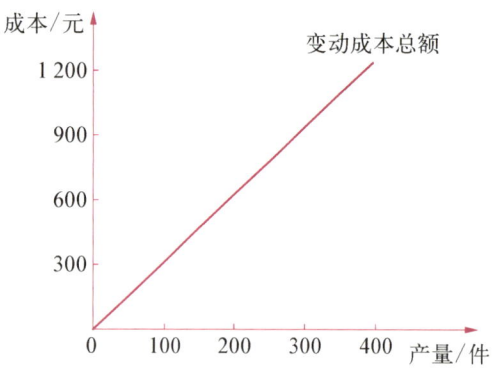

图2-3　变动成本总额与产量之间的关系

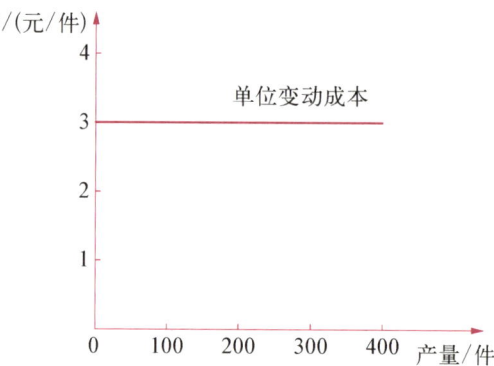

图2-4　单位变动成本与产量之间的关系

3. 相关范围

与固定成本一样，变动成本的变动性也有其相关范围。变动成本总额只有在一定时期和一定业务量范围内才会随着业务量的变动成正比例变动。这就说明，变动成本的变动性是有条件的。由图2-3可以看出，当产量在400件之内时，变动成本总额与产量等比例增长，形成一个完全的线性相关，但这个完全的线性相关只会在一定范围内存在，这里所指的一定范围就叫做相关范围。

只有在相关范围内，不管时间多久，业务量增减变动幅度多大，变动成本总额的正比例变动性都将存在,但是一旦超过了相关范围,这种特征就很难存在。因此,讨论变动成本总额与业务量之间的依存关系,就必须在一定的相关范围内进行。

(三) 混合成本

1. 概念

混合成本(Mixed Cost)是指同时具有固定成本和变动成本两种不同性质的成本。

2. 分类

根据与业务量之间的关系,混合成本又可以分为以下四种类型:

(1) 半固定成本。

半固定成本又称为阶梯式成本。这类成本的特点是:在一定业务量范围内,其成本总额不会随着业务量的变动而变动,类似固定成本;而当业务量超过了这个范围,其发生额就会突然跳跃上升至一个新的水平,并在新的业务量增长的一定范围内保持不变,直到出现另一个新的跳跃为止。

半固定成本与业务量的关系如图 2-5 所示。

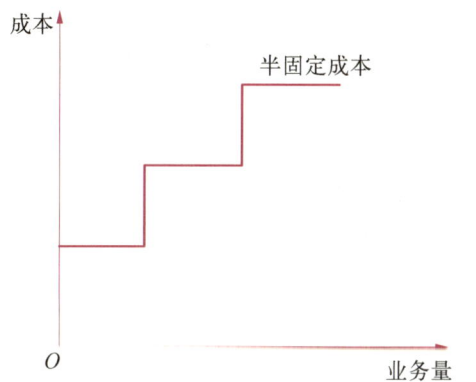
图 2-5　半固定成本与业务量的关系

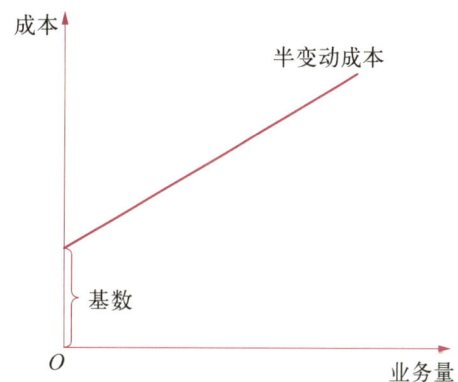
图 2-6　半变动成本与业务量的关系

(2) 半变动成本。

半变动成本又称标准式混合成本。这类成本的特点是:通常有一个基数,这个基数是固定不变的,呈现出固定成本性态;而在这个基数之上,成本就会随着业务量的增加而成正比例变动,呈现出变动成本性态。这种由一部分固定成本和另一部分变动成本所组成的总成本称为半变动成本。

半变动成本与业务量的关系如图 2-6 所示。

(3) 延期变动成本。

延期变动成本是指在一定的业务量范围内,成本总额保持固定不变,但一旦业务量超过了一定范围后,其超额部分的成本就相当于变动成本。

延期变动成本与业务量的关系如图 2-7 所示。

(4) 曲线变动成本。

曲线变动成本通常有一个初始量,一般保持不变,相当于固定成本。在这个初始量的基础上,成本总额会随着业务量的增加呈非线性的增加,在坐

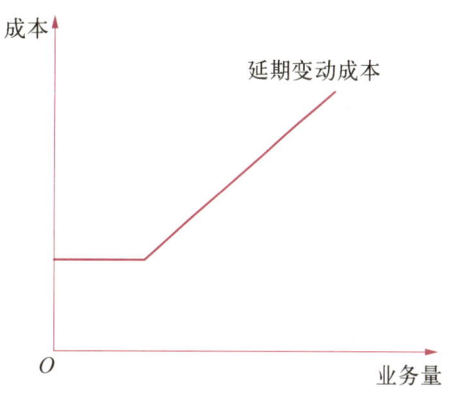
图 2-7　延期变动成本与业务量的关系

标图上表现为一条抛物线。按照曲线斜率的不同变动趋势,曲线变动成本又可分为递减型曲线变动成本和递增型曲线变动成本。

递减型曲线变动成本与业务量的关系如图 2-8 所示,递增型曲线变动成本与业务量的关系如图 2-9 所示。

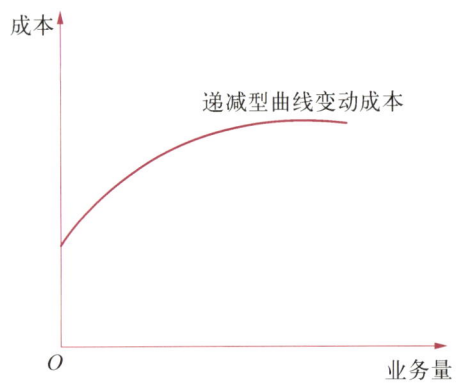

图 2-8　递减型曲线变动成本与业务量的关系　　图 2-9　递增型曲线变动成本与业务量的关系

第二节　成本性态分析方法

成本性态分析,是指在成本按习性分类的基础上,按照一定的程序和方法,最终将全部成本分成固定成本和变动成本两大类,并建立相应的成本性态模型的过程。

成本性态分析是管理会计中一项最基本的工作,通过成本性态分析有助于企业掌握成本的各个组成部分与业务量之间的依存关系和变动规律,为应用变动成本法,开展本量利分析,实行短期决策、预测分析、全面预算、标准成本法的操作和落实责任会计奠定基础。

成本性态分析方法是指完成成本性态分析任务必须采取的技术手段,在管理会计实践中,既可以应用于分步分析程序中的混合成本分解,又可以应用于同步分析程序中对总成本所作的直接定量处理。成本性态分析方法通常包括直接观察法、技术测定法和资料分析法。

一、直接观察法

直接观察法是最简单的方法,是指根据会计账簿中各成本项目的性质,观察其比较接近于固定成本还是变动成本,从而直接加以确认归属的方法。这种方法在很大程度上属于定性分析,需要逐一对成本明细项目加以鉴定。例如,"管理费用"账户中大部分项目发生额的大小在正常产量范围内与产量变动没有明显关系,那么就将管理费用全部视为固定成本;"制造费用"账户中按折旧年限计算的设备折旧费与产量关系不密切,也视为固定成本;而"制造费用"账户中燃料动力费、维修费等发生额的大小与产量变动的关系很明显,可将其视为变动成本。

直接观察法简便易行,凡具有一定会计知识和业务能力的人都能掌握,属于典型的同步分析程序,适用于管理会计基础工作开展较好的企业。但是,运用这种方法的实际工作量很大，一般无法适用于规模庞大的企业。

二、技术测定法

技术测定法又称工程技术法，是指利用经济工程项目财务评价技术方法所测定的企业正常生产过程中投入与产出的关系，分析确定在实际业务量基础上其固定成本和变动成本的水平，并揭示其变动规律的一种方法。

采用这种方法，在企业建设投产前必须进行项目的可行性研究。可行性研究报告中必须提供有关的工程设计说明书，规定在一定生产量条件下应耗用的材料、燃料、动力、工时等消耗标准，这些数据通常可较为准确地反映出在一定生产技术和管理水平条件下的投入产出规律。在企业投产初期，可以参照这些数据将成本项目分为固定成本、变动成本，并建立相应的成本模型。技术测定法要求企业根据生产过程中各种材料和人工成本消耗量的技术测定来划分固定成本和变动成本。技术测定法仅适用于投入成本和产出数量之间有规律性联系的成本分解。

技术测定法分析结果的准确性较高，也有较强的说服力，一般适用于技术工艺已经定型的新企业及其主要成本项目的习性分析，但对于技术工艺已发生较大变革或生产能力有重大变动的老企业不适用。另外，技术测定法不可能对企业所有的间接成本确定出准确可信的标准，因此，还需要结合其他方法进行成本性态分析。同时，此方法应用起来比较复杂，花费的时间和投入的精力较多。

三、资料分析法

资料分析法是根据企业过去若干时期的成本与业务量资料，运用数学方法进行数据处理，从而完成成本性态分析任务的一种定量分析方法。运用这种方法的前提条件是企业的相关资料齐全，成本数据与业务量的资料同期配套，并且具有不间断的连续性。资料分析法在混合成本分解中应用十分广泛，包括高低点法、散布图法、回归分析法。

（一）高低点法

高低点法，是指通过对一定期间成本与业务量的历史资料进行分析，从中选出业务量的最高点和最低点及其相应的成本，然后据以分解出混合成本中固定部分和变动部分各占多少的一种成本性态分析方法。

高低点法的具体分析步骤是：

(1) 选择高低点坐标。在已知的历史资料中，找出业务量的最高点（用 x_1 表示）及相应的成本（用 y_1 表示），找出业务量的最低点（用 x_2 表示）及对应的成本（用 y_2 表示），从而确定高点坐标 (x_1, y_1) 和低点坐标 (x_2, y_2)。

(2) 计算单位变动成本 b 的值。计算公式为：

$$b = \frac{业务量最高时总成本 - 业务量最低时总成本}{最高点业务量 - 最低点业务量} = \frac{y_1 - y_2}{x_1 - x_2}$$

(3) 计算固定成本 a 的值。计算公式为：

$$a = 业务量最高时总成本 - b \times 最高点业务量 = y_1 - bx_1$$

或

$$a = 业务量最低时总成本 - b \times 最低点业务量 = y_2 - bx_2$$

（4）根据 a 与 b 的计算结果，建立成本性态模型：

$$y = a + bx$$

例 2-3 丰源公司 2019 年 1—6 月某项混合成本与有关产量的历史资料如表 2-3 所示。

表 2-3　　　　　　　　丰源公司某项混合成本与产量的历史资料

月 份	产量/件	成本/元
1	40	360
2	50	430
3	55	470
4	65	560
5	70	600
6	60	480

要求：利用高低点法分解混合成本，并建立相应的成本性态模型。

（1）选择高低点坐标：

根据上述资料，高点坐标为(70,600)；低点坐标为(40,360)。

（2）计算 b 值：

$$b = \frac{600 - 360}{70 - 40} = \frac{240}{30} = 8(元/件)$$

（3）计算 a 值：

$a = 600 - 8 \times 70 = 40(元)$

或

$a = 360 - 8 \times 40 = 40(元)$

（4）将 a、b 值代入成本性态模型，即：

$y = 40 + 8x$

通过计算得出，该项混合成本的固定成本为 40 元，单位变动成本为 8 元/件。

需要说明的是，高低点坐标的选择必须以一定时期内业务量的高低而不是按成本的高低来确定。

高低点法的优点是比较简单，易于理解；缺点是由于它所运用的数据来自历史资料中的高低两点，所建立的成本性态模型可能不具有代表性，容易导致较大的计算误差，因此这种方法只适用于成本变动趋势比较平稳的企业。

（二）散布图法

散布图法又称布点图法，是指根据若干时期的历史资料，将其业务量和成本数据逐一标注在坐标图上，形成若干个散布点，再通过目测的方法尽可能画出一条接近所有坐标点的直线，并据以推算出固定成本总额和单位变动成本的一种成本性态分析方法。

散布图法的具体分析步骤是：

(1) 标出散布点。将已知的历史资料作为点的坐标标注在坐标图上。

(2) 画线。目测一条能够反映成本变动趋势的直线,即该直线尽可能通过或接近所有坐标点。

(3) 读出 a 值。直线与纵轴的交点,为固定成本 a。

(4) 任取一点。在直线上任取一点 P,假设其坐标为 (x_P, y_P)。

(5) 计算单位变动成本 b 的值。计算公式为:

$$b = \frac{y_P - a}{x_P}$$

(6) 根据 a 与 b 的计算结果,建立成本性态模型:

$$y = a + bx$$

例 2-4 按【例 2-3】所提供的资料,采用散布图法进行成本性态分析。

(1) 标出散布点。

将丰源公司 2019 年 1—6 月的产量和成本构成的所有坐标点标注在坐标图上(图 2-10)。

(2) 画线并读出 a 值。目测一条能够反映成本变动趋势的直线,直线与纵轴的交点为固定成本,在图中读出该直线的截距为 $a = 40$。

(3) 任选一点 P,并计算 b 值。在直线上任取一点 P,测出坐标为 $(20, 190)$,计算 b 值为:

$$b = \frac{190 - 40}{20} = 7.5(元/件)$$

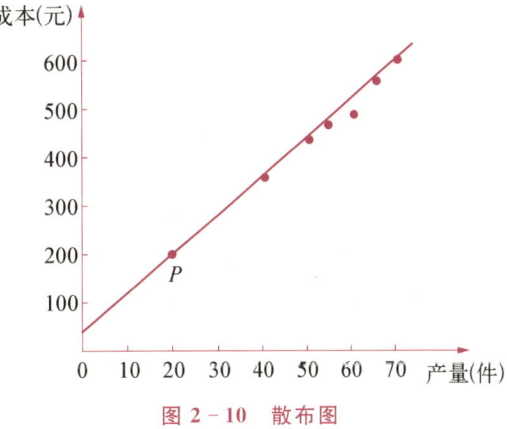

图 2-10 散布图

(4) 代入 a、b 值,得出成本性态模型为:

$$y = 40 + 7.5x$$

通过计算得出,该项混合成本的固定成本为 40 元,单位变动成本为 7.5 元/件。

散布图法由于将全部成本数据均作为描述成本性态的依据,其图像可反映成本的变动趋势,比较形象直观、易于理解,其准确程度比高低点法高。但因为画成本直线完全靠目测,不同的人会有不同的画法,容易出现人为误差,得出不同的固定成本和单位变动成本,所以计算结果具有一定的不准确性。

(三) 回归分析法

回归分析法亦称最小二乘法,是指根据若干历史时期的成本和业务量的资料,运用最小二乘法的原理,计算固定成本和单位变动成本的一种成本性态分析方法。

假设混合成本符合总成本模型,即:$Y = a + bX$ 式中:a 为固定成本部分;b 为单位变动成本。

回归分析法的基本步骤是:

(1) 根据历史资料列表,求 n、$\sum x$、$\sum y$、$\sum xy$、$\sum x^2$、$\sum y^2$ 的值(表 2-4)。

（2）计算相关系数 r，并据此判断 y 与 x 之间是否存在必要的线性关系，计算公式为：

$$r = \frac{n\sum xy - \sum x \sum y}{\sqrt{\left[n\sum x^2 - (\sum x)^2\right] \cdot \left[n\sum y^2 - (\sum y)^2\right]}}$$

相关系数 r 的值在 0 与 ± 1 之间，它可说明 x 与 y 之间的相关程度。当 $r = -1$ 时，说明 x 与 y 之间完全负相关；当 $r = 0$ 时，说明 x 与 y 之间不存在任何关系；当 $r = +1$ 时，说明 x 与 y 之间完全正相关；当 $r \to +1$ 时，说明 x 与 y 之间基本正相关。

直线回归分析法的应用要求业务量与成本之间基本保持线性关系，即 $r = +1$ 或 $r \to +1$。

（3）计算固定成本 a 以及单位变动成本 b 的值。计算公式分别为：

$$a = \frac{\sum y - b \sum x}{n}$$

$$b = \frac{n \sum xy - \sum x \sum y}{n \sum x^2 - (\sum x)^2}$$

（4）根据 a 与 b 的计算结果，成本性态模型：

$$y = a + bx$$

例 2-5 按【例 2-3】所提供的资料，采用直线回归分析法进行成本性态分析。

（1）为了便于直线回归分析法公式的计算，先对有关资料进行整理，如表 2-4 所示。

表 2-4　　　　　　　丰源公司某项混合成本与产量的历史资料整理表

月份(n)	产量(x)	成本(y)	xy	x^2	y^2
1	40	360	14 400	1 600	129 600
2	50	430	21 500	2 500	184 900
3	55	470	25 850	3 025	220 900
4	65	560	36 400	4 225	313 600
5	70	600	42 000	4 900	360 000
6	60	480	28 800	3 600	230 400
$n=6$	$\sum x = 340$	$\sum y = 2\,900$	$\sum xy = 168\,950$	$\sum x^2 = 19\,850$	$\sum y^2 = 1\,439\,400$

（2）根据表 2-4 整理的资料，计算如下：

$$r = \frac{n\sum xy - \sum x \sum y}{\sqrt{\left[n\sum x^2 - (\sum x)^2\right]\left[n\sum y^2 - (\sum y)^2\right]}}$$

$$= \frac{6 \times 168\,950 - 340 \times 2\,900}{\sqrt{(6 \times 19\,850 - 340^2) \times (6 \times 1\,439\,400 - 2\,900^2)}}$$

$\approx 0.984\,03 \to +1$

说明 x 与 y 基本正相关。

$$b = \frac{n\sum xy - \sum x \sum y}{n\sum x^2 - (\sum x)^2} = \frac{6 \times 168\,950 - 340 \times 2\,900}{6 \times 19\,850 - (340)^2} = 7.91(元/件)$$

$$a = \frac{\sum y - b\sum x}{n} = \frac{2\,900 - 7.91 \times 340}{6} = 35.1(元)$$

(3) 将 a、b 值代入成本性态模型，即：

$y = 35.1 + 7.91x$

通过计算得出，该项混合成本的固定成本为 35.1 元，单位变动成本为 7.91 元/件。

直线回归分析法由于运用了最小二乘法的原理，因此计算结果比前两种方法更科学，相对而言计算最精确。但这种方法计算量较大，公式更复杂，适用于采用计算机管理的企业。

第三节　成本性态分析的应用

对某一企业的历史成本进行分析，按照成本同业务量之间的关系，把全部成本分为固定成本和变动成本后，实际上同时达到了两个目的：一是确定了企业一定期间内总成本的基本构成，即总成本＝固定成本＋变动成本；二是确定了成本同业务量之间的依存关系，即可将其应用于企业内部管理，其基本内容渗透在现代管理会计理论、方法体系的各个方面，可应用于企业内部管理的所有领域，能帮助企业管理者对生产经营活动进行规划和控制。成本性态分析原理在企业内部管理中主要应用于以下几个方面。

一、财务预测

财务预测是企业内部事前管理的重要内容，它同企业经营目标的确定和经营决策的制定关系极大。由于成本性态分析的结果建立了企业在一定期间内的成本、业务量关系式（$y = a + bx$），因此便可以在该企业现有生产经营能力限度内，或在其所经营的某种产品的一定产量范围内，根据上述成本模式，大体上掌握未来时期成本的基本趋势，并可直接确定某一特定业务量条件下的成本预测值。这样，成本性态分析原理就可进一步用于对企业未来一定期间的利润预测值进行推算，并为实现利润目标而确定相应的成本目标和产品产销数量目标。

二、经营决策

经营决策是企业内部事前管理的核心内容，其目的在于通过一定的分析、评价，为企业未来的经营活动选择最优的行动方案。在选择最优方案的过程中，既需要大量的决策信息，又需要多种决策分析方法。由于成本性态分析的结果科学地区分了受业务量变动影响的变动成本，因此在正确评价、鉴别有关备选方案的经济效益时，就有了两个最重要的客观依据——变动成本和固定成本。在实际工作中，固定成本和变动成本作为决策者不可缺少的相关信息，可用于多种类型的产品生产决策、产品最佳生产品种决策、产品最优生产批量决策、产品价格应否上浮决策、产品价格应否下浮决策、特殊或临时订货价格决策等。

三、内部控制

内部控制是顺利实现各项经营目标和计划的重要保证,它主要包括购进、销售、财务成本等方面。其中,成本控制是涉及经营目标,特别是利润目标能否圆满实现的关键。由于成本性态分析的结果科学地描述了成本同业务量之间的依存关系,将企业的总成本分解为变动成本和固定成本两部分,因此可据此预测有关产品在未来期间的成本变动趋势及其结果,为成本规划工作创造有利条件,也可以据此确定符合企业经营总目标要求的成本目标,为成本控制工作指明方向,还可以据此建立成本中心,分解成本指标,落实成本责任,为最终完成成本控制的具体任务奠定基础。在实际工作中,标准成本的制定和成本差异的分析、经营预算的编制与实施、责任会计的实施等,都直接或间接地与成本性态分析原理所确定的成本、业务量关系相关联,与一定期间固定成本和变动成本的划分相关联。

 典型案例分析

如何理解变动成本法与完全成本法在企业的应用

设某企业月初没有在产品和产成品存货。当月某种产品共生产50件,销售40件,月末结存10件。该种产品的制造成本资料和企业的非制造成本资料如表2-5所示。

表2-5　　　　　　　　　　某企业某种产品的成本资料表

成 本 项 目	单位产品项目成本/(元/件)	项目总成本/元
直接材料	200	10 000
直接人工	60	3 000
变动性制造费用	20	1 000
固定性制造费用		2 000
管理费用		4 000
销售费用		3 000
合　　计		23 000

如果采用变动成本法,则单位产品成本为280元/件(200+60+20);如果采用完全成本法,则单位产品成本为320元/件(200+60+20+2 000/50)。由于变动成本法将固定性制造费用处理为期间成本,所以单位产品成本较完全成本法下要低。当然,变动成本法下的期间成本较完全成本法下就高了。

变动成本法下的期间成本为9 000元(2 000+4 000+3 000);而完全成本法下则为7 000元(4 000+3 000)。

产品成本构成内容上的区别,是变动成本法与完全成本法的主要区别,两种方法其他方面的区别均由此而生。

仍以表2-5的数据和所设条件为资料,再假设每件产品售价为500元,销售费用中有变动性费用为20元/件。当分别采用变动成本法和完全成本法时,计算出的当期税前利润如表2-6所示。

表 2-6　　　　　　　　　当期税前利润计算表　　　　　　　　　单位：元

项目	变动成本法	完全成本法
销售收入　40件×500	20 000	20 000
销售成本		
期初存货成本	0	0
当期产品成本		
50件×280	14 000	
50件×320		16 000
期末存货成本		
10件×280	2 800	
10件×320		3 200
销售成本		
40件×280	11 200	
40件×320		12 800
贡献毛益(生产阶段)或毛利	8 800	7 200
管理费用		4 000
销售费用		3 000
变动销售费用 40件×20	800	
贡献毛益(全部)	8 000	
固定成本		
固定性制造费用	2 000	
管理费用和固定销售费用	6 200	
小计	8 200	
税前利润	−200	200

从表 2-6 可以看出，不同成本计算法下所计算出的税前利润不同。采用变动成本法时为−200 元(亏损)，采用完全成本法时则为 200 元(盈利)，相差 400 元。这 400 元正是完全成本法所确认的应由期末存货成本负担的固定性制造费用部分(2 000/50×10)，而在变动成本法下，这 400 元全部作为期间成本进入了当期损益。

【讨论】企业为什么注重研究变动成本？

本章小结

本章是全书的基础章节，主要阐述了管理会计中成本的概念及其主要分类、成本性态分析方法。成本性态也称成本习性，是指成本总额与业务量之间的依存关系。在管理会计中，

第二章　成本性态分析

成本按其性态可分为固定成本、变动成本、混合成本三大类。固定成本是指在一定时期和一定业务量范围内,成本总额随业务量的变动而保持不变的成本。固定成本按是否受管理当局短期决策行为的影响,可以进一步细分为约束性固定成本和酌量性固定成本两类。变动成本是指在一定时期和一定业务量范围内,成本总额随业务量的变动成正比例变动的成本。混合成本是指同时具有固定成本和变动成本两种不同性质的成本。无论是固定成本还是变动成本,只有在一定相关范围内才能具有其特征。成本性态分析方法主要有直接观察法、技术测定法、资料分析法。其中,资料分析法又可分为高低点法、散布图法、直线回归分析法。高低点法最简便,但准确度不高。散布图法由于将全部成本数据作为描述成本性态的依据,其准确程度比高低点法高。直线回归分析法相对而言比较麻烦,但与高低点法相比,由于选择了包括高低两点在内的全部观测数据,因而避免了高低两点可能带来的偶然性;与散布图法相比,则是以计算代替了目测方式,所以是一种比较好的成本性态分析方法。

复习思考

1. 什么是成本性态分析?为什么要进行成本性态分析?
2. 成本性态分析有哪几种方法?它们的优缺点分别是什么?
3. 固定成本、变动成本、混合成本各有什么特征?试分别举例加以说明。
4. 如何理解固定成本和变动成本的相关范围?
5. 成本性态分析原理在企业管理中主要应用于哪些方面?

同步实训

一、单项选择题(每小题只有一个正确答案)

1. 在管理会计中,将成本划分为固定成本、变动成本、混合成本的分类依据是成本的(　　)。
   A. 职能　　　　B. 性态　　　　C. 可辨认性　　　　D. 经济用途

2. 管理会计中对成本相关性的正确解释是(　　)。
   A. 与决策方案有关的成本特性　　　B. 与控制标准有关的成本特性
   C. 与资产价值有关的成本特性　　　D. 与归集对象有关的成本特性

3. 单位固定成本在相关范围内的变动规律为(　　)。
   A. 随业务量的增加而减少　　　　B. 随业务量的减少而减少
   C. 随业务量的增加而增加　　　　D. 不随业务量的变动而变动

4. 在不改变企业生产经营能力的前提下,采取降低固定成本总额的措施通常是指降低(　　)。
   A. 约束性固定成本　　　　B. 酌量性固定成本
   C. 半固定成本　　　　　　D. 单位固定成本

5. 在应用资料分析法进行成本性态分析时,必须首先确定 a,然后才能计算出 b 的方法是(　　)。
   A. 直接分析法　　　B. 高低点法　　　C. 散布图法　　　D. 直线回归分析法

6. 为排除业务量因素的影响,在管理会计中反映变动成本水平的指标一般是( )。
   A. 变动成本总额　　　　　　　　B. 单位变动成本
   C. 变动成本的总额与单位额　　　D. 变动成本率
7. 标准式混合成本又可称为( )。
   A. 半固定成本　　B. 半变动成本　　C. 延期变动成本　　D. 曲线式成本
8. 在资料分析法中,高低点法所用的"高低"是指( )。
   A. 最高或最低的成本　　　　　　B. 最高或最低的业务量
   C. 最高或最低的成本或业务量　　D. 最高或最低的成本和业务量
9. 成本性态分析的对象与成本按性态分类的对象相同,都是( )。
   A. 总成本　　B. 固定成本　　C. 变动成本　　D. 资金运动
10. 在应用高低点法进行成本性态分析时,选择高点坐标的依据是( )。
    A. 最高的业务量　　　　　　　　B. 最高的成本
    C. 最高的业务量和最高的成本　　D. 最高的业务量或最高的成本
11. 当相关系数 r 等于 $+1$ 时,表明成本与业务量之间的关系是( )。
    A. 基本正相关　　　　　　　　　B. 完全正相关
    C. 完全无关　　　　　　　　　　D. 基本无关
12. 在资料分析法的具体应用方法中,计算结果最为精确的方法是( )。
    A. 高低点法　　　　　　　　　　B. 散布图法
    C. 直线回归分析法　　　　　　　D. 直接分析法
13. 管理会计中,混合成本可以用直线方程 $y=a+bx$ 来模拟,其中 bx 表示( )。
    A. 固定成本总额　　　　　　　　B. 单位变动成本
    C. 变动成本总额　　　　　　　　D. 单位固定成本
14. 在平面直角坐标图上,固定成本线是一条( )。
    A. 以单位变动成本为斜率的直线　B. 反比例曲线
    C. 平行于 x 轴的直线　　　　　D. 平行于 y 轴的直线

二、多项选择题(每小题有两个或两个以上正确答案)
1. 固定成本按是否受管理当局短期决策行为的影响可以进一步分为( )。
   A. 约束性固定成本　　　　　　　B. 半固定性成本
   C. 半变动性成本　　　　　　　　D. 酌量性固定成本
2. 下列选项中,属于固定成本的有( )。
   A. 定期支付的广告费　　　　　　B. 计件工资
   C. 企业管理人员工资　　　　　　D. 按直线法计提的折旧费
3. 下列选项中,属于固定成本的特点有( )。
   A. 总额的不变性　　　　　　　　B. 总额的正比例变动性
   C. 单位额的不变性　　　　　　　D. 单位额的反比例变动性
4. 在相关范围内,变动成本应当具备的特征有( )。
   A. 总额的不变性　　　　　　　　B. 总额的变动性
   C. 总额的正比例变动性　　　　　D. 单位额的不变性
5. 下列选项中,一般应纳入变动成本的有( )。

A. 办公费　　　　　　　　　　　　B. 计件工资
C. 按生产数量法提取的折旧　　　　D. 直接材料

6. 成本按其经济职能分类,可分为(　　)。

A. 直接材料　　B. 直接人工　　C. 生产成本　　D. 非生产成本

7. 下列项目中,属于混合成本类型的有(　　)。

A. 阶梯式混合成本　　　　　　　　B. 递增型混合成本
C. 递减型混合成本　　　　　　　　D. 标准式混合成本

8. 成本性态分析中的资料分析法包括(　　)。

A. 高低点法　　B. 散布图法　　C. 技术测定法　　D. 直接分析法

9. 在应用直线回归分析法进行成本性态分析时,相关系数 r 应满足的条件有(　　)。

A. r 等于 -1　　B. r 等于 0　　C. r 等于 $+1$　　D. r 趋近于 $+1$

三、判断题(正确的在括号内打"√",错误的打"×")

1. 定期支付的广告费属于约束性固定成本。　　　　　　　　　　　　　　(　　)
2. 高低点法的优点是计算精度高,缺点是计算过程过于复杂。　　　　　　(　　)
3. 无论哪一种混合成本,实质上都可以区分为固定部分和变动部分。　　　(　　)
4. 成本性态模型 $y=a+bx$ 中的 b 就是指单位变动成本。　　　　　　　　(　　)
5. 半变动成本即是标准式混合成本。　　　　　　　　　　　　　　　　　(　　)
6. 通常我们所讲的降低固定成本总额就是指降低约束性固定成本。　　　　(　　)
7. 成本性态分析的最终目的就是要把全部成本区分为固定成本、变动成本和混合成本三大类。　　　　　　　　　　　　　　　　　　　　　　　　　　　　　(　　)
8. 成本性态是恒定不变的。　　　　　　　　　　　　　　　　　　　　　(　　)
9. 成本性态是成本总额与特定业务量之间的依存关系。　　　　　　　　　(　　)
10. 相关系数 r 的大小对能否采用直线回归分析法有重大影响。　　　　　(　　)

四、计算分析题

某企业 2018 年 7—11 月的某项混合成本与有关产量的历史资料如表 2-7 所示:

表 2-7　　　　某企业某项混合成本与有关产量的历史资料

指　标	7	8	9	10	11
产量/件	20	22	30	26	32
总成本/元	630	650	780	700	820

要求:分别采用高低点法和直线回归分析法进行成本性态分析。

查看答案

第三章 变动成本法

 学习目标

通过本章学习,了解变动成本法的概念,理解变动成本法的理论依据,掌握变动成本法与完全成本法的区别,把握变动成本法的优缺点及运用。

 引导案例

中墨产能合作不断深入,成本与风控仍是重点

近年来,中国与墨西哥在基建、投资、制造业零部件生产等方面的合作不断深入,一批代表性企业成为中墨产能合作的先锋。在基建领域,中建、中港湾、中水电等一批国有大型基建企业已经进入墨西哥。以中港为例,该公司自 2008 年打入墨西哥市场以来,注重运用变动成本分析等方法控制经营,已先后承建多个港口码头项目,为墨西哥当地社会提供五千多个工作岗位;在制造业,一汽集团与墨西哥萨利纳斯集团共同投资兴建经济型轿车生产基地,主要生产天津一汽的夏利和威志等中国自主品牌轿车。此后,吉利、长安等国内汽车生产企业也相继在墨西哥实现了本地化生产。通过合作,拉美国家可以高起点、低成本提升工业化水平,我国可促进产业升级,实现互利共赢。但是,鉴于墨西哥市场变化较快、工会力量强大、环评要求严苛等特点,成本管理与风险管控仍是未来中国企业在墨西哥发展的关键点。

思考:
1. 在成本管理中如何应用变动成本法?
2. 成本管理与风险管控的关系如何?

3-1 变动成本与固定成本介绍

第一节 变动成本法概述

一、变动成本法的概念

变动成本法(Variable Costing)起源于 20 世纪 30 年代的美国。第二次世界大战以后,世界经济矛盾日趋尖锐,市场竞争不断激化,企业管理当局要求会计能提供更科学、更有用的管理信息,以便加强经济活动的规划和控制。在这种情况下,传统的完全成本法(Full Costing)不能适应这一要求,于是变动成本法很快在美国、加拿大、日本等国得到广泛应用,逐渐成为现代企业管理的一个重要组成部分,从而成为管理会计的重要内容之一。

变动成本法是指以成本性态分析为前提,在计算产品成本时,只包括产品生产过程中所

消耗的变动生产成本,即直接材料、直接人工和变动制造费用,而把固定生产成本即固定制造费用和非生产成本全部作为期间成本处理的一种成本计算方法。变动成本法下的成本构成如图 3-1 所示。

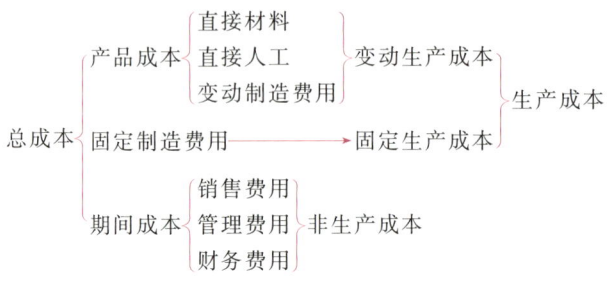

图 3-1 变动成本法下的成本构成

变动成本法是与传统的成本计算方法相对应的一种方法。在变动成本法产生以后,人们将传统的成本计算方法称为完全成本法。所谓完全成本法,就是以成本按经济用途分类为前提,在计算产品成本时,包括产品生产过程中所消耗的全部生产成本,即直接材料、直接人工和制造费用,把非生产成本作为期间成本的一种成本计算方法。

二、变动成本法的理论依据

变动成本法的理论依据是:固定生产成本(固定制造费用)是为企业提供一定的生产经营条件,以便保持生产能力而发生的成本,它同产品的实际产量没有直接关系,不会随产量的提高而增加,也不会因产量的下降而减少,因而它的实质只是定期地创造了可供企业利用的生产能量,因而与期间的联系更为密切。在这一点上,它与管理费用、销售费用、财务费用等非生产成本一样,只是定期地创造了维持企业经营的必要条件,具有时效性,其效益随着时间的消逝而逐渐丧失。

管理会计理论认为:产品成本是指在生产过程中发生的,随着产品实体的流动而流动,与产品产量密切相关,当产品实现销售收入时得到补偿的成本;期间成本是指那些不随产品实体的流动而流动,随经营期间的长短而增减,其效益不能递延到下期,只能于发生当期由当期销售收入补偿的费用。因此,只有变动生产成本才应该计入产品成本,固定生产成本应当与非生产成本一样作为期间成本处理。

三、变动成本法的意义

变动成本法计算出来的产品成本,是会计提供贡献毛益(边际贡献)这一新指标信息的基础。贡献毛益是指销售收入减去变动成本后的余额,这一指标能够从另一角度反映产品的盈利能力。通过该指标,有利于企业进行本量利分析,进行生产经营过程的预测、决策和控制。其具体含义和应用,我们将在以后有关章节进行详细介绍。

第二节 变动成本法与完全成本法的区别

一、应用的前提条件不同

变动成本法以成本按成本性态分类为前提条件,把企业全部成本划分为变动成本与固定成本两大部分。对于具有混合成本性质的制造费用、管理费用、销售费用和财务费用,则直接分析确认或按其相关业务量分解为变动成本与固定成本。

完全成本法以成本按经济用途的分类为前提条件,把企业全部成本划分为生产成本和非生产成本。在产品生产制造过程中所发生的有关耗费属于生产成本,在产品销售过程和行政管理方面所发生的有关耗费属于非生产成本。

两种成本法在应用前提条件方面的区别如图 3-2 所示。

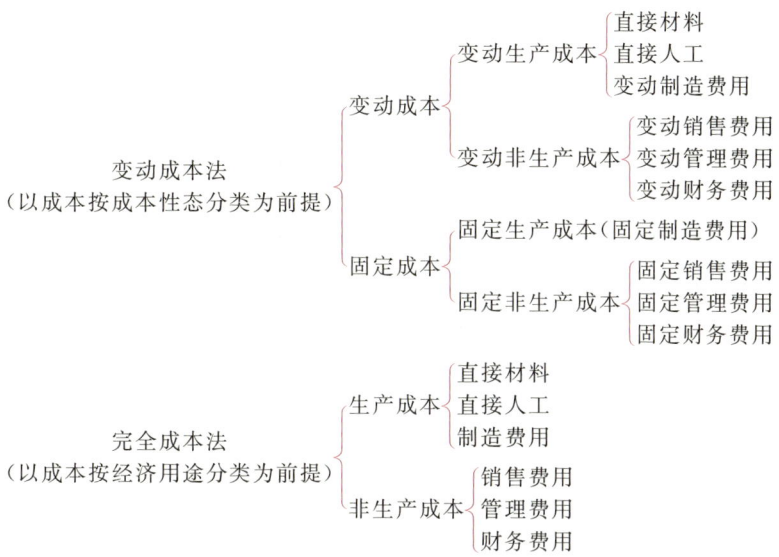

图 3-2　两种成本法在应用前提条件方面的区别

二、产品成本与期间成本的构成内容不同

变动成本法下,产品成本的内容只包括变动生产成本,由直接材料、直接人工与变动制造费用三项构成,固定生产成本和非生产成本作为期间成本处理。

完全成本法下,产品成本的内容包括全部生产成本,由直接材料、直接人工与全部制造费用三项构成,只把非生产成本作为期间成本处理。

两种成本法在产品成本与期间成本构成内容方面的区别如图 3-3 所示。

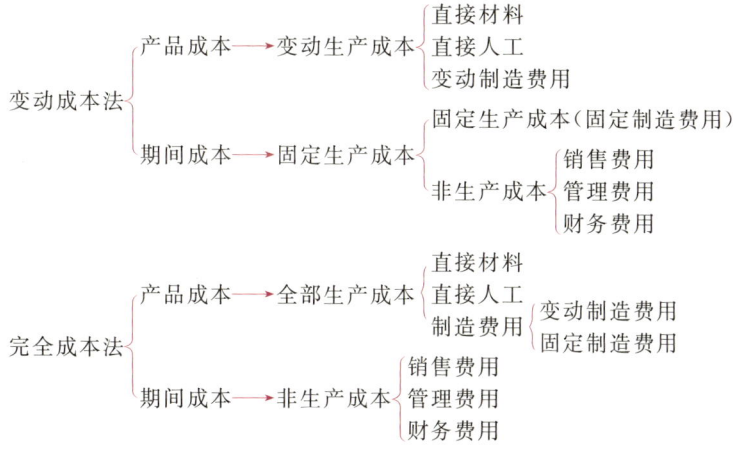

图 3-3　两种成本法在成本构成内容方面的区别

例 3-1 恒通公司只产销甲产品,2018 年年初甲产品的存货量为零,全年产量 2 000 件,销售 1 600 件,期末存货量为 400 件,每件售价 100 元。当期发生的成本资料如表 3-1 所示。

表 3-1　　　　　　　　　　　　　恒通公司成本构成资料　　　　　　　　　　　　单位:元

费用项目	金额	费用项目	金额
直接材料	60 000	变动销售费用	2 400
直接人工	30 000	固定销售费用	3 000
变动制造费用	10 000	变动管理费用	800
固定制造费用	40 000	固定管理费用	1 800

要求:根据上述资料分别计算两种成本计算法下的产品成本和期间成本。

(1)变动成本法下:

当期产品总成本 = 60 000 + 30 000 + 10 000 = 100 000(元)

单位产品成本 = 100 000 ÷ 2 000 = 50(元/件)

期间成本 = 40 000 + 2 400 + 3 000 + 800 + 1 800 = 48 000(元)

(2)完全成本法下:

当期产品总成本 = 60 000 + 30 000 + 10 000 + 40 000 = 140 000(元)

单位产品成本 = 140 000 ÷ 2 000 = 70(元/件)

期间成本 = 2 400 + 3 000 + 800 + 1 800 = 8 000(元)

从【例 3-1】的计算结果可以看出,变动成本法计算的产品成本低于完全成本法计算的相应数值,而期间成本则高于完全成本法计算的相应数值。差异的原因就在于两种成本计算法对固定生产成本(固定制造费用)的处理不同,两种成本计算法的其他区别都是在此基础上派生出来的。

三、销货成本与存货成本的水平不同

由于两种成本计算法对固定生产成本(固定制造费用)的处理不同,导致两种成本计算法下的销货成本与存货成本的水平不同。若采用变动成本法,产品销货成本与存货成本则只包含变动生产成本,不包含固定生产成本;若采用完全成本法,产品成本则包括含固定生产成本在内的全部生产成本。因此,变动成本法下的销货成本与存货成本必然低于完全成本法下的销货成本与存货成本。

例 3-2 依【例 3-1】所列数据,按两种成本计算法分别计算销货成本和存货成本。

(1)变动成本法下:

销货成本 = 1 600 × 50 = 80 000(元)

存货成本 = 400 × 50 = 20 000(元)

(2)完全成本法下:

销货成本 = 1 600 × 70 = 112 000(元)

存货成本 = 400 × 70 = 28 000(元)

四、销货成本的计算公式不完全相同

两种成本计算法均可采用下列公式计算本期销货成本：

本期销货成本＝期初存货成本＋本期生产产品成本－期末存货成本

变动成本法下，产品成本全部是由变动生产成本构成的。当期初存货量为零时，本期单位产品成本、本期单位销货成本和期末单位存货成本这3个指标完全相等；或者当前后期成本水平不变时，期初单位存货成本、本期单位产品成本、本期单位销货成本和期末单位存货成本可以用统一的单位变动生产成本来表示。因此，本期销货成本的计算公式可推导为简化公式：

本期销货成本＝单位产品成本×本期销售量

完全成本法下，产品成本不仅包括变动生产成本，还包括固定生产成本。当期初存货量为零时，本期单位产品成本、本期单位销货成本和期末单位存货成本相等，可以采用简化公式；当期初存货量不为零时，即使前后期成本水平不变，由于单位产品分担的固定生产成本与产量成反比例变动，期初单位存货成本、本期单位产品成本和期末单位存货成本也不可能完全相等。因此，一般情况下，本期销货成本不可以按简化公式计算。

五、损益确定的程序不同

变动成本法下，要按贡献式损益确定程序计算营业利润，即首先用营业收入补偿本期实现销售产品的变动成本，得到贡献毛益，然后用贡献毛益补偿固定成本以确定当期营业利润。

完全成本法下，要按传统式损益确定程序计算营业利润，即首先用营业收入补偿本期实现销售产品的营业成本，得到营业毛利，然后用营业毛利补偿营业费用以确定当期营业利润。

（一）营业利润的计算公式不同

变动成本法计算盈亏的公式为：

贡献毛益＝营业收入－变动成本

营业利润＝贡献毛益－固定成本

式中，变动成本是指已销产品变动成本，包括销货中的变动生产成本和变动非生产成本，即销售产品成本和与销售产品有关的变动管理费用、变动财务费用、变动销售费用；固定成本是指固定生产成本和固定非生产成本，即固定制造费用、固定管理费用、固定财务费用和固定销售费用。

完全成本法计算盈亏的公式为：

营业毛利＝营业收入－营业成本

营业利润＝营业毛利－营业费用

式中，营业成本是指销货中的全部生产成本；营业费用是指当期发生的管理费用、财务费用和销售费用。

例 3-3 仍沿用【例 3-1】的资料,分别按两种成本计算法计算该企业营业利润。

(1) 变动成本法下:

贡献毛益 = 100 × 1 600 - (50 × 1 600 + 2 400 + 800) = 76 800(元)

营业利润 = 76 800 - (40 000 + 3 000 + 1 800) = 32 000(元)

(2) 完全成本法下:

营业毛利 = 100 × 1 600 - 70 × 1 600 = 48 000(元)

营业利润 = 48 000 - (2 400 + 3 000 + 800 + 1 800) = 40 000(元)

从以上计算结果可以看出,两种成本计算法算出的营业利润是不相等的,其原因在于两种成本计算法对期末存货的计价不同。这一点,我们在后面将作详细说明。

(二) 编制利润表的格式不同

由于两种成本计算法的损益确定程序不同,因此它们所使用的利润表格式存在一定的区别。变动成本法使用贡献式利润表,完全成本法使用传统的职能式利润表。

例 3-4 仍沿用【例 3-1】中的资料,分别按两种成本计算法编制利润表。

按两种成本计算法编制的利润表如表 3-2 所示。

表 3-2　　　　　　　　　　　　利　润　表　　　　　　　　　　　　单位:元

变动成本法(贡献式)			完全成本法(职能式)		
项目	借方金额	贷方金额	项目	借方金额	贷方金额
营业收入(100 × 1 600)		160 000	营业收入(100 × 1 600)		160 000
变动成本			营业成本		
销货中的变动生产成本(50 × 1 600)	80 000		期初存货成本	0	
变动销售费用	2 400		本期生产成本(70 × 2 000)	140 000	
变动管理费用	800		可供销售产品的生产成本	140 000	
变动成本合计	83 200		期末存货成本(70 × 400)	28 000	
贡献毛益		76 800	营业成本合计	112 000	
固定成本			营业毛利		48 000
固定制造费用	40 000		营业费用		
固定销售费用	3 000		销售费用(2 400 + 3 000)	5 400	
固定管理费用	1 800		管理费用(800 + 1 800)	2 600	
固定成本合计	44 800		营业费用合计	8 000	
营业利润		32 000	营业利润		40 000

把利润表的左右两栏进行对比,可以看出:按变动成本法编制的利润表是按成本性态排列的成本项目,主要是为了便于取得贡献毛益信息,适应企业内部管理部门规划与控制经济活动的需要而编制的,故称为贡献式利润表;按完全成本法编制的利润表是按成本职能、用途排列的成本项目,主要是为了适应企业外部有经济关系的团体或部门的需要而编制的,故称为职能式利润表。

(三) 计算出的营业利润有可能不同

由于变动成本法与完全成本法对固定生产成本(固定制造费用)的处理不同,因此有可能导致两种成本计算法算出的营业利润有所不同。变动成本法下,固定制造费用全部计入当期损益;完全成本法下,固定制造费用一部分作为销货成本在计算营业毛利前被扣除,一部分作为存货成本递延到下期。在【例3-4】中,完全成本法计算出的营业利润为40 000元,变动成本法计算出的营业利润为32 000元,两者相差8 000元。产生8 000元的差异,是因为完全成本法的存货成本比变动成本法的存货成本多出8 000元[(70-50)×400]的固定生产成本。

应注意的是,【例3-4】是假定期初存货为零的情况,如果实际工作中,期初、期末均有存货,那么两种成本计算法计算的营业利润又将有何区别呢?下面以一实例具体分析两种成本法计算营业利润的规律。

例3-5 恒通公司最近4年只产销乙产品,每年的产销量如表3-3所示。

表3-3　　　　　　　　　　恒通公司乙产品产销量资料　　　　　　　　　　单位:件

产销数量	第1年	第2年	第3年	第4年
生产量	10 000	9 000	10 000	9 000
销售量	10 000	7 000	11 000	10 000

乙产品的单位变动生产成本为10元/件,单位变动非生产成本为3元/件,固定生产成本为45 000元,固定非生产成本为20 000元,产品单价为28元/件。产品的发出采用先进先出法。

要求:用变动成本法和完全成本法分别编制各期的利润表。

用变动成本法和完全成本法分别编制的各期利润表如表3-4、表3-5所示。

表3-4　　　　　　　　　　利润表(变动成本法)　　　　　　　　　　单位:元

项　　目	第1年	第2年	第3年	第4年
营业收入	280 000	196 000	308 000	280 000
变动成本				
变动生产成本	100 000	70 000	110 000	100 000
变动非生产成本	30 000	21 000	33 000	30 000
变动成本合计	130 000	91 000	143 000	130 000
贡献毛益	150 000	105 000	165 000	150 000
固定成本				
固定生产成本	45 000	45 000	45 000	45 000
固定非生产成本	20 000	20 000	20 000	20 000
固定成本合计	65 000	65 000	65 000	65 000
营业利润	85 000	40 000	100 000	85 000

表 3-5　　　　　　　　　　　利润表(完全成本法)　　　　　　　　　单位：元

项　　目	第1年	第2年	第3年	第4年
营业收入	280 000	196 000	308 000	280 000
营业成本				
期初存货成本	0	0	30 000	14 500
本期生产成本	145 000	135 000	145 000	135 000
期末存货成本	0	30 000	14 500	0
营业成本合计	145 000	105 000	160 500	149 500
营业毛利	135 000	91 000	147 500	130 500
营业费用	50 000	41 000	53 000	50 000
营业利润	85 000	50 000	94 500	80 500

比较表 3-4 和表 3-5，可以归纳出以下三条规律：

(1) 若期末存货中的固定生产成本等于期初存货中的固定生产成本，则两种成本计算法当期所扣除的固定成本总额相等，因此，它们计算出的营业利润也必然相等。如本例中的第 1 年，期末存货中的固定生产成本和期初存货中的固定生产成本均为 0，两种成本计算法计算出的营业利润相等，均为 85 000 元。而且从 4 年的总体情况来看，期末存货中的固定生产成本和期初存货中的固定生产成本均为 0，两种成本计算法计算出 4 年的营业利润总额相等，均为 310 000 元。

(2) 若期末存货中的固定生产成本大于期初存货中的固定生产成本，则计算当期损益时，完全成本法所扣除的固定生产成本数额小于变动成本法所扣除的固定生产成本数额。因此，完全成本法计算出的营业利润大于变动成本法计算出的营业利润。如本例中第 2 年的情况，期末存货中的固定生产成本 10 000 元[(45 000÷9 000)×2 000]大于期初存货中的固定生产成本 0，差额为 10 000 元，计算当期损益时，完全成本法所扣除的固定生产成本小于变动成本法所扣除的固定生产成本，因此，完全成本法计算出的营业利润 50 000 元大于变动成本法计算出的营业利润 40 000 元，差额为 10 000 元。

(3) 若期末存货中的固定生产成本小于期初存货中的固定生产成本，则计算当期损益时，完全成本法所扣除的固定生产成本数额大于变动成本法所扣除的固定生产成本数额，因此，完全成本法计算出的营业利润小于变动成本法计算出的营业利润。如本例中第 3、第 4 年的情况。以第 4 年为例，期末存货中的固定生产成本为 0，小于期初存货中的固定生产成本 4 500 元[(45 000÷10 000)×1 000]，计算当期损益时，完全成本法所扣除的固定生产成本大于变动成本法所扣除的固定生产成本。因此，完全成本法计算出的营业利润 80 500 元小于变动成本法计算出的营业利润 85 000 元，差额为 4 500 元。

通过以上分析得知：两种成本计算法下，对相同经营情况进行计算得到的营业利润有可能不同的根本原因，在于两种成本计算法计入当期损益的固定生产成本水平出现了差异，这种差异又具体表现为完全成本法下期末存货吸收的固定生产成本与期初存货释放的固定生产成本之间的差异。变动成本法下,计入当期损益的只是当期的固定生产成本;而完全成本法下,计入当期损益的固定生产成本不仅要受到当期发生的固定生产成本水平的影响,还要受到期初、期末存货水平的影响。用公式表示为:

$$\begin{aligned}\text{两种成本计算方法当期营业利润差额} &= \text{完全成本法下的营业利润} - \text{变动成本法下的营业利润} \\ &= \text{完全成本法下期末存货吸收的固定生产成本} - \text{完全成本法下期初存货释放的固定生产成本}\end{aligned}$$

假定各期变动生产成本不变,上式可用以下方法证明:

$$\begin{aligned}&\text{完全成本法下的营业利润} - \text{变动成本法下的营业利润} \\ &= \left[\text{营业收入} - \left(\text{期初存货成本} + \text{本期生产成本} - \text{期末存货成本}\right) - \text{销售费用} - \text{财务费用} - \text{管理费用}\right] \\ &\quad - \left(\text{营业收入} - \text{已销产品变动生产成本} - \text{固定生产成本} - \text{销售费用} - \text{财务费用} - \text{管理费用}\right) \\ &= \text{已销产品变动生产成本} + \text{固定生产成本} - \left(\text{期初存货成本} + \text{本期生产成本} - \text{期末存货成本}\right) \\ &= \text{已销产品变动生产成本} + \text{固定生产成本} - \text{完全成本法下已销产品生产成本} \\ &= \text{已销产品变动生产成本} + \text{固定生产成本} - \left(\text{已销产品变动生产成本} + \text{已销产品固定生产成本}\right) \\ &= \text{固定生产成本} - \left(\text{期初存货释放的固定生产成本} + \text{固定生产成本} - \text{期末存货吸收的固定生产成本}\right) \\ &= \text{完全成本法下期末存货吸收的固定生产成本} - \text{完全成本法下期初存货释放的固定生产成本}\end{aligned}$$

我们可以依据【例3-5】的资料,验证上述营业利润差额简算法。
(1) 第1年,由于期初、期末存货量均为0,两种成本计算法计算的营业利润差额为0。
(2) 第2年,两种成本计算法计算的营业利润差额为:
$2\,000 \times (45\,000 \div 9\,000) - 0 = 10\,000(元)$
(3) 第3年,两种成本计算法计算的营业利润差额为:
$1\,000 \times (45\,000 \div 10\,000) - 2\,000 \times (45\,000 \div 9\,000) = -5\,500(元)$
(4) 第4年,两种成本计算法计算的营业利润差额为:
$0 - 1\,000 \times (45\,000 \div 10\,000) = -4\,500(元)$

第三节 变动成本法的优缺点

一、变动成本法的优点

变动成本法的诞生突破了传统、狭隘的成本观念,为强化企业内部的经营管理、提高经济效益开创了新思路。这种方法的优点可以归纳为以下几点:
(1) 能提供最有用的管理信息,为预测前景、参与决策和规划未来服务。

变动成本法计算出的变动成本、贡献毛益及其有关信息对企业管理当局非常有用,因为它们揭示了业务量和成本变动的内在规律,表明了生产、销售、成本和利润之间的依存关系,提供了各种产品的盈利能力等重要信息,这有利于企业内部管理人员进行本量利分析,用来预测企业的保本点、保利点和影响利润变动的因素及其程度,使企业的短期经营决策更为及时、有效。简言之,揭示了销售量、成本和利润之间的依存关系,使当期利润真正反映企业经营状况,有利于企业经营预测和决策。

(2) 促使企业管理当局重视市场销售,做到以销定产,防止盲目生产。

在变动成本法下,产品产量的高低与存货的增减对营业利润都没有影响,而产品销售量的变动将使营业利润同方向变动,保持利润与销售量增减相一致,促进以销定产,这就促使企业管理当局将注意力放在销售环节上,加强促销工作,力求做到适销对路、以销定产,防止盲目生产。

(3) 便于分清各部门责任,有利于进行成本控制与业绩评价。

变动生产成本的高低最能反映生产部门和供应部门的工作实绩。例如,在直接材料、直接人工和变动制造费用方面如有节约或超支,会立即从产品的变动生产成本指标中反映出来,这样可以通过事前制定标准成本和建立弹性预算进行日常控制。至于固定生产成本的高低,责任一般不在生产部门,通常应由管理部门负责,可以通过事前制定费用预算进行控制。这不仅有利于我们进行科学的事后成本分析以及采用正确的方法进行成本控制,还能对各责任部门的工作实绩作出实事求是的、恰当的评价与考核。

(4) 利于简化产品成本的计算工作。

变动成本法中的固定生产成本作为期间成本,不计入产品成本。能区分固定成本与变动成本,有利于明确企业产品盈利能力和划分成本责任。因此,与完全成本法比较,其核算工作简化明了,有利于保证成本信息的及时性,也有利于企业集中精力加强日常管理。

二、变动成本法的缺点

尽管变动成本法具有许多优点,但在实际工作中,仍具有一定的局限性。

(1) 不符合传统的成本概念。

按照传统的成本概念,产品成本是指在生产领域为生产产品而发生的全部生产成本,既包括变动生产成本,也包括固定生产成本,而变动成本法确定的产品成本显然不能满足这一要求。同时,变动成本与固定成本的划分,在很大程度上是假设和近似的结果,不是一种非常精确的计算,如果将变动成本法用于对外报告,可能导致股东、债权人、税务机关、企业员工及其他利益相关者作出错误的决策。因为计算的单位成本并不是完全成本,不能反映产品生产过程中发生的全部耗费。因此,变动成本法所提供的成本信息只适用于企业内部管理,而不适合外部有经济关系的单位和个人使用。

(2) 不适应长期决策和定价决策的需要。

从长期来看,企业的固定成本不可能长期保持稳定,单位变动成本也会发生变动。变动成本法提供的信息,只能满足在生产能力不变的情况下的短期经营决策,而不适用于涉及生产规模变化的长期决策。另外,在定价决策中,变动成本和固定成本都应得到补偿,而变动成本法所提供的产品成本资料,一般不能适应这两方面的需要。

典型案例分析

高端制造为中国经济"强筋壮骨"

从德国铁路公司考虑购买来自中国的列车及配件,到"华龙一号"全球推介会吸引了英、法、美、加等多国代表前来,再到大连机车公司收到由印度铁路部发来的加尔各答南北线112节地铁车辆合同,中国制造业近年来可谓"喜事连连"。专家表示,中国装备制造业持续转型升级,体量不断增大,竞争力逐渐增强,但国际产业分工层级仍有待提高。可以预见,随着相关政策规划的落实,高端制造业将成为中国乃至世界经济的重要引擎。

一、"新陈代谢"正加速

"天上不会掉馅饼"。海外捷报频传的背后是中国制造业艰难而持续的求新求变。以新能源汽车行业为例,2015年1—4月,新能源汽车累计生产3.44万辆同比增长近3倍。其中,纯电动乘用车与插电式混合动力乘用车同比增长约3倍;纯电动商用车生产同比增长高达约5倍。

中国制造业紧锣密鼓的升级并没有避开国际资本的视野。商务部数据显示,2015年1—5月,在制造业吸收外资下降的背景下,电子设备制造业、交通运输设备制造业、化学原料及化学制品等高端制造业实际使用外资同比分别逆势增长4.8%、4.4%和2.0%。

中国制造以"衬衫""鞋袜"为关键词的时代正在改变。近年来,中国制造业取得了非常大的进步,一批高技术、高附加值的"中国品牌"涌现了出来。这不仅得益于国家产业政策的及时调整,也与国家对高端设备制造的扶持以及国有改革等因素密不可分。

二、"由大变强"再部署

机床产量占世界的38%,造船完工量占世界的41%,发电设备产量占全球60%……如今,中国装备制造业规模大概占世界总量的1/3。很多装备产品产量更是位居世界第一。可以说,中国制造业规模已经很大,但如何才能彻底实现从"大"到"强"的转变呢?

2015年6月15日,国务院总理李克强先后来到中国核电工程有限公司、工业和信息化部考察并主持召开座谈会。他指出,中国制造业在国家综合国力提升中功不可没,但要看到,我们在国际产业分工中,总体还处于中低端水平。实施"中国制造2025",推动制造业由大变强,不仅在一般消费品领域,更要在技术含量高的重大装备等先进制造领域勇于争先。

与此同时,四方面部署亦"新鲜出炉":一是通过鼓励创新创业,充分释放从创意设计到生产制造的巨大潜能,促进制造业和现代服务业深度融合;二是要抓住跨界融合机遇,促进大数据、云计算、物联网等技术在制造业全产业链集成应用,推动制造模式变革;三是攻克一批先进基础工艺,提高核心基础零部件的质量性能和关键基础材料的制备水平;四是大力发展节能环保产业,提升工业效能和清洁生产水平。

三、须防产业"空壳化"

铸好国之重器,方能心中有底。在之前发布的《国务院关于推进国际产能和装备制造合作的指导意见》中,钢铁、有色、建材、铁路、电力、化工、轻纺、汽车、通信、工程机械、航空航天、船舶和海洋工程12个行业,被作为推进国际产能和装备制造合作的重点。制造业的高端化可谓全面推进,此时,成本的控制需要更加精准。

专家认为,中国制造业仍有很大的发展空间,最终将成为中国经济的"硬实力"。工业是

第三章 变动成本法

一国经济真正实力的体现。我国的工业化进程并未彻底走完,在竞争优势、要素利用率及国际分工格局中尚未达到特别高的层次,制造业的潜力依然很大。

制造业的发展要注重企业成本的挖潜。未来随着"中国制造 2025"强国战略规划的实施,我国制造业企业将朝着智能工厂方向发展,同时实现由低成本竞争优势向质量效率竞争优势的转变,由粗放制造像绿色制造的转变,由要素驱动向创新驱动的转变。

【讨论】如何看待我国高端技术产业的成本依存关系?

本章小结

变动成本法是指以成本性态分析为前提,在计算产品成本时,只包括产品生产过程中所消耗的变动生产成本,即直接材料、直接人工和变动制造费用,而把固定生产成本即固定制造费用和非生产成本全部作为期间成本处理的一种成本计算方法。

变动成本法与完全成本法在应用的前提条件、产品成本与期间成本的构成内容、销货成本与存货成本的水平、销货成本的计算公式、损益确定程序五个方面有着显著的区别。两种成本计算法各项计算结果差异的根源就在于两种成本计算法对固定生产成本(固定制造费用)的处理不同,前者把固定生产成本作为期间成本处理,而后者把固定生产成本作为产品成本处理。

变动成本法的优点是:能提供最有用的管理信息,为预测前景、参与决策和规划未来服务;促使企业管理当局重视市场销售,做到以销定产,防止盲目生产;便于分清各部门责任,有利于进行成本控制与业绩评价;利于简化产品成本的计算工作。缺点是:不符合传统的成本概念;不适应长期决策和定价决策的需要。

复习思考

1. 简述变动成本法的概念。
2. 变动成本法与完全成本法有哪些区别?
3. 变动成本法与完全成本法的优缺点是什么?

同步实训

一、单项选择题(每小题只有一个正确答案)

1. 变动成本法的产品成本是指(　　)。
   A. 固定生产成本　　　　　　　　B. 变动生产成本
   C. 固定非生产成本　　　　　　　D. 变动非生产成本
2. 完全成本法的期间成本是指(　　)。
   A. 直接材料费　　B. 直接人工费　　C. 制造费用　　D. 非生产成本
3. 应用变动成本法的前提条件是(　　)。
   A. 把全部成本划分为生产成本和非生产成本
   B. 把全部成本划分为固定成本和变动成本

C. 把全部成本划分为销货成本和存货成本

D. 把全部成本划分为生产成本和混合成本

4. 某产品本期按完全成本法计算的本期单位产品成本是 16 元/件,本期产量为 5 000 件,销售量为 4 000 件,固定生产成本为 20 000 元,则按变动成本法计算的本期单位产品成本为(　　)元/件。

　A. 12　　　　　B. 20　　　　　C. 11　　　　　D. 21

5. 某产品本期按变动成本法计算的销货成本是 50 000 元,期初无存货,本期产销量相等,本期发生的固定生产成本为 15 000 元,非生产成本为 13 000 元,则按完全成本法计算的本期销货成本为(　　)元。

　A. 35 000　　　B. 37 000　　　C. 78 000　　　D. 65 000

6. 当具体应用时,变动成本法利润表的中间指标是(　　)。

　A. 贡献毛益　　B. 营业毛利　　C. 营业成本　　D. 单位贡献毛益

7. 分析两种成本计算法利润差额产生的根本原因,必须从分析(　　)入手。

　A. 销售收入　　　　　　　　　B. 非生产成本

　C. 固定制造费用　　　　　　　D. 变动制造费用

8. 若完全成本法下期末存货吸收的固定生产成本大于期初存货释放的固定生产成本,则(　　)。

　A. 变动成本法计算的营业利润较多　　B. 两种方法计算的营业利润相同

　C. 完全成本法计算的营业利润较多　　D. 上述三项都有可能

9. 本期产量为 1 000 件,销售量为 800 件,本期发生的固定生产成本为 5 000 元,单位变动生产成本为 10 元/件,则完全成本法下期末存货吸收的固定生产成本为(　　)元。

　A. 20 000　　　B. 5 000　　　C. 4 000　　　D. 1 000

10. 下列不属于变动成本法优点的是(　　)。

　A. 防止企业盲目生产

　B. 便于分清各部门责任

　C. 适合外部信息使用者使用

　D. 利于简化产品成本的计算工作

二、多项选择题(每小题有两个或两个以上正确答案)

1. 变动成本法下,期间成本包括(　　)。

　A. 管理费用　　B. 销售费用　　C. 制造费用　　D. 固定生产成本

2. 与完全成本法相比较,变动成本法的特点有(　　)。

　A. 须把成本分为固定成本和变动成本

　B. 产品成本只包括变动生产成本

　C. 期间成本包括固定生产成本和非生产成本

　D. 计算的销货成本较完全成本法低

3. 判断完全成本法计算的营业利润大于变动成本法计算的营业利润的标志有(　　)。

　A. 期末存货中的固定生产成本大于期初存货中的固定生产成本

　B. 期末存货量不为零,而期初存货量为零

C. 期末存货量为零,而期初存货量不为零
D. 期末存货中的固定生产成本小于期初存货中的固定生产成本

4. 变动成本法使用的贡献式利润表与完全成本法使用的职能式利润表包含的共同指标有( )。

A. 营业收入　　　B. 营业成本　　　C. 贡献毛益　　　D. 营业利润

5. 变动成本法的优点包括( )。

A. 有利于企业内部管理当局预测前景、参与决策和规划未来
B. 促使企业管理当局重视市场销售
C. 便于分清各部门责任
D. 利于简化产品成本的计算工作

三、判断题(正确的在括号内打"√",错误的打"×")

1. 变动成本法与完全成本法在产品成本构成上的主要区别是对固定生产成本的处理不同。( )

2. 变动成本法计算盈亏的公式为:营业利润＝销售收入－已销产品变动成本－固定成本。( )

3. 两种成本法在编制利润表时所计算的期间成本是相同的。( )

4. 只要有固定生产成本存在,按完全成本法计算的销货成本及存货成本就一定大于按变动成本法计算的销货成本及存货成本。( )

5. 变动成本法提供的信息主要是为了满足对外报告的需要,而完全成本法提供的信息主要是为了满足面向未来决策、强化企业内部管理的需要。( )

6. 完全成本法下,销售量和生产量对利润计算均有影响。变动成本法下,产量对利润计算无影响,只有销售量对利润计算有影响。( )

7. 当期末存货量大于期初存货量时,完全成本法确定的营业利润一定大于变动成本法确定的营业利润。( )

8. 当前后期单位固定生产成本不变时,如果本期销售量大于产量,则变动成本法计算的营业利润一定大于完全成本法计算的营业利润。( )

9. 若某期完全成本法下期末存货吸收的固定生产成本与期初存货释放的固定生产成本的水平相同,则两种成本法计算的当期营业利润必然相等。( )

10. 按照变动成本法解释,固定制造费用与销售费用、管理费用和财务费用一样,其效益随时间的推移而逐渐丧失,不能递延到下期。( )

四、计算分析题

1. 某公司只生产销售一种产品,计划年度生产量为 8 000 件,销售量为 7 000 件,期初存货为零。预计发生直接材料 40 000 元,直接人工 64 000 元,单位变动制造费用 12 元/件,固定制造费用 52 000 元。

要求:根据上述资料,分别用变动成本法和完全成本法计算计划年度的期末产品存货成本。

2. 某公司 2018 年只生产销售一种产品,假定该公司期初无存货。生产、销售和成本的有关资料如表 3-6 所示。

表 3-6　　　　　　　　　　生产、销售和成本的有关资料

产量	10 000 件
销量	8 000 件
直接材料	40 000 元
直接人工	30 000 元
变动制造费用	40 000 元
固定制造费用	40 000 元
销售及管理费用(全部固定)	20 000 元
变动成本率	55%

要求：
（1）用变动成本法计算单位产品成本。
（2）用完全成本法计算单位产品成本。

查看答案

第四章 本量利分析

 学习目标

通过本章学习,要求从总体上了解本量利分析的含义与作用,理解本量利分析的基本假设,掌握本量利分析的基本公式、相关概念及本量利关系图,理解利润敏感性分析。

 导入案例

格力稳居行业领头地位

珠海格力电器股份有限公司成立于1991年,是目前全球最大的集研发、生产、销售、服务于一体的专业化空调企业,连续十年上榜美国《财富》杂志"中国上市公司100强"。格力电器旗下的"格力"品牌空调,是"世界名牌"产品,业务遍及全球100多个国家和地区。

格力电器公司作为中国电器行业的领头羊之一,在中国以及国际市场的电器行业均有一定的市场份额。旗下的空调制造最为有名,"好空调,格力造"已经成为一个深入人心的广告语。但是,格力电器面临的市场竞争是相当巨大的,就国内而言,海尔、美的、志高、春兰等知名品牌在空调业也具有很大的市场份额和知名度。经过近几年大浪淘沙的市场竞争,大部分空调厂家已被淘汰出局,目前市场上留存的空调品牌都是具有一定综合实力且在某方面具有独特优势的厂家,因此想凭借单方面的优势制胜可能性很小,市场竞争已进入胶着状态。在这种胶着状态中,"木桶效应"将会显现,决定企业市场竞争力的将不再是最长的那块木板,而是最短的那一块,因而空调竞争已经进入综合实力比拼的阶段。

格力依靠其自身强大的内部优势,注重本量利分析,通过强化成本管理,尽力实现公司利润最大化。针对公司产品产量、销量,销售部提出了"打造精品企业、制造精品产品、创立精品品牌"战略,进一步提升公司的层次。近年来,格力的收入、市场占有率一直稳居国内行业领头地位,公司效益连年增长,在竞争激烈的家电行业稳步发展。

思考:

1. 格力为何要强化成本管理?
2. 本量利分析对实现利润最大化的作用如何体现?

第一节 本量利分析概述

一、本量利分析的含义

本量利分析是对"成本—业务量—利润"分析(Cost-Volume-Profit Analysis)的简称,是指以成本性态分析和变动成本法为基础,运用数学模型和图式,对成本、业务量和利润三者之间的相互依存关系所进行的分析。其中,"本"是指成本,包括固定成本和变动成本;"量"是指业务量,一般指销售量;"利"是指利润,一般指营业利润。本量利分析的目的在于通过分析短期内产品销售量、销售价格、固定成本、单位变动成本以及产品结构等因素的变化对利润的影响,为企业管理人员提供预测、决策、计划和控制等方面的信息。

二、本量利分析的基本假设

本量利分析中所建立和应用的数学模型及图形,是以一定的基本假设为前提条件的,这些假设限定了本量利分析的应用范围,而且由于各种因素的影响,往往与实际情况不相符。如果忽视了这一点,特别是当假设不能成立时,就会造成本量利分析不当,导致作出错误的预测和决策。一般有以下几方面假设:

(一)相关范围假设

相关范围假设包含了两个方面。

(1)期间假设。无论是固定成本还是变动成本,其固定性和变动性均表现在特定的期间内,其金额的大小也是在特定的期间内加以计量得到的。随着时间的推移,固定成本的总额及其内容会发生变化,变动成本的数额及其内容也会发生变化。

(2)业务量假设。固定成本和变动成本是在一定业务量范围内分析计量的结果,当业务量发生变化,特别是变化较大时,即使成本的性态不发生变化,也需要重新加以计量。

(二)模型线性假设

模型线性假设包含了3个方面。

(1)固定成本不变假设,即在企业经营能力一定的前提下,固定成本是固定不变的,表示在平面直角坐标系中,就是一条与横轴平行的直线。

(2)变动成本与业务量呈完全的线性关系假设,在平面直角坐标系中,就是一条过原点的直线,该直线的斜率就是单位变动成本。

(3)销售收入与销售数量呈完全的线性关系假设,在平面直角坐标系中,也是一条通过原点的直线,只不过该直线的斜率是销售单价。

(三)产销平衡假设

假定企业只生产一种产品,且生产出来的产品总是可以实现销售的。

(四)品种结构不变假设

品种结构不变就是指各种产品的销售额占全部销售额的比重不变。如果企业生产多种产品,由于它们的获利能力一般不尽相同,若企业产销的品种结构发生较大的变动,势必会导致预计利润和实际利润之间发生差异,因此,就必须假定品种结构不变。

(五)利润假设

除特别说明外,本量利分析中的"利润"一般假设为不考虑投资收益和营业外收入的"营业利润",也就是假设投资收益和营业外收入为零时的利润总额。

三、本量利分析的作用

本量利分析法是管理会计的基本方法之一,它在规划企业经济活动、正确进行经营决策和成本控制等方面具有广泛的作用,主要表现在以下几个方面:

(1) 进行保本分析。将本量利分析和预测技术结合起来,可以进行保本预测,确定保本销售量和保本销售额,进而预测利润,编制利润计划。

(2) 进行目标控制。将本量利分析用于目标控制,可以确定实现目标利润所需要控制的目标销售量、目标销售额以及目标成本水平,从而有效地进行目标管理。

(3) 进行风险分析。将本量利分析和风险分析结合起来,可以分析企业的经营安全性指标,确定企业的安全状况,还可以促使企业重视经营杠杆作用,努力降低风险。

(4) 进行生产决策。通过本量利分析,可以进行生产工艺选择的决策、产品品种和生产数量的决策、产品竞争决策以及定价决策等。

本量利分析除了上述的作用之外,还为标准成本制度和责任会计的应用等提供了理论准备。

四、本量利分析的基本数学模型

本量利分析的目标是利润,下面计算利润的基本公式,也是本量利分析的基本数学模型:

$$
\begin{aligned}
利润 &= 销售收入总额 - 成本总额 \\
&= 销售收入总额 - (变动成本总额 + 固定成本总额) \\
&= 销售量 \times 销售单价 - 销售量 \times 单位变动成本 - 固定成本总额 \\
&= 销售量 \times (销售单价 - 单位变动成本) - 固定成本总额
\end{aligned}
$$

若用 π 表示利润,p 表示销售单价,b 表示单位变动成本,x 表示销售量,a 表示固定成本总额,则:

$$\pi = px - (bx + a) = px - bx - a = (p - b)x - a$$

本量利分析围绕上述公式,对各因素之间变动导致的影响进行系统的分析,从而为预测和决策提供有用的信息。上述公式中的利润在我国通常是指营业利润,在西方管理会计中通常是指息税前利润(Earnings Before Interest and Tax,EBIT)。

本量利分析方法通常包括盈亏平衡分析、目标利润分析、敏感性分析、边际分析等。

五、本量利分析的相关概念

(一) 贡献毛益

贡献毛益也称边际贡献、贡献边际。它是反映企业产品盈利能力的绝对指标,其表示形式有两种:单位贡献毛益和贡献毛益总额。单位贡献毛益(cm),是指产品的销售单价减去单位变动成本后的差额;贡献毛益总额(Tcm),是指产品销售收入总额减去相应变动成本总额后的差额。

(1) 单位贡献毛益的计算公式为:

$$单位贡献毛益 = 销售单价 - 单位变动成本$$

即:

$$cm = p - b$$

(2) 贡献毛益总额的计算公式为:

$$\text{贡献毛益总额} = \text{销售收入总额} - \text{变动成本总额}$$

即：

$$Tcm = px - bx = (p-b)x = cmx$$

（3）将贡献毛益总额放入本量利分析的基本数学模型中，则：

$$\text{利润} = \text{贡献毛益总额} - \text{固定成本总额}$$

即：

$$\pi = Tcm - a$$

可见贡献毛益的大小直接影响企业利润的水平，产品销售能否保本以及产品销售利润的高低将取决于贡献毛益总额能否"吸收"固定成本总额。在固定成本不变的情况下，贡献毛益的增减意味着利润的增减，只有当产品的贡献毛益总额大于固定成本总额时才能给企业创造利润；反之，企业将会亏损。

（二）贡献毛益率

贡献毛益率(cmR)，是指产品贡献毛益占产品销售收入的百分比。它是反映企业产品盈利能力的相对指标，它表明每增加 1 元销售收入能为企业带来的贡献。该比率越大，说明产品为企业获得利润所作的贡献越大。计算公式如下：

$$\text{贡献毛益率} = \frac{\text{贡献毛益}}{\text{销售收入}} = \frac{\text{贡献毛益总额}}{\text{销售收入总额}} = \frac{\text{单位贡献毛益}}{\text{销售单价}}$$

即：

$$cmR = \frac{Tcm}{px} = \frac{cm}{p}$$

（三）变动成本率

变动成本率(bR)，是指产品变动成本占产品销售收入的百分比。它表明每增加 1 元销售收入所增加的变动成本。计算公式如下：

$$\text{变动成本率} = \frac{\text{变动成本}}{\text{销售收入}} = \frac{\text{变动成本总额}}{\text{销售收入总额}} = \frac{\text{单位变动成本}}{\text{销售单价}}$$

即：

$$bR = \frac{bx}{px} = \frac{b}{p}$$

（四）贡献毛益率和变动成本率的关系

贡献毛益率和变动成本率具有互补关系，变动成本率低的企业，贡献毛益率高，创利能力强；反之，变动成本高的企业，贡献毛益率低，创利能力弱。计算公式如下：

$$\text{贡献毛益率} + \text{变动成本率} = 1$$

即：

$$cmR + bR = 1 \text{ 或 } cmR = 1 - bR$$

例 4-1 假设某产品的销售单价为 10 元/件,单位变动成本为 6 元/件,全年产销量为 1 000 件。

要求:计算贡献毛益率和变动成本率。

根据题意,已知 $p=10$ 元/件, $b=6$ 元/件, $x=1\,000$ 件,则:

$cm = p - b = 10 - 6 = 4$(元/件)

$Tcm = (p-b)x = cmx = 4 \times 1\,000 = 4\,000$(元)

$cmR = \dfrac{cm}{p} = \dfrac{4}{10} = 0.4 = 40\%$

$bR = \dfrac{b}{p} = \dfrac{6}{10} = 0.6 = 60\%$

或:

$bR = 1 - cmR = 1 - 40\% = 60\%$

第二节 保本分析

一、保本分析的含义

保本分析就是研究企业恰好处于保本状态(即保本点)的本量利分析的一种定量分析。

保本点也称盈亏平衡点、盈亏临界点、损益平衡点,它是指企业达到保本状态(不盈不亏、收支相等、利润为零的状态)的销售量或销售额的点。

保本分析也称盈亏平衡分析,是指分析、测定盈亏平衡点,以及有关因素变动对盈亏平衡点的影响等,是本量利分析的核心内容。盈亏平衡分析包括单一产品的盈亏平衡分析和产品组合的盈亏平衡分析。

确定保本点是保本分析的关键,也是本量利分析的核心内容。保本点有两种表现形式:一种是保本销售量(保本量),另一种是保本销售额(保本额)。前者是以实物量表示的,而后者是以货币价值量表示的。

在进行盈亏临界点分析时,贡献毛益的启示就是:只要销售单价高于单位变动成本(必须如此,否则销售量越大则亏损越大),固定成本就可以获得补偿,所以,至少理论上盈亏临界点是存在的。至于盈亏临界点的位置则取决于固定成本、单位变动成本、销售单价这三个因素。盈亏临界图(保本图)如图 4-1 所示。

图 4-1 直观而形象地描述了这种关系,具体表现在以下几个方面:

(1)在固定成本、单位变动成本、销售单价不变的情况下,也就是说盈亏临界点是既定的,销售量越大,实现的利润也就越多(当销售量超过盈亏临界点时),或者是亏损越少(当销售量不足盈亏临界点时);反之,则利润越少或亏损越大。这是盈亏临界图中的基本关系。

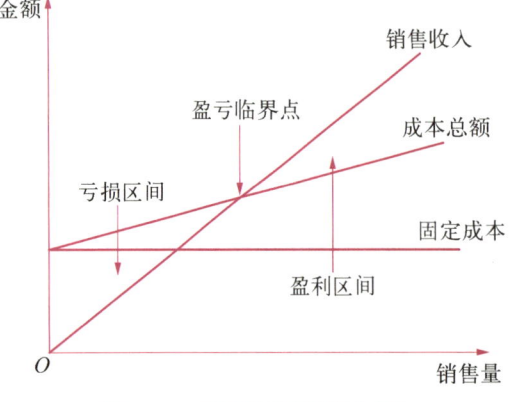

图 4-1 盈亏临界图(保本图)

(2)在总成本既定的情况下,盈亏临界点

的位置随销售单价的变动而逆向变动:销售单价越高(表现在坐标图中就是销售收入线的斜率越大),盈亏临界点就越低;反之,盈亏临界点就越高。

(3) 在销售单价、单位变动成本既定的情况下,盈亏临界点的位置随固定成本总额的变动而同向变动:固定成本越大(表现在坐标图中就是总成本线与纵轴的交点越高),盈亏临界点就越高;反之,盈亏临界点就越低。

(4) 在销售单价和固定成本总额既定的情况下,盈亏临界点的位置随单位变动成本的变动而同向变动:单位变动成本越高(表现在坐标图中就是总成本线的斜率越大),盈亏临界点就越高;反之,盈亏临界点就越低。

二、常见的盈亏平衡分析方法

(一) 单一产品的盈亏平衡分析方法

1. 公式法

盈亏平衡点的业务量＝固定成本÷(单价－单位变动成本)

盈亏平衡点的销售额＝单价×盈亏平衡点的业务量

或　盈亏平衡点的销售额＝固定成本÷(1－变动成本率)

或　盈亏平衡点的销售额＝固定成本÷边际贡献率

边际贡献率＝1－变动成本率

企业的业务量等于盈亏平衡点的业务量时,企业处于保本状态;企业的业务量高于盈亏平衡点的业务量时,企业处于盈利状态;企业的业务量低于盈亏平衡点的业务量时,企业处于亏损状态。

2. 图示法(图解法)

企业可以使用本量利关系图进行分析。本量利关系图按照数据的特征和目的分类,可以分为传统式、贡献毛益式和利量式三种图形。

(1) 传统式本量利关系图。

传统式本量利关系图是最基本、最常见的本量利关系图形,如图4-2所示。

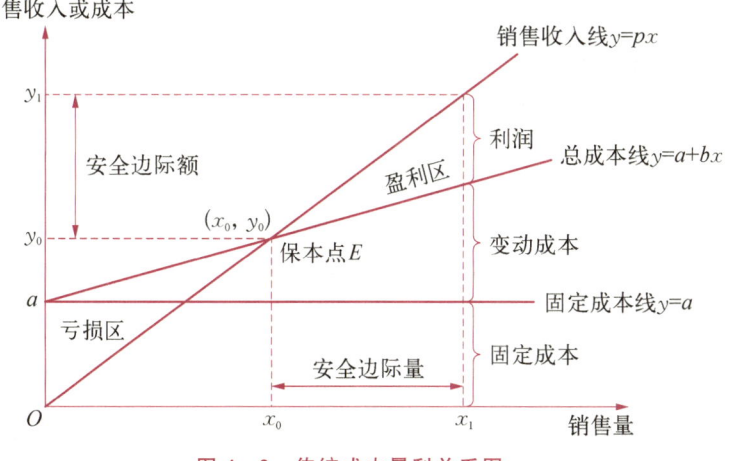

图4-2　传统式本量利关系图

绘制方法如下：

① 在直角坐标系中，以横轴表示销售量，以纵轴表示销售收入或成本。

② 在纵轴上找出固定成本数值，即以(0,固定成本数值)为起点，绘制一条与横轴平行的固定成本线。

③ 以(0,固定成本数值)为起点，以单位变动成本为斜率，绘制总成本线。

④ 以坐标原点 O 为起点，以销售单价为斜率，绘制销售收入线。

⑤ 总成本线和销售收入线的交点就是盈亏临界点的销售量。

(2) 贡献毛益式本量利关系图。

贡献毛益式本量利关系图是将固定成本置于变动成本之上，能够反映贡献毛益形成过程的图形，如图 4-3 所示。

绘制方法如下：

① 在直角坐标系中，以横轴表示销售量，以纵轴表示成本或销售收入。

② 从原点出发分别绘制销售收入线和变动成本线。

③ 以纵轴上的(0,固定成本数值)点为起点绘制一条与变动成本线平行的总成本线。

④ 总成本线和销售收入线的交点就是盈亏临界点销售量。

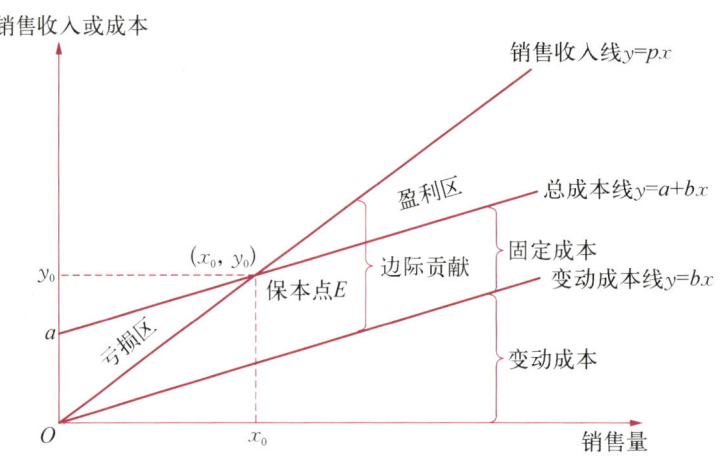

图 4-3 贡献毛益式本量利关系图

(3) 利量式本量利关系图。

利量式本量利关系图是反映利润与销售量之间依存关系的图形，如图 4-4 所示。

绘制方法如下：

① 在直角坐标系中，以横轴代表销售量，以纵轴代表利润(或亏损)。

② 在纵轴原点以下部分找到与固定成本总额相等的点(0,固定成本数值)，该点表示销售量等于零时，亏损额等于固定成本；从点(0,固定成本数值)出发画出利润线，该线的斜率是企业的单位贡献毛益。

③ 利润线与横轴的交点即为盈亏临界点销售量。

(二) 产品组合(即多种产品)的盈亏平衡分析方法

产品组合的盈亏平衡分析在掌握每种单一产品的边际贡献率的基础上，按各种产品销售额的比重进行加权平均，据以计算综合边际贡献率，从而确定多产品组合的盈亏平衡点。

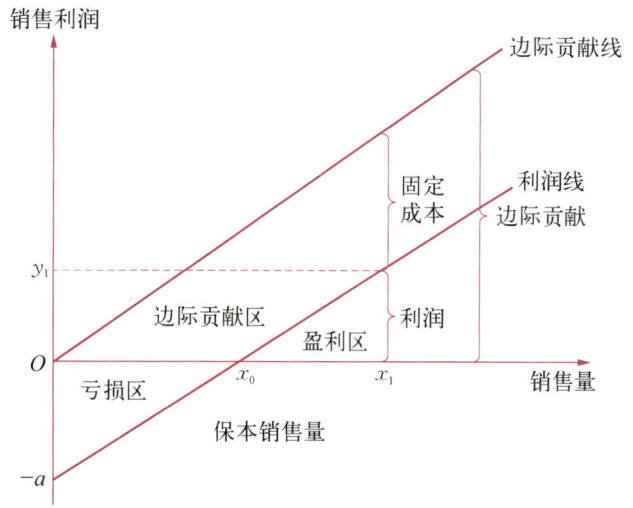

图 4-4 利量式本量利关系图

某种产品的销售额权重＝该产品的销售额÷各种产品的销售额合计

盈亏平衡点的销售额＝固定成本÷（1－综合变动成本率）

或　　盈亏平衡点的销售额＝固定成本÷综合边际贡献率

综合边际贡献率＝1－综合变动成本率

企业销售额高于盈亏平衡点时，企业处于盈利状态；企业销售额低于盈亏平衡点时，企业处于亏损状态。企业通常运用产品组合的盈亏平衡点分析优化产品组合，提高获利水平。

二、保本点的确定

（一）单一产品保本点的确定

单一产品保本点的确定方法：图解法和公式法的应用举例。

1. 图解法

图解法是指通过绘制保本图来确定保本点的一种方法。其原理是当总收入等于总成本时，企业恰好保本。在平面直角坐标系中画出总成本线和销售收入线，当 p 大于 b 时，两线交点即为保本点。保本图如图 4-5 所示。

绘制保本图方法如下：

（1）建立平面直角坐标系。

在单一品种情况下，以平面直角坐标系横轴表示销售数量，以纵轴表示成本和销售收入。

（2）绘制总成本线。

依据固定成本水平，在纵轴上标出截距 a，以单位变动成本 b 为斜率，过点 $(0,a)$ 画总成本线 $y=a+bx$。

（3）绘制销售收入线。

在平面直角坐标系中，以单价 p 为斜率，过原点 O 画销售收入线 $y=px$。当 p 大于 b 时，上述总成本线与销售收入线的交点 (x_0,y_0) 就是保本点，其中 x_0 为保本销售量，y_0 为保本销售额。

图解法具有形象直观、简明易懂的特点,但是由于图解法是依靠目测绘制而成的,因此不可能十分准确,通常应与公式法配合使用。

2. 公式法

(1) 保本销售量。

保本销售量,就是使企业利润等于零时的销售量。

令

利润 = 销售收入总额 －（变动成本总额 ＋ 固定成本总额）= 0

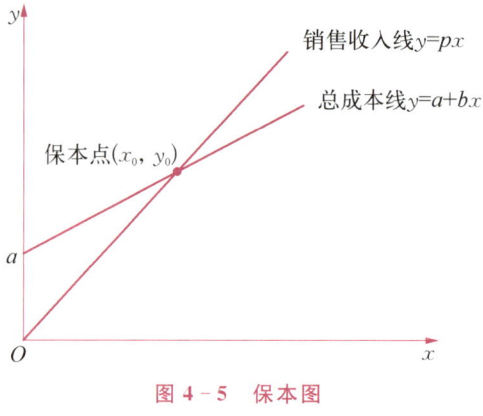

图 4-5 保本图

得到：

$$保本销售量 = \frac{固定成本总额}{销售单价 - 单位变动成本} = \frac{固定成本总额}{单位贡献毛益}$$

即

$$x_0 = \frac{a}{p-b} = \frac{a}{cm}$$

(2) 保本销售额。

保本销售额,就是使企业利润等于零时的销售额。其计算公式为：

$$保本销售额 = 销售单价 \times 保本销售量$$
$$= 销售单价 \times \frac{固定成本总额}{销售单价 - 单位变动成本}$$
$$= \frac{固定成本总额}{贡献毛益率} = \frac{固定成本总额}{1 - 变动成本率}$$

即

$$y_0 = px_0 = \frac{a}{cmR} = \frac{a}{1-bR}$$

当企业的预计销售量(额)大于保本销售量(额)时,企业就获得利润,企业处于盈利的状态;反之,当企业的预计销售量(额)小于保本销售量(额)时,企业处于亏损的状态。

例 4-2 恒通公司生产和销售单一产品数控车床一批,销售单价为 1 000 元/台,单位变动成本为 600 元/台,固定成本总额为 800 000 元。

要求：计算该公司的保本点。

根据题意和保本点计算公式可得：

$$保本销售量 = \frac{固定成本总额}{销售单价 - 单位变动成本}$$
$$= \frac{800\ 000}{1\ 000 - 600} = 2\ 000（台）$$

$$\text{保本销售额} = \frac{\text{固定成本总额}}{1 - \text{变动成本率}} = \frac{800\,000}{1 - 600/1\,000} = 2\,000\,000(元)$$

或

保本销售额＝销售单价×保本销售量
$$= 1\,000 \times 2\,000 = 2\,000\,000(元)$$

即该公司的保本销售量为 2 000 台,保本销售额为 2 000 000 元。

(二) 多种产品保本点的确定

企业在产销多种产品(即产品组合)的情况下,因为不同品种产品的销售量无法直接相加,所以其保本分析就不能用实物量来表现,只能用货币量表现,即采用多种产品销售额进行保本分析。

多种产品保本点的确定方法主要有加权平均贡献毛益率法和分别计算法等。

1. 加权平均贡献毛益率法

加权平均贡献毛益率法,又称综合贡献毛益率法,是以各种产品的贡献毛益率为基础,以各种产品的销售额占总销售额的比重为权数,计算多种产品的加权平均贡献毛益率,进而计算出多种产品的综合保本销售额,再计算出各种产品的保本销售额和保本销售量的一种分析方法。其具体步骤如下:

(1) 计算各种产品的贡献毛益率:

$$cmR = \frac{p - b}{p}$$

(2) 计算各种产品的销售量比重:

$$\text{某种产品的销售量比重} = \frac{\text{该种产品预计销售额}}{\sum \text{各种产品预计销售额}}$$

(3) 计算加权平均贡献毛益率:

$$\text{加权平均贡献毛益率} = \sum (\text{某种产品的贡献毛益率} \times \text{该种产品的销售量比重})$$

(4) 计算综合保本销售额:

$$\text{综合保本销售额} = \frac{\text{固定成本总额}}{\text{加权平均贡献毛益率}}$$

(5) 计算各种产品的保本销售额:

$$\text{某种产品的保本销售额} = \text{综合保本销售额} \times \text{该种产品的销售量比重}$$

(6) 计算各种产品的保本销售量:

$$\text{某种产品的保本销售量} = \frac{\text{该种产品的保本销售额}}{\text{该种产品的销售单价}}$$

例 4-3 恒通公司在一定时期内生产甲、乙、丙三种产品,预计销售单价、单位变动成本和销售量的资料如表 4-1 所示。

表 4-1　　　　　　　　　　　　　恒通公司产品产销资料

摘　　要	甲产品	乙产品	丙产品
销售单价/(元/件)	25	20	20
单位变动成本/(元/件)	20	14	8
预计销售量/件	5 600	4 200	2 800
固定成本总额/元	62 000		

根据表 4-1 的资料,计算整理出恒通公司产品产销资料,如表 4-2 所示。

表 4-2　　　　　　　　　　　　　恒通公司产品产销资料

摘　　要	甲产品	乙产品	丙产品	合　计
单位贡献毛益/(元/件)	5	6	12	—
贡献毛益率/%	20	30	60	—
销售额/元	140 000	84 000	56 000	280 000
销售比重/%	50	30	20	100

由表 4-2 的数据可以计算得到:

加权平均贡献毛益率 $=\sum$(某种产品的贡献毛益率×该种产品的销售量比重)

$$=20\%\times50\%+30\%\times30\%+60\%\times20\%$$

$$=31\%$$

综合保本销售额 $=\dfrac{固定成本总额}{加权平均贡献毛益率}$

$$=\dfrac{62\,000}{31\%}$$

$$=200\,000(元)$$

三种产品的保本点分别为:

(1) 甲产品:

保本销售额 $=200\,000\times50\%=100\,000(元)$

保本销售量 $=100\,000\div25=4\,000(件)$

(2) 乙产品:

保本销售额 $=200\,000\times30\%=60\,000(元)$

保本销售量 $=60\,000\div20=3\,000(件)$

(3) 丙产品:

保本销售额 $=200\,000\times20\%=40\,000(元)$

保本销售量 $=40\,000\div20=2\,000(件)$

值得注意的是:只有当企业的甲、乙、丙三种产品同时达到保本销售额(量)时,企业才处于不盈不亏的状态;只要其中一种产品或两种产品没有达到盈亏临界点的保本销售额(量),企业仍然处于亏损的状态。

2. 分别计算法

分别计算法的原理和单一产品保本点计算的公式法基本相同。它是指先将多种产品共同发生的固定成本总额按照一定的方法分配给各种产品,然后每种产品分别按照单一产品保本点的确定方法进行保本分析。若企业的固定成本总额能较合理地分配给各种产品,就可以采用分别计算法确定多种产品的保本点。

例 4-4 恒通公司在一定时期内生产甲、乙、丙三种产品,销售额分别为 200 000 元、300 000 元、500 000 元,变动成本总额分别为 140 000 元、180 000 元、325 000 元,按一定比例分配给甲、乙、丙三种产品的固定成本分别为 45 000 元、76 000 元、105 000 元。

要求:分别计算各种产品的保本销售额。

恒通公司各种产品的保本销售额计算如表 4-3 所示。

表 4-3　　　　　　　　　　恒通公司产品产销资料　　　　　　　　　　单位:元

摘　要	甲产品	乙产品	丙产品
销售收入	200 000	300 000	500 000
变动成本	140 000	180 000	325 000
贡献毛益	60 000	120 000	175 000
贡献毛益率/%	30	40	35
固定成本	45 000	76 000	105 000
保本销售额	150 000	190 000	300 000

第三节　关联因素变动对保本点的影响分析

随着经济的不断发展,企业之间的竞争也不断加剧,许多公司的管理当局高度重视盈亏平衡点。在很多行业,由于竞争激烈,导致企业大幅度提高销售业绩的前景并不乐观,有些企业的销售甚至出现下降趋势,因此,只有采取措施降低盈亏平衡点才能产生利润。这就需要了解有关因素变动对盈亏平衡点和利润的影响,从而帮助企业的决策者寻找降低盈亏平衡点、提高企业盈利的途径和措施。

从盈亏平衡点的计算公式可以看出,产品的销售价格、单位变动成本、固定成本、销售量以及产品品种结构等因素的变动都会对盈亏平衡点产生影响。

一、销售价格单独变动的影响

销售价格的变动对保本点的影响最直接、最明显。销售价格的变动,会引起单位贡献毛益与贡献毛益率同方向变动,从而影响保本点和利润。

在其他因素不变的情况下,当销售单价上升时,会使单位贡献毛益与贡献毛益率增大,补偿期间固定成本所需的业务量会相应少一些,导致保本点降低。同时,一定销售量下实现的目标利润将增加,或亏损将减少。

在其他因素不变的情况下,当销售单价下降时,会使单位贡献毛益与贡献毛益率减少,这就要求实现更多的产品销售以补偿期间固定成本,导致保本点上升。同时,一定销售量下实现的目标利润将减少,或亏损将增加。

例 4-5 假设某公司只生产甲产品,单位变动成本为 7.5 元/件,期间固定成本为 300 000 元,产品销售单价为 12.5 元/件,当年的产销能力为 100 000 件。

要求:计算保本量、保本额与全年利润。

保本量 = 300 000 ÷ (12.5 − 7.5) = 60 000(件)

保本额 = 60 000 × 12.5 = 750 000(元)

利润 = (100 000 − 60 000) × (12.5 − 7.5) = 200 000(元)

例 4-6 假设【例 4-5】中,销售单价从 12.5 元/件提高到 15 元/件,其他条件不变。

要求:计算新的保本量、保本额与全年利润。

保本量 = 300 000 ÷ (15 − 7.5) = 40 000(件)

保本额 = 40 000 × 15 = 600 000(元)

利润 = (100 000 − 40 000) × (15 − 7.5) = 450 000(元)

销售价格变动的保本图如图 4-6 所示。可见,在其他条件不变的情况下,销售单价的提高会使销售收入线斜率变大,致使保本点左移,由 V_1 到 V_2 这一段,也由原来的亏损区变成了盈利区,全年利润提高。

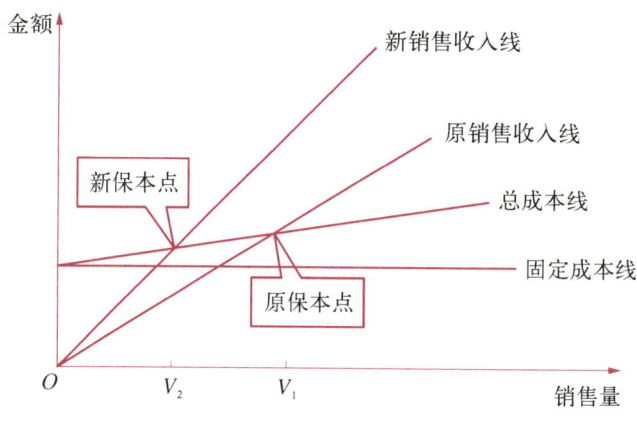

图 4-6 销售价格变动的保本图

二、单位变动成本单独变动的影响

产品单位变动成本的变动会引起单位贡献毛益和贡献毛益率向相反方向变动,从而改变盈亏平衡点。如果其他因素不变,当产品单位变动成本上升时,会减少单位贡献毛益和贡献毛益率,在本量利图中,表现为总成本线的斜率变大,导致盈亏平衡点上升,同时会减少一定销售量下实现的利润;当产品单位变动成本下降时,会使单位贡献毛益和贡献毛益率增大,在本量利图中,表现为总成本线的斜率变小,导致盈亏平衡点下降,同时会增加一定销售量下实现的利润。

例 4-7 假设【例 4-5】中,单位产品变动成本由 7.5 元/件上升到 8.5 元/件,其他条件不变。

要求:计算新的保本量、保本额与全年利润。

保本量 = 300 000 ÷ (12.5 − 8.5) = 75 000(件)

保本额 = 75 000 × 12.5 = 937 500(元)

利润＝(100 000－75 000)×(12.5－8.5)＝100 000(元)

图4－7是单位变动成本变动的保本图。可见,在其他条件不变的情况下,单位变动成本的提高,导致新总成本线斜率变大,保本点右移,亏损区扩大而盈利区缩小。

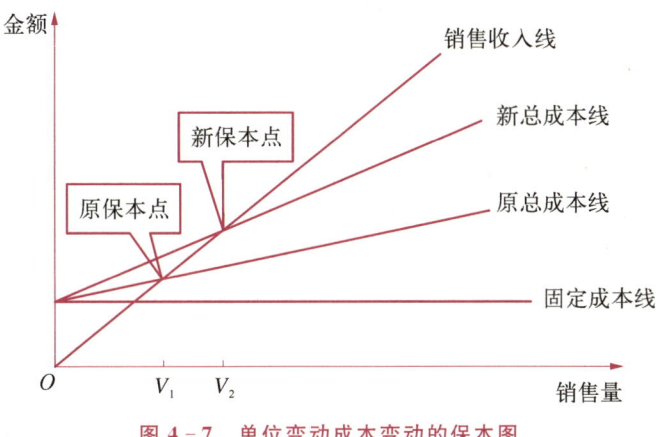

图4－7　单位变动成本变动的保本图

三、固定成本单独变动的影响

在相关范围内,固定成本虽然不随业务量的变动而变动,但企业经营能力的变化和管理决策都会导致固定成本的升降,特别是酌量性固定成本更容易发生变化。在其他因素不变的情况下,固定成本总额上升,会抬高总成本线的位置,导致保本点上升及一定销售量下实现的利润减少;固定成本总额下降,会导致保本点下降,同时,一定销售量下实现的利润会增加。

例4－8　假设【例4－5】中,固定成本由300 000元减少到275 000元,其他条件不变。

要求:计算新的保本量、保本额与全年利润。

保本量＝275 000÷(12.5－7.5)＝55 000(件)

保本额＝55 000×12.5＝687 500(元)

利润＝(100 000－55 000)×(12.5－7.5)＝225 000(元)

固定成本变动的保本图如图4－8所示。可见,在其他条件不变的情况下,固定成本的减少,将使总成本线下移,保本点左移,亏损区缩小而盈利区扩大。

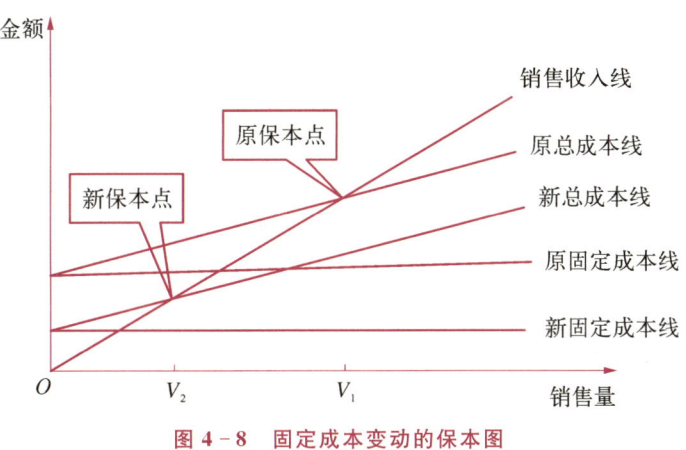

图4－8　固定成本变动的保本图

四、销售量单独变动的影响

在其他因素不变的情况下,销售量的变动对保本点无影响,但使贡献毛益总额与利润同方向变动,即销售量上升会导致利润增加,销售量下降会导致利润减少。

五、多因素变动的影响

以上讨论的是单因素变动对保本点和利润的影响。但实际工作,往往是多因素变动的。例如,降低销售单价往往会增加销售量,增加固定成本往往会提高销售单价,等等。因此,就需要对多因素变动的情况进行保本点和利润分析。

多因素变动的保本图如图 4-9 所示。原固定成本变动后形成新固定成本线,导致原总成本线变动为新总成本线,原销售收入线变动为新销售收入线,由此原保本点变动,形成新保本点。

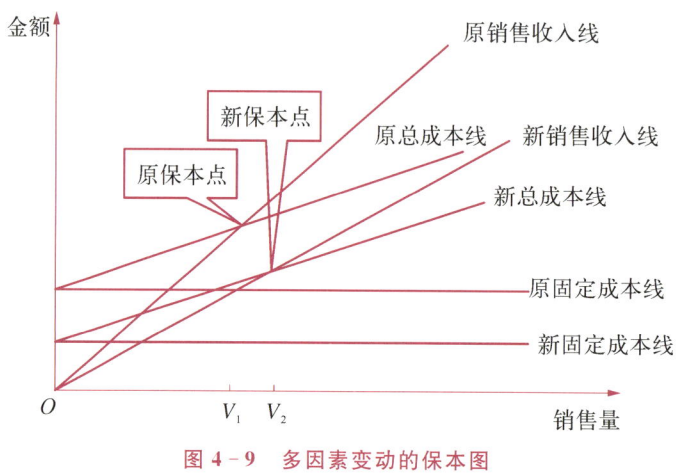

图 4-9 多因素变动的保本图

例 4-9 假设【例 4-5】中,该公司在固定成本减少到 275 000 元的同时,使产品的销售单价降低 1 元/件。

要求:计算新的保本量、保本额与全年利润。

保本量 = 275 000 ÷ (11.5 - 7.5) = 68 750(件)

保本额 = 68 750 × 11.5 = 790 625(元)

利润 = (100 000 - 68 750) × (11.5 - 7.5) = 125 000(元)

六、产品品种结构变动的影响

当企业贡献毛益率较低的产品的销售额占总销售额的比重上升时,企业的加权平均贡献毛益率下降,保本点就会上升,达到同样的销售收入时,企业的利润下降;当企业贡献毛益率较高的产品的销售额占总销售额的比重提高时,企业的加权平均贡献毛益率上升,保本点就会下降,达到同样的销售收入时,企业的利润上升。

例 4-10 假设上述公司生产三种产品,该厂全年的固定成本为 50 000 元。有关资料如表 4-4 所示。

要求:

(1) 在现有品种结构的条件下,计算加权贡献毛益率以及以此为基础计算的综合保本销售额和全年销售利润。

(2) 假设 A、B、C 三种产品的销售比重变为 20%、20%、60%,重新计算上述指标。

表 4-4　　　　　　　　　　　公司有关生产资料

产品	销量/台	单价/元	单位变动成本/(元/件)	单位贡献毛益/(元/件)	贡献毛益率
A	400	200	120	80	40%
B	200	400	160	240	60%
C	80	500	150	350	70%

(1) 现有品种结构条件下的有关指标计算。

① 计算各产品销售收入及总收入。

A 产品销售收入 $= 200 \times 400 = 80\,000$(元)

B 产品销售收入 $= 400 \times 200 = 80\,000$(元)

C 产品销售收入 $= 500 \times 80 = 40\,000$(元)

A、B、C 三种产品销售收入合计 $= 80\,000 + 80\,000 + 40\,000 = 200\,000$(元)

② 计算加权贡献毛益率。

加权贡献毛益率 $= 40\% \times 80\,000 \div 200\,000 + 60\% \times 80\,000 \div 200\,000 + 70\% \times 40\,000 \div 200\,000 = 54\%$

③ 计算综合保本额。

综合保本额 $= 50\,000 \div 54\% \approx 92\,593$(元)

④ 计算全年利润。

全年利润 $= (200\,000 - 50\,000 \div 54\%) \times 54\% = 58\,000$(元)

(2) A、B、C 三种产品结构变为 20%、20%、60% 时的情形。

① 计算加权贡献毛益率。

加权贡献毛益率 $= 40\% \times 20\% + 60\% \times 20\% + 70\% \times 60\% = 62\%$

② 计算综合保本额。

综合保本额 $= 50\,000 \div 62\% \approx 80\,645$(元)

③ 计算全年利润。

全年利润 $= (200\,000 - 50\,000 \div 62\%) \times 62\% = 74\,000$(元)

在销售收入不变的情况下,企业应积极采取措施,努力提高贡献毛益率水平较高的产品的销售比重,降低贡献毛益率水平较低的产品的销售比重,从而提高企业的加权贡献毛益率水平,使企业的利润增加、亏损减少。

第四节　本量利分析的应用

一、保利分析

(一) 保利分析的意义

保利,就是确保目标利润的实现。所谓保利分析,就是指将目标利润引进本量利分析的

4-1
本量利分析
在财务决策
中的运用

基本公式,在单价和成本水平既定的情况下,在确保企业目标利润实现的正常条件下,充分揭示成本、业务量、利润三者之间关系。

将目标利润引进本量利分析模式,在以目标管理为基本特征的现代企业管理中具有重要意义。通过保利分析,可以首先确定为实现目标利润而应达到的目标销售量和目标销售额,从而以销定产,确定目标生产量、目标生产成本以及目标资金需要量等,为企业实施目标控制奠定基础,从而为企业短期经营明确方向。

(二)保利点的确定

保利点是指企业为确保目标利润(记作 TP)的实现而应当达到的目标销售量(记作 x')或目标销售额(记作 y')。与保本点的确定方法一样,保利点也可以分别按单一品种和多品种计算确定。

保利点有两种表现形式:保利销售量(简称保利量)和保利销售额(简称保利额)。前者以实物量表示,后者以价值量表示,它们都是标志企业达到实现目标利润的销售业务量(统称保利业务量)指标。

1. 单一品种保利点的确定

(1) 不考虑所得税的保利点确定。

由于本量利分析中的"利润"一般为营业利润或利润总额,因此不考虑所得税的保利点分析是最基本的本量利分析。

把目标利润引进本量利分析的基本公式:

$$目标利润(TP) = 目标销售量 \times (单位售价 - 单位变动成本) - 固定成本总额$$
$$= x'(p-b) - a$$

则确保实现目标利润业务量的计算公式如下:

$$保利销售量(x') = (固定成本总额 + 目标利润) \div (单位售价 - 单位变动成本)$$
$$= (a+TP)/(p-b)$$
$$= 固定成本总额 + 目标利润 \div 单位贡献毛益$$
$$= (a+TP)/cm$$
$$保利销售额(y') = 单位售价 \times 保利销售量 = px'$$
$$= 固定成本总额 + 目标利润 \div 贡献毛益率 = (a+TP)/cmR$$

例 4-11 某企业生产甲产品,单位售价为 10 元/件,单位变动成本为 6 元/件,全年固定成本总额为 4 000 元。若该企业 2018 年的目标利润额为 3 000 元,价格和成本水平不变。

要求:计算该年为实现目标利润应达到的销售业务量。

保利销售量$(x') = (a+TP) \div (p-b) = (4\,000+3\,000) \div (10-6) = 1\,750$(件)

保利销售额$(y') = (a+TP) \div cmR = (4\,000+3\,000) \div 40\% = 17\,500$(元)

说明该企业要实现 3 000 元的目标利润,保利销售量应为 1 750 件,保利销售额应为 17 500 元。

(2) 考虑所得税的保利点确定。

考虑所得税(记作 tR)的目标利润,就是目标税后净利润(记作 TTP)。对于企业的所有者而言,只有企业在一定时期所实现的税后利润才归属于所有者,它是所有者取得投资报酬、实现资本保值增值的重要保证,也是企业提取盈余公积、分配股利、形成企业内部积累的重要依据。因此企业的目标税后利润以及确保目标税后利润实现的保利分析,更受投资者关注,也更受企业管理者的重视。

2. 多品种保利点的确定

多品种保利分析与多品种保本分析一样,不能用实物量表现,只能用货币量表现,因为不同品种产品的销售量直接相加没有意义。因此,多品种保利点的计算确定方法一般也有加权平均贡献毛益率法、分别计算法和历史资料法等,并且保利点计算确定的原理也与保本点一致,故在此不再逐一讨论,仅以加权平均贡献毛益率法为例,说明确保实现目标税后利润的综合保利销售额的计算公式:

$$综合保利销售额 = \frac{固定成本总额 + [目标税后利润 \div (1 - 所得税税率)]}{加权平均贡献毛益率}$$

3. 为保证目标利润实现而采取的措施

为保证目标利润的实现,在目标利润一定的情况下,可以根据各因素变动对利润指标的影响以及影响利润的敏感程度,分项或综合计算各因素,确保目标利润实现应采取一定的措施。

(1) 单因素变动,以保证目标利润的实现。

由本章第 1 节本量利分析的基本公式可以得到各因素逐个变动的计算公式。

实现目标利润时,单位售价的计算公式为:

$$\begin{aligned}
单位售价(p) &= (变动成本总额 + 固定成本总额 + 目标利润) \div 销售量 \\
&= (bx + a + TP) \div x \\
&= 单位变动成本 + (固定成本总额 + 目标利润) \div 销售量 \\
&= b + (a + TP) \div x \\
&= 单位变动成本 + 单位目标贡献毛益 = b + cm
\end{aligned}$$

实现目标利润时,单位变动成本的计算公式为:

$$\begin{aligned}
单位变动成本(b) &= (销售收入总额 - 固定成本总额 - 目标利润) \div 销售量 \\
&= (px - a - TP) \div x \\
&= 单位售价 - (固定成本总额 + 目标利润) \div 销售量 \\
&= p - (a + TP) \div x
\end{aligned}$$

实现目标利润时,销售量的计算公式为:

$$\begin{aligned}
销售量(x) &= (固定成本总额 + 目标利润) \div (单位售价 - 单位变动成本) \\
&= (a + TP) \div (p - b) \\
&= (固定成本总额 + 目标利润) \div 单位贡献毛益 = (a + TP) \div cm
\end{aligned}$$

实现目标利润时,固定成本总额的计算公式为:

$$\begin{aligned}
固定成本总额(a) &= 销售收入总额 - 变动成本总额 - 目标利润 = px - bx - TP \\
&= 贡献毛益总额 - 目标利润 = Tcm - TP \\
&= 销售收入总额 \times 贡献毛益率 - 目标利润 = px \times cmR - TP
\end{aligned}$$

$$= 销售收入总额 \times (1 - 变动成本率) - 目标利润 = px(1-bR) - TP$$
$$= 单位贡献毛益 \times 销售量 - 目标利润 = cm \times x - TP$$
$$= (单位售价 - 单位变动成本) \times 销售量 - 目标利润 = (p-b)x - TP$$

例 4-12 仍按【例 4-11】资料,甲产品单位售价为 10 元/件,单位变动成本为 6 元/件,全年固定成本总额为 4 000 元,计划销售量为 4 000 件。现该企业根据市场预测,决定将目标利润提高至 14 000 元。

要求:对影响利润的四个因素逐个进行分析,计算它们应如何变动,才能保证 14 000 元的目标利润得以实现。

(1) 提高单位售价:

单位售价$(p) = b + (a + TP) \div x = 6 + (4\,000 + 14\,000) \div 4\,000 = 10.5$(元/件)

即若 a、b、x 不变,若将 p 提高到 10.5 元/件,即单位售价提高 5%,就可以保证目标利润的实现。

(2) 降低单位变动成本:

单位变动成本$(b) = p - (a + TP) \div x = 10 - (4\,000 + 14\,000) \div 4\,000 = 5.5$(元/件)

即若 a、p、x 不变,只要将 b 降低到 5.5 元/件,即单位变动成本降低 8.33%,就可以保证目标利润的实现。

(3) 提高销售量:

销售量$(x) = (a + TP) \div (p - b) = (4\,000 + 14\,000) \div (10 - 6) = 4\,500$(件)

即若 p、a、b 不变,只要将 x 提高到 4 500 件,即销售量提高 12.5%,就可以保证目标利润的实现。

(4) 降低固定成本总额:

固定成本总额$(a) = (p - b)x - TP = (10 - 6) \times 4\,000 - 14\,000 = 2\,000$(元)

即若 p、b、x 不变,只要将 a 降低到 2 000 元,即固定成本总额降低 50%,就可以保证目标利润的实现。

从本例的计算中可以看出:对利润敏感性大的因素(如单位售价),其要求的变动幅度较小;而对利润敏感性较小的因素(如固定成本总额),其要求的变动幅度较大。

(2) 多因素同时变动,以保证目标利润的实现。

以上所述是为了保证目标利润的实现,逐个分析各个因素所需采取的相应措施,而假设其他因素都不变。但在现实的经济生活中,各因素并非孤立存在,而是相互制约、相互影响的,所以要结合分析各个因素同时变动对利润的影响。

例 4-13 按【例 4-12】资料,假设为了竞争需要,单位售价只能上升至 10.2 元/件,通过内部挖潜,单位变动成本只能由 6 元/件下降到 5.9 元/件,全年固定成本总额下降至 3 600 元。

要求:计算各因素变动对利润的影响及销售量为多少时,才能达到 14 000 元的目标利润。

若各因素不变,则该企业全年的利润为:

利润$(\pi) = (p - b)x - a = (10 - 6) \times 4\,000 - 4\,000 = 12\,000$(元)

(1) 售价提高至 10.2 元/件,其他各因素不变,则利润为:

利润$(\pi) = (p - b)x - a = (10.2 - 6) \times 4\,000 - 4\,000 = 12\,800$(元)

$\Delta \pi = 12\,800 - 12\,000 = 800(元)$

(2) 售价提高至 10.2 元/件,单位变动成本降低至 5.9 元/件,其他各因素不变,则利润为:

利润$(\pi) = (p-b)x - a = (10.2 - 5.9) \times 4\,000 - 4\,000 = 13\,200(元)$

$\Delta \pi = 13\,200 - 12\,800 = 400(元)$

(3) 售价提高至 10.2 元/件,单位变动成本降低至 5.9 元/件,固定成本总额降低至 3 600 元,其他各因素不变,则利润为:

利润$(\pi) = (p-b)x - a = (10.2 - 5.9) \times 4\,000 - 3\,600 = 13\,600(元)$

$\Delta \pi = 13\,600 - 13\,200 = 400(元)$

由于上述三个因素的同时变动,利润已上升至 13 600 元,距离目标利润还少 400 元,因此应考虑增加销售量。销售量的增加数应为:

$\Delta x = \Delta \pi \div (p-b) = 400 \div (10.2 - 5.9) \approx 94(件)$

即销售量达到 4 094 件时,才能实现 14 000 元的目标利润。

4. 保利点与保本点的比较

从上述有关保本点、保利点的计算公式可知:首先,两者的计算公式都是由本量利分析的基本公式推导得到的,只不过前者假设利润为零,后者将利润设定为目标利润或目标税后利润,因此保本点和保利点分析的实质都是本量利分析;其次,不论是保本分析还是保利分析,只要是计算有关销售量指标,均以单位贡献毛益为分母,只要是计算有关销售额指标,均以贡献毛益率为分母,无论是单一品种还是多品种分析,无一例外。

两者的区别主要在于:保本分析有利于企业经营者了解经营的最低要求和企业经营的安全程度,而保利分析则可以帮助企业管理者实施目标控制,明确企业的经营目标。因此,保本分析和保利分析是企业加强经营管理、规划和控制经济活动、正确进行经营决策的有效工具。

二、利润敏感性分析

所谓敏感性分析(Sensibility Analysis),就是研究与某一变量相关的因素发生变动时对该变量的影响程度,也称为"如果——就怎样"分析。在现实经济环境中,就企业内部来说,影响利润的因素主要包括销售价格、单位变动成本、销售量和固定成本,这些因素经常会发生变动,因而导致利润也随之发生变动。即使这些因素的变动方向和变动幅度完全一样,对利润所产生的影响还是大不相同的。有些因素增长会导致利润相应增加,而有些因素增长却会导致利润相应下降。有些因素只要略有变动就会导致利润发生较大幅度的变动,这些因素称为强敏感性因素;有些因素即使变动幅度较大,也可能仅对利润产生较小的影响,这些因素称为弱敏感性因素。因此,利润敏感性分析就是研究利润对各项因素变动的敏感程度的一种定量分析方法。

(一) 保本时的各变量临界值

根据本量利分析的基本模型,可以明确销售量、单价、单位变动成本和固定成本的变化都会引起的利润变化。当这种变化是消极的且达到一定程度时,企业利润就为零,进入保本状态;若这种变化超出上述程度,企业就进入了亏损状态,发生了质变。

根据本量利分析的基本模型,在其他变量不变的条件下,可以求得保本$(\pi = 0)$时的销售量、单价、单位变动成本和固定成本的临界值:

(1) 销售量的最小允许值为：
$$x_{\min} = a/(p-b)$$

(2) 销售单价的最小允许值为：
$$p_{\min} = b + a/x$$

(3) 单位变动成本的最大允许值为：
$$b_{\max} = p - a/x$$

(4) 固定成本的最大允许值为：
$$a_{\max} = (p-b)x$$

例 4-14 假设某公司生产一种产品——甲产品，单价为 200 元/件，单位变动成本为 120 元/件，全年固定成本估计为 1 000 万元，销售量预计为 15 万件。全年利润为 $\pi = (200 - 120) \times 15 - 1\,000 = 200$（万元）。

要求：确定相关因素的保本临界值。

(1) 销售量的最小允许值为：
$$x_{\min} = a \div (p-b) = 1\,000 \div (200 - 120) = 12.5（万件）$$

即 12.5 万件是销售量的最小临界值，小于 12.5 万件就会亏损，或者说完成计划销售量的 83.33%，企业就可以保本。

(2) 销售单价的最小允许值为：
$$p_{\min} = b + a \div x = 120 + 1\,000 \div 15 = 186.67（元/件）$$

即单价不能低于 186.67 元/件，下降幅度不能超过 6.67%，否则就会亏损。

(3) 单位变动成本的最大允许值为：
$$b_{\max} = p - a \div x = 200 - 1\,000 \div 15 = 133.33（元/件）$$

即当单位变动成本由 120 元/件上升到 133.33 元/件时，企业由盈利 200 万元转为不盈不亏；若单位变动成本上升超过这个临界点，就转为亏损。即单位变动成本只允许增加 11.11%。

(4) 固定成本的最大允许值为：
$$a_{\max} = (p-b)x = (200-120) \times 15 = 1\,200（万元）$$

即固定成本最高只能为 1 200 万元，超过就会亏损。即固定成本只允许增加 20%。

除了以上四个因素外，诸如产品结构等因素也会影响利润。在现代经济生活中，企业要面向市场，以销定产，尽可能满足不同的社会需要。因此，企业应及时调整产品结构。

(二) 敏感系数的计算

测定某因素变动的利润敏感程度的指标称为敏感系数。其理论上的计算公式如下：

$$敏感系数 = 利润变动百分比 \div 因素变动百分比$$

利润敏感性分析就是通过计算有关因素的敏感系数，揭示利润与因素之间的相应关系，使企业管理人员清楚地知道影响利润的各因素中，其敏感程度哪个强、哪个弱，从而分清主次，为利润预测和决策打下坚实的基础。为了便于计算敏感系数，先作如下假定：

(1) 假定利润只受销售单价、单位变动成本、销售量和固定成本四个因素的影响，且四

第四节 本量利分析的应用

个因素中任一因素的变动均不会引起其他三项因素的变动。

（2）假定每个因素均按1%的同一幅度变动，这样才能科学地考察不同因素的变动对利润影响程度的大小。

在上述假定的基础上，就可以计算利润受各个因素影响的敏感系数。这时某因素的敏感系数就是该因素按上述假定单独变动1%后导致的利润变动百分比与该因素的变动率1%相除的结果。因而，计算敏感系数必须先确定各因素变动前的数值，即计划期本量利分析的各个因素和目标利润都是已知数。

某因素单独变动1%后导致的利润变动百分比可按下式计算：

某因素单独变动1%后导致的利润变动百分比＝利润变动额÷目标利润额

则某因素的敏感系数计算如下：

某因素的敏感系数＝该因素变动1%后的利润变动百分比÷1%
＝利润变动额÷（目标利润额×1%）

根据前述本量利分析基本公式，可分别计算出某个因素单独变动1%，而其他因素不变时的利润的变动额。

（1）销售单价变动1%时，利润变动额＝计划销售收入×1%。
（2）单位变动成本变动1%时，利润变动额＝计划变动成本总额×1%。
（3）销售量变动1%时，利润变动额＝计划贡献毛益×1%。
（4）固定成本变动1%时，利润变动额＝计划固定成本总额×1%。

这样，各因素的敏感系数计算公式可表达如下：

销售单价的敏感系数＝（计划销售收入×1%）÷（目标利润额×1%）
＝计划销售收入÷目标利润额

单位变动成本的敏感系数＝（计划变动成本总额×1%）÷（目标利润额×1%）
＝计划变动成本总额÷目标利润额

销售量的敏感系数＝（计划贡献毛益×1%）÷（目标利润额×1%）
＝计划贡献毛益÷目标利润额

固定成本的敏感系数＝（计划固定成本总额×1%）÷（目标利润额×1%）
＝计划固定成本总额÷目标利润额

例 4-15 假设某公司只生产销售产品 A，该产品的成本资料如下：单位变动成本为 120 元/件，销售单价为 200 元/件，固定成本全年为 600 000 元，2017 年共销售 A 产品 10 000 件，实现利润 200 000 元。假定该公司 2018 年 A 产品的销售单价、单位变动成本和固定成本水平与 2017 年一样，并计划 2018 年销售 A 产品 11 250 件。

要求：计算各因素的敏感系数。

计划销售收入＝11 250×200＝2 250 000(元)
计划变动成本总额＝11 250×120＝1 350 000(元)
计划贡献毛益＝11 250×80＝900 000(元)
计划固定成本总额＝600 000(元)
目标利润额＝900 000－600 000＝300 000(元)

则：

销售单价的敏感系数＝2 250 000÷300 000＝7.5

单位变动成本的敏感系数＝1 350 000÷300 000＝4.5

销售量的敏感系数＝900 000÷300 000＝3

固定成本的敏感系数＝600 000÷300 000＝2

上述计算结果表明,该公司在2018年若产品销售单价变动1%,利润将变动7.5%,利润的变动幅度是销售单价变动幅度的7.5倍;若单位变动成本变动1%,利润将变动4.5%,利润的变动幅度是单位变动成本变动幅度的4.5倍;若销售量变动1%,利润将变动3%,利润的变动幅度是销售量变动幅度的3倍;若固定成本变动1%,利润将变动2%,利润的变动幅度是固定成本变动幅度的2倍。

上述四个因素按其敏感系数排列的顺序如下:销售单价(7.5)、单位变动成本(4.5)、销售量(3)、固定成本(2),也就是说,利润对销售单价变动的敏感性最强,对固定成本变动的敏感性最弱。

上述敏感系数的排序顺序,仅是根据【例4-15】的有关数据计算得出的。实际上,各因素的敏感系数的排列顺序并不是唯一的。然而,利润敏感系数的排列还是有一定规律可循的。在企业正常盈利的前提条件下,敏感系数的排列有如下规律存在:

(1)销售单价的敏感系数总是最高。

(2)销售单价的敏感系数与单位变动成本的敏感系数之差等于销售量的敏感系数。

(3)销售量的敏感系数不可能最低。

(4)销售量的敏感系数与固定成本的敏感系数之差等于1。

根据敏感系数的大小就可具体掌握各个因素对利润的影响程度,从而有助于企业管理人员在经营管理工作中抓住重要环节,提高预测能力,并预先拟订因素变动应采取的相应措施,以此来应对实际工作中可能发生的因素变动,保证企业目标利润的实现。

 典型案例分析

王朝酒业缘何陨落?

2015年8月,停牌内部调查长达两年的王朝酒业公布了具体原因,原来其被举报进行虚假交易,仅其中一项指控涉及金额就达4.3亿元,这无疑让连年亏损的王朝酒业再遭打击。而由于王朝酒业高管频繁更迭、内部改革进展缓慢,业内普遍对其未来发展不看好。这家曾经和长城、张裕并称为国产葡萄酒三驾马车的老牌企业,已经退出第一梯队,黯然陨落。

一、匿名指控,业绩被疑虚增

公告称,2013年3月,罗兵咸永道会计师事务所(以下简称"罗兵咸永道")收到了多封针对王朝酒业的匿名指控信,随后后者于当月停牌进行内部调查。

据了解,罗兵咸永道收到的指控信对王朝酒业提出了四项指控:第一项是上海王朝销售公司(以下简称"上海王朝")2010年为了达成销售目标并且获得相关奖金,与客户私下达成协议,虚构高达4.3亿元的销售额;第二项是2011年上海王朝以上述同样的方法和另一客户达成协议,虚构销售额;第三项是王朝酒业2010年和2011年采购额超过5 000万元的几个客户存在配合王朝酒业虚构销售业绩的行为;第四项指控称,王朝酒业2010年囤积在江苏和福建的价值5亿元的葡萄酒在积压后出现质量问题,但后来被转移,真实库存无从查起。

公告还显示,帮助王朝酒业虚构销售额的企业,包括一家上海的国有企业和深圳的上市公司,但未透露具体企业名称。

二、高管更迭,内部管理缺失

王朝酒业虚构销售额事件与混乱的内部管理有直接关系。一位不愿透露姓名的酒企高管指出,在酒水行业通过经销商预打款虚增业绩几乎是公开的秘密,企业为了完成销售目标或者冲击业绩,与合作良好的经销商合作,先打一定数额的货款过来,之后企业再逐步发货给经销商。这种模式可操作性很强,但有两点需要特别注意,一是要靠公司高层的监督,二是靠公司的管理机制。但王朝酒业恰恰做不到这两点。

近年来王朝酒业高管队伍更迭极为频繁,董事会主席白智生、非执行董事王卫东、总经理郝非非接连辞职,企业的高层一直处于动荡之中,这也被业内认为是业绩疲软的关键因素之一。

此外,王朝酒业的公告也暴露出内部管理混乱的问题。据悉,为了配合内部调查,王朝酒业需要提供涉嫌虚构销售额客户及采购额超过人民币5 000万元的一些客户的货物,以及代这些客户发货给下游客户的送货单据;按照费用发生的时间编制2010—2014年营业费用的明细账,以及确定营业费用应该正确计入有关年度的财务资料。然而王朝酒业则表示,由于前几年员工更替频繁和离职人员较多,工作交接手续不完善,若干文件和资料并没有完整交接,造成大多数原始资料缺失。另外因为国内葡萄酒市场的变化,部分原来的经销商有的进行品种转换不再继续经营葡萄酒,或者转行其他行业甚至进行了清算,造成难以找到原经销商的数据。

三、连年亏损,王朝未来难测

由于深陷内部调查阴影,王朝酒业业绩连年下滑。数据显示,王朝酒业2013年亏损额为3.56亿港元,2014年上半年未经审计净利润亏损6 344.4万港元。前些年其亏损额不断增加。对于亏损再扩大的原因,王朝酒业解释为收入、毛利及毛利率的下跌,一是因为于以前年度已经销售的高档酒、桶装酒及进口酒退货;政府政策限制宴请宴会;中国经济增长放缓、进口葡萄酒受冲击。二是分销成本与去年比较上升,因为对品牌建立、销售和市场行销的投资持续增加,以回应市场转变及公司的可持续发展,此成本与毛利抵销。

事实上,王朝酒业产品知名度较低。调查多家家乐福、物美、永辉超市,国产葡萄酒基本上都是长城、张裕、中葡、通葡等旗下产品,王朝酒业的产品并不多见。而在烟酒零售店内,王朝酒业的产品更是极为少见。

在火热的电商渠道,王朝酒业依然难觅踪影。以京东商城为例,长城葡萄酒、张裕葡萄酒和王朝葡萄酒的旗舰店,前两家旗舰店的产品评价最高达上万条,然而王朝葡萄酒旗舰店以销量从高到低排序,销量最多的产品评价仅16条。

葡萄酒营销专家李欣新分析指出,王朝酒业具备先天优势,品牌认知度高、拥有一定的产能,且骨干力量仍然坚守,相信这段风波过后,企业能够触底反弹。然而如果企业继续消沉,待设备老化、品牌影响逐渐降低,那时很难再走出阴霾。

2017年3月8日、8月11日,王朝酒业相继发布盈利警告。虽仍处于亏损之中,但根据其8月11日的公告显示,亏损已经开始收窄。只是,在业务收窄之时,其也开始出售旗下资产。

【讨论】从本量利分析出发,分析王朝酒业为何连年亏损?如何改善?

第四章 本量利分析

本章小结

本量利分析是指在成本性态分析的基础上,通过对成本、业务量和利润三者之间关系的分析,建立数学化的会计模型和图示,进而揭示变动成本、固定成本、销售量、销售单价和利润之间的内在规律性联系,为会计预测、决策、规划和控制提供有价值的会计信息的一种定量分析方法。本量利分析的基本公式如下:

利润＝销售量×销售单价－销售量×单位变动成本－固定成本总额

贡献毛益是衡量企业产品盈利能力的一个绝对数正指标,是指产品的销售收入与其变动成本之间的差额。贡献毛益有两种表示形式:单位贡献毛益和贡献毛益总额。

贡献毛益率是衡量企业产品盈利能力的一个相对数正指标,是指贡献毛益总额除以销售收入总额的百分比或单位贡献毛益除以销售单价的百分比,它表明每增加一元销售收入能为企业带来的贡献。变动成本率是衡量企业产品盈利能力的一个相对数反指标,是指变动成本总额除以销售收入总额的百分比或单位变动成本除以销售单价的百分比,它表明每增加一元销售收入所增加的变动成本。贡献毛益率与变动成本率具有互补关系。

保本分析是本量利分析的基础,其基本内容是分析确定产品的保本点,从而确定企业经营的安全程度。保本点有两种表现形式:保本销售量(保本量)和保本销售额(保本额)。确定产品的保本点不仅是保本分析的关键,也是本量利分析的核心内容。单一产品保本点可以采用图示法和公式法确定,多种产品保本点可以采用加权平均贡献毛益率法和分别计算法确定。

保利分析是指将目标利润引进本量利分析的基本公式,在单价和成本水平既定的情况下,在确保企业目标利润实现的正常条件下,充分揭示成本、业务量、利润三者之间关系的本量利分析。其基本内容是分析确定产品的保利点。保利点有两种表现形式:保利销售量和保利销售额。与保本点的确定方法一样,保利点也可以分别按单一品种和多品种计算确定。

复习思考

1. 什么是本量利分析?本量利分析的基本假设有哪些?
2. 什么是贡献毛益?它有哪几种表现形式?
3. 什么是盈亏平衡点?它有几种表现形式?
4. 什么是保利分析?保利分析有哪些具体内容?
5. 什么是敏感性分析?如何计算各因素的敏感系数?

同步实训

一、单项选择题(每小题只有一个正确答案)

1.（　　）是本量利分析的基础,也是本量利分析出发点。

A. 成本性态分析假设 B. 相关范围及模型线形假设
C. 产销平衡假设 D. 品种结构不变假设

2. 在本量利分析中,必须假定产品成本的计算基础是(　　)。
A. 完全成本法　　B. 变动成本法　　C. 吸收成本法　　D. 制造成本法

3. 计算贡献毛益率,可以用单位贡献毛益除以(　　)。
A. 单位售价　　B. 总成本　　C. 销售收入　　D. 变动成本

4. 下列指标中,可据以判定企业经营安全程度的指标是(　　)。
A. 保本量　　B. 贡献毛益　　C. 保本作业率　　D. 保本额

5. 已知企业只生产一种产品,单价为5元/件,单位变动成本为3元/件,固定成本总额为600元,则保本销售量为(　　)件。
A. 200　　B. 300　　C. 120　　D. 400

二、多项选择题(每小题有两个或两个以上正确答案)

1. 下列选项中,属于本量利分析内容的有(　　)。
A. 单一品种下的保本分析 B. 盈利条件下单一品种的本量利分析
C. 单一品种下的本量利关系图 D. 多品种下的本量利分析

2. 下列选项中,正确的有(　　)。
A. 企业产销单一品种,盈亏临界点可用实物量表示,也可用金额表示
B. 企业同时生产多种产品,盈亏临界点只能用金额表示
C. 企业同时生产多种产品,盈亏临界点只能用实物量表示
D. 企业同时生产多种产品,盈亏临界点可用实物量表示,也可用金额表示

3. 下列因素中,其水平提高会导致保利点升高的有(　　)。
A. 单位变动成本　　B. 固定成本总额　　C. 目标利润　　D. 销售量

4. 下列选项中,可据以判定企业是否处于保本状态的标志有(　　)。
A. 安全边际率为零 B. 边际贡献等于固定成本
C. 收支相等 D. 保本作业率为零

5. 下列选项中,正确的有(　　)。
A. 盈亏临界点不变,销售量越大,盈利越多
B. 销售量不变,盈亏临界点越低,盈利越多
C. 固定成本越多,盈亏临界点越低
D. 单位变动成本越高,盈亏临界点越高

三、判断题(正确的在括号内打"√",错误的打"×")

1. 所谓保本,是指企业的贡献毛益等于固定成本。(　　)
2. 通常贡献毛益是指产品贡献毛益,即销售收入减去生产制造过程中的变动成本和销售费用、管理费用中的变动部分之后的差额。(　　)
3. 本量利分析的各种模型既然是建立在多种假设的前提条件下,因而我们在实际应用时,不能忽视它们的局限性。(　　)
4. 在进行本量利分析时,不需要任何假设条件。(　　)
5. 边际贡献首先用于补偿固定成本,之后若有余额,才能为企业提供利润。(　　)
6. 本量利分析应用的前提条件与成本性态分析的假设是相同的。(　　)

7. 企业的边际贡献应当等于企业的营业毛利。（   ）
8. 所谓保本是指企业的边际贡献等于固定成本。（   ）
9. 保本作业率能够反映保本状态下，生产经营能力的利用程度。（   ）
10. 安全边际率和保本作业率是互补的，安全边际率高则保本作业率低，它们的和为1。
（   ）

四、计算分析题

1. 某调节器厂2018年全年生产调节器1 000只，每只售价5万元，每只调节器的变动成本为3万元，年固定成本总额为500万元。

要求：计算调节器厂2018年的调节器生产的单位贡献毛益和贡献毛益总额、贡献毛益率、变动成本率。

2. 某玩具厂生产的自动坦克每只售价为50元，单位变动成本为30元/只，固定成本为240 000元。

要求：

（1）计算玩具厂生产自动坦克的保本销售量和保本销售额。

（2）如果单位变动成本在原来基础上下降20%，这时的保本销售量和保本销售额又为多少？

（3）试运用传统绘制法画出压缩单位变动成本前的保本图，并指出保本点。

3. 华益电器生产甲、乙、丙三种继电器，计划年度这三种产品的预计销量分别为1 000只、2 000只、3 000只，单位售价分别为50元/只、40元/只、20元/只，单位变动成本分别为30元/只、20元/只、10元/只，生产三种产品的年固定成本总额为400 000元。

要求：计算企业的保本点及各种产品的保本点。

4. 大生电器厂生产甲、乙、丙三种电器，其单价分别为500元/件、400元/件、250元/件，单位变动成本分别为300元/件、200元/件、150元/件。生产甲、乙、丙三种产品的固定成本总额为100 000元，甲、乙、丙三种电器的销售额分别为200 000元、200 000元和100 000元。

要求：计算甲、乙、丙三种产品的综合贡献毛益率、保本销售量、保本销售额、保本点作业率。

查看答案

第五章 经营预测分析

学习目标

通过本章学习,了解经营预测分析的概念、意义、方法,熟悉经营预测分析的程序、内容,掌握销售预测、成本预测、利润预测与资金预测等所运用的方法,提高运用理论知识分析解决问题的能力。

导入案例

经营预测:资金链断裂,金立还能"活"下去吗?

2018年4月2日,金立智能手机官方微博称:"对金立工业园的部分员工通过协商解除劳动合同,并提供'N+1'的赔偿方案;未来,金立工业园将保留50%左右的员工负责继续生产,保证生产线的正常运转。"这印证了金立确实深陷债务危机,要裁员50%自救。

(一)漩涡中的金立

公开报道显示,金立手机自去年年底出现资金链断裂问题以来,债务超过100亿元。一位知情人士说,金立目前已经把工业园内绝大部分的研发人员裁掉,只剩下生产线的员工和部分售后员工,不过对于海外业务的员工,金立还保留着。在本次50%的裁员之前,金立的资金链危机早已暴露。从2017年年底开始,金立就已出现现金流吃紧、供应链挤兑的资金周转困难,还有董事长刘立荣个人的股权被冻结,金立旗下的一系列资产也传出了被抵押的消息。2018年以来,金立手机继续曝出公司股权遭冻结,供应商断货的消息。

(二)金立曾尝试推新品,但市场反响平淡

东莞是华为、OPPO、金立等智能手机生产的大本营,这些手机代理门店随处可见,但金立的门店却难觅踪影。其实金立手机质量不差。据某店销售员介绍,金立手机电池的续航能力没话说,在不充电情况下,金立M7可以坚持半个月。只是金立的广告量和知名度还是不如OPPO、VIVO。2017年,金立手机一口气推出了8款全面屏手机,并主攻线下。这几款新机功能定位重复,差异不大,在向年轻时尚的品牌定位转型上,很难比得上OPPO和VIVO。

(三)都是娱乐营销的祸

金立资金链危机,被认为是营销费用过高,手机销售又出现下滑。2018年1月30日,刘立荣在接受《证券时报》采访时表示,金立资金链问题爆发的主要原因是2016年和2017年营销费用和投资费用投入超限。2016年至2017年,金立营销费用投入超过60亿元,近3年对外投资费用超过30亿元,两项费用总和接近100亿元。2016年至2017年,金立先后邀请冯小刚、余文乐、徐帆、薛之谦、刘涛、柯洁等担任品牌代言人,而且金立在近两年曾冠名的节目达 12 个。金立给外界的一贯印象都是"我们很有钱",但砸了大钱的营销没能转化成销量,就成了"打肿脸充胖子"。知名市场调研公司 Counterpoint 的数据显示,2017 年第 3 季度全球仅有为数不多的几家手机厂商的单台利润大于 2 美元,其中提到了苹果、三星、华为等,但并不包括金立。也就是说,每台金立手机的利润不到人民币 15 元。它想要薄利多销,但在"多销"不成的现实下,最终导致盈利堪忧。

思考:

金立高额的营销费用如何影响它的经营预测?

第一节　经营预测分析概述

预测分析(Forecast Analysis),是指根据已有的资料,运用现有的知识、经验和科学的方法,对事物的未来发展趋势进行估计和测算的行为。预测分析的应用范围极为广泛,涉及社会、经济、技术、政治等各个领域。经济预测根据其涉及的范围,又可分为宏观经济预测和微观经济预测。宏观经济预测主要是对国家、地区、行业的经济发展速度和投资规模、经济结构的变动、居民消费水平的变动、世界经济的发展趋势等方面的预测;微观经济预测是局部性的,主要是对企事业单位经济发展趋势的预测。

经营预测分析是指根据历史资料和现在的信息,运用一定的科学预测方法,对未来经济活动可能产生的经济效益和发展趋势作出科学的预计和推测的过程。经营预测分析是企业进行经营决策和编制预算计划的重要依据和前提,是提高企业经济效益的一个重要手段。经营预测分析对于提高企业的经营管理水平和经济效益,以及促进企业的未来发展都起到积极的、重要的作用。

一、经营预测分析的基本内容

经营预测分析是进行决策的依据和出发点。不同企业、不同部门进行预测分析的目的也不同。从管理的角度讲,企业的预测分析主要包括:销售预测分析、成本预测分析、利润预测分析和资金需要量预测分析等。

(一) 销售预测分析

销售预测分析,是根据企业已有的历史销售资料以及市场对该产品需求的变化情况,对未来一定时期该产品销售量和销售变化趋势所进行的预测。销售预测关系到企业目标利润的制定和实现,也是其他各项经营预测分析的前提条件。销售预测主要包括企业销售量预测和市场需求预测。

(二) 成本预测分析

成本预测分析,是根据企业已有的历史成本资料以及已掌握的未来经济技术发展情况,对未来一定时期相关产品的成本水平以及成本变化趋势所进行的科学预测。它是成本管理的一项重要内容,是编制成本计划的依据,也是正确作出生产决策和投资决策的重要依据。成本预测分析主要包括目标成本设定等内容。

(三) 利润预测分析

利润预测分析,是按照企业经营目标的要求,根据企业已有的历史成本资料,通过对影响利润因素的综合分析,对未来一定时期企业经营可能达到的利润水平所进行的预测。利润预测分析是在销售预测分析和成本预测分析的基础上进行的。

(四) 资金需要量预测分析

资金需要量预测分析,是根据企业已有的历史销售资料以及当前市场对企业产品的需求变化和企业未来投资计划等情况,对未来一定时期资金需要量变化情况所进行的预测。影响资金需要量的主要因素是产品成本和产品销售收入。因此,资金需要量预测分析同样是在销售预测分析和成本预测分析的基础上进行的。

二、经营预测分析的基本原则

在企业的经营活动当中,各经济因素之间的相互关系存在一定的客观必然规律,而且是可以被人们认识和掌握的。这是进行预测分析的基本原则。

(一) 延续性原则

延续性原则,是指企业在经营管理活动当中,过去和现在的某种发展规律将会延续下去,并且假定过去和现在的条件同样适用于未来。基于此项原则认为未来是历史的延续,可以据以进行推测分析。预测未来首先需要了解过去和现在。

(二) 相关性原则

相关性原则,是指企业在经营管理活动当中,某些经济变量之间存在相互依存、相互制约的关系。通过研究和分析其中的某些经济变量,找出与其相互影响的其他经济变量之间关系的规律性,就可以从某一变量的变化预测受其影响的相关变量的变化趋势。因果预测分析法就是由此建立的。

(三) 规律性原则

规律性原则,是指对企业经营管理活动当中某个经济变量所进行的一次观测的结果可能是随机的,但是多次观测的结果就会出现某种统计规律性。这种规律性可以应用概率论与数理统计的方法进行经济预测。

(四) 可控性原则

在内因和外因的共同作用下,预测对象的未来发展变化仍然具有自身的发展规律。可控性原则是指在掌握其发展规律性的前提下,发挥人的主观能动作用,使它朝着符合人需要的方向发展。

三、经营预测分析的一般程序

(一) 确定预测目标

首先必须明确预测的对象和内容,这是进行预测分析的首要工作。预测目标是根据企业经营的总体目标来设计和确定的。确定预测目标是做好预测分析的前提,也是制定预测分析计划、确定信息资料来源、选择预测方法及组织预测人员的依据。在确定预测目标的同时,还应根据预测的具体对象和内容,确定预测的时间及范围。

(二) 收集分析资料

企业有计划地、系统地、准确地收集原始资料和数据是开展预测分析的前提条件。预测目标确定后,应着手收集有关经济、市场、技术等相关方面的资料。所收集的资料既包括过去及现在的资料,还包括企业内部与外部的资料。在掌握大量资料的基础上,对这些资料进行整理、归纳、鉴别、去伪存真、去粗取精,从中发现与预测目标有关的各因素之间的规律性和相互依存关系,从而为预测提供准确可靠的条件。在资料的收集和整理过程中,要注意资料的完整性和前后一致性。只有拥有真实准确的资料,才可能得到准确的结果。

(三) 选择预测方法

不同的预测对象和内容,都有分别适合于它们的不同的预测方法。我们应当根据预测目标、要求以及所掌握的资料,选择适当的预测方法。对于可以量化并能够建立数学模型的预测对象,应反复分析比较,选择最恰当的定量分析法;对于缺乏定量资料、无法开展定量分析的预测对象,则可以结合以往的经验,选择最佳的定性分析法。选择正确、适当的预测方法是保证预测结果准确的重要前提。

(四) 实施预测分析

运用选定的预测分析方法,根据建立的数学模型和掌握的信息资料分别进行定量分析和定性分析,得出实事求是的预测结果。

(五) 分析误差,修正预测结果

计算过去预测中产生的误差,检验预测结论与实际数据是否相符,并分析差异产生的原因,来验证所选用的预测分析方法是否科学有效,以便在预测过程中及时修正预测方法,使预测结果更加准确。这是一个反复进行信息数据处理和选择判断的过程,也是多次进行反馈的过程。

(六) 得出预测结果

完成对预测结果的修正和补充,得出最后的预测结论。

四、经营预测分析的方法

随着预测科学的发展,预测方法也越来越多。在当前的经济预测当中,经常使用的预测分析方法就有十几种。按其性质不同大体可分为两类:定性分析法和定量分析法。

(一) 定性分析法

定性分析法即非数量分析法,又称判断分析法,它是一种直观性的预测方法。这种方法主要是依靠有关专业人员的知识技能、个人经验和综合分析判断能力,在调查研究的基础上,结合预测对象的特点进行综合分析,对某一未来事项的性质和发展趋势作出判断的一种预测方法。它的特点是计算较少,通常在缺乏统计数据和原始资料或影响因素复杂多变而无法进行定量分析的情况下采用。

(二) 定量分析法

定量分析法又称数量分析法,是指在掌握与预测对象有关的各种定量资料的基础上,运用现代数学方法进行数据处理,通过建立能够反映变量之间规律性联系的数学模型来进行预测分析的一种预测方法。在历史资料比较完备准确、事物发展变化的环境和条件比较稳定的情况下,一般采用这种方法。根据具体做法的不同,定量分析法可以分为以下两种类型。

1. 趋势预测分析法

趋势预测分析法也称时间序列分析法,是指将预测对象按时间顺序排列的相关历史数据,运用数学方法进行处理和计算,借以预测未来发展趋势的一种预测分析方法。其实质是采用数理统计的方法,预测事物发展的规律。这类方法主要有算术平均法、移动加权平均法、指数平滑法等。

2. 因果预测分析法

因果预测分析法是根据预测对象与其他相关经济变量之间的相互依存或相互制约的规律性联系,建立相应的因果数学模型来进行预测的一种方法。这类方法主要有本量利分析法、投入产出法、直线回归分析法等。

(三) 定性分析法与定量分析法的关系

定量分析法与定性分析法之间并不是相互排斥的,而是相辅相成的。两类方法分别有它们各自的特点,在实际预测当中往往互为验证和补充。定量分析法相对比较准确,在掌握比较完备的历史资料的情况下,应先采用定量分析法,找到有关经济变量之间的规律性联系,作为预测的重要依据。但是现代经济现象十分复杂,经济变量要受许多不同因素的影响,如国家宏观经济政策、市场的供需变动、未来经济发展趋势、竞争对手的情况等,其中有些因素无法量化,无法用数学公式来表示,也就不具备用数学方法进行预测的条件。

同时,企业掌握的历史资料并不完全是真实准确的,企业未来的状况与现在和过去也不尽相同。为了使预测结果能更加准确,可以在采用定量分析法的同时,结合企业管理者和业务专家的经验进行综合分析研究,根据有关因素对预测结果进行修正。只有把定量分析法和定性分析法正确地结合起来,相互补充,才能得出更为准确的预测结论。

第二节 销 售 预 测

销售预测,是根据企业已有的销售资料和市场对产品需求的变化等情况,对未来一定时期内该产品的销售量(额)以及销售发展变化趋势进行预计和推测的一种行为。通常情况下,企业生产经营的最终目的都是获利。销售产品并取得销售收入是企业获利的首要前提,因此销售是企业整个生产经营活动过程中的重要环节。

企业所作的预测和决策,较多都以销售预测作为前提或基础。因此做好销售预测工作,对于加强企业的经营管理、提高企业的经济效益具有非常重要的意义。

销售预测常用的方法有趋势预测分析法、因果预测分析法、判断预测分析法、市场调查预测分析法等。其中,前两种方法属于定量分析法,后两种方法属于定性分析法。

一、趋势预测分析法

(一) 算术平均法

算术平均法又称为简单平均法,它是以过去若干期的销售量(额)的算术平均数作为未来预测期销售预测值的一种预测方法。其计算公式为:

$$预计销售量 = \frac{各期销售量(额)之和}{期数}$$

即:

5-1 销售预算的编制

$$X = \frac{\sum x_i}{n}$$

例 5-1 亨通公司某年 3 月—7 月 M 产品的销售情况如表 5-1 表示。

表 5-1　　　　　　　　　　　　　　销售额资料表

月　份	3	4	5	6	7
销售额/万元	120	116	141	134	129

要求：根据表 5-1 中的资料，利用算术平均法预测 8 月的销售额。

利用算数平均法可以预测 8 月的销售额为：

$$X = \frac{\sum x_i}{n} = \frac{120+116+141+134+129}{5} = 128(万元)$$

用算术平均法预测销售量（额），特点是计算较为简单。但是这种方法仅仅是把历史各期销售量（额）的差异平均化，没有考虑不同时期不同因素影响下实际销售量（额）的预测值可能会出现的变化。采用这种预测方法进行预测，预测结果与实际数据之间的误差往往较大。

因此，这种方法一般只适用于对受其他因素影响较小、销售量（额）相对比较平稳的产品进行销售预测，比如一些没有季节性需求变化的食品等产品。

（二）移动加权平均法

移动加权平均法，是将过去若干期的销售量（额），按照距离未来预测期的远近，根据近大远小的原则确定各期权数后，计算出加权平均数作为未来预测期的销售预测值的一种预测方法。所谓移动，是指在预测当中随着时间的不断向后推移，计算的加权平均值也不断向后顺延。预测值会随时间的推移而顺延下去。

这种预测方法下，由于距离未来预测期越近时期的实际销售量（额）对预测值的影响往往较大，因此其权数应当较大；而距离未来预测期较远时期的实际销售量（额）对预测值的影响一般相对较小，因此其权数也应当较小。

移动加权平均法的计算公式为：

$$预测期销售预测值(X) = \sum (某期销售量或销售额) \times 该期权数 = \sum x_i w_i$$

通常情况下，为了计算简便，令权数之和等于 1，即 $\sum w_i = 1$，见【例 5-2】。也可以取权数和不为 1，见【例 5-3】。

例 5-2 根据【例 5-1】中的资料，我们设定观察期为 3 个月，权数根据近大远小的原则分别设定为 0.2、0.3、0.5。若预测 6 月的销售额，则需要采用 3 月、4 月、5 月这 3 个月的历史资料作为依据；若预测 8 月的销售额，则需要以 5 月、6 月、7 月这 3 个月的历史资料作为依据。

要求：采用移动加权平均法，分别预测 6 月、7 月、8 月的销售额。

6 月、7 月、8 月的销售预测结果为：

$X_6 = 120 \times 0.2 + 116 \times 0.3 + 141 \times 0.5 = 129.3(万元)$

$X_7 = 116 \times 0.2 + 141 \times 0.3 + 134 \times 0.5 = 132.5(万元)$

$X_8 = 141 \times 0.2 + 134 \times 0.3 + 129 \times 0.5 = 132.9(万元)$

例 5-3 根据【例 5-1】中的资料,我们仍然设观察期为 3 个月,权数分别取各月的月份数。若预测 6 月的销售额,同样需要采用 3 月、4 月、5 月这 3 个月的历史资料作为依据,但各月的权数分别为 3、4、5;若预测 8 月的销售额,也同样需要以 5 月、6 月、7 月这 3 个月的历史资料作为依据,但各月的权数分别为 5、6、7。

要求:同样采用移动加权平均法,分别预测 6 月、7 月、8 月的销售额。

6 月、7 月、8 月的销售额预测值为:

$X_6 = (120 \times 3 + 116 \times 4 + 141 \times 5) \div (3 + 4 + 5) = 127.42(万元)$

$X_7 = (116 \times 4 + 141 \times 5 + 134 \times 6) \div (4 + 5 + 6) = 131.53(万元)$

$X_8 = (141 \times 5 + 134 \times 6 + 129 \times 7) \div (5 + 6 + 7) = 134(万元)$

移动加权平均法比较重视近期的历史资料,认为距离预测期越近的资料越有效,这种方法避免了对各月差异进行简单的平均化,使预测结果更接近实际情况。因此,这种方法适用于各期销售量(额)波动较大的产品。

(三) 指数平滑法

指数平滑法,是指在充分分析相关历史前期预测值和实际销售量(额)的情况下,利用平滑指数对未来销售量(额)进行预测的一种预测方法。采用这种方法,需要引入平滑指数(α,$0 \leq \alpha \leq 1$),其取值一般在 0.3~0.7 之间。指数平滑法的计算公式为:

销售量(额)预测值 = 平滑指数 × 前期实际销售量(额) + (1 - 平滑指数)

× 前期预测销售量(额)

即:

$$X = \alpha D_{n-1} + (1-\alpha) F_{n-1}$$

式中,D_{n-1} 为前期实际销售量(额);F_{n-1} 为前期预测销售量(额)。

例 5-4 根据【例 5-1】中的资料,假定该企业 7 月的销售额预测值为 128 万元,平滑指数为 0.7。

要求:用指数平滑法预测 8 月的销售额。

8 月的销售额预测值为:

$X_8 = 0.7 \times 129 + (1 - 0.7) \times 128 = 128.7(万元)$

在计算中,平滑指数 α 的取值越大,则近期实际数对预测结果的影响越大;平滑指数 α 的取值越小,则近期实际数对预测结果的影响越小。因此在进行近期预测时,可以采用较大的平滑指数;而进行长期预测时,应当采用相对较小的平滑指数。

采用指数平滑法进行预测,依据大小确定平滑指数大小,这就不可避免地带有一定的主观性。指数平滑法的实质就是一种权数分别为 α 和 $1-\alpha$ 的加权平均计算法。采用这种方法进行预测的优点,首先是可以排除在实际销售中一些偶然因素的影响,其次是计算方法相对灵活,适用范围比较广;缺点是平滑指数的确定具有一定的主观随意性。

二、因果预测分析法

因果预测分析法又称相关预测分析法,通常根据已有的历史资料,建立能够反映因果关系的数学模型,用以描述预测量与相关变量之间的依存关系,再通过对数学模型求解来确定预测期销售量(额)的方法。产品的销售情况一般总会与经济当中的某些因素是相关的。因果预测分析法正是利用了事物发展的因果关系,来推测所预测事物发展的变化规律的。采用这种预测的具体分析方法很多,通常采用的是直线回归分析法。这种方法的特点是相对简便,成本较低。

运用直线回归分析法进行销售预测时,需要建立如下数学模型:

$$y = a + bx$$

式中,y 表示销售量或销售额;a 和 b 表示回归系数;x 表示预测对象的相关因素变量。

按照直线回归法原理,回归系数 a 和 b 的计算公式分别为:

$$a = \frac{\sum y - b \sum x}{n}$$

$$b = \frac{n \sum xy - \sum x \sum y}{n \sum x^2 - (\sum x)^2}$$

通常,相关因素 x 是按照时间顺序来排列的,并且是时间间隔相等的一个系列。只要把 $x=0$ 取在整个时间段的中间,则 $\sum x = 0$,就可以简便地得到回归直线,则 a 与 b 的计算公式可以简化为:

$$a = \frac{\sum y}{n}$$

$$b = \frac{\sum xy}{\sum x^2}$$

三、判断预测分析法

判断预测分析法,是指根据熟悉市场变化情况的专业人员对产品未来的销售量(额)所作出的判断来进行销售预测的一种方法。常参加预测判断的人员主要是具有丰富经验、熟悉本行业销售情况、对市场未来的发展变化趋势较为敏感的专家、学者以及本企业管理人员、销售人员等。判断预测分析法具体包括德尔菲法、综合意见判断法等。

(一) 德尔菲法

德尔菲法又称专家调查法,通常采用函询调查的方式,通过多次向经验丰富的有关专家发出预测问题调查表,收集专家的意见,然后由企业有关部门把各专家的意见进行综合、整理和归纳,最后作出综合预测判断的一种方法。

(二) 综合意见判断法

综合意见判断法,是指将熟悉本行业市场情况及相关变化信息的经营管理人员对市场的判断意见加以汇总、分析、整理,从而作出较为正确预测的一种方法。其中的经营管理人员一般包括企业的总经理、供销人员、生产部门负责人、财务人员等,综合这些经营管理人员的意见,可以对市场、生产、销售等各方面的情况有一个比较客观的了解,从而保证预测的正确性。

四、市场调查预测分析法

市场调查预测分析法,是指通过对某种产品在市场上的供需情况变化的详细调查,来分析预测该产品销售量(额)的一种方法。市场调查预测分析法一般从以下四个方面进行。

(一) 对经济发展趋势进行调查

企业应充分了解国内外和本地区的未来经济发展趋势及其可能对企业产品销售产生的影响,对本企业产品的市场需求作出正确的判断。

(二) 对消费者进行调查

在进行销售预测时,必须调查了解消费者的经济情况和未来发展前景。只有掌握了消费者购买力情况、兴趣爱好、购买心理以及消费结构等情况,才能更好地掌握市场需求状况。

(三) 对产品进行调查

产品在市场上都有一定的寿命周期,通常都会经历产生、发展、成熟、衰亡的过程。任何产品在一定时期内必然是处于某一阶段中的。处在寿命周期不同阶段的产品的销售量会有明显的不同。在调查中,首先要调查该产品目前处于寿命周期的哪个阶段以及该产品的寿命周期长度,这样就可以较好地把握产品的市场销售前景。

(四) 对市场竞争状况进行调查

市场经济下必然会存在竞争。要在激烈的市场竞争中求得生存和发展,不仅要了解本企业产品的优势、市场占有和未来发展情况,还必须充分了解同行业中同类产品在质量、品种、价格、销售政策、售后服务等多方面的情况。只有做到知己知彼,才可能对本企业产品的销售作出正确的估计。

通过市场调查,对已经掌握的调查资料进行综合分析和整理,才可能对该企业产品的未来销售量(额)作出较为准确的预测判断。

第三节 成 本 预 测

一、成本预测的意义

成本预测(Cost Forecast),是指根据企业现有的资料,通过对影响成本的有关因素进行分析,而对企业未来一定时期相关产品的成本水平及其变动趋势进行科学有效的预测。成本是衡量企业经济效益的重要指标,如何有效地降低成本是企业增加利润的一个重要途径。成本预测对于企业经营管理工作也具有极为重要的意义。

(1) 进行成本预测有利于制定经营决策。

通过成本预测,合理地确定相关产品的品种、产量,以及材料、人工等的合理消耗水平,掌握各因素之间的相互影响和制约关系,便于作出合理、有利的经营决策。

(2) 进行成本预测有利于加强成本控制。

通过成本预测先预计出本期产品的成本,再与目标成本进行比较,就可以得出本期产品与成本计划之间的差额。如果发现预计的成本不能达到目标成本的要求,企业应当及时查找原因,采取措施及时纠正,以便确保达到目标成本,实现目标利润。

(3) 进行成本预测有利于加强对成本控制的事前管理。

如果在生产经营当中发现实际成本与目标成本之间存在较大的差异，往往很难立即找到有效的措施减小或消除差异。通过进行成本预测，企业在生产经营活动开始之前，就可以基本掌握成本的变动趋势和预测期的成本水平。通过分析，找到降低成本的方向和途径，明确降低成本的具体措施和方案，变被动的成本控制为主动的成本控制，使成本管理由单纯的事后核算与分析，转变为事前的计划和控制，从而更有效地实现企业的经营目标。

5-2 成本预算的编制

二、成本预测的步骤

（一）提出目标成本的初步方案

目标成本，是指在一定时期内产品成本应该达到的标准。它通常要比企业当前的实际成本稍低，一般是根据该产品的设备生产能力、标准产量、企业人员技术能力等多方面因素制定的。企业要生存和发展，只有通过降低成本，才能确保有一定的目标利润。因此，目前很多企业采用的都是"倒推成本"的方法。在价格和目标利润设定的情况下，倒推出目标成本，然后逐层分解，使汇总后的产品成本达到或低于目标成本。

（二）对比差异，综合分析

根据当前实际情况下可能达到的成本水平进行测算，对比预测成本与目标成本之间的具体差距。从多角度进行分析，寻找降低成本的最为有效的主体方案。

（三）分解指标，制订具体方案

根据已经确定的降低成本的主体方案，找出缩小预测成本与目标成本之间差距的途径和方法，然后逐层进行分解实施，制订出各个层次降低成本的具体方案。

（四）确定最后的目标成本

对降低成本的各种具体方案进行技术、经济分析，从中选出确实有效的、可行的、最佳的方案，据以确定最终的目标成本。

三、影响成本预测的因素

进行成本预测，必须考虑未来一定时期对成本产生影响的各有关因素的变动情况，并根据这些情况采用适当的方法确定它们对成本产生的具体影响程度，以确保能够提供科学的预测依据，从而正确地进行成本预测。

影响成本预测的主要因素有：材料的消耗定额和售价、劳动生产率水平和当地平均工资水平、产品产量、产品质量、产品的有关技术经济指标。此外，企业所处的地理位置、所面临的市场条件、所经营的产品品种等，都直接或间接地影响成本，甚至竞争对手的一些经营行为也可能会对产品的成本产生影响。目标成本的确定既要考虑先进性，也要考虑可行性。只有既先进又切实可行的目标成本才能调动企业各方面的积极性，从而保证目标利润的实现。

四、成本预测的方法

（一）目标成本预测法

目标成本，是为实现目标利润所应达到的成本水平，是企业未来一定时期成本管理工作的目标。目标成本的预测方法主要有以下两种。

1. 根据目标利润预测目标成本

在确定目标利润的基础上,通过市场调查或其他信息资料确定适当的销售价格和销售量,用预计的销售收入减去目标利润即可得到目标总成本。计算公式为:

$$目标成本 = 预计单价 \times 预计销售量 - 目标利润$$
$$= 预计销售收入 - 目标利润$$

例 5-5 恒通公司预计 2018 年全年 M 产品的销售收入为 600 000 元,目标利润为 150 000 元。

要求:预测该公司的目标成本。

目标成本 = 600 000 - 150 000 = 450 000(元)

2. 以业内先进的成本水平作为目标成本

可以根据本企业历史上最好的成本水平或国内外同行业同类产品的先进成本水平,结合本企业的实际情况,分析确定本企业的目标成本。此外,也可以根据企业原有基期的实际成本水平,充分考虑各种成本降低因素后计算确定。采用这种方法可以直接确定各成本项目的目标成本,但没有与目标利润相联系。

(二)历史成本预测法

历史成本预测法,是根据已有的相关资料,将成本按性态进行划分,运用数理统计方法来估计推测成本发展趋势的一种方法。作为预测依据的已有资料所选用的时期要适当,通常以 3~5 年为宜。期限过长就会相对陈旧,不具有可比性;期限过短,则无法反映成本变化的趋势。

成本的发展趋势一般可以用直线方程式来反映:

$$y = a + bx$$

在这个直线方程式中,只要求出固定成本总额(a)和单位变动成本(b)的值,就能预测出任何产量(x)的总成本(y)。

预测成本变动趋势的方法很多,最常用的有高低点法、加权平均法和直线回归分析法。

1. 高低点法

高低点法是根据过去若干时期的已有资料中最高业务量和最低业务量的总成本之差与这两期的业务量之差的对比值,来求出直线方程式 $y = a + bx$ 中 a 和 b 的值,然后根据预测期的总成本方程式,就可预测出预测期的产品总成本与单位成本。

例 5-6 恒通公司生产和销售甲产品。根据该公司去年的历史数据可知,该公司去年产量最高的月份为 12 月,共生产 4 000 件,其总成本为 350 000 元;产量最低的月份为 10 月,共生产 3 000 件,其总成本为 310 000 元。预计今年 1 月的产量为 5 000 件。

要求:预测今年 1 月总成本与单位成本。

$b = (y_2 - y_1) \div (x_2 - x_1) = (350\,000 - 310\,000) \div (4\,000 - 3\,000) = 40(元)$

$a = 310\,000 - 40 \times 3\,000 = 190\,000(元)$

或:

$a = 350\,000 - 40 \times 4\,000 = 190\,000(元)$

预测今年 1 月该产品的总成本 $y = a + bx = 190\,000 + 40 \times 5\,000 = 390\,000(元)$

预测今年 1 月该产品的单位成本 = 390 000 ÷ 5 000 = 78(元)

2. 加权平均法

加权平均法是根据过去若干时期的固定成本总额和单位变动成本的历史资料,按其距离预测期的远近分别确定不同的权数,再用加权平均计算的方法来确定预测期的产品成本的一种预测方法。成本费用的发展趋势还是用直线方程式 $y=a+bx$ 表示。其计算公式为：

$$预测期总成本\ y = \frac{\sum a_i w_i}{\sum w_i} + \frac{(\sum b_i w_i)x}{\sum w_i}$$

通常取 $\sum w_i = 1$,则上式可以简化为：

$$预测期总成本\ y = \sum a_i w_i + (\sum b_i w_i)x$$

$$预测期单位成本 = y \div x$$

例 5-7 恒通公司去年第 4 季度生产甲产品的成本资料如表 5-2 所示。

表 5-2　　　　　　　　　　　　　成本资料表

月　份	各月权重	产量/件	单位变动成本/(元/件)	固定成本总额/元
10	0.2	3 000	35	205 000
11	0.5	3 600	32	220 000
12	0.3	4 000	30	230 000

若今年 1 月该公司计划生产甲产品 5 000 件,去年 10 月、11 月、12 月的加权权数分别定为 0.2、0.5、0.3。

要求：采用加权平均法预测今年 5 000 件该产品的总成本和单位成本。

预测今年该产品总成本 $y = (205\,000 \times 0.2 + 220\,000 \times 0.5 + 230\,000 \times 0.3)$
　　　　　　　　　　　$+ (35 \times 0.2 + 32 \times 0.5 + 30 \times 0.3) \times 5\,000$
　　　　　　　　　$= 380\,000(元)$

3. 直线回归分析法

直线回归分析法是应用数学中的最小平方法的原理来预测成本的。基本公式仍然是直线方程式 $y=a+bx$。其中：

$$a = \frac{\sum y - b \sum x}{n}$$

$$b = \frac{n \sum xy - \sum x \sum y}{n \sum x^2 - (\sum x)^2}$$

高低点法一般适用于产品成本变动趋势比较稳定的情况,如果企业各期成本变动幅度较大,采用这种方法就会产生较大的误差;加权平均法更适用于历史成本资料比较齐全的企业;直线回归分析法则适用于产品成本变动较大的企业。以上几种常用的成本预测方法,都是根据已有的历史资料运用数理统计的方法进行预测的。采用这些方法进行预测,还需要考虑一些外部因素可能对成本产生的影响。

第四节 利润预测

一、利润预测的意义

利润预测(Profit Forecast),是指根据企业经营目标的需要,通过对影响利润变动的成本、产销量等因素进行综合分析,对企业未来一定时期可能达到的利润水平及其变动趋势进行预测。

利润预测是企业提高经济效益的重要手段。利润既是反映企业经营成果的综合指标,也是衡量企业经济效益的重要标准。在生产经营过程中,企业只有增加产品销量,节约成本费用支出,不断完善自身管理水平,才能在竞争中获胜。同时,制定和实现预测的目标利润,可以把企业各方面的积极性调动起来,充分挖掘企业在生产经营各个环节中的潜力。因此,企业实现目标利润的过程,也是企业不断进行自我完善的过程。由于企业在不同时期有不同的经营目标,因此进行利润预测时,要合理地确定企业在未来一定期间的利润目标。过高或过低的未来发展目标都会给企业的经营带来不利的影响。明确企业未来的发展方向,准确定位,才能使整个企业平稳有序地向前发展。

二、预测目标利润的方法

目标利润是企业在未来一定时期所要达到的利润指标。预测目标利润是根据企业经营总目标的要求,以市场调查为基础,结合本企业的具体情况,采用一定的预测技术对目标利润进行科学合理测算的过程。预测目标利润的方法主要有以下几种。

(一) 本量利分析法

本量利分析法是在成本性态研究和盈亏平衡分析的基础上,根据有关产品的成本、产销量与利润之间的关系,确定未来一定时期的目标利润总额的一种方法。这种方法在本书第四章中已有详细介绍,在此不再描述。

(二) 销售额增长率法

销售额增长率法,是以基期实际销售利润与销售额预计增长率为依据计算目标利润的方法。这种方法假设利润与销售额是同步增长的。其计算公式为:

$$目标利润 = 基期销售利润 \times (1 + 销售额预计增长率)$$

例 5-8 恒达公司去年实际销售利润为 40 万元,实际销售额为 160 万元,预计今年的销售额为 200 万元,即销售额增长率为 25%。

要求:预测该企业今年的目标利润。

目标利润 $= 40 \times (1 + 25\%) = 50$(万元)

(三) 利润增长率法

利润增长率法是根据企业基期已经实现的利润水平,结合过去若干年企业的利润增长率的变动趋势(通常参照过去 3~5 年的历史资料),以及可能对企业利润产生影响的相关因素在未来期间内可能发生的变动情况,由此确定一个相应的预计利润增长率,然后据以确定目标利润的一种方法。其计算公式为:

目标利润＝基期利润×(1＋预计利润增长率)

例 5-9 恒达公司去年实现利润总额 40 万元,通过对该公司过去 3 年的盈亏情况进行分析,确定今年的利润增长率为 20%。

要求:预测该企业今年的目标利润。

目标利润＝40×(1＋20%)＝48(万元)

(四) 经营杠杆系数法

经营杠杆系数是利润变动率与销售量变动率的比率,即贡献毛益额与利润额的比率。其计算公式为:

$$经营杠杆系数 = \frac{利润变动率}{销售量变动率}$$

或:

$$经营杠杆系数 = \frac{(单价 - 单位变动成本) \times 销售量}{(单价 - 单位变动成本) \times 销售量 - 固定成本}$$

或:

$$经营杠杆系数 = \frac{贡献毛益额}{利润额}$$

通常情况下固定成本均不为零,只要固定成本存在,经营杠杆系数总是大于 1 的。也就是说,企业利润变动的幅度总是大于企业销售量变动的幅度。当销售量增长时,利润会以更快的速度增长;当销售量下降时,利润会以更快的速度下降。这种现象就是经营杠杆效应。利用经营杠杆系数进行目标利润预测的计算公式为:

目标利润＝基期利润×(1＋经营杠杆系数×销售增长率)

例 5-10 恒通公司去年产品的贡献毛益总额为 80 万元,利润总额为 40 万元,预计今年销售增长率为 25%。

要求:预测该公司今年的目标利润。

经营杠杆系数＝80÷40＝2

目标利润＝40×(1＋2×25%)＝60(万元)

第五节　资金需要量预测

一、资金需要量预测的意义

保证资金供应,合理安排调度使用企业资金,提高资金利用的经济效果,是企业生产经营的重要前提。资金需要量预测的目的在于以最少的资金占用量取得最佳的经济效益。因此,资金需要量预测对于加强企业经营管理和提高企业经济效益具有十分重要的意义。

企业的一切生产经营活动都离不开必要的资金,企业的生产经营活动日益错综复杂,很多因素都可能对资金需要量的增减变动产生影响。在通常情况下,导致资金发生增减变动的直接原因主要是相关产品销售量(额)的增减变动。当销售量(额)增长或处于较高水平时,资金需要量较多;当销售量(额)减少或处于较低水平时,资金需要量较少。因此,准确、有效的销售预测是进行资金需要量预测的重要依据。通过确定并利用销售量(额)与资金需要量之间相互关系的基本模式,可以推算出销售量(额)在某一特定水平时所需要的资金量。

二、资金需要量预测的基本方法

(一) 资金周转率预测法

资金周转率预测法,是指根据延续性原则,运用现有的实际资金周转率的资料,来预测企业的预测期资金需要量的一种定量分析方法。其计算公式如下:

$$预测期资金需要量 = \frac{预计销售额}{基期的资金周转率}$$

例 5-11 恒通公司 2018 年的资金周转率为 5 次,该公司预计 2019 年的销售额为 600 000 元。

要求:预测该公司 2019 年的资金需要量。

2019 年的资金需要量 = 600 000 ÷ 5 = 120 000(元)

(二) 销售百分比法

销售百分比法,是指根据资产和负债各个项目与销售额之间的依存关系,并假定这些关系保持不变,按照未来预测期销售额的增长情况来预测需要追加的资金。一般按以下 3 个步骤进行。

1. 分析研究资产负债表各类项目与销售额之间的依存关系

(1) 资产类项目。

周转过程中的货币资金、正常的应收账款和存货等项目,一般都会随着销售额的增长而相应地增加。

固定资产项目是否也会相应增加,要看原有的固定资产是否已经被充分利用:如果尚未被充分利用,则可以通过增加产能等方法,提高产品销售量和销售额;如果原有固定资产的使用已经达到饱和状态,那么增加销售量就需要相应增加固定资产投资。长期投资、无形资产等项目,一般不随销售额的增加而增加。

(2) 负债和权益类项目。

应付账款、应付票据、其他应付款等流动负债项目,通常会随着销售额的增加而相应增加。

长期负债和股东权益等项目,通常不随销售额的增加而增加。

企业未来预测期内所提取的固定资产折旧和减值准备等,以及企业的留存收益,通常可以作为未来预测期所需追加资金的内部资金来源。

2. 计算基期的销售百分比

找出基期的资产负债表中与销售额有依存关系的项目,计算其占基期销售额的百分比。

3. 计算未来预测期预计所需追加的资金量

未来预测期预计所需追加的资金量包含以下几方面:

(1) 预测期由于销售额增加而需要追加的资金量。它是根据增加的销售额按销售百分比计算得到的。其计算公式为：

$$销售额增加所需追加的资金量 = \left(\frac{A}{S_0} - \frac{L}{S_0}\right)(S_1 - S_0)$$

式中：A 为基期随着销售额变动而变动的资产类项目总额；L 为基期随着销售额变动而变动的负债类项目总额；S_0 为基期的销售额；S_1 为预测期的销售额；$\frac{A}{S_0}$ 为基期随着销售额增加而增加的资产类项目总额占销售额的百分比；$\frac{L}{S_0}$ 为基期随着销售额增加而增加的负债类项目总额占销售额的百分比。

(2) 预测期产生的留存收益。其计算公式为：

$$预测期的留存收益 = S_1 R_0 (1 - d_1)$$

式中：R_0 为基期的税后销售利润率；d_1 为预测期的股利支付率。

(3) 预测需要追加的资金总量。其计算公式为：

$$预计所需追加的资金总量 = \left(\frac{A}{S_0} - \frac{L}{S_0}\right)(S_1 - S_0) - D_1 - S_1 R_0 (1 - d_1) + M_1$$

式中：D_1 为预测期所提取的固定资产折旧和减值准备扣除用于固定资产更新改造后的余额；M_1 为预测期的零星资金需要量。

例 5-12 恒通公司 2018 年的销售额为 400 000 元，获得税后净利润 40 000 元，该公司发放现金股利 20 000 元。该公司 2018 年的固定资产利用率均已达到饱和状态。该公司 2018 年年末的简略资产负债表如表 5-3 所示。

表 5-3　　　　　　　　　　　　**恒通公司简略资产负债表**
2018 年 12 月 31 日　　　　　　　　　　　　　　　　　　　　单位：元

资　产	期　末　余　额	负债及所有者权益	期　末　余　额
库存现金	20 000	应付账款	30 000
应收账款	60 000	应交税费	20 000
存　货	80 000	长期借款	110 000
固定资产	120 000	实收资本	80 000
无形资产	20 000	留存收益	60 000
资产总计	300 000	负债和所有者权益总计	300 000

若该公司预测 2019 年度销售额将达到 600 000 元，年折旧减值额为 20 000 元，其中的 70% 用于更新改造现有设备。2019 年的零星资金需要量为 25 000 元。假定该公司 2019 年的税后销售净利率和利润分配政策与 2018 年保持一致。该公司基期简略资产负债表（用销售额的百分比反映）如表 5-4 所示。

表 5-4
恒通公司基期简略资产负债表
2018 年 12 月 31 日

资　　产	占销售额百分比	负债及所有者权益	占销售额百分比
库存现金	5%	应付账款	7.5%
应收账款	15%	应交税费	5%
存　　货	20%	长期负债	—
固定资产	30%	实收资本	—
无形资产	—	留存收益	—
合　　计	70%	合　　计	12.5%

要求：预测该公司需要的资金总量。

(1) 计算由于销售额增加而需要追加的资金量。

$$\frac{A}{S_0} - \frac{L}{S_0} = 70\% - 12.5\% = 57.5\%$$

表示该公司每增加 100 元的销售额就需要增加资金 57.5 元。

销售额增加所需追加的资金量 $= \left(\frac{A}{S_0} - \frac{L}{S_0}\right)(S_1 - S_0)$

$= 57.5\% \times (600\,000 - 400\,000) = 115\,000(元)$

(2) 计算预测期的留存收益。

基期的税后销售利润率 $R_0 = (40\,000 \div 400\,000) \times 100\% = 10\%$

预测期的股利支付率 $d_1 = (20\,000 \div 40\,000) \times 100\% = 50\%$

预测期留存收益 $= S_1 R_0 (1 - d_1) = 600\,000 \times 10\% \times (1 - 50\%) = 30\,000(元)$

(3) 计算预测期需要追加的资金总量。

提取的折旧减值扣除用于固定资产更新改造后的余额 $D_1 = 20\,000 \times (1 - 70\%) = 6\,000(元)$

预测期的零星资金需要量 $M_1 = 25\,000(元)$

则预测期需要追加的资金总量为：

需要追加的资金总量 $= \left(\frac{A}{S_0} - \frac{L}{S_0}\right)(S_1 - S_0) - D_1 - S_1 R_0 (1 - d_1) + M_1$

$= 115\,000 - 6\,000 - 30\,000 + 25\,000$

$= 104\,000(元)$

资金需要量预测方法还有回归分析预测法等。在预测资金需要量时需要注意：在实际生产经营活动中，企业产品的销售收入尤其是现金收入，很可能会由于受生产、销售或外界因素的影响而偏离所作的预测。当出现较大偏差时，若企业的资金供应不足，就会对整个企业的生产经营造成影响。因而很多企业通常都会要求有一定量的现金储备。我们在进行资金需要量预测时，也需要进行综合分析，既要考虑用更少的资金创造更大的价值，也必须考虑到经营的安全性。

典型案例分析

联想经营决策的成功与失败

2018 年 5 月 4 日，恒生指数发布公告称，自 6 月 4 日起，联想集团将被从恒生指数 50 只成分股中剔除,由石药集团取而代之,这已经是联想第二次被踢出恒生指数成分股。

联想是2000年加入恒生指数的,当时联想股价曾超过70元,这在金融危机后的香港股市堪称奇迹。不仅如此,它还成为中国最大的计算机企业,拿下了亚太地区PC市场份额首位。柳传志的"联想神话"成为家喻户晓的企业家故事,"人类失去联想,世界将会怎样?"也成为一个经典的广告案例。而彼时,与其同一时代出生的华为,尚在为"如何活下去"拼尽全力。

触底反弹,触顶也是一样,没有新的业务方向,联想开始走下坡路。2006年,联想因为"不达标"被恒生指数剔除,直到2013年3月才重新入选。自2013年被重新纳入恒指以来,联想集团股价已累计下跌56%,市值减少了59亿美元,而这一下行趋势还没有结束。

截至2018年5月10日,联想的市值为452.96亿港元,而今天IT行业的新巨头们的发展速度惊人,百度市值911亿美元,阿里巴巴市值5 021亿美元,腾讯市值38 600亿港元。华为虽未上市,但已是全球价值最大的未上市的公司之一。2016年,华为以5 216亿元人民币的营业额震惊了整个中国企业界。

看着过去不如自己的对手超越自己,联想这些年错过了什么?从资本"追捧"到市场"遗忘",柳传志的神话是否真的毫无瑕疵?承受舆论压力最大的杨元庆,在联想发展迟缓的过程中,扮演了什么角色?

1994年2月14日,联想股票在香港上市,联想品牌首次在海外财经市场亮相这一切,还要从1994年的"柳倪之争"说起。当时,联想集团两大核心人物柳传志和倪光南发生了分歧。时任联想总工程师的倪光南主张走技术路线,选择芯片为主攻方向。而时任总裁的柳传志主张发挥中国制造的成本优势,加大自主品牌产品的打造。"柳倪之争"后来也被认为是代表中国企业"贸工技"和"技工贸"两条路线的争斗。最终,联想还是走上了优先发展市场的路线。随后柳传志任命杨元庆为联想电脑公司总经理,在杨元庆的带领下,联想自有品牌电脑销量跻身中国市场前三位。

尚未完全成熟的联想,在贸易优先的发展策略下尝到了不少甜头,一个20万元资金起家的公司就这样成长为了一个市值数百亿元的大型高科技公司。2005年为了冲出国门,联想做了一件震惊全球商界的事情,以12.5亿美元的价格收购了美国"蓝色巨人"IBM的全球PC业务。对联想而言,这种"蛇吞象"式并购无异于一场豪赌,但面对国内市场的激烈竞争,如果不吞下IBM的PC业务,冲出国门寻找新的业务增长点,那可能会面临更加困难的局面。

所谓谋事在人,成事在天。此次并购联想没有长远的规划,运气也没有偏向它们。一方面,收购IBM的PC业务后,全球就迎来了2008年的金融危机,不只是联想,许多企业都受到冲击;另一方面,全球PC市场出现动荡,销售下滑、利润下降,联想继续受损。

联想最核心的问题,也许是没有成功地从贸易向技术驱动转型。2014年国内中低端手机竞争进入白热化阶段,各路对手全力杀入,采取的策略各不相同。这一年,卖出6 112万部手机的小米走了"自我研发"的道路,而联想选择了"贸工技"的路线,买下了谷歌旗下的摩托罗拉智能手机业务,想要进入竞争没那么激烈的欧美市场。

刚开始联想的手机业务成绩的确不错,出现过销售高峰期,但问题是,手机是一个跟随时代在前进的产品,需要更新换代,不断升级。联想并没有自己的科研团队,买下了摩托罗拉,也无法更新技术。于是一年后,联想的手机业务开始出现不同程度的亏损,股价更是从

2015年5月开始"大跳水",全年跌回到2011年的水平,公司全年亏损4.7亿美元。

联想 2017/2018 财年第 4 季度营收 106 亿美元,10 个季度以来首次获得双位数增长,税前经营利润达 7 600 万美元,同比大幅增长 143%,实现扭亏为盈。而在紧接着 2018/2019 财年第 1 季度业绩报告上,联想营收和利润均实现了大增。柳传志在 2018 年 2 月,承认了联想存在诸多失误。

杨元庆表示,任何一个企业转型,落实新战略都要走过一个"U"字型,而联想已经跨过了"U"字型的底层,进入到了上升阶段。上升阶段以后,联想的战略非常清晰:一切向智能化转型。

今年 5 月,联想进行了组织架构的大调整,正式成立全新的智能设备业务集团(IDG),原有的个人电脑和智能设备业务、移动业务纳入该集团;与数据中心业务集团(DCG)协同发展。

【讨论】如何根据企业的核心竞争力预测未来发展?

本章小结

预测分析是指根据已有的资料,运用现有的知识、经验和科学的方法,对事物的未来发展趋势进行估计和测算的行为。企业的预测分析主要包括销售预测分析、成本预测分析、利润预测分析和资金需要量预测分析。预测分析的基本原则包括延续性原则、相关性原则、规律性原则和可控性原则。预测分析的一般程序包括:确定预测目标;收集分析资料;选择预测方法;实施预测分析;分析误差,修正预测结果;得出预测结果。预测分析方法可分为两类:定性分析法和定量分析法。

复习思考

1. 简述预测分析的概念。
2. 预测分析的方法包括哪些?
3. 成本预测的步骤是什么?
4. 资金需要量预测的基本方法有哪些?

同步实训

一、单项选择题(每小题只有一个正确答案)

1. 在销售预测的趋势预测分析法中,缺点是具有一定主观随意性的方法是(   )。
   A. 移动加权平均法　　　　　　　　B. 算术平均法
   C. 指数平滑法　　　　　　　　　　D. 几何平均法
2. 可以反映实现目标利润的销售量的公式是(   )。
   A. (固定成本+税后的目标利润)÷贡献毛益率
   B. (固定成本+税后的目标利润)÷单位贡献毛益
   C. [(固定成本+税后的目标利润)÷(1-税率)]÷(单价-单位变动成本)

D. ［固定成本＋税后的目标利润÷(1－税率)］÷贡献毛益率

3. 下列选项中,属于定性分析法的是( )。

　A. 经验分析法　　　　　　　　　　　B. 简单平均法
　C. 移动加权平均法　　　　　　　　　D. 指数平滑法

4. 下列选项中,可用于预测追加资金需要量的方法是( )。

　A. 平均法　　　　　　　　　　　　　B. 回归分析法
　C. 指数平滑法　　　　　　　　　　　D. 销售百分比法

5. 高低点法与直线回归分析法在进行成本预测时的差异体现在( )。

　A. 成本性质区分　　　　　　　　　　B. 是否考虑历史资料时间范围
　C. 成本预测假设　　　　　　　　　　D. 选用历史数据的标准

6. 下列选项中,不属于趋势预测的销售预测方法是( )。

　A. 算术平均法　　　　　　　　　　　B. 指数平滑法
　C. 移动加权平均法　　　　　　　　　D. 调查分析法

7. 某企业在进行成本性态分析时,需要对混合成本进行分解。据此可以断定:该企业应用的成本分析法是( )。

　A. 高低点法　　　　　　　　　　　　B. 直线回归分析法
　C. 移动加权平均法　　　　　　　　　D. 目标成本预测法

8. 已知企业上一年利润为 200 000 元,下一年的经营杠杆系数为 1.8,预计销售量变动率为 20%,则下年利润预测额为( )元。

　A. 200 000　　B. 240 000　　C. 272 000　　D. 360 000

9. 经营杠杆系数等于( )。

　A. $\dfrac{贡献毛益额}{销售量}$　　　　　　　　B. $\dfrac{息税前利润}{息税前利润－利息费用}$
　C. $\dfrac{销售量变动率}{利润变动率}$　　　　　　D. $\dfrac{贡献毛益额}{利润额}$

10. 采用历史成本预测法来预测成本时,若企业各期成本变动趋势比较稳定,应使用的方法是( )。

　A. 目标利润预测法　　　　　　　　　B. 移动加权平均法
　C. 直线回归分析法　　　　　　　　　D. 高低点法

二、多项选择题(每小题有两个或两个以上正确答案)

1. 下列选项中,属于资金需要量预测方法的有( )。

　A. 回归分析法　　　　　　　　　　　B. 资金周转率预测法
　C. 销售百分比法　　　　　　　　　　D. 变动成本法

2. 预测分析法中的定量分析法主要包括( )。

　A. 判断分析法　　　　　　　　　　　B. 趋势预测分析法
　C. 数量分析法　　　　　　　　　　　D. 因果预测分析法

3. 预测分析的步骤包括( )等。

　A. 分析误差,修正预测结果　　　　　B. 实施预测分析
　C. 选择预测方法　　　　　　　　　　D. 收集分析资料

4. 利润预测的方法主要包括（　　　）。
   A. 经营杠杆系数法　　　　　　　　B. 利润增长率法
   C. 销售额增长率法　　　　　　　　D. 本量利分析法
5. 影响成本预测的主要因素有（　　　）。
   A. 产品产量和质量　　　　　　　　B. 产品的有关技术经济指标
   C. 材料的消耗定额和售价　　　　　D. 劳动生产率水平和当地平均工资水平
6. 在成本预测中，（　　　）是根据已有的历史资料，运用数理统计的方法进行预测的。
   A. 高低点法　　　　　　　　　　　B. 回归分析法
   C. 目标成本预测法　　　　　　　　D. 移动加权平均法
7. 利用销售百分比法预测资金需要量时，通常需要分析资产负债表的（　　　）项目与销售额之间的依存关系。
   A. "股东权益"　　　　　　　　　　B. "应收账款"
   C. "货币资金"　　　　　　　　　　D. "存货"
8. 利用销售百分比法预测资金需要量时，以下各因素中会对预测资金需要量产生影响的有（　　　）。
   A. 随着销售额变动而变动的资产类项目总额
   B. 随着销售额变动而变动的负债类项目总额
   C. 不随着销售额变动而变动的固定资产总额
   D. 预测期的股利留存率
9. 预测分析的基本原则包括（　　　）。
   A. 规律性原则　　　　　　　　　　B. 延续性原则
   C. 可控性原则　　　　　　　　　　D. 相关性原则
10. 趋势预测分析法主要包括（　　　）。
    A. 算术平均法　　　　　　　　　　B. 直线回归分析法
    C. 移动加权平均法　　　　　　　　D. 综合意见判断法

三、判断题（正确的在括号内打"√"，错误的打"×"）

1. 预测分析方法按照性质不同主要分为两大类：定性分析法和定量分析法。（　　　）
2. 趋势预测分析法中预测最准确的方法是移动加权平均法。（　　　）
3. 销售预测中常用的市场调查分析法属于定量分析法。（　　　）
4. 德尔菲法又称专家调查法，通常通过多次向经验丰富的有关专家函询，收集专家的意见，然后把各专家的意见进行综合、整理和归纳，最后作出预测判断。（　　　）
5. 在进行资金需要量预测时，力求利用更少的资金创造更大的价值，同时还必须考虑经营的安全性。（　　　）
6. 预测分析必须充分估计可能发生的误差。（　　　）
7. 预测分析选用的方法应先进行测试。（　　　）
8. 在实际工作中，定量分析法与定性分析法需结合起来使用，两者取长补短。（　　　）
9. 算术平均法考虑近期的变动趋势，是销售预测中较常用的一种方法。（　　　）
10. 简单平均法（算术平均法）适用于各种情况下的销售预测。（　　　）

四、计算分析题

1. 某公司 2018 年实际销售某产品 2 000 件,单价为 300 元/件,单位变动成本为 180 元/件,营业利润为 80 000 元。预计 2019 年销售量增加 12%。

要求:预测该公司 2019 年的营业利润。

2. 某公司去年第 4 季度的销售情况如表 5-5 所示。

表 5-5　　　　　　　　　　某公司去年第四季度销售情况

月　份	10	11	12
销售额/万元	42 000	47 000	43 000

要求:

(1) 用算术平均法、移动加权平均法预测今年 1 月的销售额(10 月、11 月、12 月的权数分别为 0.1、0.4、0.5)。

(2) 用指数平滑法预测今年 1 月的销售额(已知测出的 12 月预计销售额为 46 000 万元,平滑指数 $\alpha=0.6$)。

查看答案

第六章 短期经营决策分析

学习目标

通过本章学习,能理解决策的概念,了解决策分析的分类、程序和基本内容;理解短期经营决策中的相关概念;掌握短期经营决策分析的基本方法,并能运用这些方法解决生产决策和存货决策中的具体问题。

导入案例

沃尔沃"本土化策略"缘何失效?

公布的统计数据显示,2015年5月沃尔沃在我国销量为6 967辆,同比下滑2.2%;1—5月,沃尔沃在国内销量为31 010辆,同比下滑0.4%。这是沃尔沃自2013年同比2014年正式实施国产化以来首个出现销量下滑的年份。

实际上,早在2015年年初沃尔沃就把今年定义为"品牌年"。尽管2015年前5个月的销量下滑幅度并不大,但比起2013—2014年在华的高速增长,沃尔沃眼下在中国的表现还是让外界颇为担忧。因为当前沃尔沃下滑的态势,除了与豪华车市场整体走势趋弱有关外,与其在车型导入以及本土化营销策略方面的问题也不无关系。

如果把豪华品牌云集的中国市场比作一个严厉的"婆婆"的话,那么沃尔沃当下面临的最紧迫任务是,如何让"过门"已3年的"北欧小公主"尽快变成"中国俏媳妇"。

然而,对于国产化正式实施仅3年时间的沃尔沃而言,这不是一件容易的事。至少从眼下的市场表现来看,沃尔沃原定2015年在华实现20万辆的销量目标要成为泡影。

业界普遍认为,在吉利收购沃尔沃之后,沃尔沃在新产品推出层面上的确开始提速。在国产化布局正式落地的2013年,沃尔沃在华一口气投入了V40、V60、S60以及XC60四款车型,在一定程度上夯实了沃尔沃的产品谱系;2014年,沃尔沃又增加了XC Classic和改款S80L两款车型;2015年沃尔沃还导入了改款XC90新车型。

在沃尔沃国产化的过渡期,其依旧需要发挥与吉利的资源整合优势——在国产化实施的前几年,吉利要做的是帮助沃尔沃敲定制造基地、搭建全新的营销网络,而沃尔沃(中国)则需要快速熟悉中国市场,实施更为本土化的营销策略,推动国产销量的快速增长。但就目前而言,相比较其他豪华车品牌企业,沃尔沃在本土化发展层面,做得还远远不够。沃尔沃当前的问题,依然出在决策"太过低调",并没有真正找到适合其自身在华发展的方式。

思考:

从短期来看,沃尔沃需要做哪些方面的决策分析?

第六章 短期经营决策分析

第一节 决策分析基础

一、决策的概念、决策分析的程序及决策的类型

(一) 决策的概念

决策(Decision)是指为实现预定目标,在科学预测的基础上,对未来经济活动的若干备选方案进行比较分析,最终作出科学判断的过程。它也就是人们通常所说的"决定"。决策分析(Decision Analysis)只是决策全过程的一个组成部分,是企业会计人员参与决策活动的主要内容。

管理学家通常认为:管理的重心在经营,经营的中心在决策。决策的正确与否关系到企业的盛衰成败。企业要强化管理,提高经济效益,就必须进行决策分析。因此,利用会计信息进行决策分析就成为管理会计的核心内容之一。美国会计学家德克斯特和斯夏弗在他们的著作中把管理会计称为"用于企业决策的会计"或直接称为"决策会计",可见决策在管理会计中的重要性。

(二) 决策分析的程序

决策分析必须按照科学的程序进行。管理的实质是要建立一个便于分析、理解和传送的合理决策程序,决策程序根据决策对象的不同而有所不同,一般包括以下几个步骤:

1. 确定决策目标

决策分析首先要弄清楚该项决策要解决什么问题,达到什么目的,以制定决策目标。

2. 搜集相关资料

决策目标确定后,决策者要针对决策目标,了解环境变化,寻求相关的决策信息,尤其是有关预期收入与预期成本的数据,这是决策分析程序中具有重要意义的步骤,是关系决策成败的关键问题之一。

3. 拟订备选方案

企业根据确定的决策目标和搜集的相关资料,综合考虑内外环境中各种可控和不可控因素,拟订能够达到目标的各种备选方案。在拟订备选方案的过程中,要尽量找出限制性因素,遵循限定因素原理,对一些抉择方案进行选择。

4. 评价备选方案

评价备选方案应做到定量分析与定性分析相结合。为了系统地进行评价,可在评价时确立两个尺度:一个是"必须达到的目标",另一个是"希望达到的目标"。这种评价的结果有助于决策者对各项方案进行判断决策。同时,要注意经验与实验的分析研究,对备选方案作出初步评价。

5. 确定最优方案

决策分析的核心问题就是确定最优可行方案。企业应考虑其他因素的影响,对各种备选方案进行总体权衡后,确定一个最优方案。但要注意,绝对最优的方案是很难找到的。所谓最优方案,是指基本令人满意、相对优化合理的方案。

6. 方案的实施与修正

在方案实施过程中,要建立信息反馈机制。决策者对已进行的抉择,在实施中进行评价和矫正,通过修正决策目标或备选方案来应对主客观条件的变化和备选方案本身的错误或遗漏。

(三) 决策的类型

决策按不同标准可划分为不同类型,不同类型的决策所需收集的信息、思考的重点及采用的专门方法有所不同。

1. 按决策的重要程度划分

(1) 战略决策。

战略决策是指对关系到企业未来发展方向、全局性重大问题所进行的决策,如企业的营销战略、品牌战略、人才战略等的决策。这类决策取决于企业的长远发展规划及外部市场环境对企业的影响,其决策正确与否对企业成败具有决定性意义。

(2) 战术决策。

战术决策是指企业具体部门在未来较短时期内,对局部性日常管理活动所进行的经营决策,如零部件外购与自制决策、半成品是否深加工决策等。这类决策主要考虑使现有的人力、物力、财力资源得到合理充分的利用,并产生较大的经济效益。

2. 按决策条件的确定程度划分

(1) 确定型决策。

确定型决策是指决策所涉及的各种备选方案的各项条件都是已知和确定的,且每个方案只会有一个确定结果的决策。这类决策问题比较明显,决策比较容易。

(2) 风险型决策。

风险型决策是指决策所涉及的各种备选方案的各项条件虽然是已知的,但却是不完全确定的,每个方案的执行都可能会出现两种或两种以上的结果,每种结果出现的概率是可以事先估测的决策。这类决策由于结果不唯一,决策存在一定风险。

(3) 不确定型决策。

不确定型决策与风险型决策所知的条件基本相同,但不确定型决策的各项条件无法确定其客观概率,只能以决策者凭经验判断确定的主观概率为依据,因此这类决策比风险型决策难度还大。

3. 按决策期限的长短划分

(1) 短期经营决策。

短期经营决策是指对1年(或长于1年的一个营业周期)内的生产经营活动进行的决策。该类决策涉及的方案影响期一般在1年以内,一般虽不涉及大量资金投入,但涉及面极广,主要包括生产决策、定价决策和存货决策等。短期经营决策能够促使企业最合理、最充分地利用现有人力、物力和财力资源,提高企业的经济效益。

(2) 长期投资决策。

长期投资决策是指对1年(或长于1年的一个营业周期)以上的重大投资活动进行的决策。该类决策涉及的方案影响期较长,发生次数少,资金投入大,主要包括固定资产等长期资产的决策。长期投资决策是企业保持良好财务状况、资金周转及持续盈利能力的关键,对改善企业综合生产能力、降低经营风险具有重要作用。

二、短期经营决策分析的相关概念

(一) 相关收入

相关收入(Relevant Revenue),是指与特定决策方案相联系的、能对决策产生重大影响的、在短期经营决策中必须予以充分考虑的收入。相关收入的计算,要以特定决策方案的单价和相关销售量为依据。与相关收入相对应的概念就是无关收入。

(二) 相关成本

相关成本(Relevant Cost),是指与特定决策方案相联系的、能对决策产生重大影响的、在短期经营决策中必须予以充分考虑的成本。这里所说的相关成本,是指与某个决策方案直接相关的成本,若此方案被采用,则该成本就发生,否则该成本就不会发生。相关成本主要包括:增量成本、机会成本、专属成本、边际成本、付现成本、重置成本、可延缓成本、可避免成本。

1. 增量成本

增量成本,是指由于生产能力利用程度的不同而形成的成本差额。在相关范围内,某一决策方案的增量成本就是由于业务量增加而增加的相关变动成本。在短期经营决策中,增量成本是较为常见的相关成本。

2. 机会成本

机会成本,是指在决策分析过程中,从多个备选方案中选择一个最优方案,而放弃次优方案所丧失的潜在利益。例如,企业某项资产有两个备选方案,机会成本的确定如表6-1所示。

表6-1 机会成本的确定

方 案	预计收益	方案优劣	机 会 成 本
A	20万元	优	A方案的机会成本为10万元
B	10万元	次优	

机会成本并非实际支出,故在财务会计核算中不能入账。但由于资源的有限性,为充分利用资源效益,企业在决策过程中应将其作为相关成本来考虑。但是,如果某项资源只有一种用途,没有其他选择机会,那么它就没有机会成本。

3. 专属成本

专属成本,是指能够明确归属于特定决策方案的固定成本。专属成本往往是为了弥补生产能力不足的缺陷、增加长期资产而发生的,所以专属成本的确认与取得长期资产的方式有关。例如,某企业拟增加设备以扩大生产能力,若采用购买的方式,则购买设备的支出就是该方案的专属成本;若采用租入的方式,则租入设备的租金就是该方案的专属成本。在实际应用中,凡属于某一方案新增加的固定成本都可确认为专属成本。

4. 边际成本

经济学中,边际成本是指当业务量发生微小变动时所引起的成本变动额。但在实际经济生活中,业务量的微小变动只能小到一个经济单位,如一件或一台产品等,因此,管理会计中,边际成本就是指业务量增加或减少一个单位所引起的成本变动额。在相关范围内,增加或减少一个单位所引起的成本变动,就是产品的单位变动成本。因此,在相关范围内,边际成本实质上就是单位变动成本。边际成本是增量成本的特殊形式。

5. 付现成本

付现成本,是指因选择和实施某项决策方案,必须立即或在近期用现金支付的成本。在企业货币资金比较拮据、筹措又有困难的情况下,企业往往对付现成本的考虑比对总成本更为重视,即以付现成本最小的方案来代替总成本最低的方案。

6. 重置成本

重置成本,是指某项现有资产在市场上出售时的现实价值,也就是一项资产在市场上的重新评估价值。在短期经营决策中,对企业原有的资产,不应按其历史成本决策,而应把其重置成本作为相关成本予以考虑。

7. 可延缓成本

可延缓成本,是指在短期经营决策中若对其暂缓开支,不会对企业未来生产产生重大不利影响的成本。这类成本有一定的弹性,当企业人力、物力、财力负担有限时,即使推迟其发生,也不至于影响企业的大局。

8. 可避免成本

可避免成本,是指其发生与否及发生金额的多少都会受管理当局决策影响的成本。如广告费、职工培训费等酌量性固定成本,受到决策的直接制约,属于比较典型的相关成本。

(三) 无关成本

无关成本是指无论方案采用与否都注定要发生或已经发生的成本。由于无关成本对有关备选方案的取舍不存在影响,因此在短期经营决策中可以不予考虑,否则可能会导致决策失误。无关成本主要包括:沉没成本、共同成本、不可延缓成本、不可避免成本。

1. 沉没成本

沉没成本,实际上就是历史成本,是指过去已经发生并不能由现在或将来的任何决策加以改变的成本。也就是说,沉没成本是由于过去决策所引起并已经实际支付过款项的成本。一般情况下,大多数固定成本,如固定资产折旧、无形资产的摊销等都属于沉没成本。但这并不是绝对的,如与决策方案有关的新固定资产的折旧费就属于相关成本。另外,有时变动成本也可能属于沉没成本,如在半成品是否深加工的决策中,半成品深加工前的成本,其固定成本和变动成本均为沉没成本。

2. 共同成本

共同成本是与专属成本相对立的成本,是指应当由多个方案共同负担的注定要发生的固定成本,如企业管理部门固定资产的折旧费、管理人员工资等。

需要注意的是,变动成本一般都是专属成本,而固定成本才有专属成本和共同成本之分。因此,变动成本没有必要划分为专属成本和共同成本,专属成本和共同成本是针对固定成本而言的。

3. 不可延缓成本

不可延缓成本是与可延缓成本相对立的成本,是指在短期经营决策中,若对其暂缓开支就会对企业未来生产产生重大不利影响的成本。由于不可延缓成本在发生时间上具有较强的刚性,即使企业在财力有限的情况下,也必须及时保证对不可延缓成本的支付,没有选择的余地,属于无关成本,因此在短期经营决策中可以不予考虑。

4. 不可避免成本

不可避免成本是与可避免成本相对立的成本,是指在企业经营过程中必然发生的,企业决策行为不能改变其发生金额的成本。由于不可避免成本的发生具有必然性,注定要发生,只能保证对其顺利支付,因此在短期经营决策中可以不予考虑。如企业现有固定资产的折旧费、管理人员工资等约束性固定成本,都属于不可避免成本。

第二节 生产决策分析

生产决策是企业短期经营决策的一项重要内容。在生产决策中,判断备选方案优劣的主要标志就是一定时期内获利的多少,获利大的方案为最优方案。生产决策常用的专门方法有贡献毛益分析法、差别损益分析法、相关成本分析法和成本平衡点分析法。

一、贡献毛益分析法

贡献毛益分析法,就是以有关方案的贡献毛益指标作为决策评价指标的一种方法。该分析方法比较简单,除常被应用于企业开发哪一种新产品决策外,还常用于是否接受特殊价格追加订货决策分析,亏损产品是否停产、转产决策分析,尤其适用于多个方案的择优决策。

(一)新产品开发的品种决策

新产品开发的品种决策,是指企业在利用现有的剩余生产经营能力开发新产品的过程中,在两个或两个以上可供选择的产品中选择一个最优品种的决策。在决策应用时,具体分为以下三种不同情况:

1. 当企业存在剩余生产经营能力,且剩余生产经营能力为已知的确定数时

当企业存在剩余生产经营能力,且剩余生产经营能力为已知的确定数时,通过计算贡献毛益总额指标进行决策,贡献毛益总额大者优。

注意:对于某一产品来说,单位贡献毛益指标反映产品的盈利能力,但在不同备选方案之间进行比较分析时,不能以单位贡献毛益指标作为评价标准,而必须以贡献毛益总额指标作为方案取舍的依据。因为在生产能力一定的前提下,不同方案的单位产品耗费的生产能力有所不同,所以各方案能够生产的产品总量也可能不同,单位贡献毛益最大的方案不一定是贡献毛益总额最大的方案,如果用单位贡献毛益指标评价各备选方案,就可能导致决策失误。

例 6-1 恒通公司现有剩余生产能力 3 000 台时,其年固定资产折旧为 10 000 元。公司拟利用现有剩余生产能力开发甲或乙两种新产品。生产单位甲产品定额台时为 4 台时,甲产品销售单价为 40 元/台,单位变动成本为 20 元/台;生产单位乙产品定额台时为 2 台时,乙产品销售单价为 20 元/台,单位变动成本为 8 元/台。

要求:请为公司开发哪种新产品作出决策。

由于恒通公司是利用现有剩余生产能力进行生产,不改变公司生产能力规模,因此,其年固定资产折旧 10 000 元(固定成本)属于与该项生产决策无关的成本,是无关成本,在决策时不予考虑。在两个方案固定成本相同的前提下,贡献毛益总额大的方案实质上就是利润大的方案,即为最优方案。计算过程如表 6-2 所示。

表 6-2　　　　　　　　　　　　贡献毛益计算表

项　　目	甲　产　品	乙　产　品
剩余生产能力	3 000 台时	3 000 台时
单位产品定额台时	4 台时	2 台时

续 表

项　目	甲产品	乙产品
销售单价(p)	40 元/件	20 元/件
单位变动成本(b)	20 元/件	8 元/件
单位贡献毛益($cm=p-b$)	20 元/件	12 元/件
生产量(x)	750 件	1 500 件
贡献毛益总额($Tcm=cm\times x$)	15 000 元	18 000 元

由表 6-2 可以看出，尽管甲产品单位贡献毛益较大，但是甲产品贡献毛益总额却小于乙产品，所以，开发乙产品有利。

2. 当企业存在剩余生产经营能力，但不知具体数时

当企业存在剩余生产经营能力，但不知具体数时，无法计算利用剩余生产经营能力能够生产的产品总量，也就无法通过计算贡献毛益总额指标来进行生产决策。此时，应采用单位生产能力所提供的贡献毛益作为评价指标，单位生产能力所提供的贡献毛益大者优。这是因为在生产能力一定的前提下，单位生产能力所提供的贡献毛益大的方案，实质上就是贡献毛益总额大的方案。

$$\text{单位生产能力（台时）所提供的贡献毛益} = \frac{\text{单位产品贡献毛益}}{\text{单位产品定额台时}}$$

例 6-2 恒通公司有部分剩余生产能力，可以选择开发甲或乙两种新产品。生产单位甲产品定额台时为 4 台时，甲产品销售单价为 40 元/件，单位变动成本为 20 元/件；生产单位乙产品定额台时为 2 台时，乙产品销售单价为 20 元/件，单位变动成本为 8 元/件。

要求：请为公司开发哪种新产品作出决策。

本例题与【例 6-1】的区别是只知道有部分剩余生产能力，但不知剩余生产能力的具体数。此时，无法计算利用剩余生产能力能够生产的产品总量，也就无法通过计算贡献毛益总额指标来进行生产决策。但可以通过计算单位生产能力所提供的贡献毛益指标进行决策，计算过程如表 6-3 所示。

表 6-3　　　　　　　　单位台时创造的贡献毛益计算表

项　目	甲产品	乙产品
单位产品定额台时	4 台时	2 台时
销售单价(p)	40 元/件	20 元/件
单位变动成本(b)	20 元/件	8 元/件
单位贡献毛益($cm=p-b$)	20 元/件	12 元/件
单位台时所提供的贡献毛益	5 元/件	6 元/件

由表 6-3 可以看出，生产甲产品单位台时所提供的贡献毛益为 5 元，而生产乙产品单位台时所提供的贡献毛益为 6 元，因此应选择生产乙产品。

3. 存在专属成本或机会成本时

在存在专属成本或机会成本的情况下,应通过计算备选方案的剩余贡献毛益指标进行决策。贡献毛益总额减去专属成本或机会成本后的余额称为剩余贡献毛益。剩余贡献毛益大者优。

例 6-3 承【例 6-1】,假设恒通公司若生产甲产品需追加专属成本 10 000 元,若生产乙产品需追加专属成本 16 000 元,其他条件不变。

要求:分析公司应开发哪种新产品。

本例题与【例 6-1】的区别是存在专属成本,故应通过计算剩余贡献毛益指标进行决策。

甲产品剩余贡献毛益=甲产品贡献毛益总额－甲产品专属成本
$$=15\,000-10\,000=5\,000(元)$$

乙产品剩余贡献毛益=乙产品贡献毛益总额－乙产品专属成本
$$=18\,000-16\,000=2\,000(元)$$

因为,甲产品剩余贡献毛益大于乙产品剩余贡献毛益,所以恒通公司应选择开发甲产品。

(二) 亏损产品是否停产、转产的决策

亏损产品是否停产、转产决策分析分以下两种不同情形:

1. 生产能力无法转移时,亏损产品应否停产决策分析

生产能力无法转移,是指当亏损产品停产后,闲置下来的生产能力无法被用于其他方面,既不能转产,也不能将有关设备对外出租。

此时,只要亏损产品的贡献毛益大于零就不应停产,而应继续生产。因为亏损产品停产,只能减少企业变动成本总额,固定成本总额并不减少,若继续生产亏损产品,亏损产品提供的贡献毛益就可以补偿一部分固定成本,而若停产则亏损产品不但不会减少亏损,反而会使亏损增加。

例 6-4 恒通公司生产 A、B、C 三种产品,其中 A、B 两种产品盈利,C 产品亏损,有关资料如表 6-4 所示。

表 6-4 　　　　　　　　　　　利　润　表　　　　　　　　　　　单位:万元

项　　目	A 产品	B 产品	C 产品	合　计
销售收入	6 000	8 000	4 000	18 000
生产成本				
直接材料	800	1 400	900	3 100
直接人工	700	800	800	2 300
变动制造费用	600	600	700	1 900
固定制造费用	1 000	1 600	1 100	3 700
非生产成本				
变动推销管理费用	900	1 200	600	2 700
固定推销管理费用	600	800	400	1 800
总成本	4 600	6 400	4 500	15 500
利润	1 400	1 600	－500	2 500

要求：分析恒通公司应否停产亏损的 C 产品。（假定 C 产品停产后，闲置下来的生产能力无法转移）

C 产品贡献毛益＝C 产品销售收入总额－C 产品变动成本总额
$$= 4\,000 - (900 + 800 + 700 + 600) = 1\,000（万元）$$

C 产品分摊的固定成本 $= 1\,100 + 400 = 1\,500$（万元）

C 产品利润 $= 1\,000 - 1\,500 = -500$（万元）

如果停止生产 C 产品，C 产品就不能提供 1 000 万元的贡献毛益了，C 产品原来分摊的 1 500 万元的固定成本只能分摊到 A、B 两种产品上，将使恒通公司利润减少 1 000 万元。也就是说，无论 C 产品是否生产，该公司 5 500 万元的固定成本都要发生，只不过是由三种产品分摊还是由两种产品分摊的问题。因此，在生产能力无法转移的情况下，尽管 C 产品亏损，也不应停产，而应继续生产。

2. 生产能力能够转移时，亏损产品应否停产决策分析

如果亏损产品停产后，闲置下来的生产能力能够转移，如转产其他产品，或将设备对外出租，那么，此时必须考虑继续生产亏损产品的机会成本因素，对备选方案进行比较分析后再作决策。

例 6－5 承【例 6－4】，假设恒通公司生产 C 产品设备既可以转产 D 产品，也可以将此设备出租，每年可获租金 900 万元。转产 D 产品的具体资料如表 6－5 所示。

表 6－5　　　　　　　　　　预测 D 产品资料　　　　　　　　　　单位：万元

项　　目	金　　额
销售收入	5 000
变动生产成本	2 800
变动推销管理费用	900

要求：分析恒通公司是继续生产 C 产品还是转产 D 产品，或是将此设备出租。

D 产品贡献毛益＝D 产品销售收入总额－D 产品变动成本总额
$$= 5\,000 - (2\,800 + 900) = 1\,300（万元）$$

由【例 6－4】可知生产 C 产品贡献毛益为 1 000 万元，而转产 D 产品贡献毛益为 1 300 万元，设备出租的租金为 900 万元。通过比较，转产 D 产品效益最好，所以恒通公司应停止生产 C 产品而转产 D 产品。

二、差别损益分析法

差别损益分析法，是指在计算两个备选方案之间产生的差别收入和差别成本的基础上，计算差别损益，根据差别损益指标作为评价方案取舍标准的一种方法。差别收入是指两个备选方案之间收入的差异数。差别成本是指两个备选方案之间成本的差异数。差别损益是差别收入减去差别成本后的余额。基本公式为：

$$差别损益 = 差别收入 - 差别成本$$

在应用差别损益分析法时,只要差别收入大于差别成本,即差别损益是正数,那么前一个方案就是较优的;反之,如果差别收入小于差别成本,即差别损益是负数,那么后一个方案就是较优的。

例 6-6 恒通公司某设备可以生产甲产品,也可以生产乙产品,两种产品预计资料如表 6-6 所示。

表 6-6 产品预计资料表

项 目	甲产品	乙产品
预计销售数量/件	50	100
预计销售单价/(元/件)	27	12
单位变动成本/(元/件)	23	8

要求:作出恒通公司生产哪种产品较为有利的决策。
(1) 计算差别收入:
差别收入=甲产品收入－乙产品收入
$$=27\times50-12\times100=150(元)$$
(2) 计算差别成本:
差别成本=甲产品成本－乙产品成本
$$=23\times50-8\times100=350(元)$$
(3) 计算差别损益:
差别损益=差别收入－差别成本
$$=150-350=-200(元)<0$$

差别损益计算分析的结果说明,生产乙产品比生产甲产品的方案有利(可多获利润 200 元)。

在短期经营决策分析中不必计算全部收入和全部成本,因为原有的收入是无关收入,原有的成本是无关成本,而且有时计算全部收入和全部成本比较麻烦,所以,只需计算两个备选方案新增加的收入差别和成本差别就可以计算出差别损益,据此就可以作出正确的决策。这种方法需要以各种有关方案的相关收入和相关成本作为基础数据,因此,一旦相关收入和相关成本的内容界定得不准确、不完整,就会直接影响决策质量,甚至会得出错误的结论。

例 6-7 恒通公司每年生产 A 半成品 20 000 件,其单位变动成本为 34 元/件,销售单价为 50 元/件。如果把 A 半成品进一步深加工为 B 产成品,须追加单位变动成本 6 元/件,追加固定成本 110 000 元,B 产成品销售单价为 70 元/件。若不进行深加工,可将追加固定成本的 110 000 元资金用于购买债券,每年可获得债券利息 16 000 元。

要求:作出 A 半成品是直接出售还是深加工的决策分析。

本例中,A 半成品的成本属于无关成本,在决策中不必考虑。采用差别损益分析法进行决策分析,分析过程如表 6-7 所示。

表 6-7　　　　　　　　　　　差别损益计算表　　　　　　　　　　单位：元

项　　目	深加工为 B 产成品	直接出售 A 半成品	差　异　额
相关收入	70×20 000＝1 400 000	50×20 000＝1 000 000	400 000
相关成本			
其中：增量成本	6×20 000＝120 000	0	
专属成本	110 000	0	
机会成本	16 000	0	
合　　计	246 000	0	246 000
差别损益			154 000

由表 6-7 可以看出，深加工为 B 产成品与直接出售 A 半成品的差别损益为 154 000 元，大于零，即深加工比直接出售要多获得利润 154 000 元，所以应深加工为 B 产成品。

差别损益分析法比较科学、简单、实用，能够直接揭示中选的方案比放弃的方案多获得的利润或损失。它通常适用于两个备选方案之间的选择，如半成品深加工还是直接出售的决策。如果企业有多个备选方案可供选择，采用差别损益分析法时，只能分别两两进行逐步筛选，选出最优方案。

三、相关成本分析法

相关成本分析法，是指在各备选方案收入相同（收入不变或为零）的前提下，只分析每个备选方案的相关成本，根据相关成本指标作为评价方案取舍标准的一种方法。此处，所谓相关成本，一般是指每个备选方案新增加的变动成本与固定成本，即备选方案的增量成本与专属成本之和。在各备选方案收入相同的前提下，相关成本低的方案，收益必然高，因此，相关成本低者优。

例 6-8　恒通公司年需用 A 零件 1 000 件，可以自制，也可以外购。若由本企业自制，A 零件单位变动成本为 26 元/件，另需购买专用设备，每月发生专属固定成本 500 元。若外购，外购 A 零件单价为 33 元/件，每件运费为 2 元，外购一次差旅费为 2 000 元，每年采购 5 次。如果外购，用于生产 A 零件的现有设备可以出租，每年可获租金 10 000 元。

要求：作出 A 零件是自制还是外购的决策分析。

本例中，无论 A 零件是自制还是外购，对最终的收入均不会产生影响，即各备选方案的收入相同，此时，只需计算各备选方案相关成本，相关成本低者优。具体分析如表 6-8 所示。

表 6-8　　　　　　　　　　　相关成本分析表　　　　　　　　　　　单位：元

项　　目	自　　制	外　　购
增量成本	26×1 000＝26 000	(33＋2)×1 000＝35 000
专属成本	500×12＝6 000	2 000×5＝10 000
机会成本	10 000	
相关成本合计	42 000	45 000

从表6-8的分析中可以看出,采用自制方案的相关成本较低,所以应选择自制方案。

相关成本分析法比较简单、直观,但必须是在各备选方案业务量确定的情况下采用。如果各备选方案业务量不确定,则不能采用相关成本分析法。相关成本分析法常用于零部件是自制还是外购的决策和生产工艺技术方案的决策。

四、成本平衡点分析法

成本平衡点分析法也叫成本无差别点分析法,是指在各备选方案收入相同(收入不变或为零)的前提下,相关业务量为不确定因素时,通过计算不同方案总成本相等时的业务量,也就是成本平衡点指标,作为评价方案取舍标准的一种方法。

所谓成本平衡点,就是指两个方案相关总成本相等时的业务量。

设方案一相关总成本方程为:

$$y_1 = a_1 + b_1 x$$

设方案二相关总成本方程为:

$$y_2 = a_2 + b_2 x$$

令 $y_1 = y_2$,则:

$$成本平衡点\ x = \frac{两个方案固定成本差额的绝对值}{两个方案单位变动成本差额的绝对值} = \frac{|a_1 - a_2|}{|b_1 - b_2|} = \frac{|\Delta a|}{|\Delta b|}$$

例 6-9 恒通公司只生产一种产品,现有两种设备可供选择:一种是采用传统设备,每年的专属固定成本为 30 000 元,单位变动成本为 12 元/件;另一种是采用先进设备,每年的专属固定成本为 40 000 元,单位变动成本为 7 元/件。

要求:进行决策分析。

首先,建立备选方案相关总成本方程。

采用传统设备的总成本方程为: $y_1 = a_1 + b_1 x = 30\ 000 + 12x$

采用先进设备的总成本方程为: $y_2 = a_2 + b_2 x = 40\ 000 + 7x$

其次,计算成本平衡点。

令 $y_1 = y_2$,则:

$$成本平衡点\ x = \frac{|\Delta a|}{|\Delta b|} = \frac{|30\ 000 - 40\ 000|}{|12 - 7|} = \frac{10\ 000}{5} = 2\ 000(件)$$

根据两个方案得出的成本数据,作出两个方案的成本比较图,如图6-1所示。

从图6-1中可以看出:当产品生产量在 2 000 件以下时,采用传统设备生产的相关总成本线在采用先进设备生产的相关总成本线之下,意味着若预计未来产品生产量在 2 000 件以下,采用传统设备生产的相关总成本较低,应选择传统设备;当产品生产量在 2 000 件以上时,采用先进设备生产的相关总成本线在采用传统设备生产的相关总成本线之下,意味着若预计未来产品生产量在 2 000 件以上,采用先进设备生产的相关总成本较低,应选择先进设备。

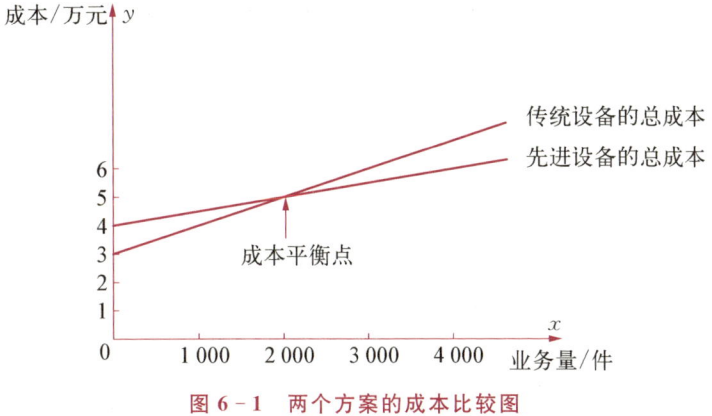

图 6-1 两个方案的成本比较图

运用成本平衡点分析法,相关方案之间的固定成本水平与单位变动成本水平应恰好相互矛盾,即固定成本大的方案,其单位变动成本就小。如果预计未来业务量小于成本平衡点,则应选择固定成本较低的方案,因为此种方案总成本较低;如果预计未来业务量大于成本平衡点,则应选择固定成本较高的方案,因为此种方案总成本较低;如果预计未来业务量恰好等于成本平衡点,则两个方案的总成本相等,效益无差别。

成本平衡点分析法常被应用于业务量不确定时零部件取得方式的决策和生产工艺技术方案的决策。

第三节　定价决策分析

产品价格的制定,直接影响企业的盈利水平,因此,管理当局必须制定合理的产品价格,审慎进行定价决策,保证企业实现最佳经济效益。定价决策作为短期经营决策的内容之一,其基本决策原则就是看所确定的价格能否给企业带来更多的利润。定价决策采用的主要方法有:成本加成定价法、保本保利定价法、利润最大化定价法、利润平衡点定价法。

一、成本加成定价法

成本加成定价法,是指以单位产品成本为基础并依照一定的加成率进行加成来确定单位产品售价的方法。计算公式为:

$$单位售价 = 单位产品成本 \times (1 + 成本加成率)$$

式中:

$$成本加成率 = \frac{加成额}{单位产品成本}$$

由于按完全成本法和变动成本法计算的单位产品成本内容不同,因此不同计算方法下的单位产品成本、成本加成率也各有所异。

(一) 完全成本法下的成本加成定价法

在完全成本法下,单位产品成本就是单位产品生产成本,具体包括直接材料、直接人工、变动制造费用、固定制造费用。成本加成率就是成本毛利率。计算公式为：

$$单位售价 = 单位产品生产成本 \times (1 + 成本毛利率)$$

式中：

$$成本毛利率 = \frac{毛利}{生产成本} = \frac{利润 + 非生产成本}{生产成本}$$

例 6-10 恒通公司拟采用完全成本法下的成本加成定价法制定甲产品单位售价，甲产品单位成本的有关资料如表 6-9 所示。该公司希望甲产品成本毛利率为 40%。

表 6-9　　　　　　　　　　　甲产品单位成本构成表　　　　　　　　　　单位：元/件

项　　目	金　　额
直接材料	40
直接人工	30
变动制造费用	10
固定制造费用	20
变动销售及管理费用	14
固定销售及管理费用	11
合　　计	125

要求：计算甲产品的单位售价。

甲产品单位生产成本 = 40 + 30 + 10 + 20 = 100（元/件）

甲产品单位售价 = 100 × (1 + 40%) = 140（元/件）

（二）变动成本法下的成本加成定价法

在变动成本法下，单位产品成本就是单位产品变动生产成本。为简化计算，在变动成本法下成本加成定价法中，一般采用单位产品变动成本代替单位产品变动生产成本，具体包括直接材料、直接人工、变动制造费用、变动销售及管理费用。成本加成率就是变动成本贡献率。计算公式为：

$$单位售价 = 单位产品变动成本 \times (1 + 变动成本贡献率)$$

式中：

$$变动成本贡献率 = \frac{贡献毛益}{变动成本} = \frac{利润 + 固定成本}{变动成本}$$

例 6-11 承【例 6-10】，若恒通公司希望甲产品的变动成本贡献率为 50%，那么采用变动成本法下的成本加成定价法，甲产品的单位售价应为多少？

甲产品单位变动成本 = 40 + 30 + 10 + 14 = 94（元/件）

甲产品单位售价 = 94 × (1 + 50%) = 141（元/件）

二、保本保利定价法

保本保利定价法是根据保本分析、保利分析原理建立的一种以保本、保利为目的的定价法。

(一) 保本价格

保本价格,是指在一定销量下恰好保本时的价格。计算公式为:

$$\text{保本价格} = \text{单位变动成本} + \frac{\text{固定成本}}{\text{预计销售量}}$$

在竞争激烈的市场经济条件下,企业为了维护、扩大市场占有率,往往采用保本价格定价决策组织销售。

(二) 保利价格

保利价格,是指在一定销量下能够保证目标利润实现的价格。计算公式为:

$$\text{保利价格} = \text{单位变动成本} + \frac{\text{固定成本} + \text{目标利润}}{\text{预计销售量}}$$

例 6-12 恒通公司生产乙产品,其单位变动成本为 40 元/件,有自销或代销两种销售方式可供选择。若采用自销方式,预计年销量为 20 万件,相关固定成本为 10 万元;若采用代销方式,预计年销量为 10 万件,相关固定成本为 6 万元。乙产品的目标利润为 50 万元。

要求:用保本保利定价法作出自销或代销决策。

$$\text{自销方式下的保利价格} = 40 + \frac{100\,000 + 500\,000}{200\,000} = 43(\text{元})$$

$$\text{代销方式下的保利价格} = 40 + \frac{60\,000 + 500\,000}{100\,000} = 45.6(\text{元})$$

因为自销方式下的保利价格低于代销方式下的保利价格,更有市场竞争力,所以企业应采用自销方式。

三、利润最大化定价法

利润最大化定价法,是指在预测各种价格可能的销售量下,计算各备选方案的利润,选择利润最大的定价的方法。

例 6-13 恒通公司生产 A 产品准备投放市场。A 产品单位变动成本为 40 元/件,该企业现时年最大生产能力为 1.2 万件,年固定成本为 20 万元,如果要把年最大生产能力扩大到 1.4 万件,年固定成本将增加到 30 万元。A 产品在各种价格下的预测销售量资料如表 6-10 所示。

表 6-10　A 产品预测资料及利润计算表

销售价格 /(元/件)	预测销售量 /件	销售收入 /元	变动成本 /元	固定成本 /元	总成本 /元	利润 /元
120	8 000	960 000	320 000	200 000	520 000	440 000
110	9 600	1 056 000	384 000	200 000	584 000	472 000
100	12 000	1 200 000	480 000	200 000	680 000	520 000
90	14 000	1 260 000	560 000	300 000	860 000	400 000
80	16 000	1 280 000	640 000	300 000	940 000	340 000
70	17 000	1 190 000	680 000	300 000	980 000	210 000

要求：计算采用利润最大化定价法时的销售价格。

由表6-10中的计算结果可知，A产品价格在100元/件时获得的利润最大，为520 000元，所以应把A产品销售价格定为100元/件。

四、利润平衡点定价法

利润平衡点定价法也叫利润无差别点定价法，就是根据计算调价后利润是否增加来决定是否调价的定价方法。若调价后利润能够增加，就可以调价，反之则不能调价。为了确定调价后利润能否增加，需要计算利润平衡点销售量。所谓利润平衡点销售量，就是指某种产品为确保原有盈利能力，在调价后至少应达到的销售量。其实质就是保利销售量，只不过此时的目标利润为调价前利润。其计算公式为：

$$利润平衡点销售量 = \frac{固定成本 + 调价前可获利润}{拟调单价 - 单位变动成本}$$

利润平衡点定价法的决策原则是：若调价后预计销售量大于利润平衡点销售量，意味着调价后利润能够增加，可以调价；若调价后预计销售量小于利润平衡点销售量，意味着调价后利润会有所减少，不能调价；若调价后预计销售量等于利润平衡点销售量，意味着调价前后利润相等，价格可调可不调。

注意决策时要综合考虑以下情况：

（1）在不增加专属成本的情况下，若调价后预计销售量超过企业现有最大生产能力，则调价后预计销售量只能按现有最大生产能力确定。

（2）在追加专属成本的情况下，利润平衡点销售量计算公式中的固定成本应采用包含追加专属成本在内的固定成本。

（3）若调价后预计销售量减少而剩余生产能力能够转移，则其可获得的贡献毛益应作为调价后需获利润的扣减数额。

例6-14 恒通公司生产A产品，现行售价为100元/件，可销售1万件，固定成本为25万元，单位变动成本为60元/件，实现利润15万元。企业现有最大生产能力为19 000件。

要求：利用利润平衡点定价法评价以下各不相关条件下的调价方案的可行性。

（1）若将售价调低为85元/件，预计销售量可达到16 800件。

（2）若将售价调低为80元/件，预计销售量可达到20 000件。

（3）若将售价调低为80元/件，预计最大销售量可达到23 000件，但企业必须追加5万元固定成本才能具备生产23 000件产品的能力。

（4）若将售价调高为110元/件，只能争取到7 500件订货，且企业剩余生产能力无法转移。

（5）若将售价调高为110元/件，只能争取到7 500件订货，但企业剩余生产能力能够转移，可获得60 000元贡献毛益。

（1）利润平衡点销售量 $= \dfrac{250\ 000 + 150\ 000}{85 - 60} = 16\ 000$（件）

调价后预计销售量可达到16 800件，在最大生产能力范围内，且大于利润平衡点销售量16 000件，所以应考虑调价。

(2) 利润平衡点销售量 $= \dfrac{250\,000 + 150\,000}{80 - 60} = 20\,000$（件）

调价后预计销售量可达到 20 000 件以上，超过最大生产能力范围，则调价后预计销售量只能按现有最大生产能力 19 000 件计算，小于利润平衡点销售量 20 000 件，所以不应考虑调价。

(3) 利润平衡点销售量 $= \dfrac{250\,000 + 150\,000 + 50\,000}{80 - 60} = 22\,500$（件）

调价后预计销售量可达到 23 000 件，在追加专属成本后的最大生产能力范围内，且大于利润平衡点销售量 22 500 件，所以应考虑调价。

(4) 利润平衡点销售量 $= \dfrac{250\,000 + 150\,000}{110 - 60} = 8\,000$（件）

调价后预计销售量为 7 500 件，在最大生产能力范围内，但小于利润平衡点销售量 8 000 件，所以不应考虑调价。

(5) 利润平衡点销售量 $= \dfrac{250\,000 + (150\,000 - 60\,000)}{110 - 60} = 6\,800$（件）

调价后预计销售量为 7 500 件，在最大生产能力范围内，且大于利润平衡点销售量 6 800 件，所以应考虑调价。

第四节　存货决策分析

6-1
产品定价
案例介绍

存货是企业在生产经营过程中为生产、销售而储备的物资，包括库存商品、原材料、在产品、包装物等。存货在企业流动资产中所占比重较大，存货管理的好坏、存货量的多少，直接影响企业的财务状况，对整个企业的经济效益产生重大影响。存货量过大，导致存货积压，某些成本增加；存货量过小，导致缺货脱销或者停工待料，影响企业的经济效益。因此，加强存货的管理，使存货保持最优水平，成为管理会计中决策与规划部分的一项重要内容。存货决策就是要在保证生产、销售顺利进行的前提下，选择存货相关成本低、效率高的方案。本节主要介绍经济进货批量决策和 ABC 控制法。

一、存货成本

存货成本，是指企业为保持一定量的存货而付出的代价，通常按年计算，主要包括购置成本、进货成本、储存成本、缺货成本四个部分。

（一）购置成本

购置成本，是指存货本身的价值，企业年购置总成本等于存货单价与存货全年需求量的乘积。在存货全年需求量一定的情况下，若存货单价不变且无进货数量折扣，则无论企业进货次数、每次进货数量如何变化，存货的年购置总成本不变，是存货经济进货批量决策的无关成本，在决策分析时无须考虑。

注意：若存在进货数量折扣，则每次进货数量不同，年购置总成本会发生变化，此时年购置总成本是相关成本。

（二）进货成本

进货成本，也称进货费用，是指企业为组织进货而支付的费用。按其与进货次数是否有关，进货成本可分为固定性进货成本和变动性进货成本。固定性进货成本与进货次数无关，属于无关成本，在经济进货批量决策分析中不需要考虑，如常设采购机构的基本开支等。变动性进货成本与进货次数成正比例关系，属于相关成本，在经济进货批量决策分析中必须考虑，如采购人员差旅费、邮资等。

（三）储存成本

储存成本，是指为储存存货而发生的各项费用。按其与存货储存数量是否有关，储存成本可分为固定性储存成本和变动性储存成本。固定性储存成本与存货储存数量的多少无关，属于无关成本，在经济进货批量决策分析中不需要考虑，如仓库的折旧费、仓库职工的固定工资等。变动性储存成本与存货储存数量的多少有关，属于相关成本，在经济进货批量决策分析中必须考虑，如存货在储存过程中发生的仓储费、保险费、存货占用资金的机会成本、存货陈旧变质损失等。

（四）缺货成本

缺货成本，是指由于存货量不足，不能及时满足销售或生产需要而造成的损失。它包括由于缺货引起的停工损失、延期交货而支付的罚金、信誉损失、丧失良好销售机会的损失等。

二、经济进货批量决策

（一）经济进货批量的含义

进货批量，是指每次进货的数量。经济进货批量，是指一定时期内（通常指1年），存货的相关总成本达到最低时的进货批量。

（二）经济进货批量基本模型的假设

（1）存货全年需求量能够而且已经确定。

（2）存货价格稳定，且不考虑数量折扣。

（3）存货的耗用或销售比较均衡。

（4）当存货量降为零时，下批存货刚好到货，即存货最高库存量是每批进货数量，最低库存量为零。

（5）所需存货市场供应充足，不允许出现缺货情形。

（6）仓储条件及所需资金不受限制。

在上述假设下，存货成本中购置总成本为常数，缺货成本为零，均不必考虑。因此，决定存货经济进货批量的相关成本因素只是变动性进货成本和变动性储存成本。在存货全年需求量一定的情况下，降低进货批量，必然增加进货次数，一方面，变动性进货成本随进货次数的增加而增加，另一方面，变动性储存成本随存货平均储存量的下降而下降，反之亦然，两者是此消彼长的关系。存货决策的目的，就是确定使变动性进货成本与变动性储存成本之和最低的进货批量，即经济进货批量。

（三）经济进货批量基本模型的计算公式

存货相关总成本的计算公式为：

存货相关总成本 = 变动性进货成本 + 变动性储存成本

= 年进货次数 × 每次进货成本 + 年平均库存量 × 单位存货年储存成本

根据微分原理,当存货相关总成本的一阶导数等于零时,变动性进货成本等于变动性储存成本,且存货相关总成本最低。对存货相关总成本求导,并整理得出经济进货批量的基本模型:

$$Q^* = \sqrt{\frac{2 \times D \times F}{C}}$$

式中:Q^*—经济进货批量;D—存货全年需求量;F—每次进货成本;C—单位存货年储存成本。

由经济进货批量的基本模型,可推导出下列公式:

$$TC(Q^*) = \sqrt{2 \times D \times F \times C}$$

$$N = \frac{D}{Q^*}$$

$$T = 360 \div N$$

经济进货批量下的变动性进货成本 $= N \times F$

式中:$TC(Q^*)$—经济进货批量下的相关总成本;N—年度最佳进货次数;T—最佳进货周期。

例 6-15 恒通公司全年耗用 A 材料 360 000 千克,A 材料单位采购成本 100 元/千克,单位存货年储存成本 4 元/千克,平均每次进货成本 200 元。

要求:计算经济进货批量、经济进货批量下的相关总成本、年度最佳进货次数、最佳进货周期、经济进货批量下的变动性进货成本。

(1) 经济进货批量:

$$Q^* = \sqrt{\frac{2 \times D \times F}{C}} = \sqrt{\frac{2 \times 360\,000 \times 200}{4}} = 6\,000(千克)$$

(2) 经济进货批量下的相关总成本:

$$TC(Q^*) = \sqrt{2 \times D \times F \times C} = \sqrt{2 \times 360\,000 \times 200 \times 4} = 24\,000(元)$$

(3) 年度最佳进货次数:

$$N = \frac{D}{Q^*} = \frac{360\,000}{6\,000} = 60(次)$$

(4) 最佳进货周期:

$$T = \frac{360}{N} = \frac{360}{60} = 6(天)$$

(5) 经济进货批量下的变动性进货成本:

经济进货批量下的变动性进货成本 $= N \times F = 60 \times 200 = 12\,000(元)$

或:

经济进货批量下的变动性进货成本 $= \frac{TC(Q^*)}{2} = \frac{24\,000}{2} = 12\,000(元)$

(四) 基本模型的扩展

上述基本模型是建立在一系列假设条件上的。为了使模型更接近于实际,具有较高的实用性,就需要放宽假设条件。

1. 订货提前期与再订货点

通常情况下,企业的存货不能做到随用随时补充,因此不能等存货用完再去订货,而需要在存货没有用完时提前订货。提前订货的情况下,企业再次发出订单时,尚有存货的库存量,称为再订货点。其计算公式为:

$$再订货点 = 交货时间(L) \times 日平均需用量(d)$$

2. 存货陆续供应和使用

在存货陆续供应和使用的情况下,经济订货量应按下列公式计算:

$$Q^* = \sqrt{\frac{2 \times D \times F}{C} \times \left(\frac{p}{p-d}\right)}$$

存货陆续供应和使用的经济订货量总成本为:

$$TC(Q^*) = \sqrt{2 \times D \times F \times C \times \left(1 - \frac{d}{p}\right)}$$

3. 保险储备

按照某一订货批量和再订货点发出订单后,如果需求增大或送货延迟,就会发生缺货或供货中断。为防止由此造成的损失,就必须建立保险储备。建立保险储备会增加储存成本,而缺货又会发生缺货损失。研究保险储备的目的,就是要找出最佳的保险储备量,以使缺货成本和储存成本之和最小。

最佳保险储备量的确定方法是,先计算出各不同保险储备量下的总成本,然后将其进行对比,以总成本最低的保险储备量作为最佳的保险储备量。某保险储备量下的总成本的计算公式为:

$$\begin{aligned}某保险储备量下的总成本 &= 年缺货成本 + 年储存成本 \\ &= 一次订货缺货量 \times 年订货次数 \times 单位缺货成本 + 保险储备量 \times 单位储存成本\end{aligned}$$

以上解决了由于需求量变化引起的缺货问题。对由于延迟交货而引起的缺货,可以通过建立保险储备量的方法来解决,只要将延长的天数折算为增加的需求量即可,其计算原理与前述相同。

三、ABC 控制法

(一) ABC 控制法基本原理

ABC 控制法基本原理就是按照金额比重和品种数比重标准,将企业的全部存货分为 A、B、C 三类,其中金额比重是最基本的标准。A 类存货的特点是金额较大,而品种数较少;B 类存货的特点是金额一般,而品种数相对较多;C 类存货的特点是品种数多,而金额很小。

一般而言,A 类存货品种只占全部存货总品种数的 10% 左右,而这类存货的金额要占到全部存货总金额的 70% 左右。C 类存货品种数要占到全部存货总品种数的 70% 左右,而这类存货的金额只占全部存货总金额的 10% 左右。B 类存货则介于这两者之间,从品种数和金额来看,都只占全部存货总数的20%左右。ABC控制法分类标准如表6-11所示。

表6-11　　　　　　　　　　　ABC控制法分类标准

类　　别	金　额　比　重	品种数比重
A	70%左右	10%左右
B	20%左右	20%左右
C	10%左右	70%左右
合　　计	100%	100%

(二) 分类方法

ABC控制法的分类方法为:

(1) 把各种存货全年用量分别乘以它们的单价,计算出各种存货的金额。

(2) 按照各品种存货金额的大小顺序重新排列,然后计算累计金额。

(3) 按照从大到小的顺序,计算逐项累计金额占总金额的比重,即百分比。当累计金额占总金额的百分比达到70%左右时,所对应的存货即为A类;当累计金额占总金额的百分比达到90%左右时,所对应的存货即为B类;剩余的为C类。

(三) 控制方法

上述A、B、C三类存货中,由于各类存货的重要程度不同,所采用的控制方法也不同。

(1) 对金额高的A类存货,按品种重点控制。要计算每种存货的经济进货批量,尽可能地适当增加订购次数,以减少存货积压,也就是减少其昂贵的存储费用和大量的资金占用;同时,还可以为该类存货分别设置永续盘存卡片,以加强日常控制。

(2) 对B类存货,按类别实施一般控制。可事先为每种存货计算经济进货批量,同时也可以分别设置永续盘存卡片来反映库存动态,但不必像A类存货那样严格,只需定期进行概括性检查,以节省存储和管理成本。

(3) 对C类存货的控制,由于它们为数众多,而且单价又很低,存货成本也较低,因此,可以适当增加每次订货数量,减少全年的订货次数。对这类物资日常的控制方法,一般可以采用一些较为简化的方法进行管理,常用的是"双箱法"。所谓双箱法,就是将某项库存物资分装于两个货箱,第一箱的库存量是达到订货点的耗用量,当第一箱用完时,就意味着必须马上提出订货申请,以补充生产中已经领用和即将领用的部分。

 典型案例分析

李宁:定位失误导致商业败局

1990年,退役后的李宁创建了李宁体育用品有限公司。公司创立后便开始了与国家体操队长达23年的战略合作,期间国内外各种品牌均无法撼动李宁在国家体操队的地位。李宁不会想到,李宁公司与国家体操队的合作会有终止的一天。2014年8月4日,由安踏替代李宁与国家体操队续约,10天之后,李宁公布了2014年中期报告。

报告显示,李宁2014年上半年巨亏5.86亿元,亏损同比扩大超过2倍并超过2013年全年,而且存货10.9亿逼近上市10年来的最高点。而在机构评级中,除了高盛给出"买入",其他机构几乎都是"卖出"评级。在习惯性看好的卖方研究市场中,一般只有濒临破产,基本面极其糟糕的公司才会有此待遇。

随着李宁在商场或者商业街区专卖店的关门,就连那句妇孺皆知的广告语"一切皆有可能"也越来越少地被人提及。李宁为何由盛转衰,有些专家认为原因主要是品牌定位不够准确,在寻找新客户的同时丢失老客户;线路定位失败,不仅没能在国际市场上分得一杯羹,甚至连自己原有的阵地也丢失了。李宁经营愈发困难的原因可能有以下几点:

一、品牌定位 90 后埋下祸根

2010 年,李宁公司启动了品牌重塑计划,具体内容为:对李宁品牌进行换标,同时把消费人群定位为"90 后",品牌定位为"时尚、酷、全球视野"。随后,90 后李宁的广告一时间铺天盖地。

依据李宁公司的市场战略,在定位"90 后"消费群体之后,公司开始对产品提价销售,分别为 7% 至 17.9% 不等。提价之后的市场反应便是销售量下滑,营业收入下跌,紧接着李宁公司开始面临高库存的危机,这也让李宁公司陷入被动。

2011 年李宁业绩报告显示,其收入及利润均出现下滑,公司总收入 89.29 亿元,同比下滑 5.8%;净利润 3.86 亿元,同比下滑 65.19%;毛利润 41.11 亿元,同比下滑 8.2%,每股基本盈利 36.7 分,同比下滑 65.3%。2012 年,李宁公司的财报主要指标依旧一片惨淡,集团收入为 67.39 亿元,同比减少 24.5%;毛利润 25.50 亿元,同比减少 36.9%。2013 年,虽然李宁公司的亏损面大幅收窄,但与之伴随的财报上,依旧不变的是"下跌""下滑""减少"等字眼。2014 年,李宁公司关店 519 家,11 月 17 日,李宁公司行政总裁金珍君卸任,这位自 2012 年上任时被称为李宁"救世主"的美籍职业经理人的黯然离开,也在某种程度上宣告,李宁的自我救赎,似乎失败了。

二、固守发展模式,缺乏对市场认知

李宁公司这些年一直坚守着生产和销售在外的轻公司发展模式。在这种模式下,依靠的是传统的批发方式,也就是说李宁公司直接面对的是经销商和批发商,而不是广大的消费群体。这在很大程度上导致李宁的产品设计思路依据经销商的反馈意见调整,而缺乏对消费者和市场的认知,导致消费不畅、库存居高不下、供应链失控等问题。

三、内部经营混乱导致同业竞争

经过多年发展,李宁公司内部已经拥有和控股了众多品牌,包括李宁、乐途(LOTTO)、红双喜、艾高(AIGLE)、新动、凯胜。红双喜和凯胜是国内专业的乒乓球、羽毛球运动装备提供商,艾高和乐途则属于运动休闲和运动时尚服装的经营,新动是公司针对中低端产品的经营。

李宁公司内部对于李宁品牌有着强烈的情结,在李宁品牌下进行多元化、多领域的业务经营,引发了内部品牌归属混乱、同业竞争的后果。依靠李宁品牌,公司不仅涉足了运动休闲服装生产业务,同时也提供乒乓球运动服装、羽毛球产品和装备,对红双喜和凯胜的投入随之减少,制约了两个品牌在其专业领域的发展和壮大。而在运动休闲服装领域,李宁又与乐途、艾高等品牌业务重叠,导致资源浪费和重复竞争。

四、电商无章法,冲击经销商网络

李宁全国大大小小、正式非正式的经销商成百上千,之前李宁的模式是,生产出来的产品卖给经销商之后,就不再与李宁有关,这种模式导致的后果就是大量产品积压。从 2012

年开始,全国各地的李宁都开始了打折销售之路。

此外,李宁品牌在网购市场的价格低于专卖店的价格也让线下的各经销商受到威胁。在网上,有一篇名为《李宁经销商的自白》的文章,文中提到:在最初的时候,我自己都不明白,为什么淘宝的价格比我的采购价都低?最后通过自己对渠道的了解明白了其中的原因。几乎所有的集市卖家都没有库存,都是通过上级代理代发销售的,而这些上级代理就是一些TOP级的经销商,他们拥有大量的货品以及更低的采购价。也正是因为这些比我们分销商采买价格更低的价格在销售,催生了渠道的乱象。这些现象不仅给原有的经销商带来了管理困难,更因为长期处于没有公司各种资源支持的情况下,店铺状况越来越差,给品牌带来了不好的影响,降低了品牌在当地的美誉度。

【讨论】从短期来看,李宁的哪些经营决策存在问题?如何改善?

本章小结

决策是指为实现预定目标,在科学预测的基础上,对未来经济活动的若干备选方案进行比较分析,最终作出科学判断的过程。按决策的重要程度,决策可分为战略决策和战术决策;按决策条件的确定程度,可分为确定型决策、风险型决策和不确定型决策;按决策期限的长短,可分为短期经营决策和长期投资决策。短期经营决策是指对1年(或长于1年的一个营业周期)内的生产经营活动进行的决策。该类决策涉及的方案影响期一般在1年以内,一般不涉及大量资金投入,涉及面极广,主要包括生产决策、定价决策和存货决策等。与短期经营决策相关的成本主要包括增量成本、机会成本、专属成本、边际成本、付现成本、重置成本、可延缓成本、可避免成本;无关成本主要包括沉没成本、共同成本、不可延缓成本、不可避免成本。

生产决策常用的专门方法有贡献毛益分析法、差别损益分析法、相关成本分析法和成本平衡点分析法:

(1) 贡献毛益分析法,就是以有关方案的贡献毛益指标作为决策评价指标的一种方法。贡献毛益分析法比较简单,除常被应用于企业开发哪一种新产品决策外,还常用于是否接受特殊价格追加订货决策分析,亏损产品是否停产、转产决策分析,尤其适用于多个方案的择优决策。

(2) 差别损益分析法,是指在计算两个备选方案之间产生的差别收入和差别成本的基础上,计算差别损益,根据差别损益指标作为评价方案取舍标准的一种方法。差别损益分析法比较科学、简单、实用,能够直接揭示中选的方案比放弃的方案多获得的利润或损失。它通常适用于两个备选方案之间的选择,如半成品深加工还是直接出售的决策。

(3) 相关成本分析法,是指在各备选方案收入相同(收入不变或为零)的前提下,只分析每个备选方案的相关成本,根据相关成本指标作为评价方案取舍标准的一种方法。相关成本分析法比较简单、直观,但必须是在各备选方案业务量确定的情况下采用。如果各备选方案业务量不确定,则不能采用相关成本分析法。相关成本分析法常用于零部件是自制还是外购的决策和生产工艺技术方案的决策。

(4) 成本平衡点分析法,也叫成本无差别点分析法,是指在各备选方案收入相同(收入不变或为零)的前提下,相关业务量为不确定因素时,通过计算不同方案总成本相等时的业务量，也就是成本平衡点指标，作为评价方案取舍标准的一种方法。运用成本平衡点分析法，相关方案之间的固定成本水平与单位变动成本水平应恰好相互矛盾，即固定成本大的方案，其单位变动成本就小。成本平衡点分析法常被应用于业务量不确定时零部件取得方式的决策和生产工艺技术方案的决策。

定价决策采用的主要方法有：成本加成定价法、保本保利定价法、利润最大化定价法和利润平衡点定价法。

存货决策就是要在保证生产、销售顺利进行的前提下，选择存货相关成本低、效率高的方案。存货决策分析包括经济进货批量决策和 ABC 控制法。

复习思考

1. 决策的概念是什么？
2. 与短期经营决策相关的成本有哪些？
3. ABC 控制法如何应用？

同步实训

一、单项选择题（每小题只有一个正确答案）

1. 下列决策属于长期投资决策的是（　　）。
   A. 购置固定资产决策　　　　　　B. 生产决策
   C. 定价决策　　　　　　　　　　D. 存货决策
2. 将决策分为战略决策和战术决策的分类标志是（　　）。
   A. 决策条件的确定程度　　　　　B. 决策的重要程度
   C. 决策期限的长短　　　　　　　D. 决策方案间的关系
3. 增量成本，是指由于生产能力利用程度的不同而形成的成本差额。在相关范围内，某一决策方案的增量成本就是由于业务量增加而增加的相关（　　）。
   A. 固定成本　　B. 专属成本　　C. 产品成本　　D. 变动成本
4. 在经济决策中应由中选的最优方案负担的、按所放弃的次优方案潜在收益计算的资源损失，即（　　）。
   A. 增量成本　　B. 加工成本　　C. 机会成本　　D. 专属成本
5. 边际成本，就是指业务量增加或减少一个单位所引起的成本变动额。在相关范围内，增加或减少一个单位所引起的成本变动，就是产品的（　　）。
   A. 固定成本总额　　　　　　　　B. 变动成本总额
   C. 单位变动成本　　　　　　　　D. 单位固定成本
6. 在短期经营决策中，对企业原有的资产，不应按照其历史成本决策，而应把其（　　）作为相关成本予以考虑。
   A. 重置成本　　B. 历史成本　　C. 沉没成本　　D. 共同成本
7. 广告费、职工培训费等酌量性固定成本属于（　　）。
   A. 可延缓成本　　B. 可避免成本　　C. 不可延缓成本　　D. 不可避免成本

8. 在存在专属成本或机会成本的情况下,短期经营决策主要通过计算备选方案的
( )指标进行决策。
 A. 单位贡献毛益　　　　　　　　B. 贡献毛益总额
 C. 贡献毛益　　　　　　　　　　D. 剩余贡献毛益
9. 相关成本分析法的应用前提条件是各备选方案的( )。
 A. 相关收入相同　　　　　　　　B. 相关收入不同
 C. 业务量不能事先确定　　　　　D. 成本资料不全
10. 成本平衡点分析法的应用条件是各备选方案的( )。
 A. 相关成本相同　　　　　　　　B. 相关收入不同
 C. 业务量不能事先确定　　　　　D. 成本资料不全

二、多项选择题(每小题有两个或两个以上正确答案)
1. 按决策条件的肯定程度,决策可分为( )。
 A. 确定型决策　　B. 风险型决策　　C. 不确定型决策　　D. 战略决策
2. 短期经营决策的内容主要包括( )。
 A. 购置固定资产决策　　　　　　B. 生产决策
 C. 定价决策　　　　　　　　　　D. 存货决策
3. 短期经营决策中相关成本主要包括( )。
 A. 增量成本　　B. 机会成本　　C. 专属成本　　D. 付现成本
4. 在短期经营决策中无关成本主要包括( )。
 A. 沉没成本　　B. 共同成本　　C. 不可延缓成本　　D. 不可避免成本
5. 下列选项中,属于不可避免成本的有( )。
 A. 现有固定资产的折旧费　　　　B. 管理人员工资
 C. 广告费　　　　　　　　　　　D. 职工培训费
6. 生产决策常用的专门方法有( )。
 A. 贡献毛益分析法　　　　　　　B. 差别损益分析法
 C. 相关损益分析法　　　　　　　D. 成本无差别点法
7. 定价决策采用的主要方法有( )。
 A. 成本加成定价法　　　　　　　B. 保本保利定价法
 C. 利润最大化定价法　　　　　　D. 利润平衡点定价法
8. 存货成本主要包括( )。
 A. 购置成本　　B. 进货成本　　C. 储存成本　　D. 缺货成本
9. 采用贡献毛益分析法时,能够作为评价标准的指标有( )。
 A. 贡献毛益总额　　　　　　　　B. 单位生产能力所提供的贡献毛益
 C. 剩余贡献毛益　　　　　　　　D. 单位贡献毛益
10. 计算成本平衡点业务量的因素包括( )。
 A. 变动成本总额的差额　　　　　B. 单位变动成本的差额
 C. 固定成本总额的差额　　　　　D. 单位固定成本的差额

三、判断题(正确的在括号内打"√",错误的打"×")
1. 决策分析只是决策全过程的一个组成部分。　　　　　　　　　　　　( )

2. 在相关范围内,边际成本实质上就是单位变动成本。边际成本是增量成本的特殊形式。
(　　)
3. 固定成本都属于沉没成本。(　　)
4. 共同成本是与专属成本相对立的成本,是指应当由多个方案共同负担的一定会发生的固定成本。(　　)
5. 如果预计未来业务量大于成本平衡点业务量,则应选择固定成本较高的方案。
(　　)
6. 决策分析的核心问题就是确定最优的可行方案。(　　)
7. 运用成本平衡点分析法,相关方案之间的固定成本水平与单位变动成本水平应恰好相互矛盾,即固定成本大的方案,其单位变动成本就小。(　　)
8. 差别损益分析法只能适用于两个备选方案之间的选择,如果企业有多个备选方案可供选择,则不能采用差别损益分析法。(　　)
9. 相关成本分析法,必须是在各备选方案业务量确定的情况下采用。(　　)
10. 利润平衡点销售量实质就是保利销售量,只不过此时的目标利润为调价前的利润。
(　　)

四、计算分析题

1. 恒通公司现有设备生产能力 40 000 台时,尚有 30% 的剩余生产能力。公司准备利用这些剩余生产能力开发 A、B 两种新产品。预计两种新产品市场销售均不受限制,有关资料如表 6-12 所示。

表 6-12　　　　　　　　　　　A、B 两种产品有关资料

项　　目	A 产品	B 产品
单位产品定额台时	5 台时	2 台时
单位产品单价	45 元/台	30 元/台
单位变动成本	12 元/台	15 元/台

要求:分别就下列不相关情况,采用贡献毛益分析法,作出开发哪种新产品的决策。
(1) 不需要新增专属成本。
(2) 若选择生产 A 产品,需要新增专属成本 20 000 元;若选择生产 B 产品,需要新增专属成本 40 000 元。

2. 恒通公司现有 A 半成品 100 000 千克,可直接出售,销售单价 5 元/千克;也可把 A 半成品进一步深加工为 B 产品,每 10 千克 A 半成品可加工成 8 千克 B 产品,B 产品加工成本为 3 元/千克,B 产品销售单价是 A 半成品的 2 倍。

要求:分别就下列不相关情况,采用差别损益分析法,作出 A 半成品是直接出售还是深加工的决策分析。
(1) 若深加工只需利用闲置的现有设备,且该设备无其他用途。
(2) 若深加工不仅需利用闲置的现有设备,且需新增专属成本 60 000 元;若不进行深加工,闲置的现有设备可出租,租金为 30 000 元。

3. 恒通公司需要甲零件,可以自制也可以外购。如果自制,甲零件的单位变动成本为

17元/件,自制每月需要增加专属固定成本300元。如果外购,外购单价为20元/件,每件运费为1元,外购一次差旅费为2 000元,每年采购2次,此时,生产甲零件的设备可以出租,每年可获租金3 000元。

要求:分别就下列不相关情况,作出甲零件是自制还是外购的决策分析。

(1) 若公司每年需要甲零件5 000件,采用相关成本分析法进行决策。

(2) 若不能事先确定公司每年需要甲零件的数量,采用成本平衡点分析法进行决策。

4. 恒通公司甲材料年需要量为33 800千克,单位存货年储存成本为8元/千克,每次进货成本为50元。试计算经济进货批量、最佳进货次数、变动性进货成本、变动性储存成本、经济进货批量下的相关总成本和进货间隔天数。

查看答案

第七章 长期投资决策分析

学习目标

通过本章学习,能了解长期投资的特点,建立货币时间价值的观念;在掌握货币时间价值计算的基本原理的基础上,重点掌握各投资决策指标的计算方法,并能正确进行方案决策。

引导案例

中兴长期投资应注重核心技术创新

美国商务部 2018 年 4 月 16 日宣布,将禁止美国企业向中国电信设备制造商中兴通讯出售任何电子技术或通信元件,这一禁令为期长达 7 年,直到 2025 年 3 月 13 日,将贸易战的气氛推向了高潮。禁令中涵盖从美国出口的"任何商品,软件或技术",这意味着中兴可能不能使用谷歌的大部分应用程序。根据这些禁止条款,谷歌将不再能够与中兴发生业务关系,而中兴的手机也不能被安卓认证,如果不能被安卓认证,中兴的任何一部手机都无法获得市场认可。中兴存在对美国产业链上游的高依赖度,中兴通讯设备中 25% 至 30% 的组件来自美国,为这些组件寻找新的供应商需要时间,并且在此之前中兴几乎无法出售任何东西。

美国对中兴的处罚,更大的意图可能是遏制中国高科技产业发展,拖慢中国制造 2025 发展的步伐。中兴业务遍布全球 160 个国家的国际化先行者,是全球领先的 5G 解决方案提供商之一。截止到 2017 年底,中兴累计拥有 6.9 万余件全球专利资产,已授权专利资产超过 3 万件,其中 5G 战略布局专利在全球超过 2 000 件。我国已将 5G 上升为国家战略,中兴被卷入了贸易争端后,政府对中兴事件表达了重要关切,并在第一轮经贸磋商中与美方进行了严正交涉。

由此看出,一个企业核心竞争力的长期投资决策更需战略布局,尤其是对核心技术的长期投资研发。正如习近平主席所说的,核心技术是国之重器,在别人的墙基上砌房子,再大再漂亮也可能经不起风雨,甚至会不堪一击。而核心技术受制于人,是我们最大的隐患。

思考:
1. 为什么中兴在禁令发布后受到了很大的局限?
2. 从长期来看,企业作长期投资决策分析的作用有哪些?

第一节　长期投资决策分析概述

长期投资决策又称资本预算决策(Capital Budgeting Decision)，在西方国家，又称为资本支出决策(Capital Expenditure Decision)。长期投资决策是关于长期投资方案的选择。长期投资主要是指固定资产增加、扩建、改造等方面的资金投入，有时也指购买长期债券、股票等证券方面的资金投入，在通常情况下专指前者。目前，我国的项目建设都要进行技术上、财务上、经济上的可行性分析。财务上与经济上的可行性分析，实际上就是长期投资决策分析。

一、长期投资决策的内容

按对未来的影响程度，长期投资决策可分为战略性投资决策和战术性投资决策。战略性投资决策是指企业对全局及未来有重大影响的投资进行的决策，如新产品的投资决策、转产的投资决策、建立分公司的投资决策等。这种投资往往投资数额大、回收时间长、风险程度高，因此，在方案的提出、分析、决策等环节上，都要求严格按程序进行。战术性投资决策是指不影响企业全局和前途的投资决策，如更新设备、改善工作环境、提高生产效率、增加产品品种等方案的投资决策。

二、长期投资决策的特征和程序

(一) 长期投资决策的特征

(1) 投资数额巨大，一般涉及企业生产能力的变更，有的甚至影响企业生产经营方面的改变。

(2) 投资效益一般经历很长时间才能完全实现，少则几年，多则几十年、上百年。

(二) 长期投资决策的程序

1. 项目规划

项目规划是根据市场情况以及企业自身发展的需要，提出项目建设的构想。

2. 编制项目建议书

对项目的必要性及在技术上、财务上、经济上的可行性进行初步分析，并按管理权限报批后，分别列入各级前期工作计划，也就是对项目作出初步决策。

3. 编制可行性研究报告及设计任务书

对项目建议书已批准并已列入前期工作计划的项目，由上级部门、企业单位委托设计或咨询单位按规定进行可行性研究，具体研究分析项目的产品市场和产、供、销情况及地点，以及技术设计方案、财务、经济效益等，编制可行性研究报告及设计任务书。

4. 确立项目

可行性研究报告及设计任务书应按管理权限报经有关部门批准，对项目作出最终决策。会计人员参与长期投资决策，其重点在于对可行性研究报告的财务、经济效益分析。

三、研究和运用长期投资决策方法的现实意义

研究长期投资决策方法，就是在工程技术领域内，运用经济分析方法，谋求有限资源的

最合理利用。

研究和运用长期投资决策方法,对于底子薄(财力有限),又要在改革开放中加速经济建设的我国来说,更具有十分重要的现实意义。

几十年前,我国一方面资金紧缺,另一方面资金使用效益又不尽如人意。这固然有政治、经济多方面的原因,但是不能不着重指出:由于以往我国在经济建设中的模糊认识(未深刻认识货币时间价值),导致了政策上的失误(资金的无偿占用政策),忽视了长期投资决策方法的研究和运用,最终造成了投资效益不高、浪费损失严重的现象。

当然,以往的投资效益不高也从一个侧面说明我们的潜力无穷。只要我们牢固树立货币时间价值观念,并以此理论为基础,认真进行有关投资决策方法的研究、探讨,并不断实施与推广,那么理论的力量就会转化为可观的财富。

第二节　长期投资决策分析的基本因素

一、投资总额

投资总额,是指投资项目在投入使用前所发生的全部支出,它包括对非流动资产和流动资产的投资。如某单位要进行新产品的开发,既需要购置厂房、添加设备,又需要购买材料、支付经营费用,前者就是对非流动资产的投资,后者就是对流动资产的投资。

对非流动资产的投资随着生产经营活动的不断进行,逐渐地转移,由营业收入补偿。对流动资产的投资,在一个营业周期内会变现或转换形态,并在一年以内得到补偿,但只要项目不终止,这部分投资又会被下一个生产经营周期占用。所以,在进行长期投资决策时,应以投资总额为计算现金流量的基数,不能只考虑对非流动资产的投资,而不考虑对流动资产的投资。

二、现金流量

在长期投资决策中,投资收入与投资支出都是以现金实际收支为基础的。在未来一定时期内的现金流入量与现金流出量统称为现金流量(Cash Flow),反映了广义现金的运动。

(一)现金流量的内容

1. 现金流入量

现金流入量通常包括以下三个方面:

(1)项目投产后每年的营业收入(或付现成本节约额)。

(2)项目终止时,固定资产的变价收入。

(3)项目终止时,收回原来投放在各种流动资产上的营运资金。

2. 现金流出量

现金流出量通常包括以下四个方面:

(1)建设投资。它是指在建设期内发生的各种固定资产、无形资产和递延资产的投资。

(2)为制造和销售产品所发生的各种料、工、费付现成本。

(3)垫支的流动资金。

(4)所得税支出。从企业的角度出发,只有税后现金流量才真正属于企业,因此将所得税支出看作一种现金流出量。

注意：现金流出量不应包括企业按期计提的折旧费。因为折旧费作为生产产品所必不可少的一项费用已计入产品成本，但实际上这笔折旧费并不是当期的现金支出，而是以前期间的开支在本期的摊销额，所以在计算现金流出量时，必须予以剔除，以真实反映现金流出的情况。

3. 现金净流入量

现金净流入量（Net Cash Flow，NCF），是指现金流入量扣除现金流出量后的余额。通常以年为单位，称为年现金净流入量。评价项目时主要以年现金净流入量为基础。

（二）现金净流入量的计算

一个投资项目要经过投资筹建、正式投产经营和结束三个阶段。现金净流入量的计算也可以相应地分为三个部分。

1. 项目建设期内的现金净流入量的计算

项目建设期内的现金流量主要是投资引起的现金流出量，一般包括固定资产投资、流动资产投资和投产前相关费用。年现金净流入量的计算公式可表示为：

$$NCF = 0 - 投资额 = -投资额$$

如果是新建项目，所得税对现金流量没有影响，$NCF = -投资额$；但如果是设备更新改造项目，固定资产的清理损益也应考虑所得税问题。

2. 项目经营期内的现金净流入量的计算

（1）不考虑所得税因素。年现金净流入量的计算公式可表示为：

$$NCF = 销售收入 - 付现成本 \qquad ①$$
$$NCF = 年利润 + 年折旧 \qquad ②$$

公式①是根据现金流入量减去现金流出量的原则得到的，公式②是将权责发生制的结果调整为收付实现制的结果。需要注意的是，如果存在无形资产与递延资产的摊销额，应与折旧作相同处理。

（2）考虑所得税因素。以往在长期投资决策中，人们较多地以税前利润为基础来确定现金流量，因为利税均是新创造的价值，都是为国家作出的贡献。随着社会主义市场经济的发展，企业越来越注意自身的微观利益，因此所得税作为一项费用，必须在确定现金流量时予以考虑。在所得税因素影响下，项目经营期内年现金净流入量的计算公式可表示为：

$$NCF = 销售收入 - 付现成本 - 所得税 \qquad ③$$
$$NCF = 税后利润 + 年折旧 \qquad ④$$
$$NCF = 销售收入 \times (1-税率) - 付现成本 \times (1-税率) + 折旧 \times 税率 \qquad ⑤$$

在上述三项公式中，公式③与公式④比较容易理解，但采用这两个公式时必须先计算税前利润，而有时收入与支出的情况比较复杂，计算税前利润比较困难，因此公式⑤应用范围较广。

3. 项目结束时的现金净流入量的计算

项目结束时的现金流量主要是现金流入量，包括固定资产的变价收入、流动资产垫支的资金收回等。

例7-1 某企业要增加一种新产品的生产,需要投资200万元,预计可用8年(假定直线法折旧,无残值),每年可生产产品2 000件,产品售价700元/件,单位变动成本为300元/件,除折旧以外的固定成本为400 000元。

要求:请计算该企业各年的现金净流入量。

应分为项目建设期和项目经营期两个阶段考虑。其中,由于每年收入与成本相同且期末无残值,因此8年的现金净流入量一致。

项目建设期现金净流入量:

$NCF = 0 - 2\,000\,000 = -2\,000\,000(元)$

项目经营期1—8年每年现金净流入量:

$NCF = 700 \times 2\,000 - (300 \times 2\,000 + 400\,000) = 400\,000(元)$

或:

$NCF = \left[2\,000 \times (700 - 300) - \left(400\,000 + \dfrac{2\,000\,000}{8}\right)\right] + \dfrac{2\,000\,000}{8} = 400\,000(元)$

例7-2 某公司准备在年初购入一台新设备,该公司采用加速折旧法计提折旧,预计全年计提折旧30 000元,每年可增加销售收入100 000元,每年扣除折旧费以外的销售成本50 000元,所得税税率为33%。

要求:请计算该公司该年的现金净流入量。

$NCF = 100\,000 \times (1 - 33\%) - 50\,000 \times (1 - 33\%) + 30\,000 \times 33\% = 43\,400(元)$

三、货币时间价值

(一) 货币时间价值的含义

所谓货币时间价值,是指不同时点上的货币具有不同的价值。货币时间价值有两方面影响因素:一是利息因素,二是通货膨胀因素。由于后者变化不规则,不易计量,因此在长期投资决策中一般不予考虑。通常情况下,货币时间价值专指利息。所以货币时间价值也可以表述为:货币所有者放弃现在使用货币的机会,而得到的按放弃时间长短计算的报酬。货币时间价值的表现形式有两种:一是相对数形式,即利息率或折现率;二是绝对数形式,即利息。货币时间价值也是影响长期投资决策的重要因素之一,因为长期投资决策的投资额大,项目周期长,若不考虑货币时间价值,容易高估收益,从而作出错误决策,造成重大损失。

(二) 货币时间价值的计算

1. 单利与复利

(1) 单利(Simple Interest),是指只对最初的本金计息,而对每一计息期的应得利息在以后的期间中不予计息的一种计息方法。

例7-3 某人在银行存入1年期定期存款100元,假定年利率为8%,采用单利计息。

要求:计算存入期分别为1年、2年、3年的本利和。

存入期为1年的本利和 $= 100 + 100 \times 8\% = 108(元)$

存入期为2年的本利和 $= 100 + 100 \times 8\% \times 2 = 116(元)$

存入期为3年的本利和 $= 100 + 100 \times 8\% \times 3 = 124(元)$

(2) 复利(Compound Interest),俗称"利滚利",即在每一计息期后,将利息加入本金一起计息。进行长期投资决策分析时,货币时间价值一般按复利计算。

例 7-4 仍以【例 7-3】的资料作比较,采用复利计息。

要求:计算存入期分别为 1 年、2 年、3 年的本利和。

存入期为 1 年的本利和 = 100 + 100 × 8% = 108(元)

存入期为 2 年的本利和 = 108 + 108 × 8% = 116.64(元)

存入期为 3 年的本利和 = 116.64 + 116.64 × 8% = 125.971 2(元)

2. 终值与现值

(1) 终值又称将来值,是指现在一笔钱(即现值)在一定的利率下,若干年后的本利和。设 S 为终值,P 为现值,i 为利率,n 为年数,则终值的计算公式为:

$$S_n = P(1+i)^n$$

式中,$(1+i)^n$ 是 1 元的终值,通常称为复利终值系数,记作 $(S/P, i, n)$,在终值计算中,复利终值系数可查表(见附表一)得到。当 n 与 i 已知的情况下,就可查出相应的复利终值系数,然后乘以现值,就求得复利终值。

例 7-5 某企业某年将 5 000 元存入银行,年复利率为 6%,准备 5 年后购置一台设备,问第 5 年年末这笔钱是多少? $(S/P, 6\%, 5) = 1.338$

$S = 5\,000 × (S/P, 6\%, 5) = 5\,000 × 1.338 = 6\,690$(元)

(2) 现值又称当前值,是指将若干年后的一笔钱,根据一定的利率折算成现在的价值。这个折算过程称为贴现或折现,所采用的利率称为贴现率或折现率。

根据终值的计算公式可以推出现值的计算公式为:

$$P = \frac{S}{(1+i)^n} = S(1+i)^{-n}$$

式中,$(1+i)^{-n}$ 是 1 元的现值,通常称为复利现值系数,记作 $(P/S, i, n)$。在实际工作中,复利现值系数可查表(见附表二)得到。

例 7-6 某企业要在第 5 年年末买一台价格为 100 000 元的设备,银行的复利率为 8%,问现在需一次存入多少元? $(P/S, 8\%, 5) = 0.681$

$P = 100\,000 × (P/S, 8\%, 5) = 100\,000 × 0.681 = 68\,100$(元)

3. 年金

每间隔相等的时间,收入(支出)一系列等额的款项,称为年金。如每月等额计提的折旧,每期等额收取或支付的租金、利息等都是年金。

年金根据每次收付的时点不同,分为后付年金、先付年金、递延年金和永续年金四种形式。

(1) 后付年金,是指每期期末发生的年金。投资中常见的是后付年金,所以又称其为普通年金。

① 后付年金终值。设 A 为年金,S_A 为年金终值,则:

$$S_A = A(1+i)^0 + A(1+i)^1 + A(1+i)^2 + \cdots + A(1+i)^{n-2} + A(1+i)^{n-1}$$

$$= A \sum_{t=1}^{n}(1+i)^{n-1} = A \cdot \left[\frac{(1+i)^n - 1}{i}\right]$$

显然,上式为等比数列,可根据等比数列求和公式计算得到。

通常将 1 元的后付年金终值 $\frac{(1+i)^n-1}{i}$ 称为年金终值系数,记作 $(S/A,i,n)$。在实际工作中,年金终值系数可查表(见附表三)得到。因此,每年等额的存入(付出)A 的后付年金终值可表述为:$S_A = A \cdot (S/A,i,n)$。

例 7-7 每年年末存入银行 1 000 元,年利率为 8%,5 年后可获本利和为多少?

$S_A = A \cdot (S/A,i,n) = 1\,000 \times (S/A,8\%,5) = 1\,000 \times 5.866 = 5\,866(元)$

② 后付年金现值。设 A 为年金,P_A 为年金现值,则:

$$P_A = A(1+i)^{-1} + A(1+i)^{-2} + \cdots + A(1+i)^{-(n-1)} + A(1+i)^{-n}$$
$$= A \cdot \left[\frac{1-(1+i)^{-n}}{i}\right]$$

通常将 1 元的后付年金现值 $\frac{1-(1+i)^{-n}}{i}$ 称为年金现值系数,记作 $(P/A,i,n)$。在实际工作中,年金现值系数可查表(见附表四)得到。因此,每年等额的存入(付出)A 的后付年金现值可表述为:$P_A = A \cdot (P/A,i,n)$。

例 7-8 某企业打算连续 5 年在每年年末取出 20 000 元,如果年利率为 10%,现在应一次性存入银行多少钱?

$P_A = A \cdot (P/A,i,n) = 20\,000 \times (P/A,8\%,5) = 20\,000 \times 3.791 = 75\,820(元)$

(2) 先付年金,又称即付年金,是每期期初支付的年金。

① 先付年金终值。先付年金终值的计算公式为:

$$S_A = A(1+i)^1 + A(1+i)^2 + \cdots + A(1+i)^{n-1} + A(1+i)^n$$
$$= A \cdot \left[\frac{(1+i)^{n+1}-1}{i} - 1\right]$$

观察上式可发现,1 元的先付年金终值,即先付年金终值系数 $\left[\frac{(1+i)^{n+1}-1}{i} - 1\right]$ 与年金终值系数 $\frac{(1+i)^n-1}{i}$ 相比,期数加 1,而系数减 1,可记作 $[(S/A,i,n+1)-1]$,并可利用年金终值系数表查得 $(n+1)$ 期的值,减去 1 后得到先付年金终值系数。

例 7-9 某企业连续 5 年于每年年初存入银行 5 000 元,年利率为 8%,到第 5 年年末可获本利和为多少?

$S_A = 5\,000 \times [(S/A,8\%,5+1)-1] = 5\,000 \times (7.336-1) = 31\,680(元)$

② 先付年金现值。先付年金现值的计算公式为:

$$P_A = A + A(1+i)^{-1} + A(1+i)^{-2} + \cdots + A(1+i)^{-(n-1)}$$
$$= A \cdot \left[\frac{1-(1+i)^{-(n-1)}}{i} + 1\right]$$

观察上式可发现,1 元的先付年金现值,即预付年金现值系数 $\left[\frac{1-(1+i)^{-(n-1)}}{i} + 1\right]$ 与年金现值系数 $\frac{1-(1+i)^{-n}}{i}$ 相比,期数减 1,而系数加 1,可记作 $[(P/A,i,n-1)+1]$,并可利用年金现值系数表查得 $(n-1)$ 期的值,加 1 后得到先付年金现值系数。

例 7-10 5 年分期付款购物,每年年初付出 500 元,如果年利率为 10%,则分期付款相当于一次性付款的购价是多少?

$P_A = 500 \times [(P/A, 10\%, 5-1) + 1] = 500 \times (3.17 + 1) = 2\,085(元)$

(3) 递延年金,是指收入或支出都在第一期期末以后的某一时间的年金。显然,凡不是第 1 年年末开始的年金都是递延年金。递延年金的终值大小与递延期无关,因此计算方法与普通年金终值相同。递延年金的现值计算有两种方法。

① 把递延年金看作 n 期(有收付款项的期数)的普通年金,求出递延期末的现值,然后再将此现值调整到第一期期初。

例 7-11 某企业年初存入银行一笔钱,从第 4 年年末起每年取 10 000 元,至第 8 年年末取完。如果年利率为 10%,则现在一次性应存入多少?

$P_A = 1\,000 \times (P/A, 10\%, 5) \times (P/S, 10\%, 3) = 1\,000 \times 3.791 \times 0.751 = 2\,847.041(元)$

② 假设递延期中也存在收付款项,先求出所有期数年金现值,然后扣除递延期实际并未发生的年金现值,即得到递延年金现值。

根据【例 7-11】的资料可得:

$P_A = 1\,000 \times [(P/A, 10\%, 8) - (P/S, 10\%, 3)]$
$\quad = 1\,000 \times (5.335 - 2.487) = 2\,848(元)$

需要说明的是,上述两种方法的计算结果有所差异,是因为货币时间价值系数表中系数四舍五入造成的,并不影响两种方法的正确性。

(4) 永续年金,又称"终身年金",指无限期继续收入或支付的年金。永续年金没有终止的时间,因此不存在终值。永续年金现值的计算公式可以通过普通年金现值的计算公式推导后得到:

$$P_A = A \cdot \left[\frac{1 - (1+i)^{-n}}{i} \right]$$

当 $n \to +\infty$,$(1+i)^{-n}$ 的极限为零,因此,永续年金的现值为:

$$P_A = A \cdot \frac{1}{i}$$

在实际经济生活中,并不存在无限期永远支付的永续年金,但是可以将利率较高、持续期限较长的年金视为永续年金。

四、资本成本

资本成本,是企业取得和使用长期资金而发生的各种费用,它是衡量企业投资是否可行的重要因素之一。货币时间价值是资本成本的主要内容。由于企业取得或使用各笔长期资本的条件、数额都不尽相同,为便于分析比较,资本成本通常以相对数表示。

投资于任何项目,如果预期的投资收益率超过资本成本,将有利可图,这样的投资方案在经济上是可行的;如果预期的投资收益率低于资本成本,将发生损失,这样的投资方案在经济上是不可行的。因此,资本成本是企业用以确定投资方案是否采用的"取舍率",也是企业选择资金来源、评价企业资本使用效果的最低尺度。

第三节　长期投资决策分析的基本方法

一个项目是否可行,应从技术上的先进性与经济上的合理性两方面综合考虑。经济上的合理性标准为经济效益,即在计算出投资项目的现金流量并确定了资本成本之后,通过计算有关指标,据以评价项目或方案的经济效益,决定项目或方案的取舍。评价投资效果的方法,按其是否考虑货币时间价值可分为静态评价方法(非贴现评价方法)和动态评价方法(贴现评价方法)。

一、静态评价方法

静态评价方法不考虑货币时间价值对投资过程及结果的影响,直接按投资方案各年形成的现金流量进行计算评价。该方法主要包括投资回收期法和年平均投资报酬率法。

(一) 投资回收期法

投资回收期简称回收期,是指以投资项目经营期现金净流入量抵补原始投资所需要的时间。它的计算可分为两种情况。

1. 年现金净流入量相等时

在此情况下,投资回收期的计算公式为:

$$投资回收期 = \frac{投资总额}{年现金净流入量}$$

例 7-12　某企业购入设备一台,价值为 120 000 元,年现金净流入量为 50 000 元,可用 5 年。

要求:计算投资回收期。

$$投资回收期 = \frac{投资总额}{年现金净流入量} = \frac{120\,000}{50\,000} = 2.4(年)$$

2. 年现金净流入量不相等时

在此情况下,通常采用逐年扣减法计算。

例 7-13　假设【例 7-12】中,年现金净流入量分别为 40 000 元、50 000 元、60 000 元、70 000 元、80 000 元,如表 7-1 所示。

表 7-1　投资方案累计现金净流量　　单位:元

年　份	年现金净流入量	累计现金净流量
0	−120 000	−120 000
1	40 000	−80 000
2	50 000	−30 000
3	60 000	30 000
4	70 000	100 000
5	80 000	180 000

要求：计算投资回收期。

从表 7-1 可知，到第 2 年年末尚有 30 000 元投资没有回收，而第 3 年的现金净流入量为 60 000 元，显然，不到 3 年就能回收全部投资。

$$投资回收期 = 2 + \frac{30\,000}{60\,000} = 2.5(年)$$

投资回收期是个很重要的指标，如果投资回收期过长，投资者就要慎重考虑。因为时间越长，市场变化就越大，风险也就越大。通常以项目可用年限的一半作为评价投资回收期的依据。例如，在【例 7-12】中，投资回收期 2.4 年小于项目可用年限的一半——2.5 年，则可认为项目是可行的。

投资回收期有个很大的缺点，它没有考虑投资回收后，项目还能作出多少贡献，因而不能单凭投资回收期来评价投资的效益。如果甲、乙两方案初始投资额均为 24 000 元，投资回收期都是 2 年，甲方案投资回收期后还可继续使用 1 年，乙方案还可继续使用 2 年，年投资回收额如表 7-2 所示。

表 7-2　　　　　　　　　　　两方案投资回收额比较表　　　　　　　　　　单位：元

年　份	甲　方　案	乙　方　案
第 1 年	12 000	12 000
第 2 年	12 000	12 000
第 3 年	12 000	12 000
第 4 年		12 000
合　计	36 000	48 000

从表 7-2 可知，甲、乙两方案的投资回收期是一样的，均为 2 年。但甲、乙两方案投资回收后所作出的贡献是不一样的，甲方案只能提供 12 000 元的现金流入量，而乙方案却能提供 24 000 元的现金流入量。

(二) 年平均投资报酬率法

年平均投资报酬率是投资方案寿命期内平均的年投资报酬率。其计算公式为：

$$年平均投资报酬率 = \frac{年平均现金净流量(净利)}{初始投资额} \times 100\%$$

年平均投资报酬率法就是根据各方案的预期收益率的大小，评价和选取最优方案的方法，其标准是选取年平均投资报酬率较高的方案。

例 7-14　某公司要投资某项目，初始投资 20 000 万元，使用期限为 4 年，年现金净流量分别是 5 000 万元、6 000 万元、7 000 万元、8 000 万元。

要求：计算该项目的年平均投资报酬率。

$$年平均投资报酬率 = \frac{(5\,000 + 6\,000 + 7\,000 + 8\,000) \div 4}{20\,000} \times 100\% = 32.5\%$$

年平均投资报酬率法虽然计算简单，易于理解，但有两大缺点：一是只考虑固定资产投资，未考虑流动资产投资；二是未考虑资金的时间价值，而是把不同时期的现金流量看成具有同等的价值，因而容易导致决策失误。这种方法在实际工作中的运用越来越少。

二、动态评价方法

动态评价方法考虑货币时间价值对投资过程及结果的影响,即采用复利计算方式,按某一资本成本,将未来的预期报酬,统一折算为某一时点的价值。该方法的优点在于把不同时期的现金流量折算到可比的基础上,但计算过程复杂。该方法主要包括净现值法、现值指数法、内含报酬率法和动态投资回收期法。

(一) 净现值法

净现值,是指将各年的净现金流量按照要求的报酬率或资本折算为现值的合计。

投资于任何一个项目,总希望未来获得的报酬要高于原投资额,因为只有这样,企业才有盈利。但由于未来获得的报酬所发生的时间不同,且投资额并非都是一次性投入的,因此根据货币时间价值,把不同时间发生的投资额按相同的资本成本折算成现值(若为期初一次投入,则不必折算),以便在同一时点上进行对比。综上所述,这种把一个投资项目在整个投资周期内的未来报酬的总现值与投资总额的总现值进行比较,计算出净现值并据以进行决策的方法,就称为净现值法。净现值的计算公式为:

$$净现值 = 投资项目未来报酬的总现值 - 该项目投资总额的总现值$$

净现值表明投资项目在整个寿命期内考虑了货币时间价值后,以净现值表现的净收益。净现值越大,说明投资项目的经济效益越好。净现值法对投资方案的评价标准有以下几种:

(1) 净现值为正数,说明投资项目的总报酬大于总支出,则投资方案可行。
(2) 净现值为负数,说明投资项目的总报酬小于总支出,则投资方案不可行。
(3) 若几个方案的净现值均为正,且只选取一个投资方案,则取净现值大的方案。

净现值的计算具体分以下两种情况。

1. 年现金净流入量相等时

在此情况下,净现值的计算公式为:

$$净现值 = 年现金净流入量 \times 年金现值系数 - 投资现值$$

例 7-15 某企业购入设备一台,价值 25 000 元,经营期为 5 年,年现金净流入量为 8 000 元,若贴现率为 10%,则净现值为多少?

净现值 $= 8\,000 \times (P/A, 10\%, 5) - 25\,000 = 8\,000 \times 3.791 - 25\,000 = 5\,328(元)$

2. 年现金净流入量不相等时

在此情况下,净现值的计算公式为:

$$净现值 = \sum (各年现金净流入量 \times 各年现值系数) - 投资现值$$

例 7-16 假定【例 7-15】中,各年的现金净流入量分别为 5 000 元、6 000 元、8 000 元、10 000 元、12 000 元,其余资料不变,则净现值为多少?

净现值 $= 5\,000 \times (P/S, 10\%, 1) + 6\,000 \times (P/S, 10\%, 2) + 8\,000 \times (P/S, 10\%, 3)$
$\qquad + 10\,000 \times (P/S, 10\%, 4) + 12\,000 \times (P/S, 10\%, 5) - 25\,000$
$= 5\,000 \times 0.909 + 6\,000 \times 0.826 + 8\,000 \times 0.751 + 10\,000 \times 0.683 + 12\,000 \times 0.621 - 25\,000$
$= 4\,791(元)$

7-1 如何通过 NPV 选择项目案例

净现值法的优点在于:它充分考虑了货币时间价值这一因素的影响,将未来发生的投资报酬及分期投资的金额,统一在同一时间的货币量上进行对比,使所得所耗显而易见,各投资方案的经济效益孰优孰劣一目了然。

净现值法的不足之处在于:当几个方案的原始投资额不同时,净现值这个指标实际上就没有可比性了,因为投资额很大、净现值也大的方案,不一定是最优方案。也就是说,净现值不能体现各投资方案能够达到的盈利水平。因此,衡量方案的优劣不能单纯以净现值多少来判断,还要运用净现值指数法来评价分析。

(二) 现值指数法

现值指数法,是用现值指数的大小,作为取舍投资方案标准的一种方法。现值指数是指投资方案的未来报酬的总现值与原始投资额总现值之间的比率。其计算公式为:

$$现值指数 = \frac{现金流入现值}{投资现值} = 净现值指数 + 1$$

$$净现值指数 = \frac{净现值}{投资现值}$$

例 7-17 仍依据【例 7-16】的资料,已知现金流入现值为 29 791 元,计算净现值指数和现值指数。

$$净现值指数 = \frac{净现值}{投资现值} = \frac{4\ 791}{25\ 000} = 19.16\%$$

$$现值指数 = \frac{现金流入现值}{投资现值} = \frac{29\ 791}{25\ 000} = 119.16\%$$

或:

$$现值指数 = 19.16\% + 1 = 119.16\%$$

7-2 如何通过 IRR 选择项目案例

该指标的经济意义在于每1元的现在投资能够获得的未来报酬的现值,它使所有方案都是以1元的原投资额作为对比的基础,使不同投资额的不同方案有了可比性。

现值指数法对投资方案的评价标准有以下几种:

(1) 现值指数大于1,说明该投资方案未来投资报酬率大于所用的资本成本,投资方案可行。

(2) 现值指数小于1,说明该投资方案未来投资报酬率小于所用的资本成本,投资方案不可行。

(3) 现值指数等于1,说明该投资方案未来投资报酬率等于所用的资本成本。

若几个投资方案的现值指数均大于1,而只能选取一个投资方案,运用现值指数法,虽然能够知道投资方案的报酬率是高于还是低于所用的资本成本,但是不能确定各方案本身能达到多大的报酬率,使管理人员不能明确肯定地指出每个方案的投资利润率能达到多少,看不出哪个方案投资额最少、报酬最大。基于这个原因,进行长期投资方案经济效益的评价时,还应需采用内含报酬率法。

(三) 内含报酬率法

内含报酬率又称内部报酬率、内部收益率,是指未来现金流入量现值等于未来现金流出量现值的贴现率,或者说是使得净现值等于零的贴现率。内含报酬率表明一个项目对利率的最大承受能力,内含报酬率大于设定的贴现率是项目可行的必要条件。内含报酬率法对投资方案的评价标准有以下几种:

(1) 内含报酬率大于预定投资报酬率,投资方案可行。
(2) 内含报酬率小于预定投资报酬率,投资方案不可行。
(3) 若几个投资方案的内含报酬率均大于预定投资报酬率,则以大取之。

内含报酬率法在具体应用时应区分以下两种情况。

1. 年现金净流入量相等时

在年现金净流入量相等的情况下,内含报酬率可采用插入法计算,其步骤和思路与求投资回收期相似,但含义有所不同。

第 1 步:求出使得净现值为零的年金现值系数。

第 2 步:查表确定内含报酬率的范围,这里是已知年金现值系数与 n,求 i。

第 3 步:用插入法求出内含报酬率。内含报酬率的计算公式为:

$$内含报酬率 = 利率下限 + \frac{利率下限的年金现值系数 + 净现值为零的年金现值系数}{利率下限的年金现值系数 + 利率上限的年金现值系数} \times (利率上限 - 利率下限)$$

例 7-18 某企业购入设备一台,价值 100 000 元,可以用 5 年,每年的现金净流入量为 40 000 元,假设贴现率为 10%。

要求:计算内含报酬率。

(1) 净现值为零的年金系数 $(P/A, i, 5) = 100\,000 \div 40\,000$
$$= 2.5$$

(2) 查表可知:

$(P/A, 25\%, 5) = 2.689$

$(P/A, 30\%, 5) = 2.436$

因此,内含报酬率在 25%~30%。

(3) 用插入法计算内含报酬率为:

$$内含报酬率 = 25\% + \frac{2.689 - 2.5}{2.689 - 2.436} \times (30\% - 25\%) = 28.74\%$$

内含报酬率与投资回收期的计算形式似乎相同,但必须注意以下两点。

(1) 分子不同。投资回收期是"中数"减"小数",而内含报酬率是"大数"减"中数"。其原因在于:投资回收期是对指数方程求解,而指数函数是个单调递增函数,因此,低年限的年金现值系数最小;内含报酬率是对高次方程求解,而且是负指数的高次幂函数,是一个单调递减函数,因此,利率下限的年金现值系数最大。实际上,分子都是净现值为零的年金现值系数与利率下限的年金现值系数差额的绝对值。

(2) 计算内含报酬率时,尾数的比值中,还应乘上两个相邻利率的差额,而计算投资回收期时没有乘此差额。其原因在于:在计算投资回收期时,相邻两个年限的差额总是等于 1,故可省略。

2. 年现金净流入量不相等时

在年现金净流入量不相等的情况下,内含报酬率可采用逐步测试的方法,其思路是找到两个利率,使得用它们所计算的净现值一个为正数,另一个为负数,以形成一个区间。由于内含报酬率所对应的净现值为零,因此内含报酬率一定位于这两个利率之间。由于逐步测试法是一种近似方法,因此这两个利率不能相差太大,否则误差太大,在实际工作中,可视具体情况而定。由于利率不一定能一次找准,可能要找多次,因此被称为逐步测试法。

例 7-19 根据【例 7-16】的资料,计算内含报酬率。

(1) 先假设 $i=16\%$,进行测试:

内含报酬率 $=5\,000\times(P/S,16\%,1)+6\,000\times(P/S,16\%,2)+8\,000\times(P/S,16\%,3)+$
$10\,000\times(P/S,16\%,4)+12\,000\times(P/S,16\%,5)-25\,000$
$=5\,000\times0.862+6\,000\times0.743+8\,000\times0.641+10\,000\times0.552+12\,000\times$
$0.476-25\,000$
$=128(元)$

(2) 由于按 16% 计算的净现值是正数,因此再找一个更大的利率,取 $i=18\%$,进行测试:

内含报酬率 $=5\,000\times(P/S,18\%,1)+6\,000\times(P/S,18\%,2)+8\,000\times(P/S,18\%,3)+$
$10\,000\times(P/S,18\%,4)+12\,000\times(P/S,18\%,5)-25\,000$
$=5\,000\times0.847+6\,000\times0.718+8\,000\times0.609+10\,000\times0.516+12\,000\times$
$0.437-25\,000$
$=-1\,181(元)$

(3) 现已确定内含报酬率在 16% 至 18% 之间,可用插入法求出具体数值。

内含报酬率 $=16\%+\dfrac{128-0}{128-(-1\,181)}\times(18\%-16\%)$
$=16\%+\dfrac{128}{128+1\,181}\times2\%=16.2\%$

(四) 动态投资回收期法

投资回收期可以用静态评价方法来确定,也可用动态评价方法来确定。用动态评价方法确定投资回收期,其思路与静态评价方法相似,但要考虑货币时间价值因素,即以贴现后的年现金净流入量为基础计算投资回收年限。项目的可回收年限大于投资回收期是项目可行的必要条件。

1. 年现金净流入量相等时

(1) 公式法。假设:投资额为 P,年现金净流入量为 A,贴现率为 i,投资回收期为 n。根据投资回收期的含义可得:

$$P=A\cdot\left[\dfrac{1-(1+i)^{-n}}{i}\right]$$

上述公式的含义是:当 n 为多少时,贴现后的现金净流入量正好等于投资额,即投资额正好回收。上式是一个指数方程,可用对数来求解,整理可得:

$$n=-\dfrac{\lg\left(1-\dfrac{Pi}{A}\right)}{\lg(1+i)}$$

表述为:

$$投资回收期=\dfrac{\lg\left(1-\dfrac{投资额\times贴现率}{年现金净流入量}\right)}{\lg(1+利率)}$$

例 7-20 根据【例 7-18】的资料,用公式法计算投资回收期。

$$投资回收期 = \frac{\lg\left(1 - \frac{100\,000 \times 10\%}{40\,000}\right)}{\lg(1+10\%)} = 3.02(年)$$

(2) 插入法。插入法可分三个步骤进行计算。

第一步：求出使得投资额正好回收,即净现值为零的年金现值系数。

由于"净现值＝年现金净流入量×年金现值系数－投资额",令净现值＝0,则:

$$净现值为零的年金现值系数 = \frac{投资额}{年现金净流入量}$$

第二步：查表确定投资回收期的范围。这时已求出投资正好回收的年金现值系数,而年金现值系数是由 n 与 i 两个因素确定的,因此可根据已知的 i（贴现率）查表求出 n。但是 n 在年金现值系数表中都是以年为单位的,投资回收期正好是整数年限的可能性很小,所以只能先确定它的范围,即投资回收期在哪两个相邻年份之间。

第三步：用插入法求出投资回收期。

$$投资回收期 = 低年限 + \frac{净现值为零的年金现值系数 - 低年限的年金现值系数}{高年限的年金现值系数 - 低年限的年金现值系数}$$

例 7-21 根据【例 7-18】的资料,用插入法计算投资回收期。

(1) 净现值为零的年金现值系数 $= \dfrac{100\,000}{40\,000} = 2.5$。

(2) 查表可知：
$(P/A, 3, 10\%) = 2.487$
$(P/A, 4, 10\%) = 3.17$

因此,投资回收期在 3～4 年之间。

(3) 用插入法计算投资回收期为：

$$投资回收期 = 3 + \frac{2.5 - 2.487}{3.17 - 2.487} = 3.02(年)$$

以上两种方法中,公式法计算比较精确,插入法实际上是在求指数方程的近似解,而管理会计核算不要求绝对精确,因此一般采用插入法较多。

2. 年现金净流入量不相等时

(1) 逐步扣减法。逐步扣减法通常列表计算。

例 7-22 根据【例 7-16】的资料,采用逐步扣减法计算投资回收期,如表 7-3 所示。

表 7-3 **按逐步扣减法计算投资回收期**

年份 (1)	年初投资未回收额/元 (2)	复利因素 (3)	年现金净入量/元 (4)	年末投资回收额/元 (5)=(2)×(3)-(4)
第 1 年	25 000	1+10%	5 000	22 500
第 2 年	22 500	1+10%	6 000	18 750
第 3 年	18 750	1+10%	8 000	12 625
第 4 年	12 625	1+10%	10 000	3 887.50

从表 7-3 可知,第 4 年年末、第 5 年年初的投资未回收额已小于第 5 年的现金净流入量,即不到 5 年就可回收。再求出回收期的尾数:

$$回收期的尾数 = \frac{3\,887.5 \times (1 + 10\%)}{12\,000} = 0.36$$

即:投资回收期 = 4.36(年)。

(2) 累计现值法。累计现值法通常也列表计算。

例 7-23 根据【例 7-16】的资料,采用累计现值法计算投资回收期,如表 7-4 所示。

表 7-4 按累计现值法计算投资回收期

年 份	年现金净流入量/元	现值系数	现值/元	累计现值/元
第 1 年	5 000	0.909	4 545	4 545
第 2 年	6 000	0.826	4 956	9 501
第 3 年	8 000	0.751	6 008	15 509
第 4 年	10 000	0.683	6 830	22 339
第 5 年	12 000	0.621	7 452	29 791

从表 7-4 可知,4 年的累计现值是 22 339 元,5 年的累计现值为 29 791 元,而投资是 25 000 元,显然投资回收期为 4~5 年。投资回收期的计算结果为:

$$投资回收期 = 4 + \frac{25\,000 - 22\,339}{29\,791 - 22\,339} = 4.36(年)$$

第四节 长期投资决策分析的应用

计算评价指标的目的,是为长期投资决策提供定量依据,进行项目的优选。由于评价指标的运用范围不同、评价指标的自身特征不同以及评价指标之间的关系比较复杂,因此,必须根据具体运用范围确定如何运用评价指标。

一、单一独立投资项目的决策

在只有一个投资项目可供选择的条件下,主要根据净现值、内含报酬率来判断项目的可行性。如果净现值大于零,内含报酬率大于设定的贴现率,则项目是可行的;反之,应拒绝这一投资项目。投资回收期与年平均投资报酬率可作为辅助指标,其结果可供参考。例如,投资回收期较长,则表明是有一定风险的。

例 7-24 某企业购入机器一台,价值为 24 000 元,可用 5 年。每年销售收入为 48 000 元,付现成本为 38 000 元。假定贴现率为 10%。

要求:计算该项目的净现值、净现值指数、现值指数、内含报酬率、动态投资回收期,并判断该项目是否可行。

经营周期内每年的现金流入量 = 48 000 - 38 000 = 10 000(元)

投资项目的现金净流入量现值 = 10 000 × (P/A,10%,5) - 24 000

$$= 10\,000 \times 3.791 - 24\,000$$
$$= 13\,910(元)$$

净现值指数 $= \dfrac{13\,910}{24\,000} = 57.96\%$

现值指数 $= 57.96\% + 1 = 157.96\%$

净现值为零的年金现值系数 $= \dfrac{24\,000}{10\,000} = 2.4$

查表可得：

$(P/A, 10\%, 2) = 1.736, (P/A, 10\%, 3) = 2.487, (P/A, 30\%, 5) = 2.436, (P/A, 35\%, 5) = 2.22$

则：

投资回收期 $= 2 + \dfrac{2.4 - 1.736}{2.487 - 1.736} = 2.88(年)$

内含报酬率 $= 30\% + \dfrac{2.436 - 2.4}{2.436 - 2.22} \times (35\% - 30\%) = 30.83\%$

由于净现值大于零，内含报酬率大于设定的贴现率 10%，因此项目是可行的，并且风险也不大。

例 7-25 某项目投资 70 000 元，1 年后建成。第 2 年起每年有销售收入 100 000 元，每年的料、工、费付现成本为 65 000 元，项目建成后可用 5 年。假定贴现率为 10%。

要求：计算该项目的净现值与动态投资回收期。

经营周期内每年的现金流入量 $= 100\,000 - 65\,000 = 35\,000(元)$

该项目的净现值 $= 35\,000 \times [(P/A, 10\%, 6) - (P/A, 10\%, 1)] - 70\,000$
$= 35\,000 \times (4.355 - 0.909) - 70\,000$
$= 50\,610(元)$

投资回收期计算如表 7-5 所示。

表 7-5　　　　　　　　　　　　投资回收期计算表

年份 (1)	年初投资未回收额/元 (2)	复利因素 (3)	年现金净流入量/元 (4)	年末投资回收额/元 (5)=(2)×(3)-(4)
第 1 年	70 000	1+10%	0	77 000
第 2 年	77 000	1+10%	35 000	49 700
第 3 年	49 700	1+10%	35 000	19 670

投资回收期（含 1 年建设期） $= 3 + \dfrac{19\,670 \times (1 + 10\%)}{35\,000} = 3.62(年)$

本例的投资回收期也可按年现金净流入量相等的方法计算。

先将投资折算至第 2 年年初 $= 70\,000 \times (1 + 10\%) = 77\,000(元)$，则：

净现值为零的年金现值系数 $= \dfrac{77\,000}{35\,000} = 2.2$

查表并用插入法计算，得：

投资回收期 $= 2 + \dfrac{2.2 - 1.736}{2.487 - 1.736} = 2.62$(年)

再加上 1 年建设期,即为 3.62 年。

例 7-26　假定【例 7-25】中的投资不是一次性发生的,第 1 年年初发生 40 000 元,第 2 年年初发生 30 000 元,其余资料不变。

要求:计算净现值与投资回收期。

由于本例的投资不是全部发生在第 1 年的年初,因此投资额也存在折现问题。该项目的净现值为:

该项目的净现值 $= 35\,000 \times (P/A, 10\%, 5) \times (P/S, 10\%, 1) - [40\,000 + 30\,000 \times (P/S, 10\%, 1)]$

$= 35\,000 \times 3.791 \times 0.909 - (40\,000 + 30\,000 \times 0.909)$

$= 53\,340.67$(元)

投资回收期计算如表 7-6 所示。

表 7-6　　　　　　　　　　　投资回收期计算表

年份 (1)	年初投资未回收额/元 (2)	复利因素 (3)	年现金净流入量/元 (4)	年末投资回收额/元 (5)=(2)×(3)-(4)
第 1 年	40 000	1+10%	0	44 000
第 2 年	74 000*	1+10%	35 000	46 400
第 3 年	46 400	1+10%	35 000	16 040

注:* 74 000=44 000+30 000。

投资回收期 $= 3 + \dfrac{16\,040 \times (1 + 10\%)}{35\,000} = 3.5$(年)

例 7-27　某企业拟投资 320 000 元购置设备一台,可用 10 年,期满后有残值 20 000 元。使用该设备,每年可增加销售收入 250 000 元,每年付现成本将增加 178 000 元。假定采用直线法计提折旧,贴现率为 12%,所得税税率为 35%。

要求:计算该项目的净现值。

项目建设期现金净流入量 $= -320\,000$(元)

项目经营期各年的现金净流入量:

第 1—9 年的每年现金净流入量 $= \left[250\,000 - \left(178\,000 + \dfrac{320\,000 - 20\,000}{10}\right)\right] \times (1 - 35\%) + \dfrac{320\,000 - 20\,000}{10}$

$= 27\,300 + 30\,000 = 57\,300$(元)

第 10 年现金净流入量 $= 57\,300 + 20\,000 = 77\,300$(元)

则:

该投资项目净现值 $= 57\,300 \times (P/A, 12\%, 9) + 77\,300 \times (P/S, 12\%, 10) - 320\,000$

$= 57\,300 \times 5.328 + 77\,300 \times 0.322 - 320\,000 = 10\,185$(元)

二、多个互斥投资项目的决策

有时,在决定投资一个项目时,可能有许多方案可供选择,而最终入选的只能是一个方案,因此各方案之间是相互排斥的。在这种情况下,即使方案的净现值大于零,内含报酬率大于设定的贴现率,方案也不一定能中选。这是因为满足上述条件的方案可能不止一个,要根据各个方案的使用年限、投资额相等与否等信息,采用不同的方法作出选择。

(一) 使用年限相等

在使用年限相等的情况下,还应根据投资额是否相等而采用不同的方法进行判断。

1. 投资额相等时

在对使用年限相同并且投资额相等的互斥方案进行评价时,可计算净现值或内含报酬率,哪个方案的净现值或内含报酬率高,则哪个方案中选。

例 7-28 某企业面临着两个投资方案,投资额均为 45 000 元,都能使用 5 年。A 方案每年的现金净流入量为 15 000 元,B 方案 5 年的现金净流入量分别为 12 000 元、14 000 元、16 000 元、18 000 元与 20 000 元。由于资金有限,只能两者取一,如果贴现率为 12%,请作出选择。

A 投资方案现金净流入量的现值 $= 15\,000 \times (P/A, 12\%, 5) - 45\,000$
$= 15\,000 \times 3.605 - 45\,000 = 9\,075(元)$

B 投资方案现金净流入量的现值 $= 12\,000 \times (P/S, 12\%, 1) + 14\,000 \times (P/S, 12\%, 2) +$
$16\,000 \times (P/S, 12\%, 3) + 18\,000 \times (P/S, 12\%, 4) +$
$20\,000 \times (P/S, 12\%, 5) - 45\,000$
$= 12\,000 \times 0.893 + 14\,000 \times 0.797 + 16\,000 \times 0.712 +$
$18\,000 \times 0.636 + 20\,000 \times 0.567 - 45\,000$
$= 11\,054(元)$

由于 B 方案的净现值大于 A 方案的净现值,因此应选择 B 方案。

2. 投资额不相等时

当多个互斥方案的投资额不相等时,仅凭净现值或内含报酬率很难区分方案的优劣,通常采用差量投资净现值或差量投资内含报酬率来评判方案的好坏。

例 7-29 某企业决定投资一项目,可供选择的有 A、B 两个方案。A 方案的投资额为 70 000 元,4 年的现金净流入量分别为 21 000 元、25 000 元、35 000 元和 30 000 元;B 方案的投资额为 50 000 元,4 年的现金净流入量分别为 20 000 元、20 000 元、20 000 元和 18 000 元。如果贴现率为 10%,请作出选择。

由于本例两个方案的投资额不同,因此应该采用差量投资净现值来作出选择。要计算差量投资净现值,首先要计算差量净现金流入量,通常以投资额大的方案减去投资额小的方案。

项目投资期 A、B 方案差量净现金流量 $= -70\,000 - (-50\,000) = -20\,000(元)$

项目经营期内各年每年 A、B 方案差量净现金流量:

第 1 年差量净现金流量 $= 21\,000 - 20\,000 = 1\,000(元)$

第 2 年差量净现金流量 $= 25\,000 - 20\,000 = 5\,000(元)$

第 3 年差量净现金流量 $= 35\,000 - 20\,000 = 15\,000(元)$

第 4 年差量净现金流量＝30 000－18 000＝12 000(元)

差量净现金流量的现值＝1 000×(P/S,10%,1)＋5 000×(P/S,10%,2)＋15 000×(P/S,10%,3)＋12 000×(P/S,10%,4)－20 000

＝1 000×0.909＋5 000×0.826＋15 000×0.751＋12 000×0.683－20 000＝4 500(元)

本例表明 A 方案比 B 方案多投资 20 000 元，在以后的四年中，分别多流入了 1 000 元、5 000 元、15 000 元和 12 000 元。这四年的差量净现金流量的现值考虑了货币时间价值，抵补了投资差额后还净赚 4 500 元，即差额投资净现值大于零，因此 A 方案优于 B 方案。

(二) 使用年限不等

在使用年限不等的情况下，不能简单地根据净现值或内含报酬率来评价项目，通常采用年回收额法，即某一方案的年回收额等于该方案的净现值除以 n 年的年金现值系数，其实质是将净现值总额分摊到每一年，然后各方案均以年为单位进行比较，哪个方案年回收额大即年均净现值大，则可认为哪个方案好。

例 7-30 某企业面临三个投资机会，由于资金有限，只能从中选择一个，贴现率为 10%，其余有关资料如表 7-7 所示。

要求：分别计算各方案的回收额，并作出选择。

表 7-7　　　　　　　　投资方案各年现金净流量资料　　　　　　　　单位：元

现金流量方案	0	1	2	3	4
A	－40 000	21 000	21 000	21 000	
B	－50 000	30 000	40 000		
C	－60 000	10 000	20 000	30 000	40 000

第一步：计算各方案的净现值：

A 方案净现值＝21 000×(P/A,10%,3)－40 000
＝21 000×2.487－40 000＝12 227(元)

B 方案净现值＝30 000×(P/S,10%,1)＋40 000×(P/S,10%,2)－50 000
＝30 000×0.909＋40 000×0.826－50 000＝10 310(元)

C 方案净现值＝10 000×(P/S,10%,1)＋20 000×(P/S,10%,2)＋30 000×(P/S,10%,3)＋40 000×(P/S,10%,4)－60 000
＝10 000×0.909＋20 000×0.826＋30 000×0.751＋40 000×0.683－60 000
＝15 460(元)

第二步：计算各方案的年回收额：

A 方案年回收额＝$\dfrac{12\ 227}{(P/A,10\%,3)}$＝$\dfrac{12\ 227}{2.487}$＝4 916(元)

B 方案年回收额＝$\dfrac{10\ 310}{(P/A,10\%,2)}$＝$\dfrac{10\ 310}{1.736}$＝5 939(元)

C方案年回收额 = $\dfrac{15\,460}{(P/A,10\%,4)} = \dfrac{15\,460}{3.17} = 4\,877$(元)

根据上述计算结果可知,C方案的净现值总额最大,但该方案的使用年限最长,因此并不能说明问题。而B方案的年回收额即年均净现值最大,因此可认定B方案为最优方案。

三、固定资产更新的决策

(一) 固定资产更新决策应明确的问题

固定资产更新是一种长期投资,前述评价长期投资方案的方法都可以采用,但根据其特点还应明确以下几个问题。

1. 固定资产的经济寿命是其更新周期

固定资产的经济寿命是相对于自然寿命而言的。固定资产的自然寿命是由其物理性质决定的,是指一项固定资产从投入使用到完全报废为止的整个期限。固定资产的经济寿命是由其使用的经济效益决定的,是指固定资产的年均成本最低的使用年限。

固定资产的年均成本由资产成本和劣势成本组成。资产成本是指用于固定资产投资上的成本。在不考虑货币时间价值的情况下,资产成本就是各年的固定资产折旧,它随固定资产使用年限的延长而降低。劣势成本由两部分组成:一是固定资产本身的有形及无形损耗,以及由此引起的材料、能源、产品的损失;二是逐年增加的维修费。固定资产劣势成本随固定资产使用年限的延长而逐年增加。

由于构成年均成本的资产成本和劣势成本随固定资产使用年限的延长而成反方向变化,因此,固定资产的年均成本在其自然寿命的初期是递减的,在自然寿命的某一时点上,年均成本达到最低,从开始使用到这一时点的期限,就是固定资产的经济寿命期。超过这一时点后,年均成本便开始逐年增加,继续使用该项固定资产,从经济上已不合算,应当更新。

2. 现有固定资产的原始成本为沉没成本,决策时不应考虑

固定资产更新决策时,决策的时点是现有固定资产同可能取代它的新固定资产进行比较的共同起点,在此基础上着重考虑它们未来的有关数据。现有固定资产的现实实际价值(非现实账面价值)是决策的相关成本,其原始成本是沉没成本,与决策无关,不应考虑。

3. 不同寿命期固定资产更新决策的可比性

在对固定资产进行更新决策时,当旧的固定资产和可以取代它的新固定资产的寿命期不相等时,一般需要通过计算对比年均使用成本进行决策。但是在对旧的固定资产是继续使用一段时间后再更新,还是现在立即更新进行决策时,会出现在一个时期内有数种年均成本的情况。这时,就必须选择一个能够说明问题的"比较期"。根据年均使用成本计算相同比较期的可比使用成本现值,然后进行对比分析,作出决策。

(二) 固定资产是否需要更新决策的应用

例 7-31 某企业流水线上有一旧设备,工程技术人员提出更新要求,有关数据如表7-8所示。如果贴现率为10%,请问是否需要更新。

表 7-8　　　　　　　　　　企业旧设备和更新设备资料

指　　标	旧　设　备	新　设　备
原值/元	22 000	30 000
预计使用年限/年	8	8
已经使用年限/年	3	0
最终残值/元	2 000	3 000
变现价值/元	7 000	30 000
年营运成本/元	12 000	8 000

本例由于没有适当的现金流入,因此不便于计算净现值。当收入相同时,通常可以比较成本,但是由于使用年限不同,因此比较总成本又无意义,唯一的分析方法是比较继续使用旧设备与更新设备的年均成本。具体步骤如下:

(1) 计算各方案的总成本现值。因为要计算平均成本就要计算总成本,而各项成本不是发生在同一时点上,不能简单地加起来计算,必须将它们折算到同一个时点上,习惯上折算到第 1 年年初,即计算现值,然后相加。

(2) 分摊到每一年,只需将总成本现值除以 n 年的年金现值系数就可得到,其原理与计算年回收额相同。

$$继续使用旧设备的年均成本 = \frac{7\,000 + 12\,000 \times (P/A, 10\%, 5) - 2\,000 \times (P/S, 10\%, 5)}{(P/A, 10\%, 5)}$$

$$= \frac{7\,000 + 12\,000 \times 3.791 - 2\,000 \times 0.621}{3.791} = 13\,519(元)$$

$$更新方案的年均成本 = \frac{30\,000 + 8\,000 \times (P/A, 10\%, 8) - 3\,000 \times (P/S, 10\%, 8)}{(P/A, 10\%, 8)}$$

$$= \frac{30\,000 + 8\,000 \times 5.335 - 3\,000 \times 0.467}{5.335} = 13\,361(元)$$

由于更新方案的年均成本低于继续使用旧设备的年均成本,因此应该更新。

在上述计算中,旧设备的原值与净值是沉没成本,与决策无关,应考虑其变现价值。变现价值为机会成本,是相关成本。

上述年均成本的计算还可用于判断固定资产的最佳更新期。例如,某设备可用 10 年,求其最佳更新期。只要分别计算出只使用 1 年、只使用 2 年,一直到使用满 10 年的 10 个方案的年均成本,比较哪一个方案的年均成本最低,该年即为最佳更新期。

例 7-32　某公司拟更新一台旧设备,以提高效率、降低营运成本。旧设备原值为 85 000 元,净值为 55 000 元,年折旧额为 10 000 元,已用 3 年,尚可使用 5 年,5 年后残值为 5 000 元。旧设备的变现价值为 35 000 元。使用旧设备每年收入为 80 000 元,营运成本为 60 000 元。新设备购置价格为 126 000 元,可用 6 年,报废时残值为 6 000 元,年折旧额为 20 000 元。使用新设备每年可增加收入 12 000 元,同时降低营运成本 17 000 元。假定贴现率为 10%,所得税税率为 40%。请作出设备是否需要更新的决策。

本例由于使用年限不一样,因此要分别计算继续使用旧设备和更新设备的年回收额。

具体步骤如下：
(1) 分别计算两个方案各年的税后现金流量。

继续使用旧设备的税后现金流量为：

项目建设期现金净流入量＝－35 000(元)

项目经营期各期现金净流入量：

1—4 年各期现金净流入量＝[80 000－(60 000＋10 000)]×(1－40%)＋10 000
　　　　　　　　　　　＝16 000(元)

第 5 年现金净流入量＝16 000＋5 000＝21 000(元)

采用新设备的税后现金流量为：

项目建设期现金净流入量＝－126 000＋(55 000－35 000)×40%＝－118 000(元)

其中，8 000 元[(55 000－35 000)×40%]为营业外支出抵税。由于旧设备的净值为55 000 元，而其变现价值为 35 000 元，如果更新的话，将发生 20 000 元的营业外支出，减少税前利润 20 000 元，从而可以少交所得税 8 000 元，现金流出的减少视同现金流入，因此在采用新设备的第 0 年加上 8 000 元，或者将其作为继续使用旧设备的机会成本来处理。

项目经营期各期现金净流入量如下：

1—5 年各期现金净流入量＝[(80 000＋12 000)－(60 000－17 000＋20 000)]×(1－
　　　　　　　　　　　　40%)＋20 000
　　　　　　　　　　　＝37 400(元)

第 6 年现金净流入量＝37 400＋6 000＝43 400(元)

(2) 计算两个方案的净现值。

旧设备的净现值＝16 000×(P/A,10%,4)＋21 000×(P/S,10%,5)－35 000
　　　　　　　＝16 000×3.17＋21 000×0.621－35 000
　　　　　　　＝28 761(元)

新设备的净现值＝37 400×(P/A,10%,5)＋43 400×(P/S,10%,5)－118 000
　　　　　　　＝37 400×3.791＋43 400×0.564－118 000
　　　　　　　＝48 261(元)

(3) 计算年均净现值，即年回收额。

继续使用旧设备的年回收额＝$\dfrac{28\,761}{(P/A,10\%,5)}$＝$\dfrac{28\,761}{3.791}$＝7 587(元)

采用新设备的年回收额＝$\dfrac{48\,261}{(P/A,10\%,6)}$＝$\dfrac{48\,261}{4.355}$＝11 082(元)

可见，采用新设备的年回收额高于继续使用旧设备的年回收额，因此应该更新。

四、敏感性分析

(一) 敏感性分析的意义

敏感性分析就是在影响项目效益的诸多因素中，测定其中一个或几个因素的变化对项目的影响。通过敏感性分析，人们可以推测参数值在多大范围内变动，不会影响原定决策的有效性；超过一定界限，原来的选择就不得不进行修正了（例如，原来认为可行的方案会变成不可行，原来认为最优的方案可能变成不是最优的了）。这样就避免了对原来分析评价作过于绝对的理解，对于事先考虑好较为灵活的对策和措施，在工作中应争取主动，以防决策上的失误给企业生产经营带来不应有的损失。

(二) 敏感性分析的举例

例 7-33 设某设备投资 15 000 元，可回收年限为 5 年，贴现率为 10%，年现金净流入量为 5 000 元。

要求：(1) 确定年现金净流入量的下限。

(2) 确定可回收年限的下限。

(3) 确定贴现率的上限。

(1) 年现金净流入量的下限实际上就是使得净现值为零的年现金净流入量。

设年现金净流入量的下限为 x，则：

$x \times (P/A, 10\%, 5) - 15\,000 = 0$

$x \times 3.791 - 15\,000 = 0$

$x = 3\,957(元)$

即只要年现金净流入量大于 3 957 元，就不会影响原项目的可行性。

(2) 确定可回收年限的下限就是求动态投资回收期，使得净现值为零的年金现值系数 $= \dfrac{15\,000}{5\,000} = 3$。查表并利用插入法可得：

投资回收期 $= 3 + \dfrac{3 - 2.487}{3.17 - 2.487} = 3.75(年)$

即只要项目的可回收年限大于 3.75 年，就不会影响原项目的可行性。

(3) 确定贴现率的上限就是求内含报酬率。查表并利用插入法可得：

内含报酬率 $= 18\% + \dfrac{3.127 - 3}{3.127 - 2.991} \times (20\% - 18\%) = 19.87\%$

即只要项目的贴现率小于 19.87%，就不会影响原项目的可行性。

这里对各因素的分析较为粗略，在实际工作中还可以进一步细分。例如，将年现金净流入量进一步分解为售价、销售量、固定成本、变动成本来考察。

五、情景分析

情景分析，是指在对企业经营管理中未来可能出现的相关事件情景进行假设的基础上，结合企业管理要求，通过采取模拟等技术，分析相关方案发生的可能性、相应后果和影响，以做出最佳决策的方法。情景分析一般适用于企业的投融资决策，也可用于战略目标制定、风险评估等。

(一) 应用环境

企业应用情景分析工具方法，应重点考虑对决策事项有重大影响的事件情景，确保事件情景与分析方案、决策事项相关联并将情景分析建立在合理的假设基础上。

企业应用情景分析工具方法，应确保与决策事项有关的参数、边界条件等的完整性及可获取性，尤其应确保宏观环境的可测性，如产业政策、行业状况等。

(二) 应用程序

企业应用情景分析工具方法，一般应按照决策事项确认、影响因素确认、情景设定、情景分析和实施后果分析等程序进行。

企业应用情景分析工具方法,应根据决策目标和决策需求确定决策事项。同时,决策事项应具有多种可量化的影响因素,不同的实现路径会对决策事项形成不同的实质性影响。

企业应用情景分析工具方法,应对影响决策事项的因素进行全面分析,并根据重要性原则明确影响决策事项的主要因素,以此作为设定情景的主要内外部影响因素。通常情况下,可以采取德尔菲法、敏感性分析等方法。

(1) 在进行投融资决策时,通常应考虑投资额、资本成本等影响因素。

(2) 在进行战略目标制定时,通常应考虑消费者信心指数、市场占有率等影响因素。

(3) 在进行风险评估时,通常应以产生最大损失的因素为主,如利率、汇率等影响因素。

(三) 情景设定的实质性影响

情景的设定应与决策事项密切相关,会对决策事项产生实质性影响。通常情况下,企业需要设定不同的情景,这些情景应能提供有意义的测试环境,以便后续制订多个可选择方案。

(1) 根据历史情况设定情景时,通常可以选取历史极值(最优、最差或基准)作为情景,或者以历史特殊事件作为情景,如重复进行的标准历史事件。

(2) 根据假设设定情景时,通常使用人为假设、专家认定或者数据模拟来设定情景。

企业应在情景设定的基础上,建立影响因素与决策目标之间的逻辑关系。通过搜集相关数据,对不同情景下决策事项的总体发展状况进行分析,或对不同情景下决策事项可能产生的经济后果进行测算,制订出各种情景下的对策和实施方案。

企业应用情景分析工具方法,应书面记录决策事项、影响因素、情景设定、情景分析结果、应对措施设置等,详细说明情景设定的基本原则及理由,以不断完善情景分析。

(四) 情景分析的优点与缺点

情景分析的主要优点:注重情景发展的多种可能性,降低决策失误对企业造成的影响,对决策事项的可参考性更强。

情景分析的主要缺点:情景假设的主观性较强,对于情景数据的准确性、逻辑性及因果关系的建立要求较高。

 典型案例分析

李亚鹏长期投资因何无法笑傲地产江湖?

无论是从演艺圈进军地产圈,还是在之后黯然撤退,李亚鹏和他的地产开发从一开始就受到各方关注,并饱受争议;不管是玩票,还是时机不凑巧,最终,以失去项目股权而暂告一段落。由此,旅游地产的发展现状引发了新一轮关注。

一、投资专业度考验旅游地产开发

李亚鹏旗下的丽江雪山投资有限责任公司(以下简称雪山公司),在持续了两年的地产开发后,暂时画上句号。2015年6月10日,上市公司阳光100发布公告称,将收购李亚鹏及其北京中书投资控股有限公司(以下简称中书控股)持有的雪山艺术小镇51%的股权,作价1.938亿元。尽管阳光100表示,收购之后还将与中书控股合作,后者将对这个项目提供文化内容的增值服务。

公开信息披露,艺术小镇的商业院落销售均价为21 000~24 000元/平方米,公寓均价

16 000～18 000元/平方米。而位于同一区域的金茂雪山语别墅的销售均价为20 000元/平方米左右。比较之下,丽江雪山艺术小镇并无明显的价格优势。另据此前媒体报道,项目一期共130多套别墅,到去年年底只售出30%,商业院落售出10多套,销售情况并不理想。

李亚鹏对媒体表示,做雪山艺术小镇项目之初,其想法是为文化和艺术找到永久落足之地,但又不与商业排斥,希望这个落脚之地为文化、商业艺术和地产找到平衡点,让它们共生共荣。

"雪山书院项目的基础还是不错的,整体的区域定位也已成气候,"睿意德执行董事张家鹏进一步指出,依靠单个招商很难达到拉动整个项目的目的,而阳光100成功塑造过类似的商业街区,双方的合作可能会更具优势。

二、竞争加剧存隐忧

机构数据显示,近几年旅游地产开发持续升温,截至2014年年底,全国旅游地产项目已多达7 965个,同比新增2 666个。

"蜂拥而上引发的直接后果就是竞争白热化,从而带来同质化、资源浪费等多重恶性循环,"某业内资深人士告诉记者,目前旅游地产进军的区域多为三、四线城市,这些地方本来就供大于求。

值得注意的是,尽管从海南,到烟台、威海,再到云南,这些旅游城市主打景观的房屋遍地,但高空置率的现象也层出不穷。

尽管旅游度假地产前景远大,但有一个无法回避的事实是,当前的旅游度假地产模式,重地产轻旅游,这样的圈地卖房模式并不具备可持续性。要做好一个旅游地产项目,通常需要持续投入10年,甚至20年,对于企业操盘能力和资金链的考验相当大,而目前投资的旅游地产项目大部分是居住配套不齐全的,真正长期居住有困难,未来"进化"过的旅游地产应该有完备的商业配套、酒店、医疗教育等。

【讨论】从长期看,旅游地产投资需要考虑哪些因素?这些因素如何影响现金流量以及相关的指标?

本章小结

本章对决策的时间和空间范围作了进一步的扩展,并引入了现金流量、货币时间价值等一系列重要概念,对投资回收期法、净现值法、内含报酬率法等决策分析方法作了较为详细的介绍。

按对未来的影响程度,长期投资决策可分为战略性投资决策和战术性投资决策。在长期投资决策中,投资收入与投资支出都是以现金实际收支为基础的。在未来一定时期内的现金流入量与现金流出量统称为现金流量,它反映了广义现金的运动。

评价投资效果的方法,按其是否考虑货币时间价值可分为静态评价方法(非贴现评价方法)和动态评价方法(贴现评价方法)。

静态评价方法不考虑货币时间价值对投资过程及结果的影响,直接按投资方案各年形成的现金流量进行计算评价。该方法主要包括投资回收期法和年平均投资报酬率法。

动态评价方法考虑货币时间价值对投资过程及结果的影响,即采用复利计算方式,按某一资本成本,将未来的预期报酬,统一折算为某一时点的价值。该方法的优点在于把不同时期的现金流量折算到可比的基础上,但计算过程复杂。该方法主要包括净现值法、现值指数法、内含报酬率法和动态投资回收期法。

复习思考

1. 长期投资的概念是什么?
2. 长期投资决策分析的基本因素包括哪些?

同步实训

一、单项选择题(每小题只有一个正确答案)

1. 某企业购入设备一台,价值为 120 000 元,年现金净流入量为 50 000 元,可用 5 年。投资回收期是( )年。
   A. 2   B. 2.4   C. 2.5   D. 5

2. 年平均投资报酬率的分子为( )。
   A. 年均净现值   B. 年均成本
   C. 年均利润   D. 年均现金净流量

3. 某项存款年利率为 6%,每半年复利一次,其实际利率为( )。
   A. 6.51%   B. 6.09%   C. 8.24%   D. 7.23%

4. 某项借款年利率为 10%,期限为 5 年,其投资回收系数为( )。
   A. 0.16   B. 0.62   C. 0.26   D. 1.61

5. 分期付款购物,每年年初付 500 元,一共付 5 年,如果利率为 10%,相当于现在一次付款( )元。
   A. 1 895.5   B. 2 085   C. 1 677.5   D. 1 585

6. 按是否考虑货币时间价值分类,可将长期投资决策评价指标体系分为( )。
   A. 简单指标与复杂指标   B. 静态指标与动态指标
   C. 绝对量指标与相对量指标   D. 单位指标与总体指标

7. 对于一个年金问题,如果没有期末收到或支付的,通常可认为是( )。
   A. 普通年金   B. 预付年金   C. 递延年金   D. 永续年金

8. 计算净现值指数,可以用净现值除以( )。
   A. 各年投资额之和   B. 各年投资现值之和
   C. 各年现金流量之和   D. 各年投资平均余额

9. 下列选项中,属于长期投资决策静态评价指标的是( )。
   A. 现值指数   B. 内含报酬率   C. 投资报酬率   D. 净现值指数

10. 某投资项目,若使用 15% 作贴现率,则其净现值为 500 元,若使用 18% 作贴现率,则其净现值为 −480 元,该项目的内含报酬率是( )。
    A. 16.125%   B. 16.53%   C. 22.5%   D. 19.5%

二、多项选择题(每小题有两个或两个以上正确答案)

1. 下列选项中,属于年金的是( )。
   A. 定期发放的固定奖金   C. 各种方法计算的折旧额
   B. 每年的固定工资   D. 每年的固定租金

2. 下列选项中,属于现金流出的项目的有(　　　　)。
　A. 折旧费　　　　B. 设备更新支出　　C. 开办费支出　　D. 所得税
3. 下列选项中,属于长期投资决策动态评价指标的有(　　　　)。
　A. 净现值　　　　B. 投资报酬率　　　C. 净现金流量　　D. 内含报酬率
4. 在指标分类中,年回收额属于(　　　　)。
　A. 静态指标　　　B. 动态指标　　　　C. 正指标　　　　D. 反指标
5. 当方案的净现值=0时,该方案的(　　　　)。
　A. 净现值指数=0　B. 现值指数=1　　　C. 净现值指数<0　D. 现值指数<1

三、判断题(正确的在括号内打"√",错误的打"×")
1. 在利率和计息期数相同的条件下,复利现值系数与复利终值系数互为倒数。(　　)
2. 在本金和利率相同的情况下,若只有一个计息期,单利终值和复利终值是相同的。
(　　)
3. 货币时间价值的一般表现形式从相对量来看就是社会平均的资本利润率。(　　)
4. 通常情况下,若某一项目的净现值大于零或等于零,则其内含报酬率一定大于或等于设定的贴现率。(　　)
5. 普通年金现值系数加1等于同期、同利率的预付年金现值系数。(　　)
6. 现金流量与利润的主要区别是,前者的计算以收付实现制为基础,后者的计算以权责发生制为基础。(　　)
7. 在计算现金流量时,无形资产摊销额的处理与折旧额相同。(　　)
8. 如果两个投资方案的投资额不同,可通过差量投资净现值来决定取舍。(　　)
9. 沉没成本是指已被指定用途的支出,在投资分析时应特别予以考虑。(　　)
10. 如果两个投资方案的使用年限不同,比较净现值总额或总成本现值没有意义。(　　)

四、计算分析题
1. 某企业准备在5年后动用1 000 000元资金用于更新设备,在银行复利年利率为10%的条件下,试问现在应存入多少资金?
2. 某公司新增一条流水线,投资620万元,可用6年,期满有残值20万元,按直线法计提折旧。项目投产后每年可增加销售收入300万元,同时增加付现成本120万元,所得税税率为25%。
　要求:计算各年的现金净流量。
3. 某企业购置机器一台,价值40 000元,预计可用8年,期满无残值。每年可增加销售收入36 000元,增加付现成本24 000元。
　要求:
　(1) 计算该机器的投资回收期、年平均投资报酬率,并作出评价。
　(2) 如果贴现率为10%,计算净现值、投资回收期和年金现值系数,并作出评价。

查看答案

第八章 全面预算

学习目标

通过本章学习,要求理解全面预算的定义、内容;把握全面预算的作用,掌握全面预算的编制程序、内容与方法,能够熟练运用弹性预算、零基预算与滚动预算的编制方法。

导入案例

华为研发预算引领企业高端发展

2018年3月31日,华为对外公布了2017年年报,华为2017年实现销售收入人民币6 036亿元,同比增长15.7%;净利润为人民币475亿元,同比增长28.1%,平均每天赚1.3亿元人民币。2017年员工平均年薪接近70万元,华为实行全员持股,除年薪外,华为员工还有股利分红。更为重要的是,华为一直致力于提升研发水平、降低销售成本,每年的研发投入占销售收入的10%以上。年报显示,华为2017年持续加大对5G、芯片、智能终端等面向未来技术的研发投入,研发费用率同比上升0.3%。加大消费者业务和企业业务品牌及渠道建设的投入,同时受益于持续变革带来的运营效率提升,销售与管理费用率下降了1.2%。总期间费用率下降1.1%。2017年,华为研发人员约8万名,占公司总人数的45%。研发费用支出为人民币897亿元,约占总收入的14.9%。近十年累计投入的研发费用超过人民币3 940亿元,累计获得专利授权74 307件。其中,90%以上的专利为发明专利。华为对未来预算的布局,正像华为总裁任正非所说:"我们要逐步摆脱对技术的依赖,对人才的依赖,对资金的依赖,使企业从必然王国走向自由王国。"

思考:

1. 华为的预算,涉及哪些方面的投入和支出?
2. 预算对企业发展有什么作用?

第一节　全面预算概述

一、全面预算的含义及分类

(一) 全面预算的含义

所谓预算,就是以货币作为计量手段,将决策目标所涉及的经济资源的配置,以计划的形式,具体地、系统地反映出来的过程。简而言之,预算就是决策目标的具体化。利用预算对企业未来行动和业绩实施控制,被称为预算控制。一个企业,无论是其长期决策还是短期决策,为了实现既定目标,必须研究相应的途径和方法,同时要求企业所有的部门相互配合、协调行动,通过编制预算来对企业未来的经济活动进行计划、协调和控制,实行全面预算管理。

全面预算,是指企业为了实现未来一定时期的经营目标,以货币及其他数量形式反映的各项目标行动计划与相应措施的数量说明。全面预算是由一系列单项预算组成的有机整体,由一整套预计的财务报表和其他附表构成,用来反映企业计划期内预期的经营活动及其成果。全面预算不仅为企业确定了明确的目标,同时也提供了评价企业经营活动各项工作成果的基本尺度。

(二) 全面预算的分类

一般而言,按其内容可以将全面预算分为经营预算(也称营业预算或日常业务预算)、财务预算和专门决策预算(资本支出预算)。

1. 经营预算

经营预算也称日常业务预算,是指企业日常发生的基本业务活动的预算,是全面预算的基础。经营预算主要包括销售预算、生产预算、存货预算、销售及管理费用预算等。其中销售预算是编制经营预算的起点。

2. 财务预算

财务预算,是指与企业资金收支、财务状况或经营成果等有关的预算,包括资金预算、预计资产负债表、预计利润表等。

财务预算是经营预算中能够以货币表示的部分,是企业在预算期内反映有关现金收支、财务成果和财务状况的预算,内容主要是现金收支预算、预计利润表、预计资产负债表等。财务预算是全面预算体系中的最后环节,它可以从价值方面总括地反映经营预算的结果,所以被称为总预算,其他预算被称为分预算或辅助预算。

3. 专门决策预算

专门决策预算也称资本支出预算,主要涉及企业不经常发生的一次性业务的预算,主要是针对企业长期投资决策编制的预算,如厂房扩建预算、购置固定资产预算等特种业务预算。

专门决策预算,也指企业重大的或不经常发生的、需要根据特定决策编制的预算,包括投融资决策预算等。

各种预算在全面预算体系中的关系可以用图8-1表示。

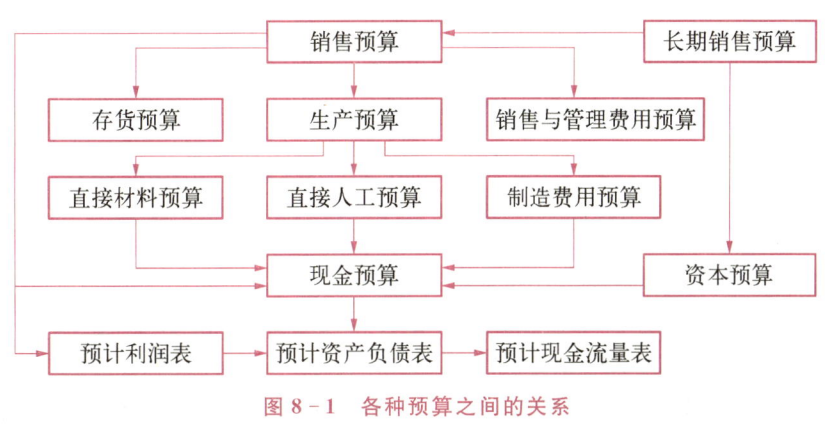

图8-1 各种预算之间的关系

从图 8-1 中我们不难发现,企业的全面预算是以销售预算为起点并延伸到生产、成本、费用和资金收支等方面,最后以编制预计财务报表为总结的一种预算体系。虽然经营预算、财务预算和专门决策预算在全面预算的编制中各有侧重,但它们是密不可分、互为条件的。经营预算和专门财政预算是财务预算的基础,财务预算是经营预算和专门财政预算的现金流量总结。其中,销售预算起着主导性的作用,它直接关系并决定着预算期内的生产预算、费用预算、现金预算和各种预计财务报表上的有关金额。生产预算为直接材料预算、直接人工预算、制造费用预算和现金预算以及各种预计财务报表提供了基础。由于各种预计财务报表只有等其他预算提供数据后才能完成,因此各种预计财务报表最后才编制。

二、全面预算的作用

(一) 明确目标

企业的经营目标,无论是长期的还是短期的,一经确定,各部门就需要协同配合,共同保证经营目标的实现。而全面预算恰恰是借助货币计量等手段将决策目标具体化,这样就能够使各部门的人员清楚了解自己的地位、作用和职责,从而保证企业一定时期内的经营活动不至于脱离计划,为决策目标的实现保驾护航。

8-1
如何理解
全面预算

(二) 协调各部门工作

通过编制全面预算,企业就能够将多部门的工作纳入一个整体的、预定的轨道上来,使得相关各部门为了一个目标密切配合,协同作战,减少和消除可能出现的矛盾和冲突,使它们成为一个为完成经营目标而有序运转的有机整体。

(三) 控制经济活动

企业财务管理的过程是一个由预测、决策、预算到控制实施的有机结合。全面预算的编制为各项经营活动的控制提供了数量标准。在实际执行预算的过程中,要不断通过对比、分析,及时发现各部门的实际与预算的差异程度和原因,从而采取措施,挖掘潜力,保证预算目标的实现,同时也为下期的财务预算提供重要的参考资料。

(四) 评价经营业绩

全面预算是一种基于真实的历史数据和利用科学方法对未来所作的科学测算。它不仅为企业的日常经营活动提供了行动指南,同时也是考核评价企业各部门工作业绩的标准。在评价各部门工作业绩时,要以预算为依据,通过对比分析,落实经济责任,奖惩分明,促使企业各部门为实现整体目标而努力。

三、预算管理的原则

企业进行预算管理,一般应遵循以下原则:

(1) 战略导向原则。预算管理应围绕企业的战略目标和业务计划有序开展,引导各预算责任主体聚焦战略、专注执行、达成绩效。

(2) 过程控制原则。预算管理应通过及时监控、分析等把握预算目标的实现进度并实施有效评价,对企业经营决策提供有效支撑。

(3) 融合性原则。预算管理应以业务为先导、以财务为协同,将预算管理嵌入企业经营管理活动的各个领域、层次、环节。

(4) 平衡管理原则。预算管理应平衡长期目标与短期目标、整体利益与局部利益、收入与支出、结果与动因等关系,促进企业可持续发展。

（5）权变性原则。预算管理应刚性与柔性相结合,强调预算对经营管理的刚性约束,又可根据内外环境的重大变化调整预算,并针对例外事项进行特殊处理。

四、全面预算的编制要求

（一）预算资料要准确、可靠

计划期全面预算的编制往往需要收集前期的生产、销售、存货、费用等多方面的资料,通过分析掌握基本的变动趋势,结合未来的科学预测提出计划期目标预算水平。需要注意的是,对前期资料的吸收,务必剔除偶然和不合理因素,这样才能提高计划期预算的编制水平,为企业经营目标的实现奠定良好的基础。

（二）预算要全面、完整

全面预算的编制应站在整个企业的立场上,对所有影响经营目标实现的业务、事项,都要以货币或其他计量手段进行具体反映。对于各部门出现的个性甚至矛盾的情况,要经过综合分析、反复论证,确保各项预算指标之间的相互衔接、勾稽严密,保证整个预算的综合平衡。

（三）预算数据既要积极可靠,又要留有余地

预算既是对未来目标的数据测算,也是对企业现有人力、物力、财力水平的整合运用,因此既要考虑客观环境和经济资源的最大可能,又不能人为超越现有水平。这就要求企业在其内外部现实条件的基础上,编制出既高效又可以达到的合理预算。好的预算是一个能起到激励作用的标准。同时,预算只是企业各部门未来行动的指南,标准不是绝对的,在实际执行过程中不确定因素会有很大影响。因此,在编制预算时必须留有余地,使各项预算指标具有一定的弹性,以应付实际情况的变化。

第二节　全面预算的编制方法

全面预算是由一系列单项预算组成的有机整体,按其内容可以分为营业预算、财务预算和资本支出预算。经营目标一经确定,企业就要根据各项预算之间的约束关系,按照一定的程序,采用一定的方法编制全面预算。

一、销售预算的编制

在以销定产的经济环境下,销售预算是全面预算的起点,其他预算是以销售预算为前提和基础编制的。没有合理的销售预算,其他如生产安排、存货预算都会与实际经济环境脱节。销售预算是根据年度目标利润所规定的销售量和销售单价所编制的。

在销售预算中,销售量可以按预测销售量来确定；销售单价可以采用企业根据定价目标所预测的销售单价,也可以采用历史销售单价的适当调整价格；预计销售收入则是销售量与所采用的销售单价的乘积。其计算公式为：

$$某种产品预计销售收入 = 该种产品预计销售量 \times 预计销售单价$$

$$全部产品的销售收入总额 = \sum 某种产品预计销售收入$$

例 8-1 假设 W 公司生产经营甲、乙两种产品,甲产品预计单位售价为 20 元/件,乙产品预计单位售价为 25 元/件,2018 年度产品销售数量如表 8-1 所示。

表 8-1　　　　　　　　　　W 公司 2018 年度产品销售数量表　　　　　　　　　单位:件

产品名称	第 1 季度	第 2 季度	第 3 季度	第 4 季度	合　计
甲产品	700	800	900	1 000	3 400
乙产品	1 200	1 300	1 400	1 500	5 400

要求:计算 W 公司 2019 年各季度的预算收入。

根据上述资料编制 W 公司 2019 年度销售预算表,如表 8-2 所示。

表 8-2　　　　　　　　　　　W 公司 2019 年度销售预算表

季　度	产品名称	预计销售量/件	预计单价/(元/件)	预计销售收入/元
第 1 季度	甲产品	700	20	14 000
	乙产品	1 200	25	30 000
	小　计	—	—	44 000
第 2 季度	甲产品	800	20	16 000
	乙产品	1 300	25	32 500
	小　计	—	—	48 500
第 3 季度	甲产品	900	20	18 000
	乙产品	1 400	25	35 000
	小　计	—	—	53 000
第 4 季度	甲产品	1 000	20	20 000
	乙产品	1 500	25	37 500
	小　计	—	—	57 500
全年合计	甲产品	3 400	20	68 000
	乙产品	5 400	25	135 000
	小　计	—	—	203 000

应当指出的是,在实际工作中,许多产品的销售是通过赊销实现的,这样销售收入就形成了应收账款和现金两部分内容,为了编制财务预算的需要,还应当在编制销售预算的同时,编制与销售收入有关的现金收入预算表。相关的计算公式包括:

某期预计现金收入＝该期预计现销收入＋该期回收以前期的应收账款

某期预计现销收入＝该期预计销售收入×该期预计现销率

某期回收以前期的应收账款＝本期期初的应收账款×该期预计应收账款回收率

例 8-2 根据【例 8-1】,假设 W 公司销售收入的 40% 是现销,60% 的赊销在下季度收回,一季度初的赊销额为上年第4季度的赊销额15 000元,则W公司本年现金收入预算如表8-3所示。

表8-3　　　　　　　　W公司2019年度预计现金收入表　　　　　　　　单位:元

项目	本期发生额	现金收入			
		第1季度	第2季度	第3季度	第4季度
期初数	15 000	15 000			
第1季度	44 000	17 600	26 400		
第2季度	48 500		19 400	29 100	
第3季度	53 000			21 200	31 800
第4季度	57 500				23 000
期末数	-34 500				
合计	183 500	32 600	45 800	50 300	54 800

二、生产预算的编制

生产预算是在销售预算的基础上编制的,由于企业的生产和销售不能做到"同步同量",因此本期预计的生产数量除了满足本期预计销售外,还应考虑期初和期末的存货水平。

由于:

预计期初存货量＋某种产品预计生产量＝预计销售量＋预计期末存货量

由此可知:

某种产品预计生产量＝预计销售量＋预计期末存货量－预计期初存货量

上式中,预计销售量可以来源于销售预算表;预计期末存货量应根据长期销售预测来定,实践中一般是按事先估计的期末存货量占下期销售量的比例进行估计;预计期初存货量等于上期期末存货量。

例8-3　仍根据【例8-1】,假设W公司各季度的期末存货按下一季度销售量的20%计算,各季度预计期初存货与上季度期末存货相等,年初甲产品存货110件,单位成本为14.5元/件,乙产品存货250件,单位成本为16.5元/件,年末甲产品存货230件,乙产品存货320件。据此,可编制W公司2019年度的生产预算,如表8-4所示。

表8-4　　　　　　　　W公司2019年度生产预算表　　　　　　　　单位:件

产品	项目	第1季度	第2季度	第3季度	第4季度	全年合计
甲产品	预计销售量	700	800	900	1 000	3 400
	加:预计期末存货	160	180	200	230	230
	减:预计期初存货	110	160	180	200	110
	预计生产量	750	820	920	1 030	3 520

续表

产品	项目	第1季度	第2季度	第3季度	第4季度	全年合计
乙产品	预计销售量	1 200	1 300	1 400	1 500	5 400
	加：预计期末存货	260	280	300	320	320
	减：预计期初存货	250	260	280	300	250
	预计生产量	1 210	1 320	1 420	1 520	5 470

三、直接材料预算的编制

直接材料预算以生产预算中所确定的预计生产量，结合预计期初和期末库存材料水平编制而成。预计直接材料采购量与期初、期末库存材料之间的关系可以用下式来表达：

$$\text{预计直接材料采购量} = \text{预计生产量} \times \text{单位产品消耗量} + \text{期末库存材料量} - \text{期初库存材料量}$$

例 8-4 仍沿用前述 W 公司的资料，假设 W 公司生产甲、乙两种产品需要同一种材料，甲单位产品材料耗用量 6 千克，乙单位产品材料耗用量 8 千克，该材料的成本为每千克 1 元，上年年末该种材料库存 4 500 千克。各季度的期末材料库存按下一季度生产需要量的 30% 计算，各季度预计的期初材料存货与上季度期末材料库存相等，年末预计材料库存 5 600 千克，据此编制的 2019 年度直接材料预算，如表 8-5 所示。

表 8-5　　　　　　　　　W公司2019年度直接材料预算表

产品	项目	第1季度	第2季度	第3季度	第4季度	全年合计
甲产品	预计生产量/件	750	820	920	1 030	3 520
	单位耗用量/千克	6	6	6	6	6
	材料耗用总量/千克	4 500	4 920	5 520	6 180	21 120
乙产品	预计生产量/件	1 210	1 320	1 420	1 520	5 470
	单位耗用量/千克	8	8	8	8	8
	材料耗用总量/千克	9 680	10 560	11 360	12 160	43 760
合计	生产需用总量/千克	14 180	15 480	16 880	18 340	64 880
	加：预计期末量/千克	4 644	5 064	5 502	5 600	20 810
	减：预计期初量/千克	4 500	4 644	5 064	5 502	19 710
	预计采购量/千克	14 324	15 900	17 318	18 438	65 980
	材料单位成本/(元/件)	1	1	1	1	1
	采购总额/元	14 324	15 900	17 318	18 438	65 980

同时假定 W 公司各季度采购货款中，有 60% 为本期现付，40% 的赊购在下季度付清，上年年末的应付账款余额为 7 800 元，则 W 公司本年现金支出预算如表 8-6 所示。

表 8-6		W 公司 2019 年度预计现金支出表			单位：元
项　目	本期发生额	现　金　支　出			
		第 1 季度	第 2 季度	第 3 季度	第 4 季度
期初数	7 800	7 800			
第 1 季度	14 324	8 594.4	5 729.6		
第 2 季度	15 900		9 540	6 360	
第 3 季度	17 318			10 390.8	6 927.2
第 4 季度	18 438				11 062.8
期末数	−7 375.2				
合　计	66 404.8	16 394.4	15 269.6	16 750.8	17 990

四、直接人工预算的编制

直接人工预算也是以生产预算为基础编制的，其编制的主要依据有预计生产量、单位产品直接工时和预计的平均工资率。基本计算公式为：

某种产品直接人工工时总数 = 单位产品工时定额 × 预计该产品生产量

预计某种产品耗用直接工资 = 该种产品直接人工工时总数 × 单位工时工资率

例 8-5　仍沿用前述 W 公司的资料，假设该公司只有一个工种，生产甲、乙两种产品所需的单位产品直接人工工时都是 1 小时，每工时直接人工成本（单位工时工资率）均为 7 元，根据上述资料编制的直接人工预算如表 8-7 所示。由于各期直接人工成本的直接工资一般均由现金开支，因此无须单独编制与此相关的预计现金支出预算表。

表 8-7		W 公司 2019 年度直接人工预算表				
产品	项　目	第 1 季度	第 2 季度	第 3 季度	第 4 季度	合　计
甲产品	预计生产量/件	750	820	920	1 030	3 520
	单位产品工时/小时	1	1	1	1	1
	直接人工工时合计/小时	750	820	920	1 030	3 520
乙产品	预计生产量/件	1 210	1 320	1 420	1 520	5 470
	单位产品工时/小时	1	1	1	1	1
	直接人工工时合计/小时	1 210	1 320	1 420	1 520	5 470
合计	总工时/小时	1 960	2 140	2 340	2 550	8 990
	小时工资率/(元/时)	7	7	7	7	7
	直接人工总成本/元	13 720	14 980	16 380	17 850	62 930

五、制造费用预算的编制

制造费用预算多在变动成本法的基础上进行，可按变动性制造费用和固定性制造费用两部分内容分别编制。

变动性制造费用一般用单位产品预定分配率乘以预计生产量求得,其中,变动性制造费用预算分配率的计算公式为:

$$变动性制造费用预算分配率 = \frac{变动性制造费用预算总额}{相关分配标准预算总额}$$

上式中的分母可选择预计生产量或直接人工工时,多种产品生产情况下多选用直接人工工时作分母。

在变动成本法下,固定性制造费用直接列入利润表作为当期利润的一个扣除项目。

例 8-6 仍沿用前述资料,W 公司预计的直接人工工时资料如表 8-7 所示,制造费用中的变动成本和固定成本部分的有关资料及制造费用预算如表 8-8 所示。

表 8-8　　　　　　　　　　W 公司 2019 年度制造费用预算表　　　　　　　　　　单位:元

项　目	第 1 季度 (1 960 小时)	第 2 季度 (2 140 小时)	第 3 季度 (2 340 小时)	第 4 季度 (2 550 小时)	合　计 (8 990 小时)
间接材料	800	900	800	890	3 390
间接人工	800	900	800	900	3 400
维修费	600	500	600	500	2 200
变动制造费用合计	2 200	2 300	2 200	2 290	8 990
管理人员工资	2 300	2 300	2 300	2 300	9 200
折旧费	1 000	1 000	1 000	1 000	4 000
保险费	1 200	1 200	1 200	1 200	4 800
其他	300	300	300	300	1 200
固定制造费用合计	4 800	4 800	4 800	4 800	19 200

由表 8-8 可知:

$$变动性制造费用预算分配率 = \frac{变动性制造费用预算总额}{相关分配标准预算总额} = \frac{8\,990}{8\,990} = 1$$

在制造费用预算中,假设除了折旧费项目外,其他均以现金支付,现编制制造费用的现金支付表,如表 8-9 所示。

表 8-9　　　　　　　　　W 公司 2019 年度制造费用现金支付表　　　　　　　　　单位:元

项　目	第 1 季度	第 2 季度	第 3 季度	第 4 季度	合　计
制造费用合计	7 000	7 100	7 000	7 090	28 190
减:折旧	1 000	1 000	1 000	1 000	4 000
现金支付额	6 000	6 100	6 000	6 090	24 190

六、产品成本预算的编制

规划预算期内的产品成本,其内容包括产品生产成本、销售成本和期末存货成本的预算安排。本预算需要在前述销售预算、生产预算、直接材料预算、直接人工预算和制造费用预算的基础上进行编制。产品成本预算的编制也沿用变动成本法,存货成本在采用先进先出法下,期末存货成本只负担当期的变动生产成本。

例 8-7　根据上述有关资料,编制 W 公司 2019 年度产品成本预算,如表 8-10 所示。

表 8-10　　　　　　　　　　W 公司 2019 年度产品成本预算表

产　　品	甲 产 品	乙 产 品
直接材料/元	6	8
直接人工/(元/件)	7	7
变动制造费用/(元/件)	1	1
单位产品变动生产成本/(元/件)	14	16
期末存货/件	230	320
存货变动生产成本/元	3 220	5 120

由此可知:

甲产品生产成本总额 = 甲产品产量 × 甲产品单位变动生产成本
　　　　　　　　　= 3 520 × 14 = 49 280(元)

乙产品生产成本总额 = 乙产品产量 × 乙产品单位变动生产成本
　　　　　　　　　= 5 470 × 16 = 87 520(元)

甲产品销售成本 = 期初产品成本 + 本期生产成本 − 期末存货成本
　　　　　　　= 110 × 14.5 + 49 280 − 3 220 = 47 655(元)

乙产品销售成本 = 期初产品成本 + 本期生产成本 − 期末存货成本
　　　　　　　= 250 × 16.5 + 87 520 − 5 120 = 86 525(元)

七、销售及管理费用预算的编制

销售及管理费用预算的编制与制造费用预算的编制基础相同,也是采用变动成本法。

例 8-8　假设 W 公司经事先核定,销售过程中的变动费用,如销售佣金,按销售收入的 1% 计算,销售运杂费按销售收入的 0.5% 计算,销售中的固定费用包括管理人员工资、办公费和其他有关支出。根据上述有关资料编制的 W 公司 2019 年度销售及管理费用预算如表 8-11 所示。

表 8-11　　　　　　　　W 公司 2019 年度销售及管理费用预算表　　　　　　　　单位:元

项　　目	第 1 季度 (44 000 元)	第 2 季度 (48 500 元)	第 3 季度 (53 000 元)	第 4 季度 (57 500 元)	合　计 (203 000 元)
销售佣金	440	485	530	575	2 030
销售运杂费	220	242.5	265	287.5	1 015
变动费用合计	660	727.5	795	862.5	3 045
管理人员工资	4 700	4 700	4 700	4 700	18 800

续 表

项　　目	第 1 季度 (44 000 元)	第 2 季度 (48 500 元)	第 3 季度 (53 000 元)	第 4 季度 (57 500 元)	合　计 (203 000 元)
办公费	60	60	60	60	240
其他	25	25	25	25	100
固定费用合计	4 785	4 785	4 785	4 785	19 140

八、现金收支预算的编制

(一) 现金收支预算的编制依据

现金收支预算也称现金预算,它是以日常业务预算和特种决策预算为基础编制的反映现金收支情况的预算。现金收支预算中的现金收入主要来源于产品销售收入和其他现金收入;现金支出主要有日常业务发生的营业现金支出项目,如直接材料、直接人工、制造费用、管理费用、税款支出及其他现金支出项目。现金收支预算表中,除了反映上述内容外,还要反映现金收支差额与期末现金余额的资金协调筹措及运用调整项目。一般而言,由于现金的有用性与一定量资金成本存在相互制约关系,因此,企业应当在保证各项支出所需资金供应的前提下,注意保持期末现金余额在合理的范围内波动的特点。我们知道,现金储备不足,会影响企业业务周转,现金过量,又会造成资金闲置浪费,所以,企业要通过有效的现金筹措和运用来尽量抵补现金收支差额,实现期末现金余额的合理波动。期末现金筹措和运用的措施主要有银行借款、发行债券、发行股票和有价证券的买卖等方式。

(二) 现金收支预算的编制过程

例 8-9 根据【例 8-3】至【例 8-8】的现金收入与现金支出的资料,另假设第 1 季度取得短期银行贷款 8 000 元,第 2 季度和第 3 季度分别偿还借款利息 3 000 元和 5 200 元,第 4 季度以现金购买短期债券 8 000 元。W 公司 2019 年度现金收支预算如表 8-12 所示。

表 8-12　　　　　　　　　W 公司 2019 年度现金收支预算表　　　　　　　　单位:元

项　　目	第 1 季度	第 2 季度	第 3 季度	第 4 季度	全　年
期初余额	1 200	300	120	1 000	2 620
本期收入	32 600	45 800	50 300	54 800	183 500
可运用现金	33 800	46 100	50 420	55 800	186 120
现金支出					
材料采购	16 394.4	15 269.6	16 750.8	17 990	66 404.8
直接人工	13 720	14 980	16 380	17 850	62 930
制造费用	6 000	6 100	6 000	6 090	24 190
销售及管理费用	5 445	5 512.5	5 580	5 647.5	22 185
现金支出合计	41 559.4	41 862.1	44 710.8	47 577.5	175 709.8
现金收支差额	-7 759.4	4 237.9	5 709.2	8 222.5	10 410.2

续表

项目	第1季度	第2季度	第3季度	第4季度	全年
资金筹措及运用	8 000	−3 000	−5 200	−8 000	−8 200
加：短期借款	8 000				8 000
减：支付利息		3 000	5 200		8 200
购买有价证券				8 000	8 000
期末现金余额	240.6	1 237.9	509.2	222.5	2 210.2

九、预计利润表的编制

预计利润表是以货币形式综合反映预算期内企业经营活动成果水平的财务报表，它是在销售预算表、产品成本预算表、销售及管理费用预算表等的基础上进行编制的。

例 8-10 根据 W 公司的上述相关预算资料，采用变动成本法编制的该公司 2019 年度预计利润表，如表 8-13 所示。

表 8-13　　　　　　　　　W 公司 2019 年度预计利润表　　　　　　　　　单位：元

项目	金额
销售收入	203 000
减：变动销售成本	134 180
贡献毛益（生产）	68 820
减：变动销售管理费用	3 045
贡献毛益（销售）	65 775
固定成本	
制造费用	19 200
销售管理费用	19 140
利润总额	27 435
减：所得税（30%）	8 230.5
净利润	19 204.5

十、预计资产负债表的编制

预计资产负债表反映了企业在该预算期结束时，各有关资产、负债及所有者权益项目的预算执行结果。预计资产负债表除上年期末数为已知外，其他各项均需要根据前述日常业务预算分析填列。

例 8-11 根据 W 公司的上述相关预算资料，另提取盈余公积 2 880.68 元，编制的该公司 2019 年度预计资产负债表，如表 8-14 所示。

表 8-14			W 公司 2019 年度预计资产负债表		单位：元
资　产	期初数	期末数	负债和所有者权益	期初数	期末数
流动资产：			流动负债：		
库存现金	1 200	790.2	应付账款	7 800	7 375.2
应收账款	15 000	34 500	应付利息		8 200
原材料	4 500	5 600	应交税费		8 230.5
库存商品	5 720	8 340	流动负债合计	7 800	23 805.7
流动资产合计	26 420	49 230.2	所有者权益：		
固定资产	560 000	560 000	股本	500 000	500 000
减：折旧	32 000	36 000	留存收益	46 620	49 424.5
固定资产净值	528 000	524 000	所有者权益合计	546 620	549 424.5
资产总计	554 420	573 230.2	负债和所有者权益总计	554 420	573 230.2

第三节　弹性预算、零基预算与滚动预算

在讲述全面预算编制的过程中，生产预算、销售预算等多种预算的编制都是以预算期一定的业务量水平为基础来确定各费用项目的预计发生额的，这种编制预算的方法称为固定预算或静态预算。很明显，固定预算以预算期某一特定业务量水平为依据编制，那么，当实际业务量水平与预算所依据的业务量水平不一致时，预算指标与实际业务量就失去了可比性，因此，按照固定预算方法编制的预算就不利于正确地控制、考核和评价企业预算的执行情况。由此不难看出，固定预算一般只适用于业务量水平较为稳定的企业或非营利组织编制预算时采用，而弹性预算、零基预算与滚动预算则解决了固定预算的不足问题。

一、弹性预算

弹性预算（Flexible Budget），又称变动预算或滑动预算，是指为克服固定预算方法的缺点而设计的，以预算期可预见的多种业务量水平为基础，编制能够适应多种情况预算的一种方法。一般认为，弹性预算，是指企业在分析业务量与预算项目之间数量依存关系的基础上，分别确定不同业务量及相对应的预算项目所耗资源，进而形成企业整体预算的预算编制方法。采用弹性预算来进行各种预算安排，具体可以采用以下两种方法：

（1）根据预算期可达到的一些具体的业务量水平制定一系列固定的预算。

销售费用的弹性预算如表 8-15 所示。

表 8-15			销售费用的弹性预算				单位：元
项　目	情形 1	情形 2	情形 3	情形 4	情形 5	情形 6	情形 7
销售收入	40 000	45 000	50 000	55 000	60 000	65 000	70 000
变动费用：							
销售佣金	4 000	4 500	5 000	5 500	6 000	6 500	7 000

续 表

项目	情形1	情形2	情形3	情形4	情形5	情形6	情形7
销售运杂费	200	225	250	275	300	325	350
变动费用合计	4 200	4 725	5 250	5 775	6 300	6 825	7 350
固定费用:							
管理人员工资	4 700	4 700	4 700	4 700	4 700	4 700	4 700
办公费	60	60	60	60	60	60	60
其他	25	25	25	25	25	25	25
固定费用合计	4 785	4 785	4 785	4 785	4 785	4 785	4 785
销售费用合计	8 985	9 510	10 035	10 560	11 085	11 610	12 135

对于这种方法,不难看出较之固定预算明显增加了弹性区间,但当实际情况的数据发生未列在表内时,就无法获取直接比较信息,仍需要估计或计算获取信息。

(2)根据本量利间的依存关系,制定一个可用于任何业务量水平的弹性区间来编制弹性预算。操作步骤为:

第一步:业务量弹性区间(相关范围)的选取。业务量根据编制对象的不同可以是产量、销量、生产工时等多种指标,一般来说,业务量可以选择为正常生产能力的70%~120%,或以历史最高业务量和最低业务量为其上下限。

第二步:按照成本性态分析的方法,将成本分为变动成本和固定成本,并确定成本函数 $y = a + bx$ 的形式。

第三步:确定计算期内各业务量水平的预算额。在实际工作中,弹性预算主要用于编制弹性成本预算和弹性利润预算。

① 弹性成本预算的编制。弹性预算可以采用公式法,也可以采用列表法进行编制。

a. 公式法。

弹性成本预算质量高低,主要取决于成本性态分析水平,全部成本最终将被划分为固定成本和变动成本两大部分。固定成本按照总额控制,变动成本则主要通过单位业务量来控制。公式表示如下:

$$\text{成本的弹性预算} = \text{固定成本} + \sum(\text{单位变动成本预算数} \times \text{预计业务量})$$

以成本性态分析作为基础,任何成本都可以近似地表示为 $y = a + bx$ (a 为固定成本;bx 为变动成本)。如果事先确定了相关业务量 x 的变动范围,只要依据有关成本项目 a 和 b,就可以推算出在业务量范围内任何水平上的预算成本。

例8-12 M公司按公式法编制的弹性制造费用预算如表8-16所示。其中成本项目已经进行了分解。

表8-16　　　　　M公司制造费用弹性预算(公式法)
直接人工工时:21 000~36 000 小时　　　　　　　　　　单位:元

项目	a	b	项目	a	b
管理人员工资	8 000		辅助材料		0.15
保险费	4 500		检验员工资	400	0.25

续　表

项　目	a	b	项　目	a	b
设备折旧费	3 000		维修费	200	0.1
水电费	620		…	…	…
辅助工工资		0.4	…	…	…

不难看出,公式法弹性预算的优点在于在一定业务量的相关范围内,预算的编制不受业务量波动的影响,预算编制的工作量较小;缺点是不能提供确切数据进行预算控制和考核,且按细目进行成本分解较为麻烦并存在一定误差。在实际工作中,通常将公式法和列表法结合运用来编制弹性预算。

b. 列表法。

例 8 - 13　M 公司按列表法编制的制造费用弹性预算如表 8 - 17 所示。

表 8 - 17　　　　　　　　　　M 公司制造费用弹性预算(列表法)

项　目	情形 1	情形 2	情形 3	情形 4	情形 5	情形 6
直接人工工时/小时	21 000	24 000	27 000	30 000	33 000	36 000
生产能力程度/%	70	80	90	100	110	120
变动成本项目/元	11 550	13 200	14 850	16 500	18 150	19 800
辅助工工资/元	8 400	9 600	10 800	12 000	13 200	14 400
辅助材料/元	3 150	3 600	4 050	4 500	4 950	5 400
混合成本项目/元	7 950	9 000	10 050	11 100	12 150	13 200
检验员工资/元	5 650	6 400	7 150	7 900	8 650	9 400
维修费/元	2 300	2 600	2 900	3 200	3 500	3 800
固定成本项目/元	16 120	16 120	16 120	16 120	16 120	16 120
管理人员工资/元	8 000	8 000	8 000	8 000	8 000	8 000
保险费/元	4 500	4 500	4 500	4 500	4 500	4 500
设备折旧费/元	3 000	3 000	3 000	3 000	3 000	3 000
水电费/元	620	620	620	620	620	620
制造费用预算/元	35 620	38 320	41 020	43 720	46 420	49 120

【例 8 - 13】中业务量的间距为 10%,实际工作中可以选择更小一些的间距,这样虽然加大了工作量,但实际业务量的可比性更强。列表法的优点主要体现在可以从表中直接查到各种业务量下的成本预算额,便于预算控制和考核。但这种方法工作量较大,同时也不能包括所有业务量下的费用预算。

② 弹性利润预算的编制。弹性利润预算是根据成本、业务量和利润之间的依存关系,以销售收入为计量基础,按成本性态,进行相应项目的扣减,计算出不同销售收入水平下可

实现的利润或发生的亏损的预算编制。

a. 公式法。计算公式为：

利润预算＝预计销量×(预计单价－预计单位变动成本)－固定成本预算总额

例 8-14 M 公司生产销售某种产品，预计单价为 250 元/件，预计单位变动成本为 140 元/件，固定成本总额为 400 000 元。

要求：计算预计销量为 8 000 件时的税前利润。

销量为 8 000 件的税前利润＝8 000×(250－140)－400 000＝480 000(元)

b. 列表法。

例 8-15 根据【例 8-14】，假设 M 公司以销量 8 000 件为基础，在 80%～120%范围内用列表法制定弹性预算，如表 8-18 所示。

表 8-18　　　　　　　　　　M 公司弹性利润预算(列表法)

项　目	情形 1	情形 2	情形 3
销售量/件	7 200	8 000	9 600
销售收入/元	1 800 000	2 000 000	2 400 000
减：变动成本总额/元	1 008 000	1 120 000	1 344 000
贡献毛益/元	792 000	880 000	1 056 000
减：固定成本总额/元	400 000	400 000	400 000
税前利润/元	392 000	480 000	656 000

二、零基预算

传统的预算编制，一般都是以基期成本费用水平为基础，结合预算期业务量水平及有关影响成本费用因素的未来变动情况，通过调整有关原有成本费用项目编制而成的。一般将这种预算编制称为增量预算或调整预算，如前面学习的固定预算和弹性预算都是传统意义上的增量预算。增量预算的基本假定有三个：

(1) 现有的业务活动是企业所必需的。

(2) 原有的各项开支都是合理的。

(3) 增加费用预算是值得的，未来预算期费用变动是在现有费用的基础上调整的结果。

由此不难看出增量预算的缺陷：首先是该预算受原有费用项目的制约，导致不合理的保留项目形成不必要的开支，造成预算上的浪费；然后是造成预算编制人员工作的简单化，不利于挖潜改造；最后是由于只尊重历史，不展望未来的实际变化，因此很大程度上会限制企业发展。为了克服这些缺点，1970 年，美国德州仪器公司的彼得·派尔在该公司首次创造并运用了零基预算法，随着其在编制预算工作中优势的体现，该方法在世界各国迅速得到推广，并被公认为是一种最先进的预算编制方法。

零基预算的全称是"以零为基础编制计划和预算的方法"。它是指在编制成本费用预算时，不考虑以往会计期间所发生的费用项目或费用金额，而是将所有的预算支出均以零为出发点，一切从实际需要和可能出发，逐项审议预算期内各项费用的内容和开支标准是

否合理,在综合平衡的基础上决定现有资源的分配顺序的一种方法。其预算程序有以下几步:

第一步:根据年度计划项目确定成本费用的预算项目。

一般来说,企业编制零基预算要以预算期内的财务活动、生产设计、产品研制、营销策划、资产维修等项目为对象,安排成本费用的预算项目。

第二步:采用成本—效益分析法进行综合比对,排列成本费用项目的顺序。

第三步:分配资金,落实预算。

例 8-16 某公司经实地调查,确定本期的销售及管理费用采用零基预算法编制。经研究,下一年度该费用项目可用资金为 78 万元,预算编制步骤如下:

第一步:确定预算年度销售及管理费用预算项目及金额,如表 8-19 所示。

表 8-19　　　　　　　　某公司销售及管理费用初步预算　　　　　　　　单位:万元

项　　目	金　　额
销售人员工资及福利费	12
销售机构经费	10
广告费	50
销售佣金	15
差旅费	3
保险费	2
合　　计	92

第二步:经分析研究,预算年度内的费用项目中的销售人员工资及福利费、销售佣金、差旅费和保险费属于约束性费用,必须足额保证,而销售机构经费和广告费属于酌量性费用,可以采用成本—效益分析法来合理确定剩余资金在这两个费用项目间的分配,如表 8-20 所示。

表 8-20　　　　　　　　　某公司成本—效益分析表　　　　　　　　　　单位:万元

成　本　项　目	成本金额	收益金额
销售机构经费	1	3
广告费	1	7

第三步:确定费用项目的预算金额,落实资金分配。

约束性费用项目金额 $= 12 + 15 + 3 + 2 = 32$(万元)

剩余资金 $= 78 - 32 = 46$(万元)

运用成本—效益分析法,将剩余资金在销售机构经费和广告费两个费用项目之间进行分配:

销售机构经费 $= 46 \times \dfrac{3}{10} = 13.8$(万元)

广告费 $= 46 - 13.8 = 32.2$(万元)

销售机构经费和广告费的资金缺口应通过提高工作效率、精打细算等措施加以解决。

在实际工作中,费用项目的成本—效益关系不容易确定,采用零基预算法编制预算时,应根据企业的实际情况来确定预算项目,安排预算资金。

三、滚动预算

(一) 滚动预算的含义及优缺点

1. 滚动预算的含义

滚动预算又称连续预算或永续预算,是指在编制预算时,将预算期与会计年度脱离,随着预算的执行不断延伸补充预算,逐期向后滚动,使预算期永远保持一个固定期间(如12个月)的编制方法。

简言之,滚动预算是指企业根据上一期预算执行情况和新的预测结果,按既定的预算编制周期和滚动频率,对原有的预算方案进行调整和补充,逐期滚动,持续推进的预算编制方法。

预算编制周期,是指每次预算编制所涵盖的时间跨度。

滚动频率,是指调整和补充预算的时间间隔,一般以月度、季度、年度等为滚动频率。

2. 滚动预算的优缺点

滚动预算一般由中期滚动预算和短期滚动预算组成。中期滚动预算的预算编制周期通常为3年或5年,以年度作为预算滚动频率。短期滚动预算通常以1年为预算编制周期,以月度、季度作为预算滚动频率。

滚动预算的主要优点是:通过持续滚动预算编制、逐期滚动管理,实现动态反映市场、建立跨期综合平衡,从而有效指导企业营运,强化预算的决策与控制职能。

滚动预算的主要缺点是:一是预算滚动的频率越高,对预算沟通的要求越高,预算编制的工作量越大;二是过高的滚动频率容易增加管理层的不稳定感,导致预算执行者无所适从。

(二) 滚动预算的类型

滚动预算按其预算编制和滚动的时间单位不同可分为逐月滚动、逐季滚动和混合滚动三种方式。

1. 逐月滚动

逐月滚动是指以月份为预算的编制和滚动单位,每个月调整一次预算的方法。例如,在2018年1—12月的滚动预算过程中,1月月末要根据当月预算的执行情况,修订2018年2—12月的预算,同时补充2019年1月的预算;2月月末要根据当月预算的执行情况,修订2018年3月—2019年1月的预算,同时补充2019年2月的预算……以此类推。

2. 逐季滚动

逐季滚动是指以季度为预算的编制和滚动单位,每个季度调整一次预算的方法。例如:在2018年1—4季度的滚动预算过程中,第1季度末要根据当季预算的执行情况,修订2018年第2季度至第4季度的预算,同时补充2019年第1季度的预算;第2季度末要根据当季预算的执行情况,修订2018年第3季度至2019年第1季度的预算,同时补充2019年第2季度的预算……以此类推。

图 8-2 逐月滚动预算示意图

图 8-3 逐季滚动预算示意图

3. 混合滚动

混合滚动是指在预算编制过程中,同时使用月份和季度作为预算编制和滚动单位的方法。它是滚动预算的一种变通方式。为了做到长计划、短安排、远略近详,在预算编制过程中,对近期预算的精度要求较高,因此预算内容相对详细;对远期预算要求精度较低,因而预算内容可以相对简略,这样做可以减少预算的工作量。例如:在 2018 年度预算执行过程中,1—3 月应逐月编制详细预算,而 4—12 月可以按季度编制粗略预算;3 月月末根据第 1 季度预算执行情况,编制 4—6 月的详细预算,同时修订第 3、4 季度的预算,并补充 2019 年度第 1 季度的预算……以此类推。

(三)滚动预算的特点

滚动预算具有透明度高、及时性强、连续性好、远期指导性强等特点,但是预算的工作量较大。在实际工作中,采用哪一种预算方式应视企业的具体情况而定。

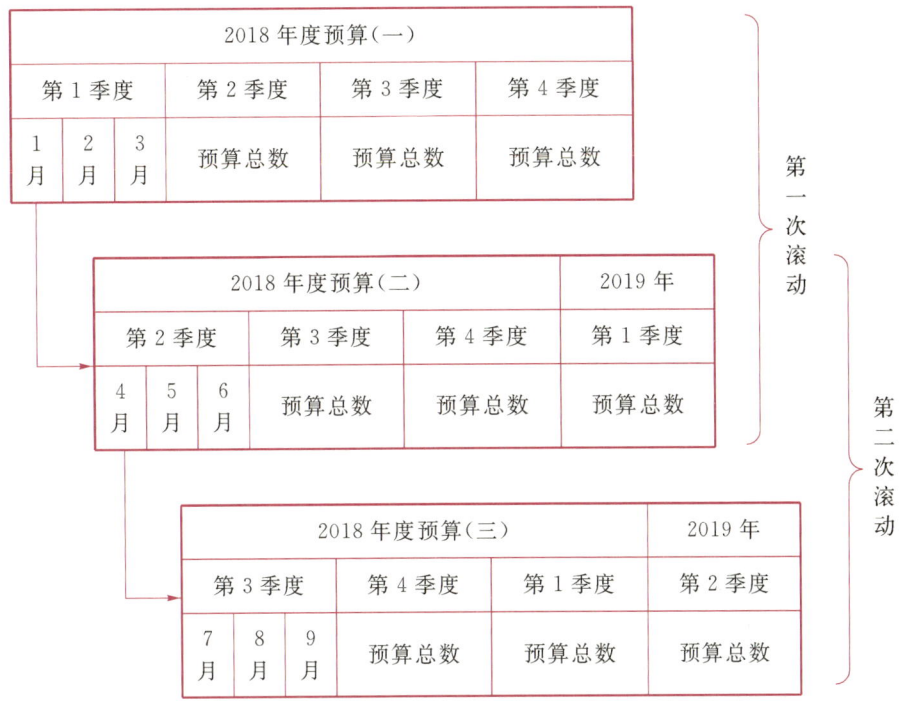

图 8-4 混合滚动预算示意图

第四节 预算管理的几个问题

全面预算管理是涉及全方位、全过程和全员的一种整合性管理系统,具有全面控制和约束力,在企业经营管理中发挥着重要作用。但是在编制全面预算过程中,应注意下列几个方面。

一、预算制定主体的定位

(一)制定预算的参与者

企业预算管理有两项职能,即管理决策和管理控制,不同职能对预算管理体系的设计提出了不同的要求。例如:在生产预算的制定过程中,分工不同导致各部门之间的信息不对称,生产部门掌握企业的生产情况,如果预算仅仅是为了发挥管理决策功能,生产部门就会毫无保留地提供其掌握的信息,与各部门共享,但如果预算的目标是作为业绩评价标准,那么生产部门就可能会有意低估未来的生产量,从而有利于其业绩评价。然而,低估可能造成销售收入的减少,企业则不能最大限度地获得预期营业利润。因此,为了解决各部门之间的矛盾,在预算管理实践中,一方面,应当让各部门参与预算制定,促进信息最大范围的流通,使预算编制的沟通更为细致,增加预算的科学性和可操作性;另一方面,过去很多企业只是由财务部门完成预算并实施,降低了预算的准确性,解决这一问题则需要让企业高层领导参与制定预算并拥有最后的决策权,这样才能从全局出发,制定出切实可行的预算方案。

(二) 设置预算委员会

企业可设置预算管理委员会等专门机构组织、监督预算管理工作。该机构的主要其职责包括：审批公司预算管理制度、政策，审议年度预算草案或预算调整草案并报董事会等机构审批，监控、考核本单位的预算执行情况并向董事会报告，协调预算编制、预算调整及预算执行中的有关问题等。

预算管理的机构设置、职责权限和工作程序应与企业的组织架构和管理体制互相协调，保障预算管理各环节职能衔接，流程顺畅。

企业应建立健全预算管理制度、会计核算制度、定额标准制度、内部控制制度、内部审计制度、绩效考核和激励制度等内部管理制度，夯实预算管理的制度基础。

预算委员会应由各重要职能部门经理组成，由企业高层领导担任主席。预算委员会协调各部门信息的共享，使各部门就基础假设达成一致。预算委员会的人员组成应坚持权威原则、全面代表原则和效率原则。这决定了成员数量不宜过多，要做到精干、高效、统一。

二、预算的编制

企业应建立和完善预算编制的工作制度，明确预算编制依据、编制内容、编制程序和编制方法，确保预算编制依据合理、内容全面、程序规范、方法科学，确保形成各层级广泛接受的、符合业务假设的、可实现的预算控制目标。

企业一般按照分级编制、逐级汇总的方式，采用自上而下、自下而上、上下结合或多维度相协调的流程编制预算。预算编制流程与编制方法的选择应与企业现有管理模式相适应。

预算编制完成后，应按照相关法律法规及企业章程的规定报经企业预算管理决策机构审议批准，以正式文件形式下达执行。

预算审批包括预算内审批、超预算审批、预算外审批等。预算内审批事项，应简化流程，提高效率；超预算审批事项，应执行额外的审批流程；预算外审批事项，应严格控制，防范风险。

三、预算的执行

预算执行一般按照预算控制、预算调整等程序进行。

预算控制，是指企业以预算为标准，通过预算分解、过程监督、差异分析等促使日常经营不偏离预算标准的管理活动。

企业应建立预算授权控制制度，强化预算责任，严格预算控制。

企业应将预算目标层层分解至各预算责任中心。预算分解应按各责任中心权、责、利相匹配的原则进行，既公平合理，又有利于企业实现预算目标。

企业应通过信息系统展示、会议、报告、调研等多种途径及形式，及时监督、分析预算执行情况，分析预算执行差异的原因，提出对策建议。

年度预算经批准后，原则上不作调整。企业应在制度中严格明确预算调整的条件、主体、权限和程序等事宜，当内外战略环境发生重大变化或突发重大事件等，导致预算编制的基本假设发生重大变化时，可进行预算调整。

四、预算的考核

预算考核主要针对定量指标进行考核，是企业绩效考核的重要组成部分。

企业应按照公开、公平、公正的原则实施预算考核。

企业应建立健全预算考核制度,并将预算考核结果纳入绩效考核体系,切实做到有奖有惩、奖惩分明。

预算考核主体和考核对象的界定应坚持上级考核下级、逐级考核、预算执行与预算考核职务相分离的原则。

预算考核以预算完成情况为考核核心,通过预算执行情况与预算目标的比较,确定差异并查明产生差异的原因,进而据以评价各责任中心的工作业绩,并通过与相应的激励制度挂钩,促进其与预算目标相一致。

五、预算管理的实施

(一)避免目标置换

预算目标从属于、服从于企业目标,但在企业活动中常常会出现严格按预算规定,始终围绕预算目标,而忘记了首要职责是实现企业目标的状况。为了防止预算控制中出现目标置换,一方面应当使预算更好地体现计划的要求,另一方面应适当掌握预算控制力度,使预算具有一定的灵活性。

(二)避免过繁过细

有些企业认为,预算作为管理和控制的手段,应对企业未来经营的每一个细节都作出具体的规定。实际上这样做会导致各职能部门缺乏应有的余地,不可避免地影响企业运营效率,所以预算并非越细越好。企业应根据自身特点,合理选择繁简度。

(三)避免因循守旧

预算制定通常采用基数法,即以历史的情况作为评判现在和未来的依据,这样做存在一定的隐患。例如,管理部门用以前年度的日常支出作为预算编制标准,该部门就有可能故意扩大日常支出,以便在以后年度获得较大的预算支出标准。因此,必须采取有效的控制措施来避免这一现象,以便提高预算的精确性和科学性。

(四)避免一成不变

预算制定出来以后,预算执行者应当对预算进行管理,督促预算的实施,必要时可以根据当时的实际情况进行检查、分析、调整和修订。尽管我们在制定预算时预见了未来可能发生的情况,并制定出相应的应变措施,但是事物总是不断变化的,在执行预算的过程中经常会遇到各式各样的问题。因此预算管理不能一成不变,要对预算进行定期检查,如果情况已经发生重大变化,就应当相应调整预算或重新制定预算,以达到预期目标。

总之,全面预算管理作为加强企业内部管理控制的科学方法,正日益受到重视。加深对企业全面预算管理的了解和认识,有助于现代企业管理的科学化和战略化目标的实现,对完善企业治理机制具有深远的意义。

典型案例分析

全面预算管理在上汽集团的应用

上海汽车集团股份有限公司是国内 A 股市场最大的汽车上市公司,截至 2013 年年底,上汽集团总股本已达到 110 亿股。为适应不断加剧的行业竞争,上汽集团不断学习外部先进经验,不断创新企业管理手段,不断提高管理精细化程度,把预算管理作为企业管理的基石,将全面预算管理作为日常管理工具。经过十余年的实践和完善,集团逐渐将全面预算管理工作制度化、系统化、常态化。

2016年7月20日,财富世界500强出炉,上汽集团进入财富世界500强;2017年9月,上汽集团在2017中国企业500强中,排名第9。

一、上汽集团全面预算管理概述

(1)上汽集团形成了完善的预算管理制度体系。包括预算政策、预算审核权限、预算编制、预算审批、执行跟踪、监督评价等预算管理的各个环节。这一预算管理体系是在集团多年预算管理经验基础上逐步提炼和完善的,具有较强的可操作性。

(2)上汽集团建立了系统的预算管理流程。预算编制、预算执行、预算评价等环节紧密相连,形成了完整的闭环管理系统。对于系统中每一个预算管控环节都作为重点工作来落实,把每一个预算管控环节都做好,都有自己的特色,确保预算管控系统平衡地、有效地运行。

(3)上汽集团全面预算管理日常运营和管理。全面预算管理是企业管理系统中的工具,要真正发挥作用,还需要与其他管理手段联合一起使用,如与绩效管理工作相结合,与风险预警工作相联系等。全面预算管理重点是"全面",不仅要把预算管控落实到企业经营的各个方面,而且要让预算管理理念渗透到企业各项管理系统中,渗透到企业文化中,这样才能发挥全面预算管理最大效用。

二、建立具有上汽特色的预算管理系统

上汽集团在合资经营初期,在向合资外方引进技术的同时,十分重视借鉴合资外方先进的管理理念和管理方式。由于上汽集团合资伙伴大多是行业的领先者,已形成成熟的全球管理模式,其中包括全面预算管理模式。因而,在合资经营的同时,不断向合资外方学习先进的预算管理理念,领先的预算管理系统(包括制度、流程、执行跟踪的措施和方法等);并积极将其用于实际经营管理中。集团将这些成熟的预算管理方法付诸实践,不断总结经验,并结合集团自身的实际情况,逐步形成了具有上汽特色的全面预算管理系统。随着上汽集团经营规模的不断扩大,新设和收购企业数量也在不断增加,而且上汽预算管理的理念和方法能很快地在新企业中得到应用。

三、全面预算管理得到集团高度重视

从上汽集团预算管理实践看,集团设立预算管理委员会,在预算委员会的领导下开展预算编制、预测执行、与预算控制和监督等各项工作。集团总裁牵头落实预算目标的制定工作,负责预算编制总体要求的下达。年度预算目标经过多次"由上而下、由下而上"的充分沟通和讨论,经董事会审核批准后执行。在上汽集团预算管控过程中,无论是工作汇报,还是考核评定等具体工作,管理层都以预算目标的执行情况作为主要评价依据。这些都充分体现了集团管理层视预算管理为重心,视预算目标为抓手,将全面预算管理作为集团基本管理工具。

四、全面预算管理重点突出"全面"

"人人成为经营者"管理模式,是上汽集团独创并长期实践的管理模式。"经营者"的管理模式突破了传统的管理理念和思维方法,把市场机制引入企业内部管理,精细有效地整体优化了企业的管理结构、管理环节和管理过程,把员工当家作主真正落实到实处,极大地调动了广大员工的创造性和积极性。

五、做好目标的持续跟踪与分析

上汽集团一贯将预算跟踪和分析作为预算管控的重点。通过滚动预测分析模板,强化

对预算目标的跟踪分析,而且对于预算执行的偏差分析,不仅关注数据,还要深入挖掘造成偏差的经营实质。这样才能更有效地反映企业经营过程中所存在的风险和机会;然后及时把这些信息提供给管理层,为管理层作出准确的决策提供支持。对于预算目标的跟踪,也不仅限于财务数据,还要求对业务数据的关注。只有通过全方位的跟踪和深入的分析,才能对企业经营情况和未来发展趋势有准确的判断和预测。

六、将信息系统运用于全面预算管理

随着市场竞争日趋激烈,企业生产经营规模日益扩大,所分析的数据量将呈几何级增长。对于汽车制造企业,管控的业务涵盖有远期项目、工程开发、商务、采购、生产、管理等全链条。管控的载体包括分产品的利润表、资产负债表、现金流量表、结构成本、转移价以及贯穿其中的物料成本预测和税收预测等。此外,企业会越来越多地要求进行多维度、全方位的比较和分析。

由于信息系统的使用,使得日常预算预测工作效率得到了提升,为财务人员完成从数据收集到更有价值的数据分析的工作角色转变创造了条件。全面预算管理工作在集团内的推行和不断完善,保障了上汽集团经营目标的合理制定和有效执行。

【讨论】你认为上汽集团的全面预算管理有哪些其他企业值得借鉴的地方?

本章小结

全面预算是指企业为了实现未来一定时期的经营目标,以货币及其他数量形式反映的各项目标行动计划和相应措施的数量说明,按其内容可以将全面预算分为经营预算、财务预算和专门决策预算(资本支出预算)。本章主要介绍了全面预算的构成,并以案例的形式具体介绍了全面预算的编制,使学生更加清楚地了解各种预算之间的关系。

预算编制方法多样,不同类型的企业、不同的预算项目应选择相适应的预算编制方法,只有这样,预算编制才能体现其工作指导和业绩评价的功能。

复习思考

1. 什么是预算?
2. 什么是全面预算?
3. 什么是零基预算?
4. 什么是弹性预算?
5. 什么是滚动预算?
6. 编制全面预算应注意哪些问题?

同步实训

一、单项选择题(每小题只有一个正确答案)

1. 下列作为预算编制基础的管理工作是(　　)。
   A. 决策和考核　　　B. 控制和考核　　　C. 预测和控制　　　D. 预测和决策

2. 编制全面预算的基础是（　　）。
   A. 生产预算　　　B. 销售预算　　　C. 直接材料预算　　　D. 制造费用预算
3. 决策目标的具体化形式可以表现为（　　）。
   A. 预测　　　B. 控制　　　C. 预算　　　D. 考核
4. 以某一特定业务量水平为基础编制预算的方法被称为（　　）。
   A. 固定预算　　　B. 弹性预算　　　C. 全面预算　　　D. 零基预算
5. 全面预算体系的最终环节是（　　）的编制。
   A. 费用预算　　　B. 现金预算　　　C. 存货预算　　　D. 预计财务报表
6. 零基预算的编制基础是（　　）。
   A. 前期最高水平　　　B. 基期费用水平　　　C. 同行业水平　　　D. 零
7. 直接材料预算的编制基础是（　　）。
   A. 生产预算　　　B. 直接人工预算　　　C. 销售预算　　　D. 制造费用预算
8. 下列选项中，属于财务预算的是（　　）。
   A. 生产预算　　　B. 销售预算　　　C. 存货预算　　　D. 现金预算
9. 下列选项中，被称为"总预算"的是（　　）。
   A. 生产预算　　　B. 资本支出预算　　　C. 业务预算　　　D. 财务预算
10. 下列选项中，属于长期预算的是（　　）。
    A. 销售预算　　　B. 资本支出预算　　　C. 费用预算　　　D. 现金预算

二、多项选择题（每小题有两个或两个以上正确答案）

1. 在管理会计中，构成全面预算的有（　　）。
   A. 经营预算　　　B. 财务预算　　　C. 资本预算　　　D. 滚动预算
2. 全面预算的职能主要体现在（　　）。
   A. 协调　　　B. 控制　　　C. 评价　　　D. 考核
3. 在编制预算时，以生产预算为基础编制的有（　　）。
   A. 销售预算　　　B. 直接材料预算
   C. 直接人工预算　　　D. 管理费用预算
4. 在编制生产预算时需要考虑的因素有（　　）。
   A. 预计期初存货量　　　B. 预计销售量
   C. 预计期末存货量　　　D. 预计现金流量
5. 零基预算法的优点有（　　）。
   A. 不受基期费用水平的限制　　　B. 有利于有效地分配资源
   C. 促使重视预算编制工作　　　D. 加大预算编制的工作量
6. 编制弹性预算的业务量可以是（　　）。
   A. 产量　　　B. 销量　　　C. 直接人工工时　　　D. 机器工时
7. 下列选项中，属于日常业务预算的有（　　）。
   A. 销售预算　　　B. 生产预算
   C. 资本预算　　　D. 销售及管理费用预算
8. 下列选项中，属于零基预算编制程序的有（　　）。
   A. 分析上年水平　　　B. 确定计划年度费用项目

C. 排列顺序　　　　　　　　　　　　D. 资金分配

9. 下列选项中,可以作为现金预算编制基础的有(　　　)。

A. 销售预算　　　　　　　　　　　　B. 生产预算

C. 直接材料预算　　　　　　　　　　D. 资本支出预算

10. 生产成本预算编制的基础包括(　　　)。

A. 管理费用预算　　　　　　　　　　B. 直接材料预算

C. 直接人工预算　　　　　　　　　　D. 制造费用预算

三、判断题(正确的在括号内打"√",错误的打"×")

1. 一般而言,弹性预算业务量可以选择正常生产能力的70%～120%,或以历史最高业务量和最低业务量为其上下限。（　　）

2. 预测和预算是进行决策的基础。（　　）

3. 全面预算具有协调、控制、考核、评价等多种作用。（　　）

4. 生产预算的安排是全面预算的起点。（　　）

5. 现金收支预算不包括资金筹措的内容。（　　）

6. 零基预算法应充分考虑历史水平。（　　）

7. 管理费用预算是以制造费用预算为基础编制的。（　　）

8. 采用弹性预算法进行预算编制时,一般将成本按性态分解为变动成本和固定成本。（　　）

9. 销售预算是财务预算的一种。（　　）

10. 零基预算有利于资源的有效分配。（　　）

四、计算分析题

1. 某企业只生产甲产品,甲产品的有关资料如下:

(1) 2019年四个季度的预算销售分别为2 000件、2 500件、3 000件、2 500件。其销售单价为25元/件,参照以往历史资料,估计以后每季的销售数中有60%能于当季收回,其余40%要等下季才能收回现金。

(2) 2018年年底应收账款(应收销售款)为30 000元,这些销售款将于2019年第1季度收回现金。

(3) 该企业各季季末的产品存货量相当于下季销售量的20%,预计2019年第1季度销售量为2 500件。各季期初存货量与上季期末存货量相等。2018年年初的产品存货为500件,每件单位成本为13.8元。

(4) 该企业生产甲产品只需一种材料,材料单耗为2千克,每千克单位成本为4元,每季季末材料存货相当于下季生产量的20%,各季期初存料与上季期末存料相等。2018年年底的材料存货量为1 400千克,预计2019年第1季度生产量为8 000千克,预计每季材料采购额中有60%在当季付款,其余40%在下季付款,2018年年底应付未付的材料采购款为12 000元。

(5) 生产甲产品所需各工种的单位工时直接人工成本都是2.4元,生产1件甲产品所需的各工种的工时之和为2小时。

(6) 该企业规定计划期间现金的最低库存余额为8 000元,不足部分可全额向银行贷款(向银行贷款数除需抵补现金收支轧抵的不足数外,还要保证期末最低现金余额为8 000元),借款年利率为10%,并每季发放股息1 000元。

(7) 准备 2019 年第 1 季度购进设备一台,价款为 35 000 元,第 4 季度购入设备一台,价款为 6 000 元。

(8) 预计 2019 年的制造费用资料如表 8-21 所示。

表 8-21　　　　　　　　　　　2019 年制造费用预计表　　　　　　　　　　　单位:元

摘　要	第 1 季度	第 2 季度	第 3 季度	第 4 季度	全　年
变动制造费用	2 000	2 600	2 900	2 500	10 000
固定制造费用	2 000	2 000	2 000	2 000	8 000
制造费用合计	4 000	4 600	4 900	4 500	18 000

说明:在每季的固定制造费用中,均含有折旧费 800 元,全年累计折旧费为 3 200 元。

(9) 预计 2019 年的销售费用及管理费用支出如表 8-22 所示。

表 8-22　　　　　　　　2019 年销售费用及管理费用支出预计表　　　　　　　　单位:元

摘　要	第 1 季度	第 2 季度	第 3 季度	第 4 季度	全　年
变动销售费用及管理费用	800	1 000	1 200	1 000	4 000
固定销售费用及管理费用	1 000	1 000	1 000	1 000	4 000
合　计	1 800	2 000	2 200	2 000	8 000

(10) 2019 年的单位变动成本为 13.8 元/件。

(11) 本年度所得税税率为 25%。

(12) 该企业 2018 年 12 月 31 日资产负债表如表 8-23 所示。

表 8-23　　　　　　　　　　　　　　资产负债表
　　　　　　　　　　　　　　　　　2018 年 12 月 31 日　　　　　　　　　　　　　　单位:元

资　产	金　额	负债及所有者权益	金　额
流动资产:		流动负债:	
库存现金	10 000	应付购货款	12 000
应收账款	30 000	股东权益:	
材料存货	5 600	普通股股本	40 000
产成品存货	6 900	保留盈余	80 500
流动资产合计	52 500	股东权益合计	120 500
固定资产:			
土地	40 000		
房屋及设备	60 000		
减:累计折旧	20 000		
固定资产合计	80 000		
资产总计	132 500	负债及所有者权益总计	132 500

要求：根据已知资料编制下列预算(保留整数)。

(1) 销售预算(表8-24)。

(2) 生产预算(表8-25)。

(3) 直接材料预算(表8-26)。

(4) 直接人工预算(表8-27)。

(5) 现金预算(表8-28)。

(6) 预计利润表(表8-29)。

(7) 预计资产负债表(表8-30)。

表8-24

某企业销售预算

2019年度 单位：元

摘 要		第1季度	第2季度	第3季度	第4季度	全 年
预计销售量/件						
销售单价/(元/件)						
预计销售金额						
预计现金收入计算表	期初应收账款					
	第1季度销售收入					
	第2季度销售收入					
	第3季度销售收入					
	第4季度销售收入					
	现金收入合计					

表8-25

某企业生产预算

2019年度 单位：件

摘 要	第1季度	第2季度	第3季度	第4季度	全 年
预计销售量					
加：预计期末存货量					
预计需要量					
减：期初存货量					
预计生产量					

表8-26

某企业直接材料预算

2019年度

摘 要	第1季度	第2季度	第3季度	第4季度	全 年
预计生产量/件					
单位产品材料消耗定额/千克					

续 表

摘　　要		第1季度	第2季度	第3季度	第4季度	全　年
预计生产需要量/千克						
加：期末存货量/千克						
预计需要量合计/千克						
减：期初存料量/千克						
预计购料量/千克						
材料计划单价/(元/件)						
预计购料金额/元						
预计支出计算表	期初应付账款/元					
	第1季度购料款/元					
	第2季度购料款/元					
	第3季度购料款/元					
	第4季度购料款/元					
	现金支出合计/元					

表 8-27　　　　　　　　　　　某企业直接人工预算
2019 年度

摘　　要	第1季度	第2季度	第3季度	第4季度	全　年
预计生产量/件					
单位产品工时定额/小时					
直接人工小时总数/小时					
单位工时直接人工成本/(元/件)					
预计直接人工成本总额/元					

表 8-28　　　　　　　　　　　某企业现金预算
2019 年度　　　　　　　　　　　　　　　　　　　　　　单位：元

摘　　要	第1季度	第2季度	第3季度	第4季度	全　年
期初现金余额					
收回应收账款及销售收入					
可动用现金合计					
减：材料采购					
直接人工					
制造费用					

续 表

摘要	第1季度	第2季度	第3季度	第4季度	全 年
销售及管理费用					
所得税					
设备购置					
股息					
现金支出合计数					
收支轧抵现金结余					
向银行借款(期初)					
归还借款(期末)					
支付利息(年利率10%)					
通融资金合计					
期末现金余额					

表 8-29   某企业预计利润表

2019 年度   单位：元

摘要	第1季度	第2季度	第3季度	第4季度	全 年
销售收入					
变动生产成本					
变动销售及管理成本					
变动成本小计					
贡献毛益					
固定制造费用					
固定销售及管理费用					
期间成本小计					
税前净利					
减：所得税					
税后净利					

表 8-30   某企业预计资产负债表

2019 年 12 月 31 日   单位：元

资 产	金 额	负债及所有者权益	金 额
流动资产：		流动负债：	
库存现金		应付账款	

续表

资　产	金　额	负债及所有者权益	金　额
应收账款		股东权益：	
原材料		普通股股本	
库存商品		盈余公积	
流动资产合计		股东权益合计	
固定资产：			
土地			
房屋及设备			
累计折旧			
资产总计		负债及所有者权益总计	

2. 某企业生产某种产品，在正常生产能力为10 000～16 000直接人工小时的相关范围内，该产品制造费用的有关资料如表8-31所示。

表8-31　　　　　　　　　　　某企业产品制造费用

项　目	基　数/元	变动费用分配率/(元/工时)
间接人工	500	0.16
间接材料	100	0.20
机修费用	2 000	0.80
电　费		0.12
折旧费	6 000	
水　费		0.10
劳保费	4 000	

要求：根据已知资料在生产能力限度内编制制造费用弹性预算(生产能力间隔为1 500小时)，填制表8-32。

表8-32　　　　　　　　　　　制造费用弹性预算　　　　　　　　　　　单位：元

项　目	分配率	业务量/工时			
变动制造费用					
间接人工					
间接材料					
机修费用					
水费					

续 表

项　　目	分配率	业务量/工时			
电费					
合　计					
固定制造费用					
间接人工					
间接材料					
机修费用					
折旧额					
劳保费					
合　计					
总　计					

查看答案

第九章 标准成本法

学习目标

通过本章学习,能认识标准成本法在企业成本管理中的作用,了解标准成本的分类,熟悉各类成本差异产生的影响因素,掌握标准成本差异的计算、分析及账务处理。

导入案例

中盛公司的标准成本困惑

中盛公司正准备打算解雇采购员小江,因为公司发现小江是以大量的采购来获得价格优惠的,这样造成大量资金占用在存货上。而小江认为,公司的要求是达到标准,至于如何达到标准并不重要。他还强调,只有通过大量采购才能达到价格标准,否则就会出现不利价格差异。

经过专家咨询,该公司认识到采用标准成本法的前提和关键是标准成本的制定。标准成本在一个固定时期内应保持相对稳定,通常在企业的组织机构、外部市场、产品品种和生产规模等发生较大变化时,才有必要修订。标准成本法适用于大批量稳定生产的企业或产品,因为这种类型的企业或产品最适合标准成本的建立和执行,从而通过提高效率来降低成本。

思考:
1. 小江"只有通过大量采购才能达到价格标准"的解释合理吗?
2. 标准成本的制定有什么作用?

第一节 标准成本概述

一、标准成本法的含义与作用

(一) 标准成本法的含义

标准成本(Standard Cost)是早期管理会计的主要支柱之一。在美国,早期为了提高工人的劳动生产率,许多工厂首先改革了工资制度和成本计算方法,以预先设定的科学标准为基础,发展奖励计件工资制度,采用标准人工成本的概念。在此之后,又把标准人工成本概念引申到标准材料成本和标准制造费用等。最初的标准成本是独立于会计系统的一种计算工作。1919年美国全国成本会计师协会成立,对推广标准成本起了很大的作用。1920—1930年,美国会计学界经过长期争论,才把标准成本纳入会计系统,从此出现了真正的标准成本会计制度。

标准成本法也称标准成本会计,是指企业以预先制定的标准成本为基础,通过比较标准成本与实际成本,计算和分析成本差异、揭示成本差异动因,进而实施成本控制、评价经营业绩的一种成本管理方法。它是以预先制定的标准成本为基础,用标准成本与实际成本进行比较,核算和分析成本差异的一种产品成本计算方法,是加强成本控制、评价经济业绩的一种成本控制制度。其核心是按标准成本记录和反映产品成本的形成过程和结果,并借以实现对成本的控制。

标准成本,是指在正常的生产技术水平和有效的经营管理条件下,企业经过努力应达到的产品成本水平。"标准成本"一词准确地讲有两种含义:一种是指"单位产品的标准成本",它是根据单位产品的标准消耗量和标准单价计算出来的,即单位产品的标准成本=单位产品的标准消耗量×标准单价,它又被称为成本标准;另一种是指"实际产量的标准成本",它是根据产品的实际产量和单位产品标准成本计算出来的,即实际产量的标准成本=实际产量×单位产品标准成本。

9-1
标准成本的
制定及作用

成本差异,是指实际成本与相应标准成本之间的差额。当实际成本高于标准成本时,形成超支差异;当实际成本低于标准成本时,形成节约差异。

(二) 标准成本法的作用

标准成本法是一种会计信息系统和成本控制系统,它有着一般会计不可替代的作用。具体来说,标准成本法的作用包括:

(1) 便于企业编制预算和进行预算控制。

(2) 可以有效地控制成本支出。

(3) 可以帮助企业进行产品的价格预测和决策。

(4) 可以简化成本核算的账务处理工作。

(5) 可以简化存货的计价以及成本核算的账务处理工作。

企业应用标准成本法可以通过标准成本与实际成本的比较,揭示与分析标准成本与实际成本之间的差异,并按照例外管理的原则,对不利差异予以纠正,以提高工作效率,不断改善产品成本。标准成本法一般适用于产品及其生产条件相对稳定,或生产流程与工艺标准化程度较高的企业。

二、标准成本的分类

(一) 按其制定所依据的生产技术和经营管理水平

标准成本按其制定所依据的生产技术和经营管理水平,分为理想标准成本和正常标准成本。

(1) 理想标准成本,是指在最优的生产条件下,利用现有规模和设备能够达到的最低成本。这种成本是理论上的业绩标准和生产要素的理想价格,它不能作为考核的依据。

(2) 正常标准成本,是指在效率良好的条件下,根据下一期应该发生的生产要素消耗量、预计价格和预计生产经营能力利用程度制定出来的标准成本。它考虑了生产经营过程中难以避免的损耗和低效率,在标准成本系统中得到了广泛使用。

(二) 按其适用期

标准成本按其适用期,分为现行标准成本和基本标准成本。

(1) 现行标准成本,是指根据其使用期间应该发生的价格、效率和生产经营能力利用程度等预计的标准成本。它可以作为评价实际成本的依据,也可以用来对存货和销货成本进行计价。

(2) 基本标准成本,是指一经制定,只要生产的基本条件无重大变化,就不予变动的一种标准成本。与各期实际成本进行对比,基本标准成本可以反映成本变动的趋势。

理想标准成本,是现有生产条件下所能达到的最优水平的成本,这种成本难以实际运用;正常标准成本是根据正常的工作效率、正常的生产能力利用程度和正常的价格等条件制定的标准成本,它一般只用来估计未来的成本变动趋势;现行标准成本是根据适用期合理的耗费量、合理的耗费价格和生产能力可能利用程度等条件制定的切合适用期实际情况的一种标准成本,它可以成为评价实际成本的依据,也可以用来对存货和销货成本计价,还可以用于直接评价工作效率和成本控制的有效性。标准成本法一般采用现行标准成本。由于基本标准成本不按各期实际修订,因此不宜用来直接评价工作效率和成本控制的有效性。

三、标准成本法的特点与适用范围

(一) 标准成本法的特点

标准成本法的特点包括:

(1) 标准成本法计算各种产品的标准成本,不计算各种产品的实际成本。

(2) 对于实际成本和标准成本发生的各种差异,分别设置各种差异成本账户进行归集,以便对成本进行日常控制和考核。

(3) 可以与变动成本法相结合,达到成本管理和控制的目的。

(二) 标准成本法的适用范围

标准成本法的适用范围包括:

(1) 标准成本法适用于产品品种较少的大批量生产企业,不适用于单件、批量小和试制性生产的企业。

(2) 标准成本法可以简化存货核算的工作量,对于存货品种变动不大的企业尤为适用。

(3) 标准成本法的关键在于标准成本的制定,标准成本制定的合理性、可行性要求有高水平的技术人员和健全的管理制度。

企业应用标准成本法,要求处于较稳定的外部市场经营环境,且市场对产品的需求相对平稳。

四、标准成本法的主要内容

标准成本法的主要内容包括:标准成本的制定、标准成本差异的计算和分析、标准成本差异的账务处理。其中,标准成本的制定是采用标准成本法的前提和关键,据此可以达到成本事前控制的目的;标准成本差异的计算和分析是标准成本法的重点,借此可以促成成本控制目标的实现,并据以进行经济业绩考评;标准成本差异的账务处理是标准成本法下产生的结果,也是衡量标准成本法工作成效的直接依据。

五、标准成本法的优点与缺点

标准成本法的主要优点是:

(1) 能及时反馈各成本项目不同性质的差异,有利于考核相关部门及人员的业绩。

(2) 标准成本的制定及其差异和动因的信息可以使企业预算的编制更为科学和可行,

有助于企业的经营决策。

标准成本法的主要缺点是:

(1) 要求企业产品的成本标准比较准确、稳定,在使用条件上存在一定的局限性。

(2) 对标准管理水平较高,系统维护成本较高。

(3) 标准成本需要根据市场价格波动频繁更新,导致成本差异可能缺乏可靠性,降低成本控制效果。

第二节　标准成本差异计算与分析

标准成本差异是指实际成本与标准成本之间的差额。标准成本差异分析的种类包括直接材料成本差异分析、直接人工成本差异分析和制造费用成本差异分析。其中,制造费用成本差异分析又分为变动制造费用成本差异分析和固定制造费用成本差异分析。

一、变动成本差异分析

(一) 直接材料成本差异分析

直接材料实际成本与标准成本之间的差额,是直接材料成本差异。有关计算公式如下:

$$直接材料实际成本 = 实际价格 \times 实际用量$$
$$直接材料标准成本 = 标准价格 \times 标准用量$$
$$实际用量 = 直接材料单位实际耗用量 \times 实际产量$$
$$标准用量 = 直接材料单位耗用标准 \times 实际产量$$

该项差异形成的**基本**原因有**两个**:一个是材料价格脱离标准(价差),另一个是材料用量脱离标准(量差)。有关计算公式如下:

$$材料价格差异 = 实际数量 \times (实际价格 - 标准价格)$$
$$材料数量差异 = (实际数量 - 标准数量) \times 标准价格$$
$$直接材料成本差异 = 材料价格差异 + 材料数量差异$$

用另一种形式表示为:

$$\left.\begin{array}{l} 实际价格 \times 实际数量① \\ 标准价格 \times 实际数量② \\ 标准价格 \times 标准数量③ \end{array}\right\} \begin{array}{l} 材料价格差异 \\ (=①-②) \\ 材料数量差异 \\ (=②-③) \end{array} \right\} 直接材料成本差异(=①-③)$$

例 9 - 1　恒通公司生产甲产品需要使用一种直接材料 A。本期生产甲产品 200 件,耗用 A 材料 900 千克,A 材料的实际价格为每千克 100 元。假设 A 材料的标准价格为每千克 110 元,单位甲产品的标准用量为 5 元/千克 A 材料。A 材料的成本差异分析如下:

材料价格差异 $= (100 - 110) \times 900 = -9\,000$ 元(有利差异)

材料数量差异 $= 110 \times (900 - 1\,000) = -11\,000$ 元(有利差异)

第九章 标准成本法

直接材料成本差异 = 100×900 − 110×1 000 = −20 000元(有利差异)

或：

直接材料成本差异 = −9 000 + (−11 000) = −20 000元(有利差异)

材料价格差异是在采购过程中形成的,采购部门未能按标准价格进货的原因主要有：供应厂家价格变动、未按经济采购批量进货、未能及时订货造成的紧急订货、采购时舍近求远使运费和途耗增加、不必要的快速运输方式、违反合同被罚款、承接紧急订货造成额外采购等。

材料数量差异是在材料耗用过程中形成的,形成的具体原因有：操作疏忽造成废品和废料增加、工人用料不精心、操作技术改进而节省材料、新工人上岗造成多用料、机器或工具不适用造成用料增加等。有时多用料并非生产部门责任,如购入材料质量低劣、规格不符也会使用料超过标准,又如加工工艺变更、检验过严也会使数量差异加大。

(二) 直接人工成本差异分析

直接人工成本差异,是指直接人工实际成本与标准成本之间的差额。它也被分为"价差"和"量差"两部分：价差是指实际工资率脱离标准工资率,其差额按实际工时计算确定的金额,又称为工资率差异；量差是指实际工时脱离标准工时,其差额按标准工资率计算确定的金额,又称为人工效率差异。有关计算公式如下：

$$\text{工资率差异} = \text{实际工时} \times (\text{实际工资率} - \text{标准工资率})$$

$$\text{人工效率差异} = (\text{实际工时} - \text{标准工时}) \times \text{标准工资率}$$

$$\text{直接人工成本差异} = \text{工资率差异} + \text{人工效率差异}$$

用另一种形式表示为：

$$
\left.
\begin{array}{l}
\left.\begin{array}{l}\text{实际工资率}\times\text{实际工时}①\\ \text{标准工资率}\times\text{实际工时}②\end{array}\right\}\text{工资率差异}(=①-②)\\
\left.\begin{array}{l}\text{标准工资率}\times\text{实际工时}②\\ \text{标准工资率}\times\text{标准工时}③\end{array}\right\}\text{人工效率差异}(=②-③)
\end{array}
\right\}\text{直接人工成本差异}(=①-③)
$$

例 9−2 恒通公司本期生产甲产品 200 件,实际耗用人工 8 000 小时,实际工资总额为 80 000 元,平均每工时 10 元。假设标准工资率为 9 元,单位产品的工时耗用标准为 28 小时。直接人工成本差异分析如下：

工资率差异 = (10 − 9)×8 000 = 8 000 元(不利差异)

人工效率差异 = 9×(8 000 − 28×200) = 21 600 元(不利差异)

直接人工成本差异 = 10×8 000 − 9×200×28 = 29 600 元(不利差异)

或：

直接人工成本差异 = 8 000 + 21 600 = 29 600 元(不利差异)

工资率差异形成的原因包括：直接生产工人升级或降级使用、奖励制度未产生实效、工资率调整、加班或使用临时工、出勤率变化等。人工效率差异形成的原因包括：工作环境不良、工人经验不足、劳动情绪不佳、新工人上岗太多、机器或工具选用不当、设备故障较多、作业计划安排不当、产量太少无法发挥批量节约优势等。

(三) 变动制造费用成本差异分析

变动制造费用的差异,是指实际变动制造费用与标准变动制造费用之间的差额。它也可以分解为"价差"和"量差"两部分:价差是指变动制造费用的实际小时费用分配率脱离标准,按实际工时计算的金额,称为变动制造费用耗费差异;量差是指实际工时脱离标准工时,按标准小时费用分配率计算确定的金额,称为变动制造费用效率差异。有关计算公式如下:

变动制造费用耗费差异 = 实际工时 ×(变动制造费用实际分配率 − 变动制造费用标准分配率)
变动制造费用效率差异 =(实际工时 − 标准工时)× 变动制造费用标准分配率
变动制造费用成本差异 = 变动制造费用耗费差异 + 变动制造费用效率差异

用另一种形式表示为:

变动制造费用实际分配率 × 实际工时 ① ⎫
　　　　　　　　　　　　　　　　　　　　⎬ 变动制造费用耗费差异 (=①−②) ⎫
变动制造费用标准分配率 × 实际工时 ② ⎬　　　　　　　　　　　　　　　　⎬ 变动制造费用成本差异 (=①−③)
　　　　　　　　　　　　　　　　　　　　⎬ 变动制造费用效率差异 (=②−③) ⎭
变动制造费用标准分配率 × 标准工时 ③ ⎭

例 9−3 恒通公司本期生产甲产品 200 件,实际耗用人工 8 000 小时,实际发生变动制造费用 20 000 元,变动制造费用实际分配率为每直接人工工时 2.5 元。假设变动制造费用标准分配率为 3 元,标准耗用人工 6 000 小时。变动制造费用差异分析如下:

变动制造费用耗费差异 =(2.5 − 3)× 8 000 = −4 000 元(有利差异)
变动制造费用效率差异 = 3 ×(8 000 − 6 000)= 6 000 元(不利差异)
变动制造费用成本差异 = 20 000 − 3 × 6 000 = 2 000 元(不利差异)

或:

变动制造费用成本差异 = −4 000 + 6 000 = 2 000 元(不利差异)

变动制造费用耗费差异是部门经理的责任,他们有责任将变动费用控制在弹性预算限额之内。变动制造费用效率差异形成的原因与人工效率差异形成的原因相同。

二、固定制造费用成本差异分析

固定制造费用成本差异是指一定期间的实际固定制造费用与标准固定制造费用之间的差额。固定制造费用成本差异分析的方法包括二因素分析法和三因素分析法。

(一) 二因素分析法

二因素分析法是将固定制造费用成本差异分为耗费差异和能量差异。有关计算公式如下:

固定制造费用耗费差异 = 固定制造费用实际数 − 固定制造费用预算数
固定制造费用能量差异 = 固定制造费用预算数 − 固定制造费用标准成本
　　　　　　　　　　 =(生产能量 − 实际产量标准工时)× 固定制造费用标准分配率

(二) 三因素分析法

三因素分析法是将固定制造费用成本差异分为耗费差异、闲置能量差异和效率差异三部分。耗费差异的计算与二因素分析法相同,不同的是将二因素分析法中的"能量差异"进一步分解为两部分：一部分是实际工时未达到标准能量而形成的闲置能量差异，另一部分是实际工时脱离标准工时而形成的效率差异。有关计算公式如下：

固定制造费用耗费差异＝固定制造费用实际数－固定制造费用预算数
　　　　　　　　　＝固定制造费用实际数－固定制造费用标准分配率×生产能量
固定制造费用闲置能量差异＝固定制造费用预算－实际工时×固定制造费用标准分配率
　　　　　　　　　　　＝（生产能量－实际工时）×固定制造费用标准分配率
固定制造费用效率差异＝（实际工时－实际产量标准工时）×固定制造费用标准分配率

用另一种形式表示为：

例 9-4 恒通公司本期预算固定制造费用为 2 400 元，预算工时为 1 000 小时，实际耗用工时为 1 200 小时，实际固定制造费用为 2 600 元，标准工时为 1 100 小时。固定制造费用成本差异分析如下：

固定制造费用标准分配率 ＝ 2 400 ÷ 1 000 ＝ 2.4
固定制造费用实际分配率 ＝ 2 600 ÷ 1 200 ＝ 2.17
固定制造费用耗费差异 ＝ 2 600 － 2 400 ＝ 200（元）
固定制造费用效率差异 ＝ 2.4 ×（1 200 － 1 100）＝ 240（元）
固定制造费用闲置能量差异 ＝ 2.4 ×（1 000 － 1 200）＝ －480（元）
标准固定制造费用 ＝ 2.4 × 1 100 ＝ 2 640（元）
固定制造费用成本差异 ＝ 2 600 － 2 640 ＝ －40（元）

预算差异的影响因素为资源价格变动、资源数量变动等；能力差异则反映计划生产能力的利用程度，可能是由于产销量达不到一定规模造成的。

第三节　标准成本管理与控制

通过标准成本管理与控制，一方面要制定科学的标准成本，另一方面要将实际成本控制在合理的范围之内。标准成本的制定是关键，要通过方方面面的工作将实际成本降下来，使成本差异在可控的范围之内。

一、标准成本管理

（一）标准成本管理的含义

标准成本管理应依据各生产流程的操作规范，利用健全的生产、工程、技术测定（包括时

第三节 标准成本管理与控制

间及动作研究、统计分析、工程实验等方法），对各成本中心及产品制定合适的数量化标准，再将该数量化标准金额化，作为成本绩效衡量与标准产品成本计算的基础。

（二）标准成本管理的作用

实施标准成本管理对于指导和控制企业的日常经济活动意义重大，主要有以下几方面作用：

1. 便于核算成本

划定成本中心、确定成本标准、制定成本项目后，按一定的程序便可核算出标准成本、实际成本及成本差异。采用标准成本后，在制品按成本的标准计算，剩下的成本即为转出成本，这样就解决了在制品计算不合理的难题。

2. 便于分清各成本中心的责任

由于标准成本将成本中心划定为一、二、三级，而三级成本已划到车间、作业区这一级，因此三级成本中心也能揭示出标准成本差异，这样就消灭了"吃大锅饭"的现象。标准成本的每个成本项目都采用单独的价格标准和数量标准，因而可以确定每个成本项目实际脱离标准的差异的责任归属，从而分清各部门的责任。

3. 便于控制成本

明确成本中心的责任后，成本控制的责任就被下放到车间、作业区三级成本中心，并将成本标准、成本指标层层分解到个人，加强考核，使奖金与成本业绩挂钩。同时，在标准成本实践中还实行月度成本计划的措施，有利于计算月度成本消耗量，然后采购员、领料员按此月度成本控制计划采购、领料，以达到控制原材料成本的目的。

4. 提高决策的准确性和有效性

由于"单位贡献毛益＝单位销售收入－单位变动成本"，因此进行标准成本管理，可以确认企业的单位贡献毛益，有利于企业测算出盈亏平衡点，从而提高决策的准确性和有效性。传统的成本管理，特别是全部成本管理，在考虑产品收益时，不仅包括变动成本，而且包括固定成本，这就干扰了决策者的决策。标准成本管理的实施，为企业正确核算产品单位变动成本提供了科学依据，从而有利于企业决策者作出正确的决策。

（三）标准成本的制定

制定标准成本时，应充分考虑到在有效作业状态下所需要的材料和人工数量、预期支付的材料和人工费用，以及在正常生产情况下所应分摊的间接费用等因素。标准成本的制定，应有销售、生产、计划、采购、物料、劳动工资、工艺、车间、会计等有关部门的人员参加，共同商定。标准成本不能制定得高不可攀，避免打消员工的积极性，但也不能门槛太低，失去成本管理的意义，应该是切实可行的，是大部分人通过努力能够达到的，同时企业要定期对标准成本进行评审和维护，以保持标准成本的先进性和稳定性。

制定标准成本的首要问题是制定成本中心。成本中心是成本收集的最小责任单位，在实践中，成本中心按其功能又可分为生产性成本中心、服务性成本中心、辅助性成本中心和生产管理性成本中心。

标准成本一般是由会计部门会同采购部门、技术部门和其他相关的经营管理部门，在对企业生产经营的具体条件进行分析、研究和技术测定的基础上采用科学的方法共同制定的。产品标准成本的制定通常按成本项目进行，有直接材料标准成本的制定、直接人工标准成本的制定和制造费用标准成本的制定。

(1) 直接材料标准成本的制定。

直接材料标准成本的制定包括直接材料用量标准的制定和直接材料价格标准的制定：直接材料用量标准由产品设计部门、工艺技术部门和使用原材料的员工共同研究后确定，直接材料价格标准由采购部门、质量管理部门和财会部门共同确定。

(2) 直接人工标准成本的制定。

直接人工标准成本的制定包括直接人工工时标准和工资率标准的制定。工时标准是指在现有的生产技术条件下，生产单位产品所需的时间，既可以是生产工时又可以是机器工时。不同的工资制度下，工资率的表现形式不同：计件工资制下，工资率就是生产单位产品应支付的计件单价；计时工资制下，工资率就是单位工时工资率标准。

(3) 制造费用标准成本的制定。

制造费用标准成本的制定可以分为变动制造费用标准成本和固定制造费用标准成本：

① 变动制造费用标准成本的制定。变动制造费用标准成本的制定与直接人工标准成本的制定相似，除了工时标准的制定外，还包括变动制造费用分配率的制定。

② 固定制造费用标准成本的制定。固定制造费用标准成本的制定与变动制造费用标准成本的制定基本相同，不过固定制造费用的预算总额只能预计某一生产水平下的费用总额，不能随生产量的变动而任意变动。

(四) 标准成本管理的实施

1. 细化成本核算，提供真实准确的成本报表

财务部门组织成立标准成本核算网络，制定详细的核算项目，利用计算机网络技术，适时、高效、快捷地反映成本信息，及时了解原材料的库存和使用情况，做好领料计划，收集成本资料，核对成本数据，反馈成本信息。

2. 对成本进行事前预测

建立成本指标分解体系，对于成本预算中的各类费用由专人控制，建立月度成本计划体系，实行年度预算指导下的月度成本计划管理，将预算置于强有力的过程控制之下。对于成本管理，制定计划是基础，依靠科技进步有效地实施成本控制是关键。科学技术是第一生产力，科技进步是降低成本的根本途径，而科技的潜力又是无穷的，不断将先进的技术应用在日常生产上是企业降低成本消耗、提高产品质量、实现挖潜增效的有效途径，同时也加强了成本预算的准确性。

3. 对现场成本进行事中控制

成本预算的完成进度要跟踪，尤其是对于重点控制项目，要制定进度指标，进行事中控制，以便及时检查。协助各班组分解指标、落实责任人、制定考核办法，通过领料员控制物资领用，对当月各班、整个消耗情况进行分析。同时通过引进先进的管理软件，及时准确地了解各种成本变动情况，对成本变动大的情况能够适时分析，提出改进措施，提高标准成本的管理效果。

4. 组织标准成本的考核与改进

每个月，财务部门都要对企业的成本进行计算考核，在考核中要把成本指标与销售收入实现情况相结合，把成本和收入捆起来进行考核，提高成本考核的全面性和完整性。把计算出的实际成本考核报表报给计划部门，由计划部门对实际成本与计划成本进行比较，按照"责、权、利相结合"和"多节多奖、少节少奖、不节不奖、超支罚款"的原则进行考核。对完成

计划的部门予以奖励,对没有完成计划的单位进行处罚。同时,财务部门分析成本差异,分析差异形成的原因,针对原因对执行部门和制定部门提出改进措施和意见,根据市场变化和成本的完成情况及时调整考核指标,以确保公司全年计划的完成。

二、标准成本控制

成本控制的内容非常广泛,但是,这并不意味着事无巨细地平均使用力量,成本控制应该有计划、有重点地区别对待,各行各业不同企业有不同的控制重点。标准成本控制内容一般可以从成本形成过程和成本费用构成两个角度加以考虑。

(一) 按成本形成过程分

按成本形成过程可分为三方面:产品投产前的控制、制造过程中的控制和流通过程中的控制。

1. 产品投产前的控制

这部分控制内容主要包括产品设计成本、加工工艺成本、物资采购成本、生产组织方式、材料定额与劳动定额水平等。这些内容对成本的影响最大,可以说产品总成本的60%取决于这个阶段的成本控制工作的质量。这项控制工作属于事前控制,在控制活动实施时,真实的成本还没有发生,但它决定了成本将会怎样发生,基本上决定了产品的成本水平。

2. 制造过程中的控制

制造过程是成本实际形成的主要阶段。绝大部分的成本支出在这一阶段发生,包括原材料、人工、能源动力、各种辅料的消耗及工序间物料运输费用、车间和其他管理部门的费用支出。投产前控制的种种方案设想、控制措施能否在制造过程中贯彻实施,大部分的控制目标能否实现与这一阶段的控制活动紧密相关,它主要属于始终控制方式。但由于成本控制的核算资讯很难做到及时,因此会给事中控制带来很多麻烦。

3. 流通过程中的控制

流通过程中的控制包括产品包装、厂外运输、广告促销、销售机构开支和售后服务等费用。在目前强调加强企业市场管理职能的情况下,很容易不顾成本地采取种种促销手段,反而会抵消利润增量,所以也要作定量分析。

(二) 按成本费用构成分

按成本费用构成可分为四方面:原材料成本控制、工资费用控制、制造费用控制、企业管理费控制。

1. 原材料成本控制

在制造业中,原材料成本占了总成本的很大比重,一般在60%以上,高的可达90%,是成本控制的主要物件。影响原材料成本的因素有采购、库存费用、生产消耗、回收利用等,所以控制活动可从采购、库存管理和消耗三个环节着手。

2. 工资费用控制

工资在成本中占有一定的比重,增加工资又被认为是不可逆转的。控制工资与效益同步增长,减少单位产品中工资的比重,对于降低成本有重要意义。控制工资成本的关键在于提高劳动生产率,它与劳动定额、工时消耗、工时利用率、工作效率、工人出勤率等因素有关。

3. 制造费用控制

制造费用开支专案很多,主要包括折旧费、修理费、辅助生产费用、车间管理人员工资等。虽然制造费用在成本中所占比重不大,但因不引人注意,浪费现象十分普遍,是不可忽视的一项内容。

4. 企业管理费控制

企业管理费是指为管理和组织生产所发生的各项费用,其开支项目非常多,也是成本控制中不可忽视的内容。

上述这些都是绝对量的控制,即在产量固定的假设条件下使各种成本开支得到控制,但在现实系统中还要达到控制单位产品成本的目标。

第四节　标准成本差异账务处理

一、标准成本系统的账务处理特点

为了同时提供标准成本、成本差异和实际成本三项成本资料,标准成本系统的账务处理具有以下特点:

(一)"原材料""生产成本"和"产成品"账户登记标准成本

存货类账户登记标准成本是借方和贷方均登记实际数量的标准成本,其余额亦反映这些资产的标准成本。

(二)设置成本差异账户分别记录各种成本差异

在需要登记"原材料""生产成本"和"产成品"账户时,应将实际成本分离为标准成本和有关的成本差异,标准成本数据记入"原材料""生产成本"和"产成品"账户,而有关的差异分别记入各成本差异账户。各成本差异账户借方登记超支差异,贷方登记节约差异。设置的成本差异账户包括:"直接材料用量差异""直接材料价格差异""直接人工效率(用量)差异""直接人工工资率(价格)差异""变动制造费用效率(用量)差异""变动制造费用耗费(价格)差异""固定制造费用耗费差异""固定制造费用能量差异"。

(三)各会计期末对成本差异进行处理

各成本差异账户的累计发生额反映了本期成本控制的业绩。在月末(或年末)对成本差异的处理方法有两种:结转本期损益法和调整销货成本与存货法。

二、账务处理

(一)差异的处理方法

1. 结转本期损益法

按照这种方法,在会计期末将所有差异转入"本年利润"账户,或者先将差异转入"主营业务成本"账户,再随同已销产品的标准成本一起转至"本年利润"账户。采用这种方法的依据是确信标准成本是真正的正常成本,成本差异是不正常的低效率和浪费造成的,应当直接体现在本期损益之中,使利润能体现本期工作成绩的好坏。此外,这种方法的账务处理比较简单。但是,如果差异数额较大或者标准成本制定得不符合实际的正常水平,则不仅会使存货成本严重脱离实际成本,而且会歪曲本期经营成果,因此,在成本差异数额不大时采用此种方法为宜。

2. 调整销货成本与存货法

按照这种方法,在会计期末将成本差异按比例分配至已销产品成本和存货成本。由已销产品承担的差异转入当期损益,由存货承担的部分仍然留在差异账户。

关于成本差异的处理方法,企业可以对各种成本差异采用不同的处理方法,如材料价格差异多采用调整销货成本与存货法,闲置能量差异多采用结转本期损益法,其他差异则可由企业的具体情况而定。值得强调的是,差异处理的方法要保持一贯性,以便成本数据保持可比性,并防止信息使用人误解。

(二) 标准成本差异的核算程序

(1) 为各成本对象按成本项目制定标准成本。
(2) 按成本对象设产品成本明细账,根据上月成本明细账,填入月初在产品成本。
(3) 编制各成本费用分配表,分别反映其标准成本和实际成本,并列出其差异。
(4) 将标准成本记入成本明细账,结转完工产品的标准成本。
(5) 计算、分析各种成本差异,每月月末根据各成本差异科目的余额编制成本差异汇总表,将各种成本差异余额转入"主营业务成本"或"本年利润"明细账,计入当月损益。

例9-5 下面通过举例说明标准成本账务处理的程序。该例注意两个问题:① 直接材料价格差异和数量差异的确认环节(购入环节和领用环节)。② 各个成本项目实际产量的标准成本的计算。原材料是一次投入的,因此,应按照投入量(投产量)计算实际产量的标准成本,其他成本项目(包括直接人工、制造费用)应按照约当产量计算实际产量的标准成本。

1. 有关资料

(1) 单位产品标准成本:

直接材料(100千克×0.3元/千克)	30元
直接人工(8小时×4元/小时)	32元
变动制造费用(8小时×1.5元/小时)	12元
固定制造费用(8小时×1元/小时)	8元
单位产品标准成本	82元

(2) 费用预算:

生产能量	4 000小时
变动制造费用	6 000元
固定制造费用	4 000元
变动制造费用标准分配率	1.5元/小时(6 000/4 000)
固定制造费用标准分配率	1元/小时(4 000/4 000)
变动销售费用	2元/件
固定销售费用	24 000元
管理费用	3 000元

(3) 生产及销售情况:

本月初在产品存货50件,其标准成本为2 800元。

由于原材料是一次投入的,在产品存货中含原材料成本1 500元(50件×30元/件)。其他成本项目采用约当产量法计算,在产品约当完工产品的系数为0.5,50件在产品的其他成本项目共 1 300 元[50 件×0.5×(32 元/件+12 元/件+8 元/件)]。

本月投产 450 件,完工入库 430 件,月末在产品 70 件。本月月初产成品存货 30 件,其标准成本为 2 460 元(=30 件×82 元/件)。本月完工入库 430 件,本月销售 440 件,月末产成品存货 20 件,销售单价为 125 元/件。

2. 原材料的购入与领用

(1) 本月购入第一批原材料 30 000 千克,实际成本为每千克 0.27 元,共计 8 100 元。则:

标准成本 = 30 000×0.3 = 9 000(元)

实际成本 = 30 000×0.27 = 8 100(元)

价格差异 = 30 000×(0.27−0.3) = −900(元)

会计分录为:

借:原材料 9 000
 贷:材料价格差异 900
   应付账款 8 100

(2) 本月购入第二批原材料 20 000 千克,实际成本为每千克 0.32 元,共计 6 400 元。则:

标准成本 = 20 000×0.3 = 6 000(元)

实际成本 = 20 000×0.32 = 6 400(元)

价格差异 = 20 000×(0.32−0.3) = 400(元)

会计分录为:

借:原材料 6 000
  材料价格差异 400
 贷:应付账款 6 400

(3) 本月投产 450 件,领用材料 45 500 千克。则:

应耗材料标准成本 = 450×100×0.30 = 13 500(元)

实际领料标准成本 = 45 500×0.3 = 13 650(元)

材料数量差异 = (45 500−450×100)×0.3 = 150(元)

会计分录为:

借:生产成本 13 500
  材料数量差异 150
 贷:原材料 13 650

3. 直接人工工资

本月实际使用直接人工 3 500 小时,支付工资 14 350 元,平均每小时 4.10 元。

会计分录为:

借:应付职工薪酬 14 350
 贷:银行存款 14 350

为了确定应记入"生产成本"账户的标准成本数额,需计算本月实际完成的约当产量。在产品约当完工产品的系数为 0.5,月初在产品 50 件,本月完工入库 430 件,月末在产品 70 件。则:

本月完成的约当产品 = 70×0.5+430−50×0.5 = 440(件)

标准成本 = 440×8×4 = 14 080(元)

实际成本 = 3 500×4.10 = 14 350(元)

直接人工效率差异 = (3 500 − 440 × 8) × 4 = −80(元)
直接人工工资率差异 = 3 500 × (4.10 − 4) = 350(元)
会计分录为：

借：生产成本 14 080
　　直接人工工资率差异 350
　　贷：直接人工效率差异 80
　　　　应付职工薪酬 14 350

4. 变动制造费用

本月实际发生变动制造费用 5 600 元，实际费用分配率为 1.6(= 5 600/3 500)元/小时。
会计分录为：

借：变动制造费用 5 600
　　贷：各有关账户 5 600

将其计入产品成本：

标准成本 = 440 × 8 × 1.5 = 5 280(元)
实际成本 = 3 500 × 1.6 = 5 600(元)
变动制造费用效率差异 = (3 500 − 440 × 8) × 1.5 = −30(元)
变动制造费用耗费差异 = 3 500 × (1.6 − 1.5) = 350(元)
会计分录为：

借：生产成本 5 280
　　变动制造费用耗费差异 350
　　贷：变动制造费用效率差异 30
　　　　变动制造费用 5 600

5. 固定制造费用

本月实际发生固定制造费用 3 675 元，实际费用分配率为 1.05(= 3 675/3 500)元/小时。
会计分录为：

借：固定制造费用 3 675
　　贷：各有关账户 3 675

将其计入产品成本：

标准成本 = 440 × 8 × 1 = 3 520(元)
实际成本 = 3 500 × 1.05 = 3 675(元)
固定制造费用耗费差异 = 3 675 − 4 000 = −325(元)
固定制造费用闲置能量差异 = (4 000 − 3 500) × 1 = 500(元)
固定制造费用效率差异 = (3 500 − 440 × 8) × 1 = −20(元)
会计分录为：

借：生产成本 3 520
　　固定制造费用闲置能量差异 500
　　贷：固定制造费用耗费差异 325
　　　　固定制造费用效率差异 20
　　　　固定制造费用 3 675

6. 完工产品入库

本月完工产成品 430 件,则:

完工产品标准成本 = 430 × 82 = 35 260(元)

会计分录为:

借:产成品	35 260
贷:生产成本	35 260

7. 产品销售

本月销售 440 件,单位价格为 125 元/件,共计 55 000 元。

会计分录为:

借:应收账款	55 000
贷:主营业务收入	55 000

结转已销产品成本 = 440 × 82 = 36 080(元)

会计分录为:

借:主营业务成本	36 080
贷:产成品	36 080

8. 发生销售费用与管理费用

本月实际发生变动销售费用 968 元,固定销售费用 2 200 元,管理费用 3 200 元。

会计分录为:

借:变动销售费用	968
固定销售费用	2 200
管理费用	3 200
贷:各有关账户	6 368

9. 结转成本差异

假设本企业采用结转本期损益法处理成本差异,会计分录为:

借:主营业务成本	395
材料价格差异	500
直接人工效率差异	80
变动制造费用效率差异	30
固定制造费用耗费差异	325
固定制造费用效率差异	20
贷:材料数量差异	150
直接人工工资率差异	350
变动制造费用耗费差异	350
固定制造费用闲置能量差异	500

 典型案例分析

沃尔玛的低成本运营策略

按照中国在加入 WTO 时的承诺,从 2004 年 12 月 11 日起,中国对零售市场全面向外资开放。国外零售企业纷纷入驻中国市场并取得不俗的成绩,国外零售企业诸多经验值得借鉴,其中,零售巨头沃尔玛公司低成本运营的成功实施对中国零售企业有一定的启示。

一、贯彻节约开支的经营理念

沃尔玛的经营理念蕴含于其"天天平价,始终如一"的经营策略中。沃尔玛在零售这一微利行业,力求比竞争对手更节约开支,这一看似平实但实际上效果显著的经营理念,成为沃尔玛在零售行业保持领先的关键所在,为其成功实施低成本战略提供了先决条件,它使沃尔玛在采购、存货、销售和运输等各个商品流通环节想尽一切办法降低成本。

二、从物流循环链条看沃尔玛如何实施低成本运营

物流成本控制水平是衡量零售企业经营管理水平的重要标志,也是影响零售企业经营成果的重要因素。快捷的信息反馈和高效的物流管理系统,可以使商品库存量大大降低,资金周转速度加快,企业成本自然就降低了。

(一)购货环节采取向工厂直接购货、统一购货和辅助供应商减少成本等方式来降低购货成本

1. 直接向工厂购货方式

很多商家采取的是代销的经营方式,以规避经营风险,沃尔玛却实施直接买断购货政策,而且对于货款结算采取固定时间决不拖延的做法。沃尔玛的平均应付期为29天,竞争对手凯玛特则需45天。这种购货方式虽然使沃尔玛需要冒一定的风险,但赢取了供应商的信赖并同供应商建立起友好融洽的合作关系,从而保证了沃尔玛的最优惠进价,大大降低了购货成本。据沃尔玛自己的统计,沃尔玛这种直接向生产厂家直接购货的策略,使采购成本降低了2%~6%。

2. 统一购货方式

沃尔玛采取中央采购制,尽量由总部实行统一进货,特别是那些在全球范围内销售的高知名度商品,如可口可乐等,沃尔玛一般将一年销售的商品一次性签订采购合同,由于数量巨大,其获得的价格优惠远远高于同行,形成他人无法比拟的低成本优势。

3. 辅助供应商减少产品成本方式

沃尔玛通过帮助供应商改进工艺、提高质量、降低劳动力成本、分享沃尔玛的信息系统等,辅助供应商实现最低成本,从而提高收益率。

(二)存货管理环节降低包装成本和存货成本

沃尔玛的商品多以大包装出售,以减低单独包装的成本。同时,将信息系统运用于分销系统和存货管理。公司总部有一台高速电脑,同20个发货中心及1 000多家商店连接。通过商店付款柜台扫描器售出的每一件商品,都全自动计入电脑。当某一货物减少到某一数量时,就会发出这种信号,使商店及时向总部要求进货总部安排货源后,送往离商店最近的分销中心,再由分销中心的电脑安排发送时间和路线。在商店发出订单后48小时,所需的货品就会全部出现在货架上。这种高效的存货管理,使公司既能迅速掌握销售情况,又能及时补充存货不足,既不积压存货,又不使商品断档,加速资金周转,大大降低了资金成本和库存费用。

(三)分销配送环节沃尔玛自身拥有车队,有效地降低了运输成本

在整个物流链条中,运输环节是最昂贵的部分,如果运输车队省下的成本越多,那么整个物流链条节省的钱就会越多。为降低运输成本和提高效率,沃尔玛采取了自身拥有车队

的方法,并辅之全球定位的高科技管理手段,保证车队总是处在一种准确、高效、快速、满负荷的状态。沃尔玛各店铺从向总部订货到实现补货,仅需2天,而竞争对手需要4至5天才能实现补货一次。据沃尔玛自己的统计,沃尔玛的商品运往商店的成本,即进货费用占商品总成本的比例只有3%,而竞争对手则需要4.5%~5%。这就保证了沃尔玛能以快速的服务和低廉的价格获得与竞争者同样的利润。

（四）与供应商建立战略伙伴关系

沃尔玛与供应商建立战略伙伴关系,整合零售企业的上游价值链,促进零售企业与供应商双赢的效果,一方面增强与供应商的管理能力,另一方面又降低物流费用、交易费用、提高物流效率、提高顾客满意度。

（五）利用发达的高科技信息处理系统作为战略实施的基本保障

沃尔玛的高科技信息处理系统不仅包括发达的计算机网络体系,还包括全美最大的私人卫星通信系统和世界上最大的民用数据库。沃尔玛积极引入和使用网络技术、人工智能、条形码等各种先进信息技术,为一体化物流的实现提供信息与技术支撑。沃尔玛所有店铺、配送中心的购销调存以及运输车队的详细信息,都可以通过与计算机相连的通信卫星传送到总部的数据中心,数据中心为沃尔玛各店铺、配送中心、供应商和车队进行通信联系和信息交流提供了便利。在先进的高科技信息处理系统的支持下,各店铺、配送中心、供应商和运输车队利用空中信息轨道及时联络,使快速移动的物流循环链条上的各个点实现了光滑、平稳、顺畅的低成本衔接,可见,技术进步给沃尔玛带来成本优势和差异化优势的巨大变化。

【讨论】中国企业应该如何借鉴沃尔玛的成本控制经验?

本章小结

本章主要介绍了标准成本法的基础性问题。标准成本的制定是关键,它涉及方方面面的工作和问题,重点是标准成本差异的计算与分析,标准成本管理与控制为标准成本法的实施提供了管理保障,标准成本差异账务处理是实施标准成本法的核算结果。要想使标准成本法发挥有效的作用,企业必须给予足够的重视,尤其是要得到管理层的大力支持。成本是一项综合性很强的经济指标,成本控制既是预算控制的基础和关键,又是现代成本管理的核心环节,它通常要根据成本预测、决策与预算所确定的目标以及标准成本法所提供的实际数据,对生产过程中所发生的各项资源耗费进行指导、监督、调节和干预,以保证成本目标和成本预算任务的完成。

复习思考

1. 简述标准成本法的含义、特点及作用。
2. 影响变动成本差异的因素有哪些?
3. 影响固定成本差异的因素有哪些?
4. 什么是标准成本管理?它的内容是什么?
5. 什么是标准成本控制?它的内容是什么?

同步实训

一、单项选择题（每小题只有一个正确答案）

1. "标准成本"一词,在实际工作中是指（　　）。
   A. 单位产品的标准成本
   B. 实际产量的标准成本
   C. 理想的标准成本
   D. 单位产品的标准成本或实际产量的标准成本

2. 本月生产甲产品 8 000 件,实际耗用 A 材料 32 000 千克,其实际价格为每千克 40 元。该产品 A 材料的用量标准为 3 千克,标准价格为每千克 45 元。其直接材料成本差异为（　　）元。
   A. 200 000　　　B. 230 000　　　C. 180 000　　　D. 216 000

3. 采用调整销货成本与存货成本法处理成本差异的依据是（　　）。
   A. 标准成本是真正的正常成本
   B. 成本差异是由不正常的低率和浪费造成的
   C. 税法和会计制度均要以实际成本反映销货成本和存货成本
   D. 企业内部会计报告的要求

4. 标准成本是通过精确地调查、分析与技术测定而制定的,用来评价实际成本、衡量工作效率的一种预计成本,通常它又被认定为是（　　）。
   A. 估计成本　　　B. 机会成本　　　C. 应该成本　　　D. 增量成本

5. 以下关于变动制造费用效率差异的计算公式中,正确的是变动制造费用效率差异＝（　　）。
   A. 变动制造费用实际数 — 变动制造费用预算数
   B. （实际工时 — 标准产量标准工时）× 变动制造费用标准分配率
   C. 实际工时 ×（变动制造费用实际分配率 — 变动制造费用标准分配率）
   D. （实际工时 — 实际产量标准工时）× 变动制造费用标准分配率

6. 根据正常的耗用水平,正常的价格和正常的生产经营能力利用程度制定的标准成本是（　　）。
   A. 理想标准成本　　　　　　　B. 正常标准成本
   C. 现实标准成本　　　　　　　D. 基本标准成本

二、多项选择题（每小题有两个或两个以上正确答案）

1. 标准成本按其所依据的生产技术和经营管理水平的分类包括（　　）。
   A. 理想标准成本　　　　　　　B. 正常标准成本
   C. 现行标准成本　　　　　　　D. 基本标准成本

2. 标准成本系统的账务处理的特点有（　　）。
   A. "原材料"账户借方和贷方均登记实际数量的标准成本
   B. 设置成本差异账户分别记录各种成本差异
   C. 结转差异后"原材料"账户余额为实际成本
   D. 成本差异数额不大时可采用结转本期损益法

3. 造成材料数量差异的主要原因有（   ）。
A. 操作疏忽造成废品废料增加   B. 工人用料不用心
C. 机器或工具不适用造成用料增加   D. 新工人上岗造成多用料
4. 材料价格差异产生的原因主要有（   ）。
A. 供应单位和供应价格的变化   B. 废品、次品率的变动
C. 材料质量的变化   D. 运输方式和运输路线的变化
5. 材料数量差异形成的原因主要有（   ）。
A. 产品设计和工艺的变更
B. 工人技术操作水平的升降和责任心强弱的变化
C. 采购批量的变动
D. 材料质量的变化

三、判断题（正确的在括号内打"√"，错误的打"×"）

1. 在材料成本差异分析中，价格差异总金额是根据单价偏差乘以实际用量计算的，而用量差异总金额却是根据用量偏差乘以标准价格计算的。（   ）
2. 成本差异是指产品实际成本与标准成本的差额，凡是实际成本小于标准成本的差异数，称为有利差异。（   ）
3. 变动制造费用耗费差异，是实际变动制造费用支出与实际工时和变动制造费用标准分配率的乘积之间的差额。（   ）
4. 无论哪种变动成本项目的实际价格上升，都会引起整个变动成本差异的不利变化。（   ）
5. 为了贯彻一致性原则，会计期末各种成本差异的处理方法必须一致。（   ）

四、计算分析题

1. 某公司本期生产 A 产品 400 件，实际耗用工时为 5 000 小时，实际固定制造费用为 45 000 元，单位产品的工时耗用标准为 12 小时。本期预算固定制造费用为 42 000 元，预计工时为 56 000 小时。

要求：采用三因素分析法计算固定制造费用差异。

2. 某企业生产甲产品耗用 A 材料，本月实际产量为 400 件。A 材料消耗定额为 20 千克，每千克标准价格为 10 元，实际耗用的材料为 9 000 千克，实际单价为 11 元/千克。直接人工标准工时为每件 5 小时，标准工资率为 0.7 元，实际耗用的工时为 700 小时，实际工资率为 0.8 元。企业生产甲产品计划产量为 1 700 件，实际发生的固定制造费用为 56 000 元，标准工时为每件 5 小时，标准制造费用分配率为 6 元。

要求：
（1）计算直接材料标准成本差异。
（2）计算直接人工标准成本差异。
（3）计算固定制造费用标准成本差异。

查看答案

第十章 责任会计

学习目标

通过本章学习,能了解责任会计的产生和发展,理解责任会计的概念,熟悉责任会计的内容,了解责任中心划分的意义,掌握责任中心的评价与考核,理解内部转移价格的含义与类型。

导入案例

中铁十二局集团公司责任成本管理

中铁十二局集团公司总结企业在责任成本管理方面的经验教训,认识到责任成本管理是企业全员管理、全过程管理、全环节管理和全方位管理,构建责任成本管理体系必须从本企业的实际情况出发,必须遵循责任成本管理的基本操作规程。中铁十二局集团公司责任成本管理体系的基本框架包括以下几个方面的内容:编制、审批施工组织方案;清查审核工程数量,调查、确定内部价格;划分责任中心确定责任范围;编制责任预算;签订责任合同;进行责任控制;验收工作量,归集成本费用;进行责任成本核算、准确计算盈亏;考核评价责任成果、兑现经济利益。实行责任成本管理具有以下几个方面的意义:

一、侧重于对人的管理

传统成本管理重在管事,责任成本重在管人。重视对人的激励和引导,通过正确引导,使他们朝着有利于完成企业目标的方向发展。通过对责权利严格划分,层层签订责任成本合同,把工程项目的每一项支出与职工的经济利益联系起来,促使职工发挥主观能动性,积极探索新工艺、新方法,增效减耗,增加个人收益的同时也提高了企业的经济效益。

二、侧重科学合理的测算和分析

传统成本管理办法偏向于主观判断,责任成本管理依据科学合理的测算和分析,更具实效性和可操作性。如铁路施工企业,实行责任成本管理进行了三个层次的科学计算。

首先,工程中标后采用"倒推法"确定目标成本。即:中标价-上级管理费-税金-目标利润=目标成本。公司领导先确定目标成本,才能对整个项目的利润目标和责任成本控制做到心中有数,这是搞好责任成本管理的基础。

其次,采用"顺推法"确定责任成本。通过对施工项目的实际考察,结合工、料、机等各项费用的市场价格,参照已定的目标成本,根据市场平均先进水平的原则制定出"蹦一蹦就能够得着"的项目责任预算,并将其层层分解到各责任控制中心,成为落实到各部门、各班组、各人头的责任成本。在实际工作中如果条件有所变化,则相应的责任预算和责任成本也应作合理的调整,以保证其有效性。

第十章 责任会计

最后,定期对各责任中心的实际成本与责任成本进行比较,对节超严格实行奖罚,并且还要作出细致的数据分析,这样才能扬长避短,不断提高成本管理水平。

三、更新了企业管理观念

责任成本管理要求对工程项目进行事前预测、事中控制、事后分析的全过程全方位管理,责任指标细化量化,保证了企业管理的科学性和合理性;责任成本管理打破了沉寂多年的平均主义分配制度,提高了职工的积极性,真正激发了职工的主人翁意识,促进了施工手段和施工工艺的改进,对推动企业科技进步具有积极意义,是促进国有企业由劳动密集型向技术密集型转变的有效措施。

思考:

1. 中铁十二局实施责任成本管理的意义有哪些?
2. 责任中心应如何划分?

第一节 责任会计概述

一、责任会计的产生和发展

责任会计产生于19世纪末20世纪初。这一时期,西方资本主义经济发展迅速,企业组织规模不断扩大,成本会计得到了充分的发展,其标志是以泰勒的"科学管理原理"为基础的标准成本制度的出现。管理科学理论的出现,使责任会计体系得到进一步完善。责任会计在理论和方法上的成熟,则是在20世纪40年代以后。第二次世界大战后,企业的规模以前所未有的速度发展,出现了越来越多的股份公司、跨行业公司和跨国公司。传统的管理模式已不适用或者效率低下,这样一来,责任会计受到了人们的普遍重视,其方法也被不断改进,并最终形成了现代管理会计中的责任会计。责任会计在制定企业的总体目标和各级管理部门目标的过程中,能够运用先进的科学理论和科学工具,使影响企业目标的各种因素达到最优组合,使责任考评科学化和合理化,从而进一步调动企业内部各级管理部门的积极性。

10-1
责任会计制度

二、责任会计的概念

责任会计(Responsibility Accounting)是指以企业内部责任单位为主体,以责、权、利相统一的制度为基础,以分权为前提,以责任预算为控制目标的一种内部控制制度。这种使责、权、利有机结合的办法是保证实现企业总体目标的有效措施,能够最大限度地提高企业效益和企业竞争力。

企业在预测分析与决策分析的基础上编制了全面预算,为企业在预算期间生产经营活动的各个方面规定了总的目标和任务。为保证这些目标和任务的实现,必须将全面预算中确定的指标按照企业内部管理系统的各个责任中心进行分解,形成"责任预算",使各个责任中心明确自己的目标和任务。全面预算通过责任预算得到落实和具体化,而责任预算的评价与考核则通过责任会计来进行。

三、责任会计的基本内容

责任会计是一种管理制度,是管理会计的一个子系统。它是在分权管理的条件下,为适应经济责任制的要求,在企业内部建立若干责任单位,并对其分工负责的经济活动进行规划与控制的一整套专门制度。其要点就在于利用会计信息对各分权单位的业绩进行计量、控制与考核。责任会计一般包括以下内容:

(1) 划分责任中心,明确权责范围。

根据企业内部各部门生产经营活动的特点和管理的需要,将它们划分为若干个责任中心,规定每一个责任中心的权责范围。

(2) 分解奋斗目标,编制责任预算。

将企业全面预算所确定的奋斗目标和任务进行层层分解,落实到每一个责任中心,形成责任预算,并作为今后控制和评价它们的经济活动的主要依据。

(3) 计量实际成果,考评工作业绩。

对各责任中心的日常经济活动进行记录、计算,及时分析经济责任指标的实际完成情况与责任预算的差异,定期编制业绩报告,考评工作业绩,提供信息反馈,控制和调节它们的经营活动,以保证企业总目标的实现。

第二节 责任中心

一、责任中心的含义

企业为了有效地进行内部协调与控制,通常采用统一领导、分级管理的原则,根据企业组织结构的不同,可以将整个企业逐级划分为若干个责任区域,也就是各个责任层次能够严格进行控制的活动范围,即责任中心(Responsibility Center)。责任中心是指由专人承担一定的经济责任,并具有相应管理权限和相应经济利益,能够对其经济活动进行严格控制的企业内部单位。责任中心受命完成某项特定的任务,并接受企业提供的为完成这些任务所需要的资源。

建立责任中心的关键是要分清责任和权限。各级管理人员对应该负责和能够控制的各种财务成本指标进行严格管理,对不该管的和不能控制的指标则无须负责。权限不能交叉,否则会出现各责任中心之间互相"扯皮"现象。同时,建立责任中心应将各个责任中心的经营目标与企业的总目标统一起来,确保经营目标的一致性。因此,在对责任中心进行考评时,应该注意它们的经营目标是否与企业的总体目标相矛盾,如有矛盾,应由管理当局进行协商调整。

建立责任中心是建立责任会计制度的首要问题。概括来说,建立责任中心必须满足以下条件:

(1) 有承担经济责任的主体——责任者。

(2) 有确定经济责任的客观对象——资金运动。

(3) 有考核经济责任的基本标准——责任预算。

(4) 具备承担经济责任的基本条件——职责和权限。

凡不具备以上条件的单位和个人,既不能构成责任实体,也不能作为责任会计的基本单位。

二、责任中心的设置

责任中心按其责任者的责任范围不同,可以划分为成本中心、利润中心和投资中心。

(一) 成本中心

1. 成本中心的含义

成本中心(Cost Center),是指只发生成本而不取得任何收入的责任中心。任何只发生成本的责任领域都可以确定为成本中心。成本中心通常没有收入,因而它只对成本负责,对收入、利润和投资不负责。成本中心所发生的各项成本,对成本中心来说,有些是可以控制的,有些则是无法控制的。凡是成本中心能够控制的各项耗费,称为可控成本;凡是成本中心不能控制的各种耗费,称为不可控成本。作为一个成本中心的可控成本,需要同时满足下列三个条件:

(1) 可预测性。成本中心的责任人能够通过一定的方式预知将要发生的成本。

(2) 可计量性。成本中心能够对发生的成本进行计量。

(3) 可调节性。成本中心能够通过自己的行为对成本加以调节和影响。

10-2 某案例公司的责任中心划分

凡不能同时满足上述三个条件的成本通常为不可控成本,一般不在成本中心的责任范围之内。也就是说,只有可控成本才是成本中心应当负责的成本,即责任成本。

需要指出的是,成本的可控与不可控是相对而言的,这与责任中心所处的管理层次的高低、管理权限的大小以及控制范围的大小有直接关系。对企业来说,几乎所有的成本都可以被视为可控成本,一般不存在不可控成本;而对于企业内部的各个部门、车间、工段、班组乃至职工个人来说,既有其各自专属的可控成本,又有各自的不可控成本。对于较高层次的责任中心来说属于可控的成本,对于其下属的较低层次的责任中心来说可能就是不可控成本。例如,直接用于生产的原材料、燃料、动力、生产工人工资,以及车间经费中的变动部分,对生产班组来说是可控的;车间经费的固定部分,对生产班组来说虽是不可控的,但对车间来说却是可控的。

2. 成本中心的分类

成本中心的应用范围最为广泛,凡企业内部有成本发生、需要对成本负责并能够进行控制的单位都是成本中心。在实践中,成本中心可按以下标准划分。

(1) 按管理范围划分。由于企业内部的各部门分别负责不同的业务,拥有各自的管理范围,因而成本中心可分为以下几种:

① 生产车间或分厂。它包括基本生产车间和辅助生产车间。生产车间通常只发生生产耗费,不取得收入,而且不拥有供、产、销等方面的管理权限,因而一般可以定为成本中心。

② 仓库。它包括材料仓库、半成品仓库和产成品仓库,这些仓库分别负责各自对象的收、发、保管业务,既要占用一定的资金,也会发生一些费用,故通常也确定为成本中心。

③ 管理部门。它是指企业的大多数职能部门,包括供应部门、生产部门、人事部门、会计部门等,这些职能部门通常只是考核其费用支出的数额,因而它们往往也被称为费用中心,这是广义上的成本中心。

(2) 按管理层次划分。如果说按管理范围划分成本中心是横向划分的话,那么按管理层次划分则是对成本中心进行纵向划分。企业要根据其组织结构特点,按管理层次进行纵向划分。例如,就分厂而言,可以划分为分厂、车间(工段)、班组、个人等复合成本中心;就仓库而言,可以划分为仓库、保管人员两级成本中心;就管理部门而言,可以划分为管理部门、管理人员两级成本中心。最基层的成本中心就其控制的成本向上一级成本中心负责。

3. 成本的分类

成本既可按可控性分类,又可按其他标准分类。由于分类的角度不同,这两种分类之间既相互联系,又相互区别,因而要注意把握它们之间的联系与区别。

(1) 成本按可控性分类与成本按成本性态分类的联系与区别。

从一个成本中心看,一般来讲,变动成本大多是可控成本,固定成本大多是不可控成本。但不应绝对化,要结合实际情况具体分析。例如,在摩托车装配车间,每辆摩托车应装配一个前灯,摩托车灯(外购件)显然属于变动成本,它随摩托车产量的增减而增减,但它对于装配车间的负责人来讲,属于不可控成本,因为车灯的成本是由装配车间的外部因素决定的,不受该负责人的控制。另外,有些固定成本却可能属于可控成本。例如,广告费可以作为固定成本,但它的发生额在一定程度上受有关管理部门负责人的控制,因而属于可控成本。

(2) 成本按可控性分类与成本按归属分配到各成本中心的方法分类的联系与区别。

成本按归属分配到各成本中心的方法可分为两类:直接成本和间接成本。直接成本是指各成本中心直接发生的成本,间接成本是指由其他部门分配来的成本。一般来讲,直接成本大多是可控成本,间接成本大多是不可控成本。但也不能绝对化,应做具体分析。例如,上述摩托车装配车间生产中用的车灯(外购件)是直接成本,但不是可控成本。而有些间接成本却有可能归属于可控成本。例如,辅助生产部门为生产单位提供服务的成本,对生产单位来讲,是从外部分配而来的间接成本,但如果分配来的服务成本是按受益单位生产耗用数量的多少为标准进行分配的话,那么这项间接成本对生产单位来讲就是可控成本。

(二) 利润中心

1. 利润中心的含义

利润中心(Profit Center),是指既能控制成本,又能控制收入的责任中心。由于利润等于收入减去成本和费用,因此利润中心实际上就是对利润负责的责任中心。这类责任中心往往处于企业中较高的层次,一般指有产品或劳务生产经营决策权的部门,如分厂、分公司以及有独立经营权的各部门等。利润中心的权力和责任都大于成本中心。

2. 利润中心的类型

利润中心可分为自然利润中心和人为利润中心两类。自然利润中心是指能直接与外界发生经营业务往来、获得业务收入,并独立核算的责任单位。这类利润中心主要是企业内部管理层次较高、具有独立收入来源的分公司、下属工厂等。人为利润中心是为明确划分责任中心的经济责任、考评其经营业绩而人为地设立的,它是指为企业内部各责任中心提供产品和劳务,按企业内部转移价格进行独立核算的责任中心。人为利润中心不能直接对外销售其产品和劳务。这类利润中心主要是企业中为其他责任中心提供产品或半成品的生产部门,或为其他责任中心提供劳务的动力、维修等部门。显然,当企业为各责任中心相互提供产品或半成品及劳务而规定了内部转移价格后,大多数成本中心可转化为人为利润中心。此时,各责任中心之间虽然没有现金结算,但在会计账务处理上,供应方视同收入,受益方视同成本或费用,因而也就可以对供求双方的业绩进行考评。

3. 可控利润

利润中心的成本和收入,对利润中心来说都必须是可控的,以可控收入减去可控成本就是利润中心的可控利润,也称责任利润。一般来说,可控利润通常包括以下两类:

(1) 自然形成利润中心的可控利润。如果责任中心有产品销售权,能够对外销售产品并取得实际收入,在此基础上计算的利润,是真正实现的利润,我们称之为自然形成利润中心的可控利润。

(2) 人为形成利润中心的可控利润。如果责任中心的产品不能直接对外销售,而只是提供给企业内部的其他单位,那么取得的收入就不是对外销售的实际收入,只是企业内部销售收入,这种内部销售收入与该利润中心完工产品成本的差额,是所谓的内部利润,它并非是现实的利润,我们称之为人为形成利润中心的可控利润。

(三) 投资中心

投资中心(Investment Center),是指既对成本、收入和利润负责,又对资金及其利用效益负责的责任中心。这类责任中心不仅在产品和销售上享有较大的经营自主权,而且能够相对独立地运用其所掌握的资金,如大型集团公司下面的分公司、子公司等。投资中心的责任对象必须是其能影响和控制的成本、收入、利润和资金。

由于投资的目的是获取利润,因而投资中心同时也是利润中心,但两者又有区别:投资中心拥有投资决策权,即能够相对独立地运用其所掌握的资金,有权购置和处理固定资产,扩大或缩小生产能力;而利润中心没有投资决策权,它是在企业确定投资方向后进行的具体经营。

投资中心是分权管理模式的最突出表现,它在责任中心中处于最高层次,具有最大的经营决策权,也承担着最大的责任。在组织形式上,成本中心基本上不是独立的法人,利润中心可以是也可以不是独立的法人,但投资中心基本上都是独立的法人。

三、责任中心的评价与考核

责任会计的主要目的之一是评价与考核各责任中心的经营业绩。评价与考核的基础和依据是各责任中心的责任预算。责任中心应该定期编制责任报告,反映责任预算的执行情况,并列示实际情况与预算之间的差异。差异额是评价与考核责任中心经营业绩优劣的重要标志。由于各责任中心的责任范围不同,因此评价与考核的内容也不完全一样。

(一) 成本中心的评价与考核

成本中心没有收入,它的可控区域仅为成本,因而对其评价与考核的重点只能是其责任成本。成本中心编制业绩报告的依据是其责任预算和责任预算的执行情况,并计算两者之间的差异。业绩报告一般按其可控成本的各明细项目分别列示预算数、实际数和差异数,至于其不可控成本可不列示,或作为参考资料列出,以便有关人员和管理层了解该成本中心的成本消耗全貌。其中,成本差异数是评价与考核成本中心经营业绩的重要依据:当实际数大于预算数时,称为"不利差异",表示超支或逆差;当实际数小于预算数时,称为"有利差异",表示节约或顺差。然而这仅仅是表面现象,业绩报告应对成本差异形成的原因作出分析和说明,作为今后巩固和发扬成绩、纠正缺点、修正预算或采取措施控制成本支出的信息反馈。

成本中心的业绩报告按成本中心的层次编写,并且从最底层的成本中心自下而上逐级编制,直至最高管理层。其中,除最底层的成本中心之外,各级成本中心的责任成本都应包括下级转来的责任成本和本身的可控成本。成本中心的业绩报告基本内容和一般格式如表 10-1 所示。

表 10-1　××成本中心(车间)业绩报告

2018 年 9 月　　　　　　　　　　　　　　　　　　　　　单位：元

项　　目	预 算 数	实 际 数	差 异 数
下属单位转来的责任成本			
甲工段	10 000	10 500	500
乙工段	12 000	12 400	400
小　计	22 000	22 900	900
本车间可控成本			
间接材料	5 000	4 500	−500
间接人工	2 500	2 400	−100
管理人员薪金	3 000	2 800	−200
设备维修费	1 500	1 600	100
物料费	500	600	100
小　计	12 500	11 900	−600
本车间责任成本合计	34 500	34 800	300
本车间不可控成本			
房屋租金	—	2 000	—
固定资产折旧费	—	4 000	—
其他分配费用	—	2 500	—
合　计	—	8 500	—
总　计	34 500	43 300	300

(二) 利润中心的评价与考核

利润中心既能控制成本，又能控制收入，从而可以控制利润。对利润中心评价与考核的重点是其责任利润，具体指标是贡献毛益和税前净利。利润中心编制业绩报告的依据是其成本预算、销售预算和它们的实际执行情况，并计算两者的差异。业绩报告应该列示销售收入、变动成本、贡献毛益、固定成本和税前净利的预算数、实际数和差异数。其中，差异数是评价与考核利润中心经营业绩的重要依据：当销售收入、贡献毛益和税前净利的实际数大于预算数时，为"有利差异"，反之为"不利差异"；当变动成本和固定成本的实际数大于预算数时，为"不利差异"，反之为"有利差异"。业绩报告还应对各种差异形成的原因作科学分析和说明。利润中心的业绩报告基本内容和一般格式如表 10-2 所示。

表 10-2　××利润中心(分厂)业绩报告

2018 年 10 月　　　　　　　　　　　　　　　　　　　　　单位：元

项　　目	预 算 数	实 际 数	差 异 数
销售收入	250 000	265 000	15 000
变动成本			

续　表

项　　　目	预算数	实际数	差异数
变动生产成本	60 000	61 000	1 000
变动推销费用	40 000	42 000	2 000
变动管理费用	10 000	9 500	−500
变动成本小计	110 000	112 500	2 500
贡献毛益	140 000	152 500	12 500
期间成本			
固定制造费用	58 000	59 000	1 000
固定推销费用	11 000	12 000	1 000
固定管理费用	3 000	3 500	500
期间成本合计	72 000	74 500	2 500
税前净利	68 000	78 000	10 000

（三）投资中心的评价与考核

由于投资中心不仅要对成本、收入和利润负责，而且要对资金的利用效益负责，因此对投资中心的考核内容不仅包括投资中心的成本、收入和利润，而且包括资金使用效率。通常，对投资中心的考核采用投资报酬率和剩余收益两项指标。

1. 投资报酬率

投资报酬率又称投资利润率，是指投资中心所获得的利润与投资额之间的比率，其计算公式为：

$$投资报酬率 = \frac{利润}{投资额} \times 100\%$$

或

$$投资报酬率 = \frac{营业利润}{销售收入} \times \frac{销售收入}{营业资产} = 销售利润率 \times 资产周转率$$

式中，利润是指息税前的营业利润；投资额是指经营中占用的固定资产和流动资产的平均余额。

投资报酬率是目前许多公司十分偏爱的评价投资中心业绩的指标。它具有如下优点：

（1）投资报酬率能反映投资中心的综合盈利能力。投资报酬率由三项指标构成，即收入、成本和投资。提高投资报酬率可以通过增收节支来实现，也可以通过减少投入资本来实现。

（2）投资报酬率具有横向可比性。作为效益指标，投资报酬率体现了资本的获利能力，剔除了因投资额不同而导致的利润差异的不可比因素，有利于判断各投资中心经营业绩的优劣。

（3）投资报酬率可以作为选择投资机会的依据，这样有利于调整资本流量和存量，优化资源配置。

(4) 以投资报酬率作为评价投资中心业绩的指标,有利于正确引导投资中心的管理行为,避免短期行为。这是因为这一指标反映了投资中心运用资产并使资产增值的能力,资产运用的任何不当行为都将降低投资报酬率。因此,以投资报酬率作为评价投资中心业绩的尺度,将促使各投资中心用活闲置资产,合理确定存货,加强对应收账款及固定资产的管理,及时处理变质、陈旧过时的库存商品等。

例 10−1 假定某企业下属甲、乙两个分公司均为投资中心。报告期甲分公司的经营资产平均余额为 1 000 000 元,利润为 230 000 元;乙分公司的经营资产平均余额为 1 500 000 元,利润为 270 000 元。

要求:计算甲、乙分公司的投资报酬率分别为多少?

甲分公司的投资报酬率 = 230 000 ÷ 1 000 000 × 100% = 23%

乙分公司的投资报酬率 = 270 000 ÷ 1 500 000 × 100% = 18%

这两个分公司的经济效益单从利润绝对数看,乙分公司要比甲分公司好,但从投资报酬率来看就恰恰相反了。显然,甲分公司的经营业绩优于乙分公司。

投资报酬率作为评价指标的不足之处是会使投资中心缺乏全局观念。各投资中心为达到较高的投资报酬率,可能不愿接受获利较低的投资项目,尽管这种项目对整个企业是有利的。

例 10−2 假定【例 10−1】中企业要求甲分公司计划期生产某种新产品,该产品的预计投资额是 200 000 元,预计年利润将增加 44 000 元。

要求:计算生产新产品后甲分公司计划期的预计投资报酬率。

甲分公司计划期投资报酬率 =(230 000 + 44 000)÷(1 000 000 + 200 000)× 100%
= 22.83%

由于生产新产品,甲分公司的投资报酬率将下降到 22.83%,用投资报酬率指标评价业绩,则说明甲分公司的经营业绩下降。甲分公司当然不会接受这一新的投资项目。但该投资项目的投资报酬率达到 22%(44 000 ÷ 200 000),高于企业平均的投资报酬率 20%[(230 000 + 270 000)÷(1 000 000 + 1 500 000)],显然,接受该投资项目将会提高整个企业的投资报酬率,因而从企业全局来看,该投资项目还是有利的。

2. 剩余收益

为了使各投资中心的局部目标与企业的总体目标保持一致,克服投资报酬率考核投资中心业绩的局限性,还可采用剩余收益作为考核指标。剩余收益是指投资中心获得的利润扣减其最低投资收益后的余额。其计算公式是:

剩余收益 = 利润 −(投资额 × 预期最低投资收益率)

这里的最低投资收益率一般是指企业各投资中心的平均报酬率或整个企业的预期报酬率。这一指标的含义是,只要投资收益超过平均或预期的报酬额,就对企业和投资中心都有利。利用剩余收益指标来考核投资中心的业绩,不仅具有与投资报酬率指标一样的优点,而且克服了投资报酬率指标的缺陷。

例 10−3 假设【例 10−2】中,企业改用剩余收益指标考核投资中心的业绩,企业各投资中心的平均报酬率为 20%。

要求：计算甲分公司接受生产新产品的剩余收益。

生产新产品的剩余收益 = 44 000 − 200 000 × 20% = 4 000(元)

计算结果表明，甲分公司接受该项目，企业所得到的投资报酬率将超过20%，而且甲分公司可以增加剩余收益4 000元，此时甲分公司就愿意接受该项目。可见，利用剩余收益指标考核投资中心的业绩，将使企业的整体利益与投资中心的局部利益达到一致。

当然，以上结果并非说明采用剩余收益作为考核指标一定比投资报酬率好。两个指标孰优孰劣要视具体情况而定：当资金比较宽裕时，一般采用剩余收益较好，因为资金较难找到市场，只要有利可图即可；而当资金比较短缺时，应尽可能充分利用资金，将其投入最有利的项目，即投资报酬率最高的项目，以力求获得尽可能多的报酬。

投资中心的业绩评价同样以其业绩报告为依据。投资中心业绩报告的一部分内容同利润中心相似，即列示成本、收入和利润的预算数、实际数和差异数，此外还要列出经营资产平均占用额、销售利润率、投资报酬率以及剩余收益的预算数和实际数，以便对投资中心的业绩作出全面的评价。投资中心的业绩报告格式如表10-3所示。

表 10-3 某投资中心业绩报告

2018年度　　　　　　　　　　　　　　　　　　　　　　　　　　单位：元

项　　目	预 算 数	实 际 数	差 异 数
销售收入	840 000	800 000	−40 000
变动成本			
变动生产成本	500 000	480 000	−20 000
变动销售管理费用	90 000	100 000	10 000
贡献毛益	250 000	220 000	−30 000
固定成本			
固定制造费用	120 000	120 000	0
固定销售管理费用	80 000	52 000	−28 000
产品销售利润	50 000	48 000	−2 000
经营资产平均占用额	100 000	100 000	0
销售利润率	5.95%	6%	0.05%
投资报酬率	50%	48%	−2%
预期投资报酬率(30%)			
应取得报酬额	30 000	30 000	0
剩余收益	20 000	18 000	−2 000

（四）责任报告

责任报告是对各个责任中心过去一段期间生产经营情况的系统概括和总结，是根据责任会计记录编制的反映责任预算实际执行情况，或者揭示责任预算与实际执行情况差异的内部会计报告。

责任报告的基本内容根据各类责任中心的不同而不同。成本中心的责任报告以可控成本为重点;利润中心的责任报告以收入和可控成本为重点,同时要将收入和可控成本相配比,反映责任中心利润;投资中心的责任报告除了将收入和成本相配比反映利润外,还要反映投资收益。

编制责任报告时,首先,必须明确有关人员的责任,使责任预算落实到位,责任中心负责人具体负责;其次,报告要简明扼要,突出重点,把那些对经济效果有重大影响的信息重点分析,根据例外管理原则,重点说明预算差异;最后,报告编制必须适时,不必受传统会计分期原则的约束,可以定期编制,也可以根据内部经营管理的需要随时编制。

四、传统业绩考评指标的缺陷

传统的业绩考评制度,都离不开对财务指标的分析,但是,在现代市场竞争环境下,各种不确定因素对企业前景有着众多影响,仅仅通过一些财务指标已经不能满足企业业绩考评的需要,它在设计思路、具体内容和运作方式上都过于陈旧,在考评的广度和深度上都过于局限,主要表现在以下几个方面:

(1) 只注重对过去经营业绩的考评,不能对未来应采取的行动提供充分的指导。传统的业绩考评作为一种基于过去经营数据的评价,只能获取滞后指标,不能及时地捕捉到后期乃至更远的会计期间各部门(责任中心)的行为给企业创造了多少价值或对企业的价值增值有什么破坏性影响,因而不能对未来创造企业价值而采取的行动提供充分的指导。

(2) 只注重财务因素,不反映非财务因素。传统的业绩考评只注重对财务业绩的考评,而对于许多对企业经营管理有着重要影响的非财务因素,都不能作为业绩考评的内容进行评价。

(3) 只注重短期财务成果,不关注长期价值创造。传统业绩考评会造成企业部门(责任中心)过分重视取得和维持短期的财务成果,急功近利,在短期绩效方面投资过多,而在长期价值创造方面,特别是使未来增长得以实现的知识资产方面投资过少。

(4) 只注重内部各种因素,不考虑外部因素影响。传统业绩考评只注重内部各种因素,而对企业经营业绩有重要影响的许多外部因素,如供应商、客户、合作伙伴、竞争对手等,在业绩考评指标方面都没有考虑进去。

因此,传统的业绩考评只能发现问题而不能提供解决问题的思路,只能作出评价而难以改善企业的状况。面对企业日益复杂的内外部环境,单纯的财务指标已经难以全面评价企业的经营业绩,只有突破单一的财务指标,采用包括财务指标和非财务指标相结合的多元化指标体系,才能对企业各个部门(责任中心)的经营业绩作出全面、正确的评价。由此,综合业绩考评制度——平衡计分卡(该方法详见本书第十二章"业绩评价")应运而生。

第三节　内部转移价格

内部转移价格(Internal Transfer Price)也称内部结算价格,是指企业内部分公司、分厂、车间、分部等责任中心之间进行相互提供产品(或服务)、资金等内部交易时所采用的计价标准。即企业内部各责任中心之间提供产品和劳务的价格。它在企业内部起到利益再分配的作用,合理制定内部转移价格有助于分清责任,有助于调动各方面的积极性。

如果一个责任中心的产出是另一个责任中心的投入,那么合理制定内部转移价格对于正确评价相关责任中心的经营业绩就显得十分重要。内部转移价格定高了,卖方责任中心的利润就会增加,而买方责任中心的利润就会相应减少;反之亦然。内部转移价格制定得不合理,就会损害一方或几方的利益,打击企业内部的积极性。

一、制定内部转移价格的基本原则

内部转移价格在企业内部起到利益再分配的作用。合理制定内部转移价格有助于分清责任,有助于调动各方面的积极性。基于责任会计的目的,制定内部转移价格应遵循以下基本原则。

(一) 合规性原则

内部转移价格的制定、执行及调整应符合会计、财务、税收等法律法规的规定。

(二) 效益性原则

企业应用内部转移定价工具方法,应以企业整体利益最大化为目标,避免为局部追求最优而损害企业整体利益的情况;同时,应兼顾各责任中心及个人利益,充分调动各方积极性。

(三) 适应性原则

内部转移价格体系应当与企业所处行业特征、企业战略、业务流程、产品(或服务)特点、业绩评价体系等相适应,使企业能够统筹各责任中心利益,对内部转移价格达成共识。

二、内部转移价格的作用

内部转移价格的作用主要表现在以下四个方面。

(一) 有助于经济责任的合理落实

内部转移价格利用其调节手段,通过内部交易的形式在各责任中心之间调节彼此的收入和负担,使得各责任中心的经济责任合理,从而使这些经济责任易于落实。

(二) 为责任中心的激励提供一个公正和易于使用的基础

要使物质利益起到鼓励先进和鞭策后进的作用,促进企业经济效益提高,就必须联系履行责任来计算利益。责任明确合理,计算利益才能公平有效。内部转移价格提供了反映责任中心综合成果的内部利润额,也便于具体利益的计算和分配。

(三) 使企业资源得到最佳利用

制定内部转移价格,再结合最优化生产计划,可使企业资源得到最佳利用,使企业整体取得最好的经济效益。

(四) 为制定和调整新产品价格提供资料

内部转移价格还为制定新产品价格和今后调整产成品的外部销售价格等工作提供了必要的资料。

三、内部转移价格的制定方法

(一) 按标准(定额)成本制定转移价格

以标准(定额)成本作为内部转移价格,是制定内部转移价格最简便的方法。这种方法适用于成本中心之间相互提供产品或劳务,在管理工作较好的企业里,各种产品的定额资料都比较完整,能够容易地计算出各中间产品和半成品的定额成本,而实行标准成本计算的企业则有更完整的标准成本资料。因此,以标准(定额)成本作为内部转移价格制定的基础,具有相对稳定和易于操作的优点,而且将管理和核算工作结合起来,使责任清楚,避免将卖方节约或浪费的成本转嫁给买方,有利于调动买卖双方降低成本的积极性。

(二)按标准成本加成制定转移价格

按标准成本加成制定转移价格是指根据提供产品或劳务的标准成本,加上以一定合理的成本利润率计算的利润作为内部转移价格的方法。这种方法适用于提供产品或劳务的利润中心和投资中心。其优点是能够分清买卖双方的经济责任,缺点是加成利润率的确定具有一定的主观性,一般认为以最终产品成本利润率确定较为合理,因为最终产品是各有关责任中心共同创造完成的,由此创造的利润就应按有关责任中心参与的份额进行分配,各责任中心有了相同的利益,就能相互配合,更好地发展生产。

(三)按市场价格制定转移价格

按市场价格制定转移价格是指以市场价格作为提供产品或劳务的内部转移价格。这种方法适用于中间产品存在一个完全竞争市场的情况,应用于独立核算的利润中心。由于各责任中心将产品或劳务提供给企业内部和外部,都采用相同的市场价格,比较客观公正,不会偏袒任何一方,最能体现责任中心的基本要求,因此,市场价格被认为是制定内部转移价格的最好基础。

虽以市场价格作为内部转移价格,但并不意味着两者相等。由于是内部转移,卖方可以节约一定的销售费用、广告费和运输费等,因此买方往往要求内部转移价格低于市场价格。同时还要注意,有些产品或劳务是专门为企业内部生产和提供的,即没有外部市场,因而没有现成的市场价格,其内部转移价格的制定就无法以此为基础。

(四)按协商价格制定转移价格

协商价格是指各责任中心相互提供产品或劳务,以正常的市价为基础,以共同协商确定的买卖双方都愿意接受的价格作为内部转移价格。一般情况下,协商价格低于市场价格。这种方法可以兼顾买卖双方的利益并得到双方的认可,使价格具有一定的弹性。但在协商时,双方容易争执不休,讨价还价,导致各责任中心之间产生矛盾。

(五)按双重价格制定转移价格

双重价格是指买卖双方分别采用不同的价格作为内部转移价格。如果卖方提供的产品或劳务的成本高于市场价格,而买方又有权向市场购买所需的半成品或劳务,此时若以成本作为内部转移价格,则买方必定转向外部进货,由此造成卖方生产能力的闲置,使卖方和企业的整体利益都受到损失。根据目标一致性原则,买卖双方应分别按不同的价格,即卖方以成本作为"出售"价格,而买方以变动成本或市场价格作为"购入"价格,这样既能保证买卖双方的利益,又不至于损害企业整体利益。这种方法一般适用于中间产品有外部市场、卖方的生产能力不受限制且变动成本低于市场价格的责任中心。

四、内部转移价格的优点与缺点

内部转移定价的主要优点:能够清晰反应企业内部供需各方的责任界限,为绩效评价和激励提供客观依据,有利于企业优化资源配置。

内部转移定价的主要缺点:不合理的内部转移价格可能造成信息扭曲,误导相关方行为,从而损害企业局部或整体利益。

典型案例分析

华为:责任经营大放异彩

2018年5月23日,据法国媒体消息,荣耀10在欧洲地区受到了热烈的欢迎,24小时内即销售一空,首日的销量大约为10万台。其中,西班牙地区的库存在6小时内即宣告售罄。华为借助现代管理机制,发挥责任会计功效,成本中心、利润中心与投资中心大放异彩。

一、什么是责任经营

当管理层制定了公司的战略,进行战略解码之后,把公司的经营目标分解到各个部门,主要包括订货、收入、利润、回款和现金流,只有各个组织承担自己应承担的经营责任,公司经营目标才可能完成。自己该承担哪些具体经营指标?做得好对公司业绩有哪些改进?做得不好又会给公司带来哪些损失?只有目标和责任明确,才是有效责任。

二、为什么需要责任制经营

如果一个公司几十号人,每个人老总都认识,这种情况是不需要责任制经营的,每个人把自己的事情都干好就行了,主要基于对人的管理就能达成公司目标。但是当公司规模扩大了,老总管不过来的时候,就面临一个问题——分权,把老板以前一个人管的事情分给几个副总、由几个部门来承接。那么分权必然要求分责,因为责、权、利是对等的。每个部门年初的时候都来找公司要资源,但是公司的资源是有限的,需要把经营责任和权力授予各个组织,这就是责任制经营。

三、华为的责任中心建设

华为的责任中心建设是近年来华为整个管理思想演变的一个结果。其实过去华为是集权管理,没有分权,到了后面公司越来越大的时候,老总觉得决策流程特别长,项目的反应速度特别慢,就必须把权力通过授权、行权和管控的方式交给"作战部队"。

本质上来说是下放经营权、加强监控权。

(一) 下放经营权

只有将经营权下放到作战部队,让听得见炮声的人决定怎么打仗,让听见炮声的人决定怎么去呼唤炮火,才能支撑华为如此庞大的一个组织。现在华为是一个有18万员工的庞大组织,如何去支撑这样一个庞大的组织灵活地抓住市场机会,快速决策,机动作战,这是需要很强的组织能力的。

(二) 加强监控权

责任中心建设以及全面预算管理,其实就是在下放权力的过程中,起到一个约束和管控的作用,让经营权收归于公司,让作战部门"从心所欲不逾矩"。监控不是为了监控,而是为了服务作战,让作战部队在"不逾矩"的情况下"从心所欲"地作战。

很多企业其实都感觉到了,包括一些规模并不是很大的企业,都是看到了集权的弊端,也看到了放权的好处和必要性,就开始下放经营权,但是监控没有跟上。

然后就会看到这些问题:极低价的合同一线都敢签;为了完成自己的目标,恨不得把公司所有的炮火都调配到自己的区域;客户要求年采购1万台设备,年初就让公司备货1万台,在公司存放着,半年都不发货;等等。

任总的高明之处就是在放权之前就加强了监控,在LTC(营销体系,Leads to Cash)流程变革之前就先做了IFS(集成财务服务体系,Industrial and Finance Systems)变革,其中重要的核心就是责任中心建设和计划预算预测,通过这两个部分构建了约束监控机制。

四、华为责任中心组织结构

华为到目前为止是矩阵式的组织结构,还有战略、研发、业务单元、区域单元,还有一些交互支撑平台,比方说供应链、交付、财经人力资源、流程IT,支撑公司经营管理运作。

华为按照不同部门的职责和应承担的经营责任,划分为投资中心、利润中心、成本中心、费用中心,并按照这几个中心进行责任中心的定位。

五、经营指标设计

根据责任中心定位设计每个组织应承担的经营指标。这种经营目标的分解既避免了内部转移定价时带来的一些争论,减少了公司内部资源耗费,又把整个经营指标在组织内部进行分解,使得各个组织齐心协力,围绕公司经营的整体目标努力。

华为是2011年在IBM顾问的指导下,对组织做了责任中心的设计,通过匹配公司的管理体系、组织架构和责任现状,明确了每个预算单元的责任中心类型和关键的财务指标,同时构建了责任中心的一个建设流程,并且涉及人力资源、组织设立和预算等流程。

华为每年的业务计划制订出来之后,它会先对每个组织的关键绩效指标结构定义,具体的数值不谈,先把规矩定好;等到规矩定完,大家都通过了,再去定具体的目标。

从本质上看,责任制经营是公司治理架构的一个重要基石,是支撑公司战略落地到执行的过程。一个公司像一个大厦,每个组织就是大厦下面承重的地基,如何分配每个地基承受重量,保持整个大厦的稳固,这就是责任中心建设的作用。华为的责任经营制做到了授权、监督为一体,让一线部门"从心所欲而不逾矩"。

目前华为在全球33个国家市场份额都超过了15%,在18个国家市场份额超过20%,其中接近半数为欧洲国家。

【讨论】结合华为的成功经验,你认为一个优秀的企业应该怎样利用责任会计进行管理?

本章小结

责任会计是指在组织企业经营时,按照分权管理的思想划分各个内部管理层次的相应职责、权限及所承担义务的范围和内容,通过考核评价各有关方面履行责任的情况,反映其真实业绩,从而调动企业全体职工积极性的管理会计子系统。

责任中心按其责任者的责任范围不同,可以划分为成本中心、利润中心和投资中心三大类。

成本中心只对成本负责,在其业绩评价过程中,应注意区分可控成本和不可控成本、产品成本和责任成本,成本中心应该只对可控成本负责。利润中心是既对成本负责又对收入负责。投资中心是指既要对成本、利润负责,又要对投资效果负责的责任中心,其业绩评价指标有投资报酬率和剩余收益。

内部转移价格是指在实行责任会计的企业内部,有关责任中心之间转移中间产品或提供劳务时所运用的内部结算价格。

内部转移价格可以根据市场价格、成本、协商价格来制定，内部转移价格的制定原则包括：目标一致，公平合理，评价与激励相结合。

复习思考

1. 什么是责任会计？
2. 成本中心、利润中心和投资中心各自担负什么任务？
3. 什么是内部转移价格？

同步实训

一、单项选择题（每小题只有一个正确答案）

1. 在其他条件不变的情况下，总厂提高了某下级分厂生产产品的内部转移价格，其结果是（　　）。
   A. 企业总体的利润水平不变　　　　B. 企业总体的利润水平下降
   C. 企业总体的利润水平上升　　　　D. 该分厂的利润水平不变

2. 在责任会计中，对成本中心评价与考核的重点是（　　）。
   A. 产品成本　　　　　　　　　　　B. 变动成本
   C. 责任成本　　　　　　　　　　　D. 直接成本

3. 在同一企业中，提高企业内部转移价格会使企业利润总额（　　）。
   A. 上升　　　　B. 下降　　　　C. 不变　　　　D. 不确定

4. 责任会计制度的基本特征是（　　）。
   A. 目标一致　　B. 信息反馈　　C. 业绩考评　　D. 责、权、利统一

5. 制定内部转移价格应强调（　　）的最大利益。
   A. 企业内部"买方"　　　　　　　　B. 企业内部"卖方"
   C. 企业整体　　　　　　　　　　　D. 各责任中心

6. 某公司的某一部门有关资料如下：部门销售收入 30 000 元，部门销售产品变动生产成本和变动销售费用 20 000 元，部门可控固定成本 1 600 元，部门不可控固定成本 2 400 元。则该部门的边际成本为（　　）元。
   A. 10 000　　　B. 8 400　　　C. 6 000　　　D. 4 000

7. 在制定内部转移价格时，（　　）法可以将管理和核算工作结合起来，避免功过转嫁，鼓励双方降低成本。
   A. 实际成本　　　　　　　　　　　B. 标准（定额）成本
   C. 标准成本加成　　　　　　　　　D. 市场价格

8. 在其他条件不变的情况下，若调低内部转移价格，会使"卖方"的收入或内部利润（　　）。
   A. 不变　　　　B. 增加　　　　C. 减少　　　　D. 不确定

9. 投资报酬率作为考核评价投资中心经营业绩的指标，其局限性是（　　）。

A. 不能反映综合盈利能力
B. 使各投资中心不具有可比性
C. 导致个别投资中心的局部目标与企业的总体目标不一致
D. 忽略了长远利益

10. 在组织形式上,(　　)既可以是也可以不是独立的法人。
A. 成本中心　　　B. 利润中心　　　C. 投资中心　　　D. 责任中心

二、多项选择题(每小题有两个或两个以上正确答案)

1. 与成本中心考核有关的成本是(　　)。
A. 机会成本　　　　　　　　B. 可控成本
C. 不可控成本　　　　　　　D. 责任成本

2. 企业通常采用(　　)法制定内部转移价格。
A. 标准(定额)成本　　　　　B. 实际成本
C. 市场价格　　　　　　　　D. 标准成本加成

3. 以市场价格作为内部转移价格,应当具备的条件是(　　)。
A. 必须是成本中心　　　　　B. 必须是利润中心
C. 中间产品有完全竞争的市场　D. 中间产品不能从外单位购买

4. 责任中心应具备(　　)的条件。
A. 有业务活动特点　　　　　B. 有责任者
C. 有资金运动　　　　　　　D. 有经济绩效

5. 投资报酬率作为考核投资中心业绩的指标,具有(　　)的优点。
A. 可以据以选择投资机会　　B. 横向可比性
C. 反映综合盈利能力　　　　D. 可以避免短期行为

三、判断题(正确的在括号内打"√",错误的打"×")

1. 在责任会计中,责任成本应当按公司、分厂、车间、班组的层次顺序逐级汇总。(　　)
2. 剩余收益是指投资中心获得的利润扣减其投资收益后的余额。(　　)
3. 以市场价格为基础的内部转移价格,通常会低于市场价格,这之间的差额反映了与外部销售有关的销售费用、广告费等。(　　)
4. 责任中心是逐级设置的,责任成本也应该自下而上逐级汇总。(　　)
5. 较低层次责任中心的可控成本,不一定是其所属较高层次责任中心的可控成本。(　　)
6. 与成本中心相比,利润中心的权力和责任都要大得多。(　　)
7. 从企业总体来看,内部转移价格无论怎样变化,企业利润的总数不变。(　　)
8. 在中间产品处于不完全市场竞争条件下,利润中心之间、利润中心与投资中心之间的产品和劳务的转移,一般可按标准(定额)成本作为内部转移价格。(　　)
9. 在责任会计中对成本中心评价考核的重点是产品成本。(　　)
10. 责任中心的责任成本就是当期发生的各项可控成本之和。(　　)

四、计算分析题

1. 某公司下设甲、乙、丙三个子公司,均为投资中心,有关资料如表10-4所示。

表 10-4　　　　　　　　　　　　某公司子公司有关资料

子公司	经营资产平均余额/万元	预计销售利润率
甲	200	10%
乙	250	15%
丙	150	20%

假定该公司现定的最低投资报酬率为25%。

要求：

(1) 计算各分公司应达到的营业利润。

(2) 计算各分公司应实现的最低销售收入。

(3) 计算各分公司应获得的最低资金周转率。

2. 设某厂一车间及下属甲、乙两个工段都为成本中心。某月甲、乙工段和一车间可控成本有关资料如表 10-5 和表 10-6 所示。

表 10-5　　　　　　　　　　　　工段可控成本明细表　　　　　　　　　　　　单位：元

可控成本	甲 工 段		乙 工 段	
	预 算	实 际	预 算	实 际
直接材料	25 000	24 000	14 000	14 500
直接人工	12 000	12 500	7 000	6 800
制造费用	8 000	7 500	5 000	4 600

表 10-6　　　　　　　　　　　　车间可控成本　　　　　　　　　　　　单位：元

项　　目	预　算	实　际
生产管理人员工资	4 500	4 500
维修费	2 000	1 800
水电费	1 000	850
折旧费	3 000	3 000
其他	2 500	1 800

要求：根据以上资料编制甲、乙工段和一车间业绩报告。

查看答案

第十一章 作业成本计算与管理

学习目标

通过本章学习,能够了解传统成本计算方法的局限性,了解作业成本法产生的背景;理解作业成本法的基本概念;明确作业成本法的特点;掌握作业分类并加以识别;熟练掌握作业成本法的基本程序,能够采用作业成本法计算产品成本;理解作业管理的概念,熟悉作业管理的步骤,掌握作业改善应采取的措施。

导入案例

京东集团:基于价值链的全方位成本管理

2014 年 5 月,京东成功在美国纳斯达克挂牌上市,总结该企业成功背后的重要原因之一就是其基于价值链的全方位成本管理。产品成本实际就是企业全部作业所消耗资源的总和。京东基于价值链的全方位成本管理以先进的信息系统为基础,以即时库存管理为前提,以高效的物流体系为核心。该企业通过"提高价值链效率"和"降低价值链各个环节的成本"两条曲线,将成本管理嵌入价值链的各个环节。以低价甚至牺牲毛利率的方式来获得大规模销量,从而获得利润,此外靠厂商返点和其他补贴获利。

"京东商城"只有办公室、员工、库房费用,而库房成本每平方米才 0.25 元/天。没有实体店的各项成本,使得京东商城的价格比传统零售商低了三成,比国美、苏宁还要便宜。

传统渠道存在经销商、分销商、零售商等四五个环节,每个环节利润都很薄,而京东只有一个环节。为了保证其低价格的竞争力,在京东网站上的商品介绍中赫然写着:"如果您发现有比京东价格更低的,欢迎举报……"京东商城还提供正规产品的发票,以保证产品质量和售后服务。京东基于价值链全方位成本管理的启示:① 降低产品配送成本;② 提高企业的竞争力;③ 市场需求预测更准确。

思考:
1. 京东的经营过程中有哪些成本动因?
2. 京东基于价值链的全方位成本管理有什么值得借鉴的地方?

第一节 作业成本计算的产生与发展

一、革新传统成本计算方法的背景

制造费用是指为生产产品而发生的不能直接归属于某一种产品,需要采用一定的分配方法在受益对象之间分配的间接成本。传统的成本计算方法对制造费用往往是采用人工小时、机器小时等与产量密切相关的单一分配基础进行分配,因此有时也称其为"以数量为基础"的成本分配方法。

在传统的生产环境下,由于市场对产品的个性要求不明显,需求差别较少,因此导致企业生产的产品品种较为单一、结构相似,产品生产工艺与流程都比较简单。在总成本中,制造费用所占的比重不大,采用单一的分配基础或少数几个分配基础,对间接费用进行分配并计算产品成本,所提供的信息是相对准确的,能够满足企业经营管理的需要。

但在高科技广泛应用于生产过程、市场需求多样化的环境下,例如20世纪80年代以来源于日本并蔓延于欧美制造业的各种为提高生产能力服务的自动化生产系统、相关的管理理念等新的经营和制造环境,都迫切要求改进传统的成本计算方法以满足经营管理对成本信息的要求。

(一)生产方式的改变

经济的不断发展和人们生活水平的日益提高,使得市场需求逐步呈现多样化、个性化、时尚化的局面。市场需求的这种变化,要求企业放弃大批量生产和销售模式,而以品种多、质量优、功能强的产品系列去争取尽可能多的订单,并按订单适时组织生产。产品需求多样化导致工艺与操作程序多样化,进而导致作业的需求与资源耗费多样化,若仍然采用人工小时、机器小时等这些与产量密切相关的单一指标作为制造费用的分配基础,则不能客观反映不同作业成本与不同产品的关系。

(二)制造技术的革新

20世纪70年代以来,生产日趋高度自动化,计算机辅助设计、计算机辅助制造等得到广泛应用。其结果使得产品成本结构发生了巨大变化——制造费用在产品总成本中所占比重大幅上升,而直接人工在产品总成本中所占比重大幅下降。若仍然以传统制造费用作为分配基础,则显然会扭曲成本信息。

(三)管理思想的发展

先进制造系统的推广同样带来了管理思想的演变。企业从追求规模转向以客户为导向,从追求利润转向基于价值的管理,即时生产方式、弹性制造系统、物料需求计划、企业资源计划、全面质量管理等这些新的管理思想和管理概念,无一不要求企业的成本信息更加准确、及时。

二、作业成本计算的产生

由于市场需求和生产环境的变化,传统的成本分配方法不能满足经营管理对成本信息的要求。而作业成本计算将成本与作业联系起来,追踪分析作业与成本的关系,按作业来归集和分配成本,因此得到了越来越多的推广和应用,并导致了管理上的创新——作业管理的产生。这种成本核算方法恰恰弥补了传统成本计算方法的缺陷,能为企业提供大量相关、准确的成本信息,能在很大程度上帮助管理者实施价值管理。

20世纪40年代初,美国会计学家埃里克·科勒教授提出了"作业会计"的概念,并从理论和实践上加以探讨。1941年,时任美国田纳西河谷管理局主计长的科勒教授在《会计评论》杂志上发表论文,首次对作业、作业账户设置等问题进行了讨论,并提出"每项作业都设置一个账户"。1971年,乔治·斯托布斯教授在具有重大影响的《作业成本计算和投入产出会计》一书中,对"作业""成本""作业成本计算"等概念作了全面阐述。直到20世纪80年代末90年代初,哈佛大学的罗宾·库珀和罗伯特·卡普兰才首次明确提出了"作业成本法"这一概念。他们认为:"产品成本就是制造和运送产品所需全部作业的成本总和,成本计算的最基本对象是作业。作业成本法赖以存在的基础是:作业消耗资源,产品消耗作业。"这两位作者对于作业成本法的发展作出了突出贡献,他们先后发表了一系列著名的文章,对作业成本法的现实意义、运作程序、成本动因选择、成本库的建立等重要问题进行了全面深入的分析,奠定了作业成本法研究的基石。作业成本制逐步成为管理会计的主流思想,为同行所认同。此后,随着多位学者在英国、美国的《管理会计》《成本管理会计》等期刊上发表的数百篇研究作业成本法的文章,作业成本法的理论日趋完善。

20世纪60年代初期,美国通用电器公司为寻求更好的成本信息,以更有效地管理间接成本,开始对公司营运的过程进行考察,将其划分为作业,并对作业成本进行分析,这是作业成本计算的最早起源,而通用电器公司的会计人员也应是最早以作业活动探求成本发生原因的人员。

通用电器公司推行作业成本制在当时只是个案。实务界真正大规模推行、理论界逐步认同并深入研究这一方法,是从20世纪80年代才开始的。

第二节　作业成本法的基本概念

一、作业成本法

作业成本法(Activity Based Costing,ABC),即以作业为基础的成本计算方法,它与本书第六章"短期经营决策分析"中的ABC控制法不是一回事。作业成本法认为,企业的全部经营活动是由一系列相互关联的作业组成的,企业所进行的每一项作业都要耗用一定的资源,而企业生产产品都需要通过一系列的作业来完成。因而,产品成本实际上就是企业全部作业所消耗资源的总和。

作业成本法下计算产品成本时,直接成本(如直接材料、直接人工及其他直接成本)可以直接计入产品成本,而间接费用(如制造费用)的处理方法是:首先将其向各作业进行分配,然后按作业与产品之间的因果关系将作业中的成本向产品进行分配,最终完成成本计算过程。

因此,作业成本法以"作业消耗资源、产出消耗作业"为原则,按照资源动因将资源费用追溯或分配至各项作业,计算出作业成本,然后再根据作业动因,将作业成本追溯或分配至各成本对象,最终完成成本计算,是一种重要的现代成本管理方法。其涉及的基本概念主要有:

(1) 资源费用。资源费用是指企业在一定期间内开展经济活动所发生的各项资源耗费。资源费用既包括房屋及建筑物、设备、材料、商品等有形资源的耗费,也包括信息、知识产权、土地使用权等各种无形资源的耗费,还包括人力资源耗费以及其他各种税费支出等。

(2) 作业。作业是指企业基于特定目的重复执行的任务或活动,是连接资源和成本对象的桥梁。一项作业既可以是一项非常具体的任务或活动,也可以泛指一类任务或活动。按消耗对象不同,作业可按消耗对象不同分为主要作业和次要作业。主要作业是被产品、服务或客户等最终成本对象消耗的作业。次要作业是被原材料、主要作业等介于中间地位的

第十一章 作业成本计算与管理

成本对象消耗的作业。

（3）成本对象。成本对象是指企业追溯或分配资源费用、计算成本的对象物。成本对象可以是工艺、流程、零部件、产品、服务、分销渠道、客户、作业、作业链等需要计量和分配成本的项目。

（4）成本动因。成本动因是指诱导成本发生的原因，是成本对象与其直接关联的作业和最终关联的资源之间的中介。按其在资源流动中所处的位置和作用，成本动因可分为资源动因和作业动因。

二、作业

作业是指由人力、机器等所执行的任务，是企业生产经营过程中相互联系的各项具体活动。企业经营过程中的每个环节或生产过程中的每道工序都可以视为一项作业。

作业的划分是从产品设计开始到物料供应，从生产工艺流程的各个环节、质量检验总装到发运销售的全过程。如签订材料采购合同、将材料运达仓库、对材料进行质量检验、办理入库手续、登记材料明细账等，又如机加工车间所进行的车、刨、磨等加工活动，再如产品的质量检验、包装、入库等，其中每一项具体活动就是一项作业。执行任何一项作业都需要耗费一定的资源，如车工作业需要消耗材料、人工、厂房设备和动力等各项资源。一项作业可能是一项非常具体的活动，如车工作业；也可能泛指一类活动，如机加工车间的车、刨、磨等所有作业可以统称为机加工作业；甚至可以将机加工作业、产品组装作业等统称为生产作业。

根据不同的目的，有不同的作业分类标准。为便于考察和计量作业与资源消耗和产品的关系，准确地计算产品成本，现按照作业水平的不同，将作业分为单位水平作业、批次水平作业、产品水平作业、生产维持水平作业四类。这种分类也是作业成本计算中常见的分类。

（1）单位水平作业，是指生产单位产品所从事的作业，也就是与产品产量有关的作业。如直接材料、直接人工成本，该作业的成本随产量成比例变动，如果产量增加一倍，则成本也会增加一倍。

（2）批次水平作业，是指生产每批产品所从事的作业，也就是与产品批次有关的作业。如订货成本、设备调整准备成本、材料整理成本、包装发运成本等，该作业的成本与产品产量无关，但随产品批次成比例变动，产品批次越多，发生的作业成本也越多。

（3）产品水平作业，是指为支援各种产品的生产而从事的作业，也就是与产品品种有关的作业。作业的目的是服务于各项产品的生产与销售，如对一种产品编制材料清单、处理工程变更、测试线路等。这种作业的成本与产品产量和批数都无关，但会随相关产品的品种数变动而变动，品种数愈多，发生的作业成本也愈多。

（4）生产维持水平作业，是为维持生产而从事的作业，它们服务于整个企业，而不是具体产品。如工厂管理、暖气及照明和厂房折旧等。这种作业的成本为全部生产产品的共同成本，很难计量，也很难明确是被哪些产品所消耗的。所以对于生产维持水平作业的成本分配，分配基础的选择往往存在很大的主观性，因为它们不随产量、批次、品种等的变动而变动，属于固定成本。从管理的要求出发，这类成本可以作为作业期间成本，不必分配。

从以上分类可以看出，采用作业成本法将所有作业分为四大类别，在作业分类的基础上计算的成本信息更为准确；而传统成本计算方法只考虑单位水平作业，制造费用的分配主要采用与单位水平相关的分配率，不能真实反映各产品的成本信息。

三、成本动因

成本动因也称成本驱动因素,是指诱导成本发生的原因,是联系产品、作业和资源的中介因素。一项作业可以有多种成本动因。根据作业成本法的原理,可以将成本动因分为资源动因和作业动因两类。

(一)资源动因是引起作业成本变动的因素

资源动因可以用来计量各项作业对资源的耗费情况,评价作业对资源的利用程度,也可以作为分配各项资源耗费的依据。例如,产品质量检验作业需要有检验人员、房屋和专用检验的设备,并耗用一定的能源(如电力)等。检验作业作为成本对象,耗用的各项资源构成了检验作业的成本。几种常见的资源动因如表11-1所示。

表11-1　　　　　　　　　　　　常见的资源动因

资　源	资　源　动　因
人　工	消耗劳动时间
材　料	消耗材料数量
动　力	消耗电力度数
房屋租金	房屋使用面积

例11-1　恒通公司2019年10月作业甲和作业乙的人工工时总消耗为1 000小时,人工成本为6 000元;一般材料总消耗为400千克,总成本为8 000元。作业甲和作业乙消耗材料与人工情况的详细资料如表11-2所示。

表11-2　　　　　　　　　　　　资源消耗情况表

作业项目	资　源　动　因	
	消耗材料/千克	消耗工时/小时
作业甲	100	800
作业乙	300	200
合　计	400	1 000

要求:计算作业甲和作业乙的成本。
作业成本计算过程与结果如表11-3所示。

表11-3　　　　　　　　　　　　作业成本计算表

作业成本库	材料消耗量/千克	分配率	材料消耗成本	工时消耗量/小时	分配率	消耗人工成本	作业成本
作业甲	100	20①	2 000	800	6②	4 800	6 800
作业乙	300		6 000	200		1 200	7 200
合　计	400		8 000	1 000		6 000	14 000

注:① 材料成本分配率=8 000÷400=20(元/千克)
　　② 人工成本分配率=6 000÷1 000=6(元/小时)

(二)作业动因是引起产品成本变动的因素

作业动因计量各种产品对作业耗用的情况,并被用来作为作业成本的分配依据,是联结产品和作业的纽带,代表了产品或工艺设计的改善机会。例如,车间生产若干种产品,每种产品又分若干批次完成,每批产品完工后都需进行设备调整。假定每批次调整准备所发生的成本相同,则调整准备的次数(即批次)就是调整准备成本的作业动因,它是引起产品调整准备成本发生变动的因素。某期间发生的调整准备作业总成本除以调整准备的次数,即为每次调整准备所发生的成本;某种产品应承担的调整准备作业成本,等于该种产品的生产批次乘以每次调整准备成本。产品的生产批次越多,则需要进行调整准备的次数越多,应承担的调整准备作业成本越多;反之,则应承担的调整准备作业成本越少。作业分类以及与之相关的常见的作业动因如表11-4所示。

表 11-4　　　　　　　　　　作业分类及相关的常见的作业动因

作业分类	常见的作业动因
单位水平作业	产品或零部件产量、机器工时、人工工时、耗电千瓦时数等
批次水平作业	采购次数、生产准备次数、机器调整次数、材料或半成品转移次数、抽样检验次数等
产品水平作业	按产品品种计算的图纸制作份数,按产品品种计算的生产工艺改变次数,模具、样板制作数量,计算机控制系统和产品测试程序的开发,按品种下达的生产计划书份数等
生产维持水平作业	设备数量、厂房面积等

例 11-2　某家用电器制造公司生产 X 和 Y 两种产品,制造费用主要发生于加工、调整准备、检验和材料订购验收四项作业。与制造费用相关的作业、成本及其他有关资料如表11-5所示。

表 11-5　　　　　　　　　　作业与相关成本资料表

产品	机器工时/小时	调整准备/次	检验(批次)	材料订购验收/次
产品 X	1 500	50	60	20
产品 Y	1 500	25	100	30
制造费用	300 000	7 500	8 000	30 000

要求:
(1) 计算各种作业的费用分配率。
(2) 将制造费用分配给产品 X 和 Y。
(1) 各种作业的费用分配率:
加工作业的分配率 = 300 000 ÷ (1 500 + 1 500) = 100(元/小时)
调整准备作业的分配率 = 7 500 ÷ (50 + 25) = 100(元/次)
检验作业的分配率 = 8 000 ÷ (60 + 100) = 50(元/批次)
材料订购验收作业的分配率 = 30 000 ÷ (20 + 30) = 600(元/次)

(2) 产品 X、Y 应分担的制造费用：

产品 X 应分担的制造费用＝1 500×100＋50×100＋60×50＋20×600＝170 000(元)

产品 Y 应分担的制造费用＝1 500×100＋25×100＋100×50＋30×600＝175 500(元)

(三) 资源动因与作业动因的区别和联系

资源动因联结着资源和作业，而作业动因联结着作业和产品。把资源分配到作业用的动因是资源动因，把作业成本分配到产品用的动因是作业动因。资源动因是引起资源耗用的成本动因，它反映了资源耗用与作业量之间的因果关系。资源动因选择与计量为将各项资源费用归集到作业中心提供了依据。

例如，工资是企业的一种资源，把工资分配到"材料搬运"这项作业的依据是材料搬运各部门的员工数，这个员工数就是资源动因；把作业"材料搬运"的全部成本按搬运材料的重量分配到产品，则材料重量就是作业动因。当作业和产品一致时，资源动因和作业动因也是一致的。

第三节 作业成本计算法的应用和特点

一、作业成本计算

企业应用作业成本法，一般按照资源识别及资源费用的确认与计量、成本对象选择、作业认定、作业中心设计、资源动因选择与计量、作业成本归集、作业动因选择与计量、作业成本分配、作业成本信息报告等程序进行。

(一) 资源识别及资源费用的确认与计量

资源识别及资源费用的确认与计量，是指识别出由企业拥有或控制的所有资源，遵循国家统一的会计制度，合理选择会计政策，确认和计量全部资源费用，编制资源费用清单，为资源费用的追溯或分配奠定基础。资源费用清单一般应分部门列示当期发生的所有资源费，其内容要素一般包括发生部门、费用性质、所属类别、受益对象等。

资源识别及资源费用的确认与计量应由企业的财务部门负责，在基础设施管理、人力资源管理、研究与开发、采购、生产、技术、营销、服务、信息等部门的配合下完成。

(二) 成本对象选择

在作业成本法下，企业应将当期所有的资源费用，遵循因果关系和受益原则，根据资源动因和作业动因，分项目经由作业追溯或分配至相关的成本对象，确定成本对象的成本。企业应根据国家统一的会计制度，并考虑预算控制、成本管理、营运管理、业绩评价以及经济决策等方面的要求确定成本对象。

(三) 作业认定

作业认定，是指企业识别由间接或辅助资源执行的作业集，确认每一项作业完成的工作以及执行该作业所耗费的资源费用，并据以编制作业清单的过程。作业认定的内容主要包括对企业每项消耗资源的作业进行识别、定义和划分，确定每项作业在生产经营活动中的作用、同其他作业的区别以及每项作业与耗用资源之间的关系。

作业认定一般包括以下两种形式：

(1) 根据企业生产流程，自上而下进行分解。

(2)通过与企业每一部门负责人和一般员工进行交流,自下而上确定他们所做的工作,并逐一认定各项作业。企业一般应将两种方式相结合,以保证全面、准确地认定作业。作业认定的具体方法一般包括调查表法和座谈法。

企业对认定的作业应加以分析和归类,按顺序列出作业清单或编制出作业字典。作业清单或作业字典一般应当包括作业名称、作业内容、作业类别、所属作业中心等内容。

(四)作业中心设计

作业中心设计,是指企业将认定的所有作业按照一定的标准进行分类,形成不同的作业中心,作为资源费用追溯或分配对象的过程。作业中心可以是某一项具体的作业,也可以是由若干个相互联系的能够实现某种特定功能的作业的集合。

企业可按照受益对象、层次和重要性,将作业分为以下五类,并分别设计相应的作业中心:

(1)产量级作业,是指明确地为个别产品(或服务)实施的、使单个产品(或服务)受益的作业。该类作业的数量与产品(或服务)的数量成正比例变动,包括产品加工、检验等。

(2)批别级作业,是指为一组(或一批)产品(或服务)实施的、使该组(或批)产品(或服务)受益的作业。该类作业的发生是由生产的批量数而不是单个产品(或服务)引起的,其数量与产品(或服务)的批量数成正比变动,包括设备调试、生产准备等。

(3)品种级作业,是指为生产和销售某种产品(或服务)实施的、使该种产品(或服务)的每个单位都受益的作业。该类作业用于产品(或服务)的生产或销售,但独立于实际产量或批量,其数量与品种的多少成正比例变动,包括新产品设计、现有产品质量与功能改进、生产流程监控、工艺变换需要的流程设计、产品广告等。

(4)客户级作业,是指为服务特定客户所实施的作业。该类作业保证企业将产品(或服务)销售给个别客户,但作业本身与产品(或服务)数量独立,包括向个别客户提供的技术支持活动、咨询活动、独特包装等。

(5)设施级作业,是指为提供生产产品(或服务)的基本能力而实施的作业。该类作业是开展业务的基本条件,其使所有产品(或服务)都受益,但与产量或销量无关,包括管理作业、针对企业整体的广告活动等。

(五)资源动因选择与计量

资源动因是引起资源耗用的成本动因,它反映了资源耗用与作业量之间的因果关系。资源动因选择与计量为将各项资源费用归集到作业中心提供了依据。企业应识别当期发生的每一项资源消耗,分析资源耗用与作业中心作业量之间的因果关系,选择并计量资源动因。企业一般应选择那些与资源费用总额呈正比例关系变动的资源动因作为资源费用分配的依据。

(六)作业成本归集

作业成本归集,是指企业根据资源耗用与作业之间的因果关系,将所有的资源成本直接追溯或按资源动因分配至各作业中心,计算各作业总成本的过程。

作业成本归集应遵循以下基本原则:

(1)对于为执行某种作业直接消耗的资源,应直接追溯至该作业中心。

(2)对于为执行两种或两种以上作业共同消耗的资源,应按照各作业中心的资源动因量比例分配至各作业中心。

(七) 作业动因选择与计量

作业动因选择与计量，是指为便于将资源费用直接追溯或分配至各作业中心，企业还可以按照资源与不同层次作业的关系，将资源分为如下五类：

(1) 产量级资源，包括为单个产品（或服务）所取得的原材料、零部件、人工、能源等。

(2) 批别级资源，包括用于生产准备、机器调试的人工等。

(3) 品种级资源，包括为生产某一种产品（或服务）所需要的专用化设备、软件或人力等。

(4) 顾客级资源，包括为服务特定客户所需要的专门化设备、软件和人力等。

(5) 设施级资源，包括土地使用权、房屋及建筑物，以及所保持的不受产量、批别、产品、服务和客户变化影响的人力资源等。对产量级资源费用，应直接追溯至各作业中心的产品等成本对象。对于其他级别的资源费用，应选择合理的资源动因，按照各作业中心的资源动因量比例，分配至各作业中心。企业为执行每一种作业所消耗的资源费用的总和，构成该种作业的总成本。

(八) 作业成本分配

作业成本分配，是指企业将各作业中心的作业成本按作业动因分配至产品等成本对象，并结合直接追溯的资源费用，计算出各成本对象的总成本和单位成本的过程。

作业成本分配一般按照以下两个程序进行：

(1) 分配次要作业成本至主要作业，计算主要作业的总成本和单位成本。企业应按照各主要作业耗用每一次要作业的作业动因量，将次要作业的总成本分配至各主要作业，并结合直接追溯至次要作业的资源费用，计算各主要作业的总成本和单位成本。有关计算公式如下：

次要作业成本分配率 ＝ 次要作业总成本 ÷ 该作业动因总量

某主要作业分配的次要作业成本 ＝ 该主要作业耗用的次要作业动因量 × 该次要作业成本分配率

主要作业总成本 ＝ 直接追溯至该作业的资源费用 ＋ 分配至该主要作业的次要作业成本之和

主要作业单位成本 ＝ 主要作业总成本 ÷ 该主要作业动因总量

(2) 分配主要作业成本至成本对象，计算各成本对象的总成本和单位成本。企业应按照各主要作业耗用每一个次要作业的作业动因量，将次要作业成本分配至各主要作业，并结合直接追溯至成本对象的单位水平资源费用，计算各成本对象的总成本和单位成本。有关计算公式如下：

某成本对象分配的主要作业成本 ＝ 该成本对象耗用的主要作业成本动因量 × 主要作业单位成本

某成本对象总成本 ＝ 直接追溯至该成本对象的资源费用 ＋ 分配至该成本对象的主要作业成本之和

某成本对象单位成本 ＝ 该成本对象总成本 ÷ 该成本对象的产出量

(九) 作业成本信息报告

报告的目的是通过设计、编制和报送具有特定内容和格式要求的作业成本报表，向企业内部各有关部门和人员提供其所需要的作业成本及其他相关信息。作业成本报表的内容和格式应根据企业内部管理需要确定。作业成本报表提供的信息一般应包括以下内容：

(1) 企业拥有的资源及其分布以及当期发生的资源费用总额及其具体构成的信息。

(2) 每一成本对象总成本、单位成本及其消耗的作业类型、数量及单位作业成本的信息，以及产品盈利性分析的信息。

(3) 每一作业或作业中心的资源消耗及其数量、成本以及作业总成本与单位成本的信息。

(4) 与资源成本分配所依据的资源动因以及作业成本分配所依据的作业动因相关的信息。

(5) 资源费用、作业成本以及成本对象成本预算完成情况及其原因分析的信息。

(6) 有助于作业、流程、作业链（或价值链）持续优化的作业效率、时间和质量等非财务信息。

(7) 有助于促进客户价值创造的有关增值作业与非增值作业的成本信息及其他信息。

(8) 有助于业绩评价与考核的作业成本信息及其他相关信息。

(9) 上述各类信息的历史或同行业比较信息。

总之，在实践中，传统的成本计算方法，是首先将直接成本（如直接材料、直接人工等）直接计入产品成本而将各种不同性质的间接费用（如制造费用）归集到生产部门（如车间、分厂等），然后以数量为基础将制造费用分摊到有关产品。即把生产活动中发生的资源耗费，通过直接计入和分摊计入两种方式计入产品成本，即"资源→产品"。

而作业成本法的前提是：企业的产品由作业完成，而对作业的需求需要耗用资源，即"产品消耗作业，作业消耗资源"。作业成本法下的成本计算过程除了把直接成本追溯到产品以外，还要将各项间接费用先分配到各有关作业，并把作业看成是按产品生产需求重新组合的"资源"，然后按照作业消耗与产品之间不同的因果关系，将作业成本分配到产品中，计算过程可以概括为"资源→作业→产品"。作业一与甲产品成本归集情况如图 11-1 所示。其他作业与产品的归集原理与此相同。

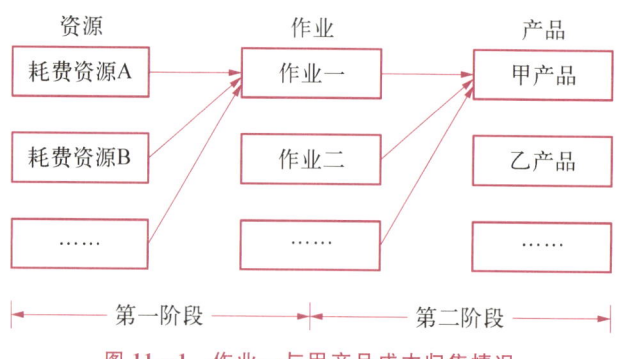

图 11-1 作业一与甲产品成本归集情况

因此，可以把作业成本法产品间接成本的计算过程划分为两个阶段：第一阶段，将资源按照资源动因分配至作业；第二阶段，根据作业动因将每个作业成本库中的成本分配到产品对象中。

二、作业成本法的应用

例 11-3 某公司同时生产甲、乙两种产品。2018 年 10 月,该公司发生的制造费用总计 600 000 元,过去该公司制造费用按直接人工工时进行分配,有关资料如表 11-6 和表 11-7 所示。

表 11-6　　　　　　　　　　　产品相关资料表(一)

项　目	甲产品	乙产品
产量/件	2 000	4 000
直接材料成本/(元/件)	60	80
材料用量/千克	6 000	4 000
直接人工工时/(小时/件)	2	1.5
机器调控次数	15	5
产品抽检比例/%	50	25
小时工资率/(元/小时)	30	30

表 11-7　　　　　　　　　　　产品相关资料表(二)

作业项目	成本动因	成本库	制造费用/元
质量控制	抽检件数	质量控制	300 000
机器调控	调控次数	机器调控	200 000
材料整理	整理数量	材料整理	100 000
制造费用合计			600 000

要求:分别采用传统成本法和作业成本法两种方法计算成本。
(1) 传统成本法下的产品成本计算。
① 制造费用分配(表 11-8)。

表 11-8　　　　　　　　　　　制造费用分配表

产品名称	人工工时/小时	分配率/(元/小时)	分配金额/元
甲产品	2×2 000=4 000	60	240 000
乙产品	1.5×4 000=6 000	60	360 000
合　计	10 000		600 000

② 产品成本计算(表 11-9)。

表 11-9　　　　　　　　　　　　　　传统成本法下的产品成本计算表

成本项目	甲产品		乙产品	
	单位成本/(元/件)	总成本/元	单位成本/(元/件)	总成本/元
直接材料成本	60	120 000	80	320 000
直接人工成本	30×2=60	120 000	30×1.5=45	180 000
制造费用	60×2=120	240 000	60×1.5=90	360 000
合　计	240	480 000	215	860 000

(2) 作业成本法下的产品成本计算。

① 制造费用分配率计算(表 11-10)。

表 11-10　　　　　　　　　　　　　　制造费用分配率计算表

成本库	制造费用/元	成本动因	分配率
质量控制	300 000	抽检件数(件) 甲产品：2 000×50%=1 000 乙产品：4 000×25%=1 000 合　计：　　　　　2 000	300 000÷2 000=150(元/件)
机器调控	200 000	15+5=20(次)	200 000÷20=10 000(元/次)
材料整理	100 000	甲产品：6 000 千克 乙产品：4 000 千克 合　计：10 000 千克	100 000÷10 000=10(元/千克)

② 制造费用分配(表 11-11)。

表 11-11　　　　　　　　　　　　　　制造费用分配表

成本库	制造费用/元	分配率	甲产品		乙产品	
			消耗动因	分配成本/元	消耗动因	分配成本/元
质量控制	300 000	150(元/件)	1 000 件	150 000	1 000 件	150 000
机器调控	200 000	10 000(元/次)	15 次	150 000	5 次	50 000
材料整理	100 000	10(元/千克)	6 000 千克	60 000	4 000 千克	40 000
合　计	600 000	—	—	360 000	—	240 000

③ 产品成本计算(表 11-12)。

表 11-12　　　　　　　　　　产品成本计算表

成本项目	甲产品		乙产品	
	单位成本/(元/件)	总成本/元	单位成本/(元/件)	总成本/元
直接材料成本	60	120 000	80	320 000
直接人工成本	30×2＝60	120 000	30×1.5＝45	180 000
制造费用	360 000÷2 000＝180	360 000	240 000÷4 000＝60	240 000
合　计	300	600 000	185	740 000

三、作业成本法的特点

与传统成本计算方法相比，作业成本法主要有以下几个特点：

（一）对产品间接费用的分配更为合理

与传统成本计算方法相比，作业成本法的分配基础（成本动因）发生了质变。它不再仅仅采用单一的"数量"作为分配标准，而是采用多元分配基准，集财务变量与非财务变量于一体，且特别强调非财务变量（如调整准备次数、运输距离、质量检验次数等）。因此，作业成本法所提供的成本信息要比传统成本计算方法准确得多。

（二）"作业"是作业成本法的基本成本对象

传统成本计算方法主要以产品为成本对象来计算成本。而作业成本法以"作业"作为最基本的成本计算对象，产品的成本计算需要先通过作业成本进行分配。正是由于作业成本法可以提供各项作业耗费的成本信息，因此管理人员开展作业管理并改善作业链成为可能。

（三）作业成本法的成本计算比完全成本法更具体

传统的完全成本法将许多成本项目列作期间费用，在发生的当期"一次性扣除"而不是加以分配。在作业成本法下，对于营销、产品设计等领域发生的成本，只要这些成本与特定的产品相关，则可通过有关作业分配至有关产品（或其他成本对象），这样所提供的成本信息更有利于企业进行定价等相关决策。

（四）所有成本均是变动的

传统成本计算方法下有相当一部分成本，因其在相关范围内不随产量（或机器小时等其他业务量）的变化而变化，所以被划分为固定成本。而从作业成本法的观点看，这部分成本虽然不随产量的增加而增加，但却会随其他因素的变化而变化，这些因素包括产品批次、生产线的调整、企业生产能力的增减等。作业成本法将所有成本均视为变动的，这有利于企业分析成本产生的动因，进而降低成本。

四、作业成本法的优点与缺点

企业应用作业成本法所处的外部环境，一般应具备以下情形之一：一是客户个性化需求较高，市场竞争激烈；二是产品的需求弹性较大，价格敏感度高。

作业成本法的主要优点是：① 能够提供更加准确的各维度成本信息，有助于企业提高产品定价、作业与流程改进、客户服务等决策的准确性；② 改善和强化成本控制，促进绩效管理的改进和完善；③ 推进作业基础预算，提高作业、流程、作业链（或价值链）管理的能力。

作业成本法的主要缺点是：部分作业的识别、划分、合并与认定，成本动因的选择以及成本动因计量方法的选择等均存在较大的主观性，操作较为复杂，开发和维护费用较高。

因此，作业成本法一般适用于具备以下特征的企业：作业类型较多且作业链较长；同一生产线生产多种产品；企业规模较大且管理层对产品成本准确性要求较高；产品、客户和生产过程多样化程度较高；间接或辅助资源费用所占比重较大；等等。

第四节　作业管理概述

随着市场竞争的日益激烈和企业内部经营环境、制造环境的持续转变，传统成本管理已难以适应。而以作业成本计算为基础的作业管理，不仅能够提供各种更加准确的作业成本信息，有利于企业更好地进行成本控制和经营决策，而且能够利用所提供的成本信息，发现作业乃至价值链中的浪费现象并分析其原因，从而消除不增加客户价值的作业，实现企业竞争力和盈利能力的不断提升。因此，作业管理对于迫切需要改进管理以适应经营环境变化的企业来说，具有更大的吸引力。

一、作业管理的含义

作业管理（Activity-based Management，ABM），是指以客户需求为出发点，以作业分析为核心，利用作业成本计算所获得的信息对作业链不断进行改进和优化，以达到不断消除浪费、提高客户价值的目的，从而使企业获得竞争优势的一种先进的成本管理方式。在这种观点作用下，进行作业链分析、控制与改进成为作业管理的核心。

作业链（Activity Chain），是指现代企业为了满足顾客需要而设立的一系列前后有序的作业的集合体，包括研发、设计、生产、营销、配送等；还有的是指某一特定过程中所包含的相互联系的各项作业。

企业以顾客需求为出发点设计和建立作业链，通过对作业链进行分析有助于消除非增值作业，进而达到降低产品成本、提高经济效益的目的。例如，为了实现降低原材料采购成本这一目标，必须设计包括采购计划的拟定、供应商的选择、签订采购合同、运输、保险、质量检验等一系列作业，而不是其中某一项作业。又如，企业为了提高客户价值，则往往需要对研发、设计、原料采购、生产、营销、配送等各个方面的作业，乃至整个作业链，进行不断改进、完善，以提高产品有用性，增加客户的有形和无形利益，不断消除浪费，全面降低成本。

价值链（Value Chain）是作业链的价值表现。生产经营中的各项作业有序进行，在作业转移的同时伴随着价值的转移，最终产品是全部作业的集合，同时也表现为全部作业价值的集合。作业链的形成过程，也就是价值链的形成过程，要想提高价值，必须改进作业链；而作业链的完善是从价值链分析开始的。

二、作业管理的基本步骤

作业管理的目的是寻求企业经营活动的持续改善。在价值链中，各项作业耗费的成本不同，对企业的贡献也不一样。企业区分所从事的主要作业，评价作业对企业的价值贡献，目标之一是识别非增值作业及其成本,从而确定对非增值作业的消除或作业的改善措施。

非增值作业是指企业经营活动中不必要的或可以消除的,或者虽然必要但效率不高或可以改进的作业。相应地,非增值作业所发生的成本称为非增值成本,消耗这些作业及成本不影响产品或服务的质量、功能和价值等。

实施作业管理应结合传统成本控制的一般程序,围绕作业及作业链的分析来进行。实施作业管理的基本步骤如下:

(一) 分析客户需求

通过调查了解客户对产品性能、结构、外观等方面的要求,并研究为有效满足顾客需求,企业应该从事的工作,为进一步的作业分析奠定基础。

(二) 分析作业链构成

分析作业,即要搞清楚企业的经营活动全过程究竟包括哪些作业,它们的内在联系是什么,每项作业发生的原因又是什么;重要作业是哪些,重要作业又可以分解为哪些具体的实施环节。如采购作业是重要作业,还可以进一步分解为招标、选择供货商、发出订单、采购、验收入库等环节。

(三) 区分增值作业与非增值作业

正确区分增值作业与非增值作业,是作业管理有效实施的关键,意义重大。企业必须对价值链中各具体环节的作业进行逐一检查分析,以识别哪些作业是增值作业,哪些作业是非增值作业。

对于增值作业,应考查其工作效率,在研究提高其效率的同时应保证其不被消除,否则会降低企业价值;对于非增值作业,应在保证产品质量和企业价值的前提下尽可能压缩或消除。如搬运作业,在加工环节之间的搬运是增值作业,是必要的,应在保留的前提下设法提高其效率;而在仓库之间的搬运是非增值作业,是不必要的,应设法压缩或消除。

(四) 分析作业执行情况

分析作业水平的高低以及作业的利用效果,以便及时发现问题,采取措施,以达到合理配置资源、降低作业成本的目的。

(五) 采取措施,改善企业经营管理

企业应在作业分析的基础上,采用先进的方法以及有效的措施,优化作业链,同时尽量提高增值作业的利用效率,从而达到不断改善生产经营、确保低成本竞争优势的最终目的。

三、作业价值分析

对于一个制造业企业,其全部经营活动的核心,也就是企业价值链的关键环节,是生产过程。企业的生产过程是通过执行一系列作业来实现的。作业价值分析就是以客户的需求为出发点,对作业产生的原因、作业执行的情况以及作业执行的结果进行全面分析,即在进行市场调查、明确客户意愿及需求的基础上,对产品成本形成过程及分配过程所展开的分析,从而消除非增值作业或降低非增值成本,实现优化价值链、提高客户价值,从而增加企业盈利的最终目标。作业价值分析主要包括以下几个方面:

(一) 动因分析

动因分析是指以客户需求为出发点,对作业与产品成本的驱动因素的合理性进行的分析,以确定各项作业存在的必然性、成本动因的合理性以及利用的效率。动因分析可以帮助

我们从源头对作业进行思考，对一项作业在价值链中存在的意义和价值，作出初步判断。

（二）价值链分析

价值链分析是对作业的协调状况进行分析。在实际工作中，即使所有单项作业的利用效率高，也不意味着作业之间相互协调得好，作业之间重叠与断开的现象都不利于企业价值的实现。应尽量消除作业链的重叠和断开现象，使其转化为理想的作业链。理想的作业链应是作业与作业之间环环相接，没有重叠和断开的现象，作业之间的等待或延误最小。

（三）增值作业的确认

增值作业是指满足客户需要所必需的作业，是应该保留在价值链中的作业，如产品设计、加工、产品交付等；非增值作业是客户不需要而不能形成价值增值的作业，也就是不应保留在价值链中、需要从价值链中消除或通过持续改善逐步消除的作业，如存货中的储存、整理和搬运，生产中的待料或机器维修引起的停工，因产品存在质量问题而进行的返修、重复检测等一般都属于非增值作业。判断增值作业与非增值作业的标准是：如果去掉某项作业，仍然能够为客户提供与以前同样效果的服务，则该项作业为非增值作业，否则为增值作业。

四、改善作业的具体措施

作业管理的最终目的是在保证客户价值不变的前提下尽可能改善作业，提高增值作业的效率和消除无增值作业。在实际工作中，要想达到彻底消除非增值作业的目的往往是不可能的，但是我们可以根据实际情况采用作业消除、作业选择、作业减少、作业分享等措施来实现，具体内容如下：

（一）作业消除

作业消除是指采取措施将经过作业分析所确定的非增值作业消除，以减少不必要的耗费，提高成本效率。例如，对购入的材料或零部件的检验作业，可以通过挑选信誉可靠的供应商，保证其供货质量，使检验作业得以消除。消除一项作业，往往不是只针对该项作业采取措施，而是很有可能涉及其他若干项作业，甚至整个生产过程或经营过程。例如，产品质量检验是一项非增值作业，在产品质量不能保证达到百分之百合格的情况下，消除该项作业是不可能的，需要在整个生产过程甚至包括研发、设计、采购等其他过程得到全面的质量改善情况下，才能消除质量检验作业。

（二）作业选择

作业选择是指分析达到目标的不同作业或不同策略，选择其中最佳的作业或策略。最佳的作业可能是效果相同但成本最低的或成本相同但效率最高的作业。例如，加工某产品可以采用不锈钢材，但也可以采用普通钢材，如果通过表面处理，后者可以达到同样的效果，且不影响产品质量，不降低客户价值，那么就应选择成本低的普通钢材。又如，扩大产品生产规模，可以对现有的生产线加以改造扩张，也可以新投资一条生产线，或者寻求合作伙伴，不同的扩张措施下作业构成不同，发生的成本就不同，效果也会不一样。再如，开展营销策略和促销活动，促销方式不同，促销活动引发的作业不同，产生的效果和发生的成本也会不同。通过作业成本计算，比较作业的成本和效率，如果作业效果相同，则选择成本最低的作业；如果成本不相上下，则选择效率最高或效果最好的作业。

(三)作业减少

作业减少是指对于一项增值作业来说,降低对它的需求,就等于提高了它的效率。例如,将原来需要 6 个机器工时的加工工艺压缩为 4 个机器工时,工时减少导致作业成本也减少。对难以立即消除的非增值作业,可以采取不断改进的方式,降低作业消耗的资源或时间,或提高作业效率以尽量减少作业量,降低成本耗费。例如,生产过程中的半成品搬运,可以通过改进工厂设置、缩短运送距离,进而减少运送作业、降低作业成本。又如不合格品的返工作业,若产品合格率提高了,则不合格的产品就减少了,对这项作业的需求也就降低了。

(四)作业分享

作业分享是指充分利用企业的生产能量使之达到规模经济效应,提高单位作业的效率。如不增加某种作业的成本而增加作业的处理量,使单位成本动因的成本分配率下降。这也是提高作业效率的一个途径。所谓分享,即几种产品分享一项作业的产出。例如,原来一部机器只为一种产品加工专用的螺钉、螺母,若该部机器可为多种产品提供服务,就能扩大产出,从而可避免能力的闲置。对于不可消除的作业,扩大其分享范围是改进作业、提高效率的最佳方式。

上述作业管理的任何措施都离不开作业成本计算提供的成本信息,所以说作业成本计算是作业管理的基础。作业管理过程中不断改进作业、降低成本的理念应贯穿企业经营管理的全过程。企业在采取措施降低成本时,改善作业的四种途径往往需要结合起来考虑。需要说明的是,企业消除非增值作业,提高增值作业的效率,往往会造成作业能力的闲置,如厂房、设备、人员等方面的资源多余,如果不能将闲置资源充分利用或处置,则消除浪费的效果就不能充分得以实现。

 典型案例分析

宝钢集团:作业成本法的灵活运用

宝钢集团公司(简称"宝钢")是中国最大、最现代化的钢铁联合企业。公司专业生产高技术含量、高附加值的钢铁产品。在汽车用钢,造船用钢,油、气开采和输送用钢,家电用钢,不锈钢,特种材料用钢以及高等级建筑用钢等领域,宝钢集团在成为中国市场主要钢材供应商的同时,产品出口日本、欧美四十多个国家和地区。经过多年的悉心培育和建设,宝钢已在国内拥有一批稳定的直供用户群和覆盖各地的营销网络,在薄板研发、制造及营销方面已初步形成核心竞争力,为公司的可持续发展奠定了比较坚实的基础。

宝钢旗下业务单元众多,而不同业务单元价值链改进的重点又有所不同。为了解决这个矛盾,宝钢针对不同的业务单元,采取了灵活而各具特色的作业成本管理方法。譬如炼铁单元的重点是加强班组之间的对标,通过提高操作水平降低生产消耗;炼钢单元的重点是细化钢种成本,为公司产品定价提供决策支持;冷轧单元的重点是加强作业流程梳理、消除不增值作业、提高作业效率等。

一、大力推进作业成本管理

宝钢的作业成本管理侧重于生产流程管理,运用作业成本的思路,对资源在公司内部每一生产环节的消耗进行具体分析和控制,划分作业中心,实施作业消除、作业选择、作业减少和作业分享,进一步优化作业链、价值链和产品种类与生产数量的组合。钢铁制造过程复杂,工序多,要面面俱到不仅浪费资源,而且也加大了工作的难度。管理也是有成本的,管理要体现出效益,就必须区分重点。宝钢将各部门、各工序的重点成本,如维修费用、服务费用、能源、轧辊、锌、锡、涂料、包装等列入重要关注对象,将强化成本管理与业务管理相结合,寻找影响成本发生的主要动因,科学制定成本标准,完善标准成本管理。

二、作业、资源及成本动因的划分

严格按照作业成本法的理念,结合配件区作业特点,首先罗列出所有影响配件成本变化的动因,然后从中找出最重要的作业,不断优化作业流程,降低物资消耗,最终实现"小时能力最大,成材率最高,物资消耗最低"的目标。

配件厂主要生产两大类产品:接箍和工具接头,根据产品的加工路径不同来划分不同的加工作业,据此确定资源的消耗情况。

具体确定原则如下:

(1) 配件区的最终产品按照产品大类分为接箍和工具接头,在根据各自特点划分明细产品(分产品)。

(2) 配件区作业成本推进必须与钢管厂明细产品成本推进相结合,为钢管产品明细产品成本计算提供扩展成本支撑。

(3) 接箍作业成本核算对象按照接箍的英制改革和出钢记号不通来区分,按只计算,英制规格与详细规格的对照关系由配件区完成。

(4) 接箍加工的主要作业包括:切管、车丝、探伤、表面处理。

(5) 工具接头作业成本核算对象按照工具接头的类型和台肩类型不同划分,工具接头按对进行成本计算。

(6) 工具接头的主要加工作业包括:外协深加工、超声波探伤、镗锥孔、热处理、车丝、磁粉探伤、表面处理和硬质合金堆焊。

(7) 配件作业区的设备维修费用与作业的关系,由设备管理室根据不同机床固定资产净值与投入的维修费用比较分析,找出降低维修用的具体方法。

三、实施作业成本法的效果

(1) 根据产线设备特点,科学组织生产,提高最大产能和综合盈利能力。

(2) 优化工艺流程,减少非增值作业,提升了现场管理水平。

(3) 针对成本消耗大的作业工序,采用技术创新。提高了成材率,降低了成本消耗。

【讨论】以宝钢为例,谈谈作业成本法如何适用于制造业企业,并思考作业成本法是否仅适用于制造业企业?

本章小结

在竞争异常激烈的市场经济条件下,传统成本计算方法采用单一的"数量"作为分配基础分配在产品成本中占绝大比重的间接成本,其所提供的扭曲的成本信息已不能够满足企业强化管理、提高效益、参与市场竞争的要求。作业成本法随之产生。

作业成本法是以作业为基础的成本计算方法,它是将生产产品(包括提供的服务)所消耗的资源按作业归集,再由作业分配至产品的一种成本计算方法。作业成本法认为,企业的全部经营活动是由一系列相互关联的作业组成的,企业所进行的每一项作业都要耗用一定的资源,而企业生产产品都需要通过一系列的作业来完成。

与传统成本计算方法相比,作业成本法的分配基础(成本动因)发生了质变。它不再仅仅采用单一的"数量"作为分配标准,而是采用多元分配基准,集财务变量与非财务变量于一体,且特别强调非财务变量(如调整准备次数、运输距离、质量检验次数等)。因此,作业成本法所提供的成本信息要比传统成本计算方法准确得多。

作业管理是指以客户需求为出发点,以作业分析为核心,利用作业成本计算所获得的信息对作业链不断进行改进和优化,以达到不断消除浪费、提高客户价值的目的,从而使企业获得竞争优势的一种先进的成本管理方式。改善作业的措施主要有作业消除、作业选择、作业减少和作业分享。作业价值分析的内容主要有动因分析、价值链分析和增值作业的确认三个方面。

复习思考

1. 什么是作业成本法?作业成本法产生的背景是什么?
2. 什么是作业?按照作业水平的不同可以将作业划分为哪几种类型?
3. 什么是成本动因?成本动因有哪些类型?
4. 采用作业成本法计算产品成本的具体步骤有哪些?
5. 作业成本法的特点有哪些?
6. 什么是作业管理?作业管理的基本步骤有哪些?
7. 什么是增值作业?什么是非增值作业?判断的标准是什么?
8. 改善作业的具体措施有哪些?

同步实训

一、单项选择题(每小题只有一个正确答案)

1. 企业生产经营过程中各项独立并相互联系的具体活动是指( )。
   A. 作业管理 B. 作业 C. 作业链 D. 价值链
2. 下列选项中,属于满足客户需求所必需的作业是( )。
   A. 成本动因 B. 增值作业 C. 非增值作业 D. 价值链
3. 作业成本法是指以( )为基础的成本计算方法。
   A. 产品 B. 作业 C. 客户 D. 订单
4. 单位水平作业的作业成本高低与( )成比例变动。
   A. 产品产量 B. 作业的批次
   C. 产品的品种数 D. 企业生产维持水平
5. 打算降低批次水平作业成本,只能设法减少( )。
   A. 作业批次 B. 产品产量 C. 单位成本 D. 变动成本
6. 为维持整个企业生产而从事的作业是指( )。
   A. 单位水平作业 B. 批次水平作业
   C. 产品水平作业 D. 生产维持水平作业
7. 下列选项中,属于机器调整作业的作业动因是( )。
   A. 产品设计 B. 生产批次 C. 产品产量 D. 机器大修次数

8. 下列选项中,属于人工的资源动因通常是( )。
   A. 人工小时　　　B. 机器小时　　　C. 材料消耗数量　　　D. 生产批次
9. 下列选项中,能够反映作业量与资源耗费之间因果关系的是( )。
   A. 资源动因　　　B. 作业动因　　　C. 产品动因　　　D. 成本动因
10. 下列选项中,属于较难确定作业动因的是( )。
    A. 生产维持水平作业　　　　　　　B. 产品水平作业
    C. 批次水平作业　　　　　　　　　D. 单位水平作业
11. 下列选项中,能够反映作业量与产品之间因果关系的是( )。
    A. 资源动因　　　B. 作业动因　　　C. 产品动因　　　D. 成本动因
12. 下列选项中,能够从价值上反映企业作业链的指标是( )。
    A. 产品　　　　　B. 作业量　　　　C. 价值链　　　　D. 作业
13. 现代企业为了满足顾客需要而设立的一系列前后有序的作业的集合体指的是( )。
    A. 价值链　　　　B. 作业链　　　　C. 生产过程　　　D. 作业
14. 可以从公司成本中去除或降低且不影响产品质量的成本是( )。
    A. 增值作业成本　　　　　　　　　B. 可变成本
    C. 非增值作业成本　　　　　　　　D. 间接费用

二、多项选择题(每小题有两个或两个以上正确答案)

1. 根据作业成本法的原理可以将成本动因分为( )。
   A. 产品动因　　　B. 作业动因　　　C. 资源动因　　　D. 需求动因
2. 在理想的状态下,企业生产经营过程中属于增值作业的有( )。
   A. 产品设计　　　B. 存货中的储存　C. 产品加工　　　D. 产品交付
3. 下列各项中,属于生产维持水平作业的有( )。
   A. 产品设计　　　B. 人事管理　　　C. 一般管理　　　D. 产品介绍
4. 按照作业水平的不同可将作业分为( )。
   A. 单位水平作业　　　　　　　　　B. 批次水平作业
   C. 产品水平作业　　　　　　　　　D. 维持水平作业
5. 下列选项中,属于批次水平作业的有( )。
   A. 订单处理　　　　　　　　　　　B. 机器调整
   C. 产品设计　　　　　　　　　　　D. 产品检验
6. 实际工作中可以采用的改善作业的具体措施有( )。
   A. 作业消除　　　B. 作业选择　　　C. 作业减少　　　D. 作业分享
7. 与传统成本法相比,作业成本法的特点主要有( )。
   A. 对产品间接费用的分配更为合理
   B. "作业"是作业成本法的基本成本对象
   C. 作业成本法的成本计算比完全成本法更具体
   D. 所有成本均是变动的

三、判断题(正确的在括号内打"√",错误的打"×")

1. 作业成本法对间接制造费用的分配往往是采用人工小时、机器小时等这些与产量密

切相关的单一分配基础。（　）

2. 在传统的生产环境下，由于生产工艺流程较为简单，间接制造费用所占的比重不大，因此采用传统成本法，所提供的成本信息是相对准确的。（　）

3. 作业成本法是以产品为基础的成本计算方法。（　）

4. 企业生产经营过程中相互联系的每项环节或每道工序都可以视为一项作业。（　）

5. 批次水平作业的成本随产量增加成比例增加。（　）

6. 因质量问题出现的返修、重复检测等工作属于增值作业。（　）

7. 产品设计作业的成本与生产批次无关。（　）

8. 作业管理是利用传统成本法计算所获得的信息对作业链不断进行改进和优化，以达到不断消除浪费、提高客户价值，从而使企业获得竞争优势的一种先进的成本管理方式。

（　）

9. 传统成本法认为所有成本都是变动的。（　）

10. 在实际工作中，对作业划分越细，对企业越有利。（　）

四、计算分析题

1. 南华化工制品公司生产销售产品 A 和产品 B，该公司 2018 年 12 月发生的制造费用为 600 000 元，直接人工工资率为 10 元/小时，作业量消耗如表 11-13 所示。

表 11-13　　　　　　　　　　作业量水平有关资料

项　目	产品 A	产品 B
机器小时	35 000 小时	15 000 小时
直接人工小时	20 000 小时	40 000 小时
直接材料用量	10 000 千克	5 000 千克
直接材料价格	1.8 元/千克	2.4 元/千克
产品产量	75 000 千克	125 000 千克

要求：

（1）分别以直接人工小时和机器小时为分配基础，计算制造费用分配率。

（2）以直接人工小时为制造费用分配基础，分别计算每种产品的单位成本。

（3）以机器小时为制造费用分配基础，分别计算每种产品的单位成本。

（4）分析产品单位成本不同的原因。

2. 广元工具制造公司制造销售高质量的木工工具，2018 年 11 月该公司资源耗费与相关成本资料如表 11-14、表 11-15 所示。

表 11-14　　　　　　　　　　成本与作业方面的资料

项　目	按成本类别归类的制造费用和作业量		
	单位水平作业	批次水平作业	产品水平作业
预计成本额/元	80 000	20 000	15 000
预计作业量	运转 500 机时	搬运 80 批	设计 25 种

表 11-15　　　　　　　　　　甲、乙两种产品资源耗费情况

产　品	生产数量/件	机器小时	材料搬运次数	工程绘图
甲	80	40	1	0
乙	15	10	2	2

要求：

(1) 计算每一类作业的预计分配率。

(2) 分别计算甲、乙两种产品的制造费用总额和单位产品的制造费用。

3. 某园林 2018 年间接费用发生情况及相关作业与成本动因等方面的资料如表 11-16 所示。

表 11-16　　　　某园林间接费用发生情况及相关作业与成本动因等方面资料表

作　业	间接费用/元	成本动因	成本动因总量
一般管理	150 000	植物种类	500 种
移　植	100 000	移植株数	2 000 株
浇　水	500 000	植物株数	250 000 株

要求：

(1) 计算每种作业的分配率。

(2) 如果有 200 株某种植物每年需要移植 1 次、浇水 3 次，则该种植物应负担的间接费用是多少？

查看答案

第十二章 业绩评价

学习目标

通过本章学习,能了解业绩考核与评价系统,熟悉业绩评价指标与评价标准,理解业绩考核与评价系统的构成要素,掌握平衡计分卡的内容及指标体系的构建。

导入案例

国家电网许继集团有限公司成功实施全员绩效评价管理

为适应公司新的战略目标要求,许继集团在原有"目标牵引、过程管控"绩效管理体系基础上引入战略管理与全员管理思想,紧紧围绕公司战略目标,以公司全员目标责任体系为中心,以全闭环绩效过程管理体系为主线,以全面综合保障体系为基础支撑,逐步实施绩效管理变革。以"围绕战略,落实目标,逐级支撑,全员覆盖"为目标,经过目标层层分解与目标策

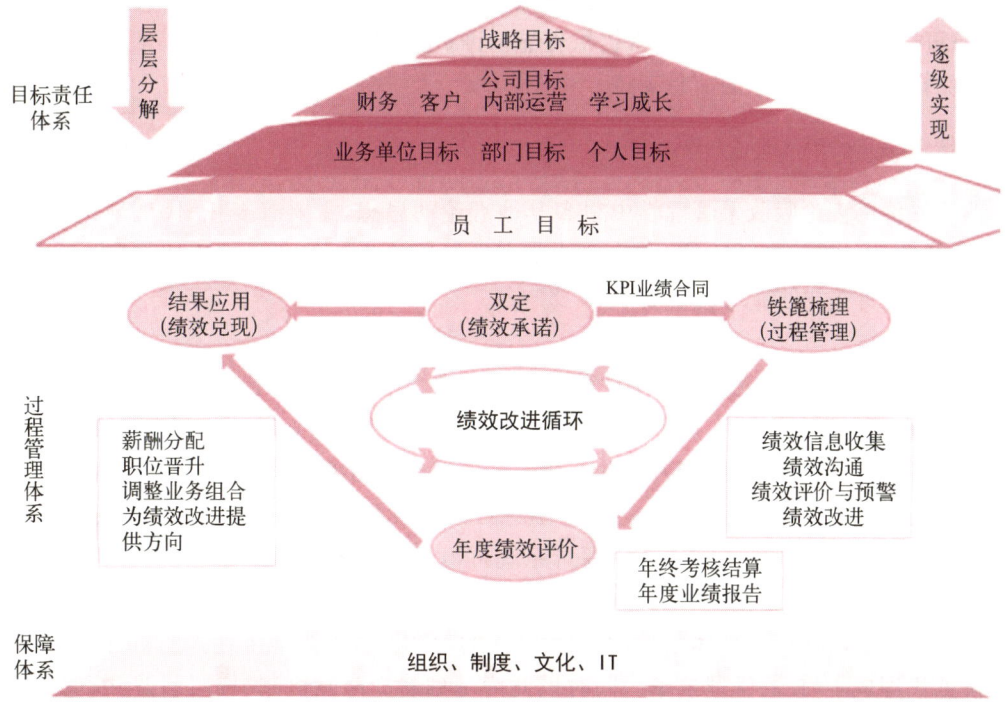

图 12-1 许继集团基于战略执行的全员绩效管理体系

略的制定,结合组织业务流程与岗位职责,按照平衡计分卡四个维度(财务、市场、业务流程、学习与成长)构建公司绩效指标体系。

全员目标责任体系将公司战略层层分解落实到每一位员工实际工作中,做到了"千斤重担有人挑,人人肩上有指标";全闭环绩效过程管理体系通过其始于绩效合约签订(双定),历经一年绩效过程管理(铁篦梳理),终于绩效评价与绩效兑现(绩效结果应用),且在每个绩效周期内均实行PDCA(即计划、实施、检查、行动)循环管理,对公司经营目标进行跟踪、辅导、评估与纠偏,从而有效确保公司经营目标的实现;全面综合保障体系以科学的组织体系、完备的制度体系、业绩导向的绩效文化及先进的信息技术为主要构成,全面支撑公司绩效管理高效运行。三者实现有机统一,共同构成许继集团基于战略执行的全员绩效管理体系,如图12-1所示。

思考:
1. 许继集团的目标责任体系是如何设置的?
2. 许继集团的绩效改进循环是怎样形成的?

第一节 业绩评价概述

业绩评价,是指运用数理统计和运筹学的方法,通过建立综合评价指标体系,对照相应的评价标准,定量分析与定性分析相结合,对企业一定经营期间的盈利能力、资产质量、债务风险以及经营增长等经营业绩和努力程度等各方面进行的综合评判。科学地评价企业业绩,可以为出资人行使经营者的选择权提供重要依据;可以有效地加强对企业经营者的监管和约束;可以为有效激励企业经营者提供可靠依据;还可以为政府有关部门、债权人、企业职工等利益相关方提供有效的信息支持。

一、业绩考核与评价理论

业绩评价的理论吸收了管理学中很多其他理论的思想,主要有委托-代理理论、激励理论、控制理论和战略管理理论等,这些理论研究的结论成为业绩评价理论的基础,也对业绩评价方法的设计提出了指导性的要求。

(一) 委托-代理理论

委托-代理理论是研究组织业绩评价问题的基础。正是由于现代组织中存在委托-代理关系,才使得对各级组织和人员进行业绩评价,并以此为基础建立激励机制和约束机制变得十分必要,控制和约束确保代理人不做委托人不希望他做的事情,而激励则是激发代理人做那些委托人希望他做的事情。组织内部业绩评价系统被看作委托代理关系中降低代理成本的有效工具。一方面科学严密的业绩评价系统可以及时反馈代理人的工作状况,降低信息不对称的程度,从而阻止代理人的道德危机和逆向选择行为;另一方面通过业绩评价系统,可以传递组织战略目标与具体任务,引导代理人的生产经营行为与委托人的目标协调一致,从而降低代理成本,提高管理效率。同时以此为基础建立激励机制,按照利益共享、风险共担的原则鼓励管理者既为自己也为组织谋取最大利益。

(二)激励理论

激励理论是行为科学中用于处理需要、动机、目标和行为四者之间关系的核心理论。行为科学认为,人的动机来自需要,由需要确定人们的行为目标,激励则作用于人内心活动,激发、驱动和强化人的行为。激励理论是业绩评价理论的重要依据,它说明了为什么业绩评价能够促进组织业绩的提高,以及什么样的业绩评价机制才能够促进业绩的提高。

(三)控制理论

控制作为一项重要的管理活动很早就为管理学家和企业家所重视,法约尔提出了五项管理职能,即计划、组织、指挥、协调、控制。到了现代,哈罗德·孔茨认为管理的职能为计划、组织、领导、人事和控制。这些学者都认为控制作为一种重要的手段对管理目标的实现起着根本性的保障作用。在控制系统运行过程中,要克服和避免反馈控制的延迟性和滞后性,仅靠反馈控制是办不到的,它需要借助前馈控制。正是从这种意义上说,前馈控制是对于反馈控制局限性的补充。而前馈控制一旦失误,则会使被控系统的运行期间偏离给定状态,出现偏差,这就需要通过及时、适度、有效的反馈控制消除已出现的偏差。也正是从这种意义上说,反馈控制是对于前馈控制的失误和局限性的补充。因此,反馈控制与前馈控制的关系恰恰是一种互补的关系。因此,在实际的控制工作中必须将反馈控制和前馈控制这两种控制方式有机地结合起来。

(四)战略管理理论

组织内部业绩评价的发展深受组织管理思想的影响,并随着经济和管理的发展逐步发展和完善。早在20世纪初,泰勒的科学管理原理影响了整个企业管理界。他强调通过为工艺流程的计划提供标准的信息,使原材料和时间的浪费限制在一个最低的程度。企业管理中出现了利用原材料和人工标准方面信息控制实际成本的一种方法,即利用实际成本和标准成本之间差异控制企业的经营。这种管理思想影响了随后几十年的业绩评价系统。在此基础上,标准成本、预算控制和差异分析等方法被广泛使用。随着企业规模的扩大和资本市场的发展,投资者对于企业投资回报能力的要求受到了越来越多的重视。为此,大多数企业采用销售利润率作为业绩评价指标,而后逐渐发展成为投资报酬率(ROI)和剩余收益等评价指标。随后逐步形成了预算与实际利润比较、投资报酬率、现金流量等财务指标为主的业绩评价方法体系。随着战略管理对客户、竞争和其他外部因素的强调,面向内部的业绩评价体系也受到了冲击。许多公司已经注意到非财务指标对评价业绩的作用,生产率、市场占有率、客户满意度、企业学习和成长能力、与政府的关系等非财务指标开始受到重视。

二、业绩考核与评价系统的构成要素

企业业绩考核与评价系统是为了达到一定的目的,运用特定的指标,比照统一的标准,采取规定的方法,对经营者业绩作出判断,并与激励结合的考评制度。

企业业绩考评系统可以分为两个层次的内容:一是企业整体层次的业绩考评,按对象的不同分为企业业绩考核与评价和管理者业绩考核与评价;二是企业内部各层级、各子公司的业绩考核与评价,按对象的不同分为业绩考核与评价和员工业绩考核与评价。无论对哪一个层次的考评,业绩考核与评价系统都包括考评主体(考评者)、考评客体(考评对象)、考评目标、考评指标体系(考评指标、考评标准、考评方法)以及相关的激励机制。考评主体依据一定的考评目标,通过一定的考评指标体系进行业绩考评,形成考评结论,并通过一定的激励机制来影响考评客体的行为,使之更好地为满足考评主体的考评目标而工作。

(一) 业绩考评主体

业绩考评主体是指业绩考评的组织者和实施者。从管理会计角度讲,业绩考评主体分为两个层次:一是企业所有者对企业最高管理层进行的业绩考评,此时业绩考评主体是企业的所有者;二是企业上级管理层对下级管理层的业绩考评,此时业绩考评主体是企业上级管理层。

作为第一层次业绩考评主体的企业所有者,是依据产权关系为基础的委托——代理关系对企业最高管理层进行业绩考评。在典型的股份有限公司中,所有者仅保留重要的表决权,而把大部分决策权委托给他们的代表——董事会,对管理者的业绩考评和奖惩措施的制定都由董事会来完成。

作为第二层次业绩考评主体的企业上级管理层,是以管理权关系为基础的委托——代理关系对企业下级管理层进行业绩考评。这是管理会计中内部责任单位业绩考评的重点。

选择考评主体时,应遵循以下三个原则:① 考评主体必须与公司的利益紧密相关;② 考评主体的选择应便于降低代理成本;③ 要有监督的动机和能力。

(二) 业绩考核客体

业绩考评客体即业绩考评的对象。由于业绩考评分为两个层次,因此考评客体自然也就分为最高管理层和下级管理层。那么谁是企业最高管理层的代表呢?经营权有两个层次的含义:一是对企业生产经营活动的管理权;二是对企业的生产、营销、分配等方面的决策权。在实行经理负责制的企业中,经理是企业最高管理层的代表。在股份制企业中,股东大会选出代表他们的董事会和监事会,监事会对董事会和经理人员的行为进行监督,总经理由董事会聘用,负责公司的日常经营管理工作。董事会是主要的管理者,经理层是分享管理者角色的管理者。

至于下级管理层自然是指企业管理组织结构中的各个层次,如纵向组织结构中的子公司、分厂、车间、班组等,横向结构中的供应、生产、销售等职能部门和计划、财务、人事等管理部门。作为考评客体的下级管理层,应根据管理的要求设置。

(三) 业绩考评目标

业绩考评目标解决为什么进行考评的问题。管理者业绩考评的目标应该是管理者能力、水平和为实现企业目标所作的贡献。管理者业绩考评的目标应该由企业目标决定。从股东角度看,企业的目标可能是股东财富最大化;从企业职工的角度看,企业的目标应该是自身福利的最大化(职工工资增长最大化);从债权人的角度看,企业的目标应该是利润最大化。尽管企业的目标是多样的,但企业不可能同时追求多个目标,因此,企业只能达到多种目标之间的协调。企业的长期稳定和企业总价值的不断增长是企业的经营目标,对管理者进行业绩考评的目标就是要衡量管理者实现企业目标的程度。

第二节 业绩评价体系的构建

美国全国会计师联合会(NAA)于 1986 年发布了管理会计公报第四号,主要目的是规范管理会计衡量绩效行为。NAA 认为绩效衡量的方法要视不同环境而定,不能千篇一律。NAA 在公报中讨论的重点就是管理人员如何才能正确衡量企业的经营绩效。

一、评价指标的选择

(一) 财务性绩效衡量指标

根据实务操作的要求,提出下述指标作为衡量企业绩效的综合指标。

1. 净利润与每股盈余

净利润是企业实现的总利润减去依法应缴纳的所得税之后的净额,是可供企业实际分配的利润。其计算公式为:

$$净利润 = 总利润 - 所得税$$

每股盈余,即每股获利,是衡量股票盈利能力的指标之一,其计算公式为:

$$每股盈余 = (税后净利 - 优先股股利) / 发行在外普通股股数$$

式中,税后净利的计算公式为:

$$税后净利 = 营业收入 + 营业外收入 - 营业成本 - 营业费用 - 营业外支出 - 所得税$$

该指标的优点是:① 根据利润表计算而得,具有客观性;② 指标计算简单,便于使用。

该指标的缺点是:① 未考虑资产贬值因素;② 忽视了无形资产价值;③ 作为向导指标,容易使企业出现行为短期化倾向。

2. 现金流量

现金流量是企业一定时期的现金和现金等价物的流入和流出的数量。现金流量管理是现代企业理财活动的一项重要职能,建立完善的现金流量管理体系是确保企业的生存与发展、提高企业市场竞争力的重要保障。

该指标有两大明显的优点:① 可以用来衡量企业绩效,以及评估偿债能力及流动性;② 可以帮助企业了解经营、投资及理财活动的动态层面情况。

现金流量指标的缺点也非常突出:仅仅现金流量这一个指标,不能充分揭示企业经营绩效的全貌。

3. 投资报酬率

投资报酬率是利润与投资额的比率。

该指标的优点为:① 可以用来综合反映企业运用资产的效率;② 可以用来衡量企业资产管理与经营策略是否有效。

该指标的缺点是:① 计算口径复杂,必须前后一贯,但不易做到,计算结果容易产生误解并缺乏前后及横向的可比性;② 过分强调投资报酬率,对管理当局的决策会产生负面影响,如放弃投资高于资金成本却低于企业平均报酬率的投资方案。

4. 资产报酬率

资产报酬率这一指标反映了企业总资产获取收益的能力。其计算公式为:

$$资产报酬率 = \frac{净利润}{资产平均总额} \times 100\%$$

式中,

$$资产平均总额 = (期初资产总额 + 期末资产总额) \div 2$$

但需要注意的是,资产占用的资金来源包括两部分:一是属于股东的资金,即所有者权益(或股东权益),为企业自有资金;二是来源于债权人提供的资金,为企业借入资金,这部分资金对企业而言,虽然可以暂时占用,但却需要偿还甚至是需要付息的。因此,资产报酬率不能够反映出企业自有资金获取收益的能力。需要引入净资产报酬率这一指标,其计算公式为:

$$净资产报酬率 = \frac{净利润}{平均净资产额} \times 100\%$$

式中,

$$平均净资产额 =(期初所有者权益额 + 期末所有者权益额) \div 2$$

净资产报酬率这一指标克服了资产报酬率指标的不足,反映了企业自有资金获取收益的能力,更能体现出企业管理层的经营管理水平。

(二)企业成长阶段与业绩评价指标的选择

NAA建议在评估企业财务绩效时,管理人员应注意企业所处的不同阶段,以选择比较合理的评价指标。

1. 企业创始阶段

初创阶段企业发展取决于非财务事项,如新产品的开发、设立新的组织,或寻找新的投资者等,可能比任何财务性绩效指标都重要。因此,处于创始阶段的企业,如何以有限的资源获取市场上的有利地位,通常是最关键的因素,收入的增长及经营的现金流量成为企业特别关注的指标。

2. 企业成长阶段

企业发展的成长阶段除了仍必须关注收入增长外,还应同时考虑获利率与资产的管理效率,以实现收入与报酬的平衡。

3. 企业成熟阶段

企业发展到了成熟阶段的核心指标是资产及股东权益的投资报酬率。企业必须有效监控所有的财务性绩效指标,这样才能使企业拥有活力,避免衰退。

4. 企业衰退阶段

处于衰退时期的企业,现金流量特别重要,成为衡量企业绩效的中心指标,而一些长期性的绩效指标已变得不那么重要了。

由此可知,企业绩效评价体系因企业所处环境及发展阶段不同而调整。因此,任何单一的财务绩效指标,如净利润、每股盈余、现金流量或投资报酬率等,均不足以衡量所有阶段的财务绩效。恰当的做法是考虑建立一套整合性的绩效衡量方法,以适应企业的发展与社会需求。

二、非财务性绩效衡量指标

长期以来,财务性绩效衡量指标是企业及其管理当局绩效衡量的主要指标。但随着企业经营环境的变化,非财务性绩效衡量指标,如内部流程、客户面、市场占有率、新产品的开发能力、产品与服务的品质、学习与成长等,逐渐在企业的绩效衡量上扮演起比较重要的角色。

非财务性绩效衡量指标与传统的财务性绩效衡量指标相比,具有以下明显差异:

(1)非财务性绩效衡量指标直接衡量企业各种创造股东财富的活动,因此具有很强的绩效衡量的诊断功能。

(2)由于非财务性绩效衡量指标是直接用以衡量企业各种生产性活动的指标,因此可以较准确地预测未来现金流量的方向。

运用非财务性绩效衡量指标,可协助管理人员改进其各部门的绩效成果与作业方式,从长远看,可能会比短期的历史性财务绩效衡量指标更能反映企业的价值创造能力,注意防范财务指标与非财务指标的失衡。财务指标与非财务指标的关系如图 12-2 所示。

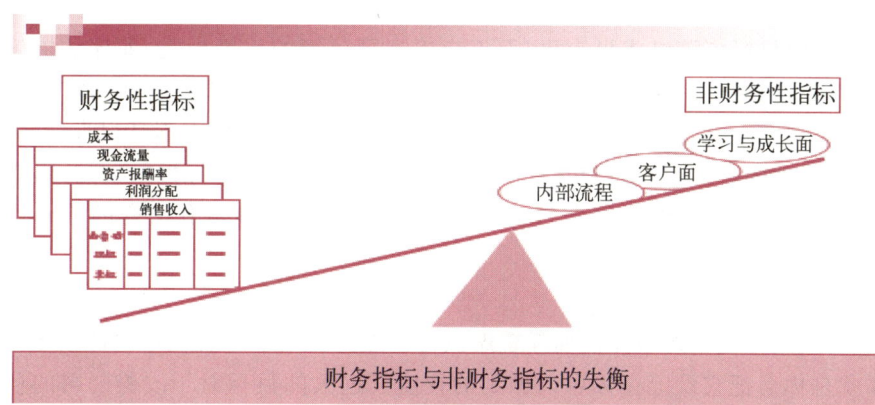

图 12-2 财务指标与非财务指标关系图

三、NAA 的建议与汇总

NAA 认为,目前很多的绩效衡量方法,不是不够完整,就是过于狭隘,未能形成较全面性的衡量标准;而且,许多衡量方法局限于财务会计思维及数据,不能应对经济环境急剧变化的挑战;另外,仅利用财务性绩效衡量指标来评估企业绩效,会造成仅注意短期经营绩效,而无法揭示企业经营绩效的全貌。

因此,NAA 对于绩效的衡量提出以下几点建议:

(1)企业所采用的财务性绩效衡量指标,应具有代表性,并应同时包含收入成长率、利润、现金流量及投资报酬率等。

(2)在企业寿命周期的不同阶段,各种绩效衡量指标各有其不同程度的重要性,在强调任一指标的同时,不应排除使用其他有意义的指标。

(3)在运用多项财务性绩效衡量指标来衡量绩效时,应结合运用预算与实际的差异,以提高绩效衡量的效用。

(4)受到通货膨胀影响的企业,不应完全以历史成本为基础的会计数字来衡量绩效。

(5)企业应同时考虑采取与各个经营层面(如营销、生产、品管、新产品开发及人力资源等)有关的非财务性绩效衡量指标,以提高评估经营绩效的正确性。

四、业绩评价系统的设计原则

业绩评价系统的设计原则对业绩评价的具体指标设计、模式选择和实施过程起到指导作用,主要有以成果为重、追求远大的绩效、评估正确的项目以及明确的管理责任承担结构四个方面。前两项原则必须成为公司的基本理念,而后两项原则影响评估机制以及如何让评估措施有效运作。

(一) 以成果为重

企业面对竞争和变革的环境,业绩评价的指标也应当适应变革的需要而设计。任何变革,无论是战略的确定还是制度的革新,首先都应设定绩效目标,而不是在业务流程设计好后,再来决定评估措施与绩效目标。由于评估措施既不易设计,又难达成共识,因此很多公司迟迟不肯把本身希望得到的结果化为具体的数字。但这其实是错误的,应该在一开始让人们有明确的目标可依循。

同时,真正的目标应该以成果为重,而不应以达到目标的手段为重,即评估措施应该告诉被评估的对象,他们要完成哪些事,而不是要怎么做。当然,如果要让评估措施与成果相联系,首先必须彻底了解公司的整体目标。假如组织对于预期的成果不是很肯定,就应该先停下采取具体措施的脚步而加以澄清。企业再造的效果之所以会打折扣,有时候就是因为不了解(或是缺乏共识)组织想要获得什么样的成果,或是应该以什么样的策略达到这些成果。

(二) 追求远大的绩效

曾经主管通用电气公司多年的前任首席执行官杰克·韦尔奇就说过:"评估多半都有一个问题,那就是你会把它设定在你可以做到的程度。"远大的目标对于改善公司的业绩会造成很大的影响,这正是行为学派研究的成果。假如绩效目标定得不好,公司就等于失去了激励员工的重要工具。

公司往往会很得意地宣称,自己已经达到了去年所设定的目标。但要是这些目标都要求不高,而且很容易达到,那又有什么好得意的?远大的目标所重视的是希望做到什么,而不是可以完成什么。远大的目标会让人以创新的方式思考,寻求那些以前没有注意到的改善业绩的方法和途径,并取得成果。

当然,公司在设定积极进取的目标时,应该对良好的表现给予奖励,即使目标没有达成也一样,因为这总好过降低标准、只奖励达到平凡目标的人。

(三) 评估正确的项目

在企业的战略和变革过程中,必须明确你所衡量的就是你所得到的,因为衡量标准驱动行为。因此,衡量标准的制定必须依据你想实现的目标。一旦选择了错误的评估项目,将可能导致行动的结果完全背离预期和规划。只有选择了正确的评估项目,才能够实现业绩评价的激励和控制目标。

为了寻求那些正确的评估项目,很多理论和实务界的人士已经构建了很多评估框架和方法,例如平衡计分卡、欧洲质量管理基金会建立的作为欧洲质量奖的审核标准的企业卓越模式等。但是,有一点需要明确的是,无论这些方法和框架的支持者声称得有多好,在评估经营绩效时,绝对没有哪一种方式是所谓"最好"的。其中的原因在于,经营绩效这个概念本身就是由许多不同的方面拼凑而成的,每个企业在不同的发展阶段可能侧重于不同的方面。如果不能在适当的时期选择适当的评价指标体系,那么业绩评价将难以起到积极的作用。

(四) 明确的管理责任承担结构

虽然业绩评价应当以结果为重,但这并不意味着对于过程的忽视。业绩评价体系的中心目标应当是帮助企业的业务顺利地开展,它应当能够向业务流程中各个环节的责任人表明何时必须采取纠正措施,而不仅仅是由高级经理评价所取得的成绩。在传统的职能分工组织中,没有专门的职能部门能够对一个完整的价值实现程序负责,各部门往往也是孤立地设计自己的评价体系,因而没有办法测评整个企业的价值增值程序。目前,人们对于企业业务流程的关注越来越多,为了评价流程的效率和效果,促进业务流程的顺利开展,必须设计相应的业绩评价体系,这一业绩评价体系的基础就是对于业务流程中各个关节点责任的明确。有些企业基于流程设计,创造出了一个能为整个价值实现过程负责的组织——团队。从这个意义上说,业绩评价体系的设计与业务流程的设计在相互影响中发展着。

五、业绩评价体系的实施步骤

完整的业绩评价体系绝不是指简单的考评这一项工作。业绩评价是一个完整的过程,它应当包括如图 12-3 所示的五个步骤的活动。

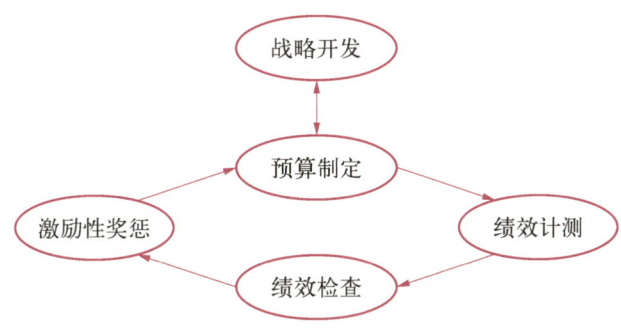

图 12-3 业绩评价体系的五个步骤

(一) 战略开发

业绩评价首先是为了测量战略目标和行动计划完成的情况,因此,业绩评价计划的起点必然是战略开发,它建立在彻底理解以取得竞争优势为目标的价值驱动因素的基础上。战略开发程序中,不仅应当计算追求的未来财务结果,而且应当强调对价值创造活动做具体计划;不仅应当向内看,注重内部的改善和提高,而且应当考虑环境发展,重视与竞争对手的相对优势的变化情况。

(二) 预算制定

这一程序将战略目标细化为具体经济业务和过程的目标,并通过预算的形式分配资源。制定预算必须考虑经营环境的易变性,通过弹性预算、滚动预算等形式将变化纳入预算的范围内,从而使得预算具有更好的可操作性,能够成为衡量业绩的标准。

(三) 绩效计测

这一程序及时收集、处理和归集与绩效有关的数据和信息,为有效执行后续子程序奠定基础。信息的相关性、可靠性、及时性都影响业绩评价的效果。导致业绩评价无法顺利进行的原因之一就是人们对于经济业务所产生的信息无法产生一致的认识,因此收集的信息应当能够体现经济业务发生的轨迹,并按照责任归属进行归集和汇总,以避免在考评时发生不必要的争执。

(四) 绩效检查

这一步骤是及时检查实际绩效与目标的差距,并进行必要的预测,以确保及时采取更正性和预防性行动,保证公司向着预期目标前进。

在信息技术尚未充分发展时,绩效检查定期进行,这不但浪费时间,还不能充分关注绩效问题和困难。同时,预测通常依据经验等进行,缺乏科学的方法和技术支持,因此预测很难作为采取预防性行动的基础。随着技术的发展和人们对于预测和绩效评估质量要求的提高,差异分析可以及时进行,时效性提高,预测也可以以科学的模型和高速的数据处理为基础开展,可靠性得到提高。这样的业绩评价能够更好地实现控制的作用。

(五) 激励性奖惩

在前四个步骤中,若任一步骤的工作缺乏有效性,则激励性奖惩都不能对人们的行为形成正确的引导。但是,如果前面四个步骤的工作都做好了,而激励性奖惩没有能够提供相应的奖励或者惩罚措施,那么将降低人们完成战略目标和计划的积极性。通过报酬和福利相结合的平衡政策,激励性奖惩计划把具体的运营行动和影响战略目标实现的关键价值驱动因素联系起来了。

六、绩效棱柱模型分析与应用

绩效棱柱模型,是指从企业利益相关者角度出发,以利益相关者满意为出发点,以利益相关者贡献为终点,以企业战略、业务流程、组织能力为手段,用棱柱的五个构面构建三维业绩评价体系,并据此进行绩效管理的方法。利益相关者,是指有能力影响企业或者被企业所影响的人或者组织,通常包括股东、债权人、员工、客户、供应商、监管机构等。

绩效棱柱模型适用于管理制度比较完善、业务流程比较规范、管理水平相对较高的大中型企业。绩效棱柱模型的应用对象可为企业和所属单位(部门)。

(一) 应用环境

企业应坚持利益相关者价值取向,建立有效的内外部沟通协调机制,与利益相关者建立良好的互动关系。企业应根据利益相关者的需求制定战略,优化关键流程,提升组织能力,在满足利益相关者需求的基础上分享其作出的贡献。

企业应用绩效棱柱模型工具方法,一般需要建立由负责战略、人力资源、财务、客户和供应商等有关部门及外部专家等组成的项目团队。企业应对人力资源管理、客户关系管理、供应商关系管理、财务管理等系统进行集成,为绩效棱柱模型的实施提供信息支持。

(二) 应用程序

企业应用绩效棱柱模型工具方法,一般按照明确利益相关者、绘制利益相关者地图、制定行动方案、制定以绩效棱柱模型为核心的业绩计划、制定激励计划、执行业绩计划与激励计划、实施业绩评价与激励、编制业绩评价与激励管理报告等程序进行。

企业应结合自身的经营环境、行业特点、发展阶段、商业模式、业务特点等因素界定利益相关者范围,进一步运用态势分析法、德尔菲法等方法确定绩效棱柱模型的主要利益相关者。

企业应根据确定的主要利益相关者,绘制基于绩效棱柱模型的利益相关者地图。利益相关者地图是以利益相关者满意为出发点,按照企业战略、业务流程、组织能力依次展开,并以利益相关者贡献为终点的平面展开图。利益相关者地图可将绩效棱柱模型五个构面直观、明确、清晰地呈现出来,如图12-4所示。

企业应围绕利益相关者地图,构建绩效棱柱模型指标体系。

绩效棱柱模型指标体系一般包括以下内容:

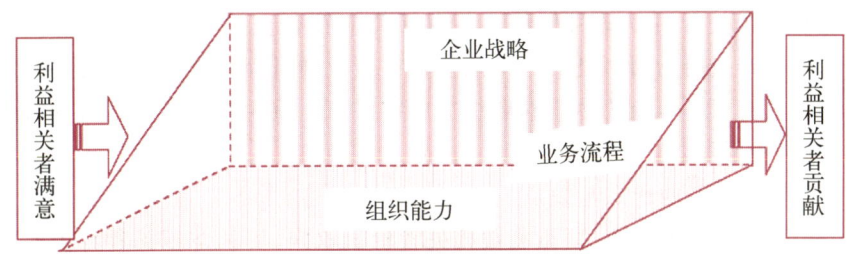

图 12－4　绩效棱柱模型附图

1. 利益相关者满意评价指标

与投资者（包括股东和债权人，下同）相关的指标有总资产报酬率、净资产收益率、派息率、资产负债率、流动比率等；与员工相关的指标有员工满意度、工资收入增长率、人均工资等；与客户相关的指标有客户满意度、客户投诉率等；与供应商相关的指标有逾期付款次数等；与监管机构相关的指标有社会贡献率等。

2. 企业战略评价指标

与投资者相关的指标有可持续增长率、资本结构、研发投入比率等；与员工相关的指标有员工职业规划、员工福利计划等；与客户相关的指标有品牌意识、客户增长率等；与供应商相关的指标有供应商关系质量等；与监管机构相关的指标有政策法规认知度、企业的环保意识等。

3. 业务流程评价指标

与投资者相关的指标有标准化流程比率、内部控制有效性等；与员工相关的指标有员工培训有效性、培训费用支出率；与客户相关的指标有产品合格率、准时交货率等；与供应商相关的指标有采购合同履约率、供应商的稳定性等；与监管机构相关的指标有坏保投入率、罚款与销售之比等。

4. 组织能力评价指标

与投资者相关的指标有总资产周转率、管理水平评分等；与员工相关的指标有员工专业技术水平、人力资源管理水平等；与客户相关的指标有售后服务水平、市场管理水平等；与供应商相关的指标有采购折扣率水平、供应链管理水平等；与监管机构相关的指标有节能减排达标率等。

5. 利益相关者贡献评价指标

与投资者相关的指标有融资成本率等；与员工相关的指标有员工生产率、员工保持率等；与客户相关的指标有客户忠诚度、客户毛利水平等；与供应商相关的指标有供应商产品质量水平、按时交货率等；与监管机构相关的指标有当地政府支持度、税收优惠程度等。

企业分配绩效棱柱模型指标权重，应以利益相关者价值为导向，反映所属各单位或部门、岗位对利益相关者价值贡献或支持的程度，以及各指标之间的重要性水平。首先根据重要性水平分别对各利益相关者分配权重，权重之和为100%；然后对不同利益相关者五个构面分别设置权重，权重之和为100%；单项指标权重一般设定在5%～30%，对特别重要的指标可适当提高权重。

企业设定绩效棱柱模型的业绩目标值，应根据利益相关者地图的因果关系，以利益相关者满意指标目标值为出发点，逐步分解得到企业战略、业务流程、组织能力的各项指标目值,最终实现利益相关者贡献的目标值。各目标值应符合企业实际,具有可实现性和挑战性,使被评价对象经过努力可以达到。绩效棱柱模型业绩目标值确定后,因内外部环境发生重大变化、自然灾害等不可抗力因素对业绩完成结果产生重大影响时,企业应明确对目标值进行调整的办法和程序。

(三) 绩效棱柱模型的优点与缺点

绩效棱柱模型的主要优点:坚持利益相关者价值取向,使利益相关者与企业紧密联系,有利于实现企业与利益相关者的共赢,为企业可持续发展创造良好的内外部环境。

绩效棱柱模型的主要缺点:涉及多个利益相关者,对每个利益相关者都要从五个构面建立指标体系,指标选取复杂,部分指标较难量化,对企业信息系统和管理水平有较高要求,实施难度大、门槛高。

第三节 平衡计分卡

一、平衡计分卡的产生与发展

平衡计分卡的创始人为卡普兰和诺顿。平衡计分卡的概念最早可追溯到 1990 年,当时诺顿研究所对美国的若干公司进行了为期一年的研究,在诺顿研究所的课题——"衡量未来组织的业绩"的研究成果基础上,诺顿研究所所长兼带头人诺顿和美国管理会计学权威卡普兰教授提出了平衡计分卡的概念,并在 1992 年《哈佛商业评论》上发表了关于平衡计分卡的第一篇文章——《平衡计分卡——业绩衡量与驱动的新方法》。文章提出,不能只用财务指标来评价一家企业的业绩,而应从财务、顾客、内部业务流程以及学习与成长四个方面来评价企业业绩。这篇文章的发表,在理论界和实务界引起了巨大轰动。至此,一种崭新的综合业绩考评制度——平衡计分卡产生了。它自产生以来就受到了广泛关注,并在理论界和实务界的共同努力下不断发展。在 1993 年和 1996 年,卡普兰和诺顿在《哈佛商业评论》上又相继发表了《平衡计分卡的实际应用》和《把平衡计分卡作为战略管理的基石》两篇文章,这两篇文章集中体现了平衡计分卡自产生以来的发展历程,不仅指标不断丰富、创新,而且逐渐从单纯的业绩评价提升到企业战略管理的高度。同时,在 1996 年,关于平衡计分卡的第一部专著《平衡计分卡:化战略为行动》出版,标志着这一理论的成熟。2000 年,卡普兰与诺顿又出版了新著《战略中心型组织:实施平衡计分卡的组织如何在新的竞争环境中立于不败》,使得平衡计分卡得到越来越广泛的应用。

平衡计分卡自 20 世纪 90 年代初以来,便迅速受到广泛关注,并取得了长足发展。越来越多的人了解了平衡计分卡,越来越多的企业应用平衡计分卡,平衡计分卡已成为企业的一项综合业绩考评制度。以美国为例,有关统计数据显示,1997 年,美国《财富》500 强企业有超过 60% 采用了平衡计分卡,在银行、保险公司等金融服务行业,这一比例则更高。今天,当人们谈及业绩考评时,大多都指的是以平衡计分卡为主的体系。

目前,卡普兰和诺顿继续致力于完善平衡计分卡体系,更进一步向无形资产的衡量和管理以及组织流程方向深入。同时,他们把平衡计分卡的应用范围向新的组织形式拓展,其中包括非营利组织、公共事业、卫生保健、风险投资和董事会。

二、平衡计分卡的基本内容

平衡计分卡(Balanced Score Card,BSC),又称"平衡计分卡""综合计分卡",是指基于企业战略,从财务、客户(顾客)、内部业务流程、学习与成长四个维度,将战略目标逐层分解转化为具体的、相互平衡的绩效指标体系,并据此进行绩效管理的方法。

它的基本内容包括以下四个方面。

(一) 财务方面

财务方面主要讨论:怎样为股东创造财富?

在平衡计分卡中,财务不仅仅仍是一个独立的方面,而且是其他几个方面的出发点和落脚点,因为财务业绩往往是企业运营的最终目标,也是企业运营情况的综合表现。如果说每个方面是综合业绩考评制度这条纽带的一部分,那么,这条纽带的因果关系的最终结果还是归于"提高财务业绩"。为此,企业要了解股东对企业的期待,为回报股东的期待,确保企业理念和战略的实行,应考虑对股东作出什么承诺,并明确具体的行动方针。

(二) 客户方面

客户方面主要讨论:怎样满足客户需求?

客户方面是指从顾客的立场出发,企业应该做什么。为确保企业的利益和财务目标的实现,获取长远的、出色的财务业绩,就必须创造出受顾客青睐的产品或服务,建立良好的客户关系,在客户中树立企业的诚信服务形象和良好声誉。

(三) 内部业务流程方面

内部业务流程方面主要讨论:必须擅长什么?

内部业务流程是为企业创造价值和产生财务结果的过程。为确保财务目标的实现和提高顾客满意率,企业最终还必须"修炼内功",必须依靠内部程序、决策和行为,建立比竞争对手更先进的业务流程,这就要为企业内部业务流程确定目标和指标,这些目标和指标应包括创新循环、经营循环和售后服务循环。

(四) 学习与成长方面

学习与成长方面主要讨论:如何创造并提高企业价值?

学习与成长来自三个主要的资源:人员、信息系统和企业程序。仅凭今天的技术和生产能力,企业是不能达到为顾客和内部业务流程所确定的长期目标。为了弥补现有的人员、信息系统和企业程序的生产能力与实现长期目标所要求的生产能力之间的巨大差距,企业必须投资于培训员工,提高信息技术和拓展信息系统,组织企业程序和日常工作,只有这样,才能为实现财务目标、客户目标和内部业务流程目标提供持续的推动力量。

总之,平衡计分卡是将结果与动因联系在一起,财务方面是最终目标,顾客方面是关键,内部业务流程方面是核心,学习与成长方面是保证,只有不断学习与成长,才能持续改善企业内部业务流程,进而更好地为企业顾客服务,最终实现企业的财务目标。平衡计分卡适用于战略目标明确、管理制度比较完善、管理水平相对较高的企业。平衡计分卡的应用对象可为企业、所属单位(部门)和员工。

平衡计分卡的重要性在于将战略、流程和管理联系在一起,形成一种综合的业绩考评制度。其基本结构如图12-5所示。

从图12-5可以看到,财务、顾客(客户)、内部业务流程和学习与成长四个方面紧密联

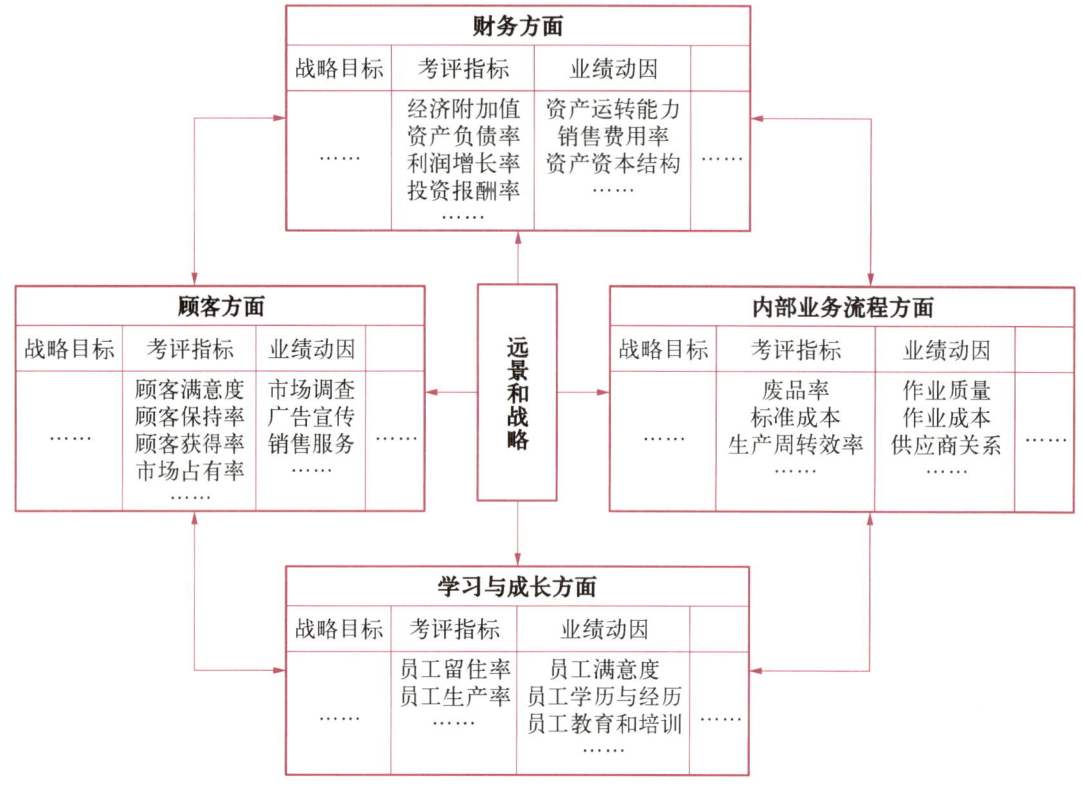

图 12-5 平衡计分卡基本结构

系,确立了综合业绩考评制度的基本结构。但综合业绩考评制度既不是上述四个方面的简单综合,也不是一些财务指标和非财务指标的拼凑,而是不仅每个方面的考评指标和业绩动因充满了因果链(考评指标与业绩动因的因果链,以及考评指标相互之间和业绩动因相互之间的因果链),而且各方面之间也遍布层层的因果关联。例如,要实现财务方面的指标(如经济附加值),这个财务指标的动因是现有客户的重复购买、扩大销售以及现有客户忠诚的结果(顾客方面),要做到保持客户,就需要按时保质保量地向客户交付产品或提供服务,这就需要在经营过程中缩短生产周转时间和提高产品或服务质量(内部业务流程方面),而要缩短生产周转时间和提高质量,就要培训员工并提高他们的技术(学习与成长方面)。由此可以看出,当一个纵向指标穿过平衡计分卡四个方面时,一个因果关系链就建立起来了。

平衡计分卡中的 4 个维度形成了一系列的因果关系链,而每个维度中的衡量指标都形成了一套逻辑链条,这些关系链条就将企业的战略所期望的结果和获得这些结果的驱动因素结合起来。将这些关系链条整合在一起就形成了平衡计分卡的战略管理地图(简称战略地图)(如图 12-6 所示)。由于不同的企业处于不同的行业,它们采用的获得竞争优势的战略也不一样,因此企业的战略管理地图也是千差万别。

战略管理地图的主要优点是:能够将企业的战略目标清晰化、可视化,并与战略关键业绩指标(Key Performance Indicator,简称 KPI)和战略举措建立明确联系,为企业战略实施提供了有力的可视化工具。

战略管理地图的主要缺点是:需要多维度、多部门的协调,实施成本高,并且需要与战

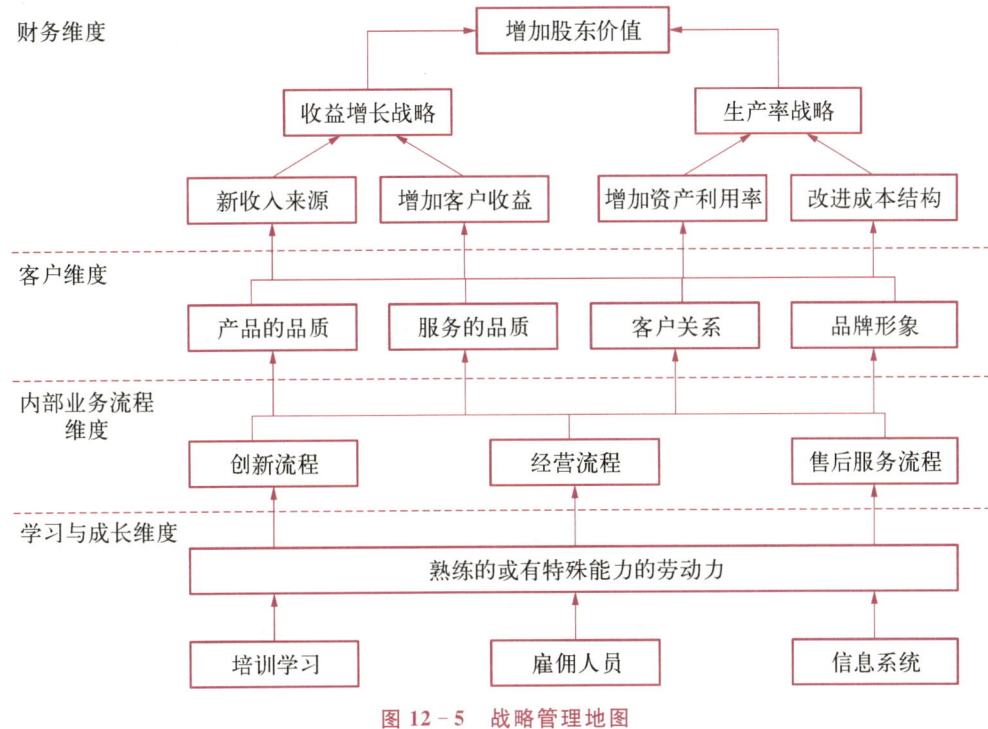

图 12-5 战略管理地图

略管控相融合,才能真正实现战略实施。

三、平衡计分卡的平衡关系与基本项目

(一)平衡计分卡四个方面之间的平衡关系

图 12-5 和图 12-6 不仅是平衡计分卡的基本结构,同时也体现了四个方面之间的平衡关系。

1. 过去、现在、未来的平衡

这是指以财务方面代表的过去、顾客方面和内部业务流程方面代表的现在、学习与成长方面代表的未来之间的平衡。

2. 短期与长期的平衡

这是指以财务方面代表的短期行为和学习与成长方面代表的长期规划之间的平衡。

3. 内部与外部的平衡

这是指以内部业务流程方面代表的企业内部与顾客方面代表的企业外部之间的平衡。

4. 结果与动因的平衡

这是指以财务方面代表的结果(财务指标)与顾客方面、内部业务流程方面和学习与成长方面代表的动因(非财务指标)之间的平衡。

由此可以看出,平衡计分卡的四个方面体现了现在、过去、未来的平衡,短期与长期的平衡,内部与外部的平衡,结果与动因的平衡。这些平衡是通过把经营单位的任务和策略转化为有形的目标和指标来完成的。

(二)平衡计分卡四个方面的基本项目

平衡计分卡的每个方面都是由一些相互联系的项目组成的,通常包括以下几个项目。

(1) 战略目标。它是指完成企业理念和战略的基本目标。

(2) 考评指标。它是指为确保目标实现，能够持续测定的反映战略目标业绩结果的指标。

(3) 业绩动因。它是指为实现考评指标，直接驱动业绩结果的因素。

(4) 标准数据。它是指为考评指标确定的标准数据，可以是预算数、计划数、行业标准数等。

(5) 具体措施。它是指为使平衡计分卡能贯彻到各个部门（责任中心）、实现战略目标而制定的具体对策或行动计划。

(6) 评分。它是指业绩期间结束时，将平衡计分卡的日常记录与标准数据指标进行对比，依据事先确定的评分标准和权重给出评分，根据评分对各个部门（责任中心）及企业整体作出评价，并与薪酬计划等激励机制相对接。

上述各个项目之间的关系如图12-7所示。

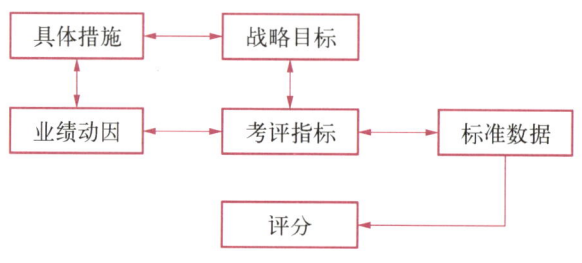

图12-7　6个项目之间的关系

四、平衡计分卡指标体系的构建

平衡计分卡指标体系构建时，企业应以财务维度为核心，其他维度的指标都与核心维度的一个或多个指标相联系。通过梳理核心维度目标的实现过程，确定每个维度的关键驱动因素，结合战略主题，选取关键绩效指标。

（一）财务维度

财务维度以财务术语描述了战略目标的有形成果。企业常用指标有投资资本回报率、净资产收益率、经济增加值、息税前利润、自由现金流、资产负债率、总资产周转率、存货周转率、资本周转率等。

(1) 投资资本回报率，是指企业一定会计期间取得的息前税后利润占其所使用的全部投资资本的比例，反映企业在会计期间有效利用投资资本创造回报的能力。

一般计算公式如下：

投资资本回报率 = [税前利润 × (1 - 所得税税率) + 利息支出] / 投资资本平均余额 × 100%

式中：

$$投资资本平均余额 = \frac{期末投资资本 + 期初投资资本}{2}$$

投资资本 = 有息债务 + 所有者（股东）权益

(2) 净资产收益率（也称权益净利率），是指企业一定会计期间取得的净利润占其所使

用的净资产平均数的比例,反映企业全部资产的获利能力。一般计算公式如下:

$$净资产收益率 = \frac{净利润}{平均净资产} \times 100\%$$

（3）经济增加值回报率,是指企业一定会计期间内经济增加值与平均资本占用的比值。一般(计算公式如下:

$$经济增加值回报率 = \frac{经济增加值}{平均资本占用} \times 100\%$$

（4）息税前利润,是指企业当年实现税前利润与利息支出的合计数。一般计算公式如下:

$$息税前利润 = 税前利润 + 利息支出$$

（5）自由现金流,是指企业一定会计期间经营活动产生的净现金流超过付现资本性支出的金额,反映企业可动用的现金。一般计算公式如下:

$$自由现金流 = 经营活动净现金流 - 付现资本性支出$$

（6）资产负债率,是指企业负债总额与资产总额的比值,反映企业整体财务风险程度。一般计算公式如下:

$$资产负债率 = \frac{负债总额}{资产总额} \times 100\%$$

（7）总资产周转率,是指营业收入与总资产平均余额的比值,反映总资产在一定会计期间内周转的次数。一般计算公式如下:

$$总资产周转率 = \frac{营业收入}{总资产平均余额} \times 100\%$$

（8）存货周转率,是指企业营业收入与存货平均余额的比值,反映存货在一定会计期间内周转的次数。一般计算公式如下:

$$存货周转率 = \frac{营业收入}{存货平均余额} \times 100\%$$

（9）资本周转率,是指企业在一定会计期间内营业收入与平均资本占用的比值。一般计算公式如下:

$$资本周转率 = \frac{营业收入}{平均资本占用} \times 100\%$$

(二) 客户维度

客户维度界定了目标客户的价值主张。企业常用指标有市场份额、客户满意度、员工满意度、客户获得率、客户保持率、客户获利率、战略客户数量等。

（1）市场份额,是指一个企业的销售量(或销售额)在市场同类产品中所占的比重。

（2）客户满意度,是指客户期望值与客户体验的匹配程度,即客户通过对某项产品或服务的实际感知与其期望值相比较后得出的指数。客户满意度收集渠道主要包括问卷调查、客户投诉、与客户的直接沟通、消费者组织的报告、各种媒体的报告和行业研究的结果等。

（3）员工满意度，是指员工对企业的实际感知与其期望值相比较后得出的指数。主要通过问卷调查、访谈调查等方式，从工作环境、工作关系、工作内容、薪酬福利、职业发展等方面进行衡量。

（4）客户获得率，是指企业在争取新客户时获得成功部分的比例。该指标可用客户数量增长率或客户交易额增长率来描述，一般计算公式如下：

$$客户数量增长率 = \frac{本期客户数量 - 上期客户数量}{上期客户数量} \times 100\%$$

$$客户交易额增长率 = \frac{本期客户交易额 - 上期客户交易额}{上期客户交易额} \times 100\%$$

（5）客户保持率，是指企业继续保持与老客户交易关系的比例。该指标可用老客户交易增长率来描述，一般计算公式如下：

$$老客户交易增长率 = \frac{老客户本期交易额 - 老客户上期交易额}{老客户上期交易额} \times 100\%$$

（6）客户获利率，是指企业从单一客户得到的净利润与付出的总成本的比率。一般计算公式如下：

$$单一客户获利率 = \frac{单一客户净利润}{单一客户总成本} \times 100\%$$

（7）战略客户数量，是指对企业战略目标实现有重要作用的客户的数量。

(三) 内部业务流程维度

内部业务流程维度确定了对战略目标产生影响的关键流程。企业常用指标有交货及时率、生产负荷率、产品合格率等。

（1）交货及时率，是指企业在一定会计期间内及时交货的次数占其总交货次数比例。一般计算公式如下：

$$交货及时率 = \frac{及时交货的订单个数}{总订单个数} \times 100\%$$

（2）生产负荷率，是指投产项目在一定会计期间内的产品产量与设计生产能力的比例。一般计算公式如下：

$$生产负荷率 = \frac{实际产量}{设计生产能力} \times 100\%$$

（3）产品合格率，是指合格产品数量占总产品数量的比例。一般计算公式为：

$$产品合格率 = \frac{合格产品数量}{总产品数量} \times 100\%$$

(四) 学习与成长维度

学习与成长维度确定了对战略最重要的无形资产。企业常用指标有员工流失率、员工生产率、培训计划完成率等。

(1) 员工流失率，是指企业一定会计期间内离职员工占员工平均人数的比例。一般计算公式如下：

$$员工流失率 = \frac{本期离职员工人数}{员工平均人数} \times 100$$

$$员工保持率 = 1 - 员工流失率$$

(2) 员工生产率，是指员工在一定会计期间内创造的劳动成果与其相应员工数量的比值。该指标可用人均产品生产数量或人均营业收入进行衡量。一般计算公式如下：

$$人均产品生产数量 = \frac{本期产品生产总量}{生产人数} \times 100\%$$

$$人均营业收入 = \frac{本期营业收入}{员工人数} \times 100\%$$

(3) 培训计划完成率，是指培训计划实际执行的总时数占培训计划总时数的比例。一般计算公式如下：

$$培训计划完成率 = \frac{培训计划实际执行的总时数}{培训计划总时数} \times 100\%$$

显然，平衡计分卡的实施是一项长期的管理改善工作，在实践中通常采用先试点后推广的方式，循序渐进，分步实施。企业可根据实际情况建立通用类指标库，不同层级单位和部门结合不同的战略定位、业务特点选择适的指标体系。

五、平衡计分卡的综合业绩考评过程

平衡计分卡的应用是一个从最初设计到日常记录，再到期末评分，并不断修正的过程。全面预算管理、作业成本制度的考评都可以纳入平衡计分卡之中。

(一) 平衡计分卡的最初设计

平衡计分卡的最初设计是平衡计分卡应用中至关重要的环节，平衡计分卡最初设计得是否科学，是日后能否顺利实施、能否充分发挥效用的关键。平衡计分卡的最初设计是一项十分庞大的工程，需要企业上下投入大量的精力和时间。平衡计分卡的设计可分为企业整体平衡计分卡、部门（责任中心）平衡计分卡乃至个人平衡计分卡的设计。其具体做法是将企业、部门（责任中心）或个人一定期间的业绩目标用具体的考评（结果）指标和标准数据指标予以表述，并找出影响考评指标的具体业绩动因，制定出切实可行的具体措施。所有的各自的考评指标、标准数据指标、业绩动因和具体措施就分别构成了企业整体平衡计分卡、部门（责任中心）平衡计分卡和个人平衡计分卡。

平衡计分卡的最初设计过程就是企业制定战略的过程，也是确定责任（作业）中心、编制预算的过程以及设定业绩目标的过程。

(二) 平衡计分卡的日常记录

平衡计分卡的日常记录，是指在业绩期间，随时将那些为计算平衡计分卡指标所需要的数据资料记录下来。这种日常记录是期末进行评分的基础，但是期末评分并不是日常记录的唯一作用。通过平衡计分卡的日常记录,企业高层领导随时关注企业的总体运营情况,部门(责任中心)的管理者随时关注该部门(责任中心)的运作情况,员工个人随时关注自身的行为。这种关注,使企业上下随时对战略的实施情况、预算的执行情况、企业整体或部门(责任中心)或员工个人的业绩情况进行监控和调整。

平衡计分卡日常的数据资料记录是一项非常繁琐的工作。少数数据资料记录能从现有的会计信息系统和管理信息系统中获得,绝大部分却不能,尤其是非财务数据和部门(责任中心)平衡计分卡及个人平衡计分卡所需数据。因此,企业必须组织人力、物力开发并及时更新相应的信息系统,只有这样才能为平衡计分卡的日常记录创造条件。

(三) 平衡计分卡的期末评分

平衡计分卡的期末评分,是指到业绩期间结束时,计算平衡计分卡的各项指标并与标准数据指标进行对比,并依据事先确定的评分标准和权重给出评分,根据评分对整个业绩期间企业整体、部门(责任中心)以及员工个人的业绩作出评价。平衡计分卡的评分过程是对整个业绩期间所作的总结。这种总结不仅仅是业绩评价的过程,还是检查战略是否实现的过程,是考核预算(计划)是否落实的过程。这种总结也不仅仅是为了得出一个简单的结论,在得出结论的基础上还要进一步分析造成结果的原因,为后期指明方向。此外,期末业绩评分还应包括按照奖惩激励制度,将部门(责任中心)和个人的业绩与事先规定的奖惩标准衔接起来并兑现,避免平衡计分卡流于形式。

(四) 平衡计分卡的修正

平衡计分卡在应用过程中可能会暴露出存在的问题,需要及时更正。随着环境的变化,平衡计分卡也需要不断更新。因此,平衡计分卡在最初设计出来以后,并不是一成不变的,在应用过程中要对它不断地修正。当然,平衡计分卡的修正不能随意进行,应当有严格的程序,只有这样才能保障平衡计分卡的严肃性。在对平衡计分卡进行修正时,如有必要还应同时对战略进行反馈,对预算(计划)进行修订,对考评指标或标准数据指标进行调整。

总之,企业借助平衡计分卡进行的综合业绩考评,是一个各种管理相互融合、各个环节相互渗透的过程。企业综合业绩考评过程如图 12-8 所示。

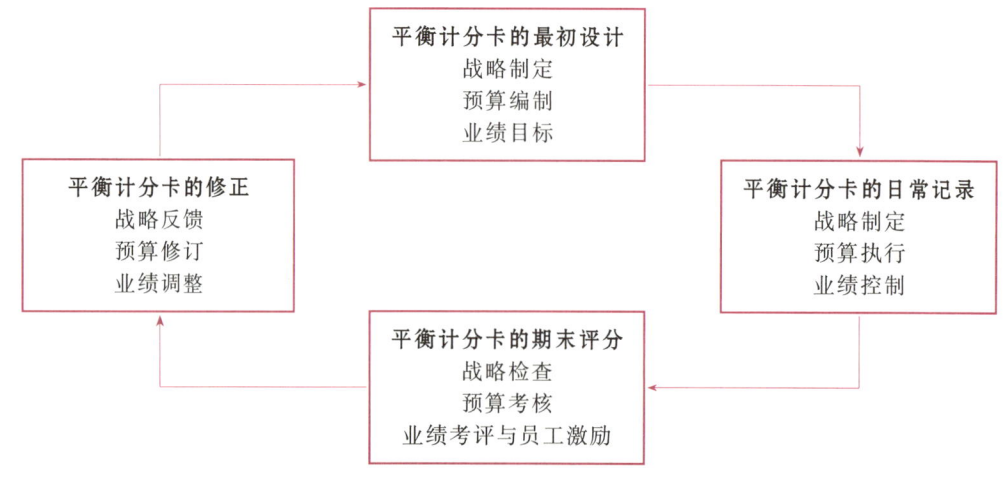

图 12-8 企业综合业绩考评过程

平衡计分卡对我们的最大启示在于它向外部、向深层、向长期拓展的视野,在于它综合平衡的思想,在于它着眼于战略、立足于管理、彼此联系、相互渗透的主体化、网络化结构,它是一种超越数字的动态评价指标与静态评价指标相统一、财务指标与非财务指标相结合的革命性的综合业绩考评制度,也是推动企业可持续发展的综合业绩考评。

六、平衡计分卡的优点与缺点

平衡计分卡的主要优点是:① 战略目标逐层分解并转化为被评价对象的绩效指标和行动方案,使整个组织行动协调一致;② 从财务、客户、内部业务流程、学习与成长四个维度确定绩效指标,使绩效评价更为全面完整;③ 将学习与成长作为一个维度,注重员工的发展要求和组织资本、信息资本等无形资产的开发利用,有利于增强企业可持续发展的动力。

平衡计分卡的主要缺点是:① 专业技术要求高,工作量比较大,操作难度也较大,需要持续地沟通和反馈,实施比较复杂,实施成本高;② 各指标权重在不同层级及各层级不同指标之间的分配比较困难,且部分非财务指标的量化工作难以落实;③ 系统性强、涉及面广,需要专业人员的指导、企业全员的参与和长期持续地修正与完善,对信息系统、管理能力有较高的要求。

典型案例分析

平衡计分卡在万科的应用

万科企业股份有限公司成立于1984年,1988年进入房地产行业,是目前中国最大的专业住宅开发企业,一直以来,万科以其绝对领先的销售业绩稳居中国房地产行业龙头老大地位。

万科在制度和流程管理上拥有健全和成熟的企业系统,并善于不断创新,在企业内部形成"忠实于制度""忠实于流程"的价值观和企业文化,在众多房地产开发商中万科以品牌、服务和规模获取高价值。在发展过程中,公司凭借治理和道德准则上的优秀表现,连续六次获得"中国最受尊敬企业"称号,并先后登上《福布斯》"全球200家最佳中小企业""亚洲最佳小企业200强""亚洲最优50大上市公司"排行榜。多年来,万科以其稳健的经营,良好的业绩和规范透明的管理赢得了投资者和社会各界的好评。

万科很早就投入大量精力进行企业制度建设,而平衡计分卡所倡导的管理思想正好弥补了万科自身业务和管理上的缺陷,为万科积极引进并应用提供了可能。具体表现在:

一、财务维度

财务报表是公司经营的结果,但平衡计分卡的财务维度不仅如此,万科用净利润、集团资源回报率考核各一线公司,只是一个方面;各一线公司还要证明在上述财务指标之外,公司实现了价值的增值,这些价值不以实际利润的形式存在,但能影响一段时期的收益。如土地储备周转期,周转越短,该资产带来利润的能力就越强。

二、客户维度

"客户是我们永远的伙伴"被列在万科价值观里的第一条,是对万科平衡计分卡客户维度的总结性阐释。有研究表明:客户忠诚度提升5%公司利润提升25%~85%。万科集团2002年开始聘请独立第三方进行客户满意度和忠诚度调查。2003年开始,集团总部设立总额100万元的客户忠诚度大奖,用于奖励在客户忠诚度建设方面成果最突出的一线公司。

2004年开始,客户忠诚度下降的一线公司遭到总部通报批评……这一系列动作,都表明万科对客户层面的重视程度在同行业中处于领先地位。市场占有增长率则反映了公司在新市场的扩张程度。这两个指标相辅相成,既能衡量客户对公司的满意度和忠诚度也能及时掌握竞争市场中公司的市场占有状况。

三、内部业务流程维度

内部业务流程维度,需要回答的问题是:为支持客户维度和财务问题,万科需塑造产品与服务的哪些独特属性?以项目经营计划关键节点完成率为例,万科共分了14个节点:①取得国土使用权证;②交地;③完成方案设计;④完成初步设计;⑤完成施工图设计;⑥取得施工许可证;⑦项目开工;⑧售楼处、样板区开放;⑨取得预售许可证;⑩开盘;⑪景观施工进场;⑫竣工备案;⑬交房;⑭交房完成率95%。不影响上述14个关键节点各职能部门可自行调整计划,只需将结果抄送公司,影响上述14个节点中①⑦⑩⑫⑬节点的,各职能部门必须上报公司,由公司严格考核项目关键节点的按时达成率。专业工作满意度和员工综合满意度由公司内部问卷调查完成,旨在了解员工总体满意度和改善后的情况,进而提高产品质量。

四、学习与成长维度

万科的运作与管理系统、职业经理人和企业文化构成了万科平衡计分卡的这一维度。人力投入产出是指单位人力成本带来的净利润,表示了人力投入产生的回报,可衡量组织部门效率;骨干人员价值流失率则从相反的角度,表现骨干人员离职造成的人员培养损失,从其造成损失的大小衡量公司骨干人员的保护能力。

【讨论】如何评价平衡计分卡在万科的应用情况?

本章小结

业绩评价是指运用数理统计和运筹学的方法,通过建立综合评价指标体系,对照相应的评价标准,将定量分析与定性分析相结合,对企业一定经营期间的盈利能力、资产质量、债务风险以及经营增长等经营业绩和努力程度等各方面进行的综合评判。所谓平衡计分卡,是为全面考评企业而设计的战略蓝图。它的基本内容包括以下四个方面:财务、顾客、内部业务流程和学习与成长。平衡计分卡的平衡关系是:过去、现在、未来的平衡,短期与长期的平衡,内部与外部的平衡,结果与动因的平衡。这些平衡是通过把经营单位的任务和策略转化为有形的目标和指标来完成的。平衡计分卡的基本项目有:战略目标、考评指标、业绩动因、标准数据、具体措施、评分。平衡计分卡综合业绩考评过程为:平衡计分卡的最初设计、平衡计分卡的日常记录、平衡计分卡的期末评分、平衡计分卡的修正。

复习思考

1. 业绩评价的概念是什么?
2. 业绩评价的计量指标有哪些?
3. 什么是平衡计分卡?它包括哪几个方面的内容?

同步实训

一、单项选择题(每小题只有一个正确答案)

1. 企业(　　)必须对其投资的安全性首先予以关注。
   A. 所有者　　　　B. 债权人　　　　C. 经营者　　　　D. 国家

2. 年初资产总额为100万元,年末资产总额为140万元,净利润为24万元,所得税为9万元,利息支出为6万元,则总资产报酬率为(　　)。
   A. 27.5%　　　　B. 20%　　　　C. 32.5%　　　　D. 30%

3. 下列选项中,不属于企业发展能力分析指标的是(　　)。
   A. 资本积累率　　　　　　　　B. 资本保值增值率
   C. 总资产增长率　　　　　　　D. 三年资本平均增长率

4. 评价企业短期偿债能力强弱最可信的指标是(　　)。
   A. 已获利息倍数　　　　　　　B. 速动比率
   C. 流动比率　　　　　　　　　D. 现金流动负债比率

5. 平衡计分卡最突出的优点是(　　)。
   A. 计算方便　　　　　　　　　B. 使用简单
   C. 从战略角度考虑全面　　　　D. 使用人力、物力较少

二、多项选择题(每小题有两个或两个以上正确答案)

1. 财务报表数据的局限性表现在(　　)。
   A. 缺乏可比性　　B. 缺乏可靠性　　C. 存在滞后性　　D. 缺乏具体性

2. 进行财务分析时的弥补措施包括(　　)。
   A. 尽可能去异求同　　　　　　B. 将资金时间价值有机纳入分析过程
   C. 注意各种指标的综合运用　　D. 善于利用"例外管理"原则

3. 应收账款周转率高说明(　　)。
   A. 收账迅速　　　　　　　　　B. 短期偿债能力强
   C. 收账费用增加　　　　　　　D. 坏账损失减少

4. 反映企业盈利能力的指标包括(　　)。
   A. 盈余现金保障倍数　　　　　B. 资本保值增值率
   C. 资本积累率　　　　　　　　D. 每股收益

5. 以下关于每股收益的计算公式中,正确的有(　　)。
   A. 每股收益=净资产收益率×权益乘数×平均每股净资产
   B. 每股收益=总资产净利率×权益乘数×平均每股净资产
   C. 每股收益=主营业务净利率×总资产周转率×权益乘数×平均每股净资产
   D. 每股收益=总资产净利率×平均每股净资产

6. 提高主营业务净利率的途径主要包括(　　)。
   A. 扩大主营业务收入　　　　　B. 减少主营业务收入
   C. 降低成本费用　　　　　　　D. 提高成本费用

7. 平衡计分卡的基本框架应从(　　)方面建立。

A. 财务　　　　　　B. 客户　　　　　　C. 内部营运与技术　　D. 学习、创新与成长

8. 财务分析既是对已完成的财务活动的总结,又是财务预测的前提,在财务管理的循环中起着承上启下的作用。下列不属于财务分析的目的有(　　　)。

A. 对企业当前财务运作进行调整和控制

B. 可以提供解决问题的现成方法

C. 对企业过去的财务状况和经营成果进行总结性分析和评价

D. 预测未来企业财务运作的方向及其影响

三、判断题(正确的在括号内打"√",错误的打"×")

1. 企业经营者必然高度关心其资本的保值和增值状况。　　　　　　　　　　　(　　)

2. 某公司今年与上年相比,主营业务收入净额增长10%,净利润增长8%,资产总额增加12%,负债总额增加9%。可以判断,该公司净资产收益率比上年下降了。　　(　　)

3. 平衡计分卡完美得没有任何问题。　　　　　　　　　　　　　　　　　　(　　)

4. 对于企业来说,几乎所有的成本都可以视为可控成本,一般不存在不可控成本。
　　　　　　　　　　　　　　　　　　　　　　　　　　　　　　　　　　(　　)

5. 利润中心获得的利润中有该利润中心不可控因素的影响时,可以不进行调整。(　　)

6. 企业越是下放经营管理权,越是加强内部控制。所以很多大型企业将各级、各部门按其权利和责任的大小划分为各种责任中心,实行分权管理。　　　　　　　　(　　)

7. 作为第一层次业绩评价主体的企业所有者,是依据产权关系为基础的委托—代理关系对企业最高管理层进行业绩评价。这一层是管理会计确定内部责任单位,并进行业绩评价的重点。　　　　　　　　　　　　　　　　　　　　　　　　　　　　　(　　)

8. 学习与成长维度确定了对战略最重要的无形资产。　　　　　　　　　　　(　　)

9. 平衡计分卡的平衡关系是:过去、现在、未来的平衡,短期与长期的平衡,内部与外部的平衡,结果与动因的平衡。　　　　　　　　　　　　　　　　　　　　(　　)

10. 内部业务流程维度确定了对战略目标产生影响的关键流程。　　　　　　(　　)

四、计算分析题

某企业2019年主营业务收入净额为77万元,主营业务净利率为10%,按照主营业务收入计算的存货周转率为7次,期初存货余额为8万元,期初应收账款余额为12万元,期末应收账款余额为10万元,速动比率为150%,流动比率为200%,固定资产总额为50万元,该企业期初资产总额为80万元。该公司流动资产由速动资产和存货组成,资产总额由固定资产和流动资产组成。

要求:

(1) 计算应收账款周转率(计算结果保留两位小数)。

(2) 计算总资产周转率(计算结果保留两位小数)。

(3) 计算总资产净利率(计算结果保留两位小数)。

查看答案

第十三章 战略管理会计

 学习目标

通过本章学习,能理解战略管理的内涵,了解传统管理会计与战略管理会计的产生、发展和关系;掌握战略管理会计的定义、特点和目标;理解掌握战略管理会计的主要内容,并能结合实际加以运用。

 导入案例

TCL 集团战略管理会计的应用

TCL 是一家全球化的智能产品制造及互联网应用服务企业集团。TCL 采取的是战略管控和财务管控相结合的集团管控模式,为深度支持集团战略和运营决策,建立 TCL 特色的管理会计体系,TCL 以"集团统筹规划、企业主导实施、项目组牵引推进"的方式,推进管理会计"6+1"发展模式,即"理论建设、准则体系、实施机制、推广机制、信息化建设、人才培养"+"咨询交流"。对企业的总体战略方向进行控制,对财务、预算、风险、重大投资、关键人事决策进行控制,但不直接干预企业内部的经营活动。

具体战略实施如下:

一、实施全面预算管理

作为集团整个战略落地的"指南针"和财务工作的"龙头",也是集团总体战略目标和企业具体经营规划之间的桥梁与纽带,集团建立了"战略→预算→考核→激励"这一闭环的运营管理模式,预算准确率逐渐提高,预算的牵引作用得到了较好体现。

二、实施战略成本管理

集团通过全价值链成本管理来降低战略成本、控制显性成本并开始关注隐性成本,运用管理会计工具和方法于价值链财务管理当中,在研发管理过程中对新品做投入产出分析,在供应链管理过程中对采购物料价格进行合理性分析,在制造管理过程中对质量成本信息作出分析,在销售管理过程中确定产品、渠道的盈利结构。

三、实施全面风险管理

内容包括风险预警、风险地图、专项风险、风险研究、制度规范、流程建设、监督检查等方面,集团通过企业主导、外部顾问辅导的方式,将 12 项关键领域处理了 267 个风险点和 787 个控制点,其中业务内控占 7 项,专项内控占 5 项。

四、实施全球资金管理

是按照集团战略要求和市场化原则,集团成立了财务结算中心和财务公司,对集团全球的资源进行集中管理和优化配置。

五、实施全球税务管理

通过税务遵从标准化、税务筹划流程化、风险管理体系化、税务共享平台化和税务组织专业化几大原则来构建全球税务筹划体系。

六、重视财务信息披露

通过建立统一的会计政策、操作手册和执行体系,对内对外及时、准确地提供体系信息和管理信息,使得企业整体的反应及决策速度大大加快。

思考:
TCL集团战略管理会计应用有哪些值得企业借鉴的地方?

第一节 战略管理会计概述

一、战略管理的概述与传统管理会计的局限

战略管理会计的形成与战略管理的产生有着密切的关系。由于企业管理从传统的注重内部的管理,发展到现代的既重视内部又重视外部的战略管理,企业管理需要的信息发生了变化,传统管理会计无法满足,其向战略管理会计方向发展便成为必然。

(一) 战略管理的内涵与意义

1. 战略管理的内涵

战略管理(Strategic Management)是1976年由美国学者安瑟夫在《从战略计划走向战略管理》一书中首先提出的。安瑟夫认为,企业战略管理是指将企业日常业务决策同长期计划决策相结合而形成的一系列经营管理业务。之后美国学者斯坦纳在1982年出版的《管理政策与策略》一书中指出,企业战略管理是确立企业使命,根据企业外部环境和内部经营要素设定企业组织目标,保证目标的正确落实,并使企业使命最终得以实现的一个动态过程。其他许多学者与实业家也提出了不同的见解。

一般来讲,战略管理的内涵可以归纳广义的战略管理和狭义的战略管理为两种类型。广义的战略管理是指运用战略对整个企业进行管理,其主要代表学者是安瑟夫;狭义的战略管理是指对企业战略制定、实施、控制和修正进行的管理,其主要代表学者是斯坦纳。目前,主张狭义的战略管理的学者占主流。

2. 战略管理的意义

战略管理是在市场全球化的激烈竞争和科学技术迅猛发展的背景下,企业管理的理论和实践与时俱进、不断创新的结果,对现代企业适应复杂多变的外部环境具有十分重要的意义。

(1) 战略管理可以为企业提出明确的战略目标和发展方向。企业管理者可以运用战略管理的理论和方法,确定企业经营的战略目标和发展方向,制定实施战略目标的战术计划,采取准确的战术行动,以确保在取得短期业绩的同时实现企业原定的战略目标和发展方向。

(2) 战略管理为企业适应外部环境的变化创造良好的条件。现代企业面临的外部环境是不断变化的,这既给企业带来了压力,又会给企业带来意料之外的机遇和挑战,战略管理理论和方法可以帮助企业高层管理者集中精力应对这种机遇和挑战。通过分析和预测目前

和将来的外部环境,采取积极行动优化企业的处境,使企业有能力迅速抓住机遇,减少风险,更好地掌控企业的未来。

(3) 战略管理可以使决策更加科学化和规律化。由于环境条件的复杂化,任何企业都要采取一定的措施来适应。非战略管理的企业,只能采取被动防御决策,仅在环境发生变动之后才仓促应对,必然陷入被动,成效有限。而实施战略管理的企业则未雨绸缪,可采取进攻防御决策,通过预测未来的环境,避免可能发生的问题,使决策更加科学化和规律化。

(二) 传统管理会计的局限

1. 不能适应企业制造环境的变化

20世纪80年代以来,企业面临的制造环境发生了很大的变化。在企业自动化方面,高级制造技术(AMT)、计算机辅助设计与制造(CAD/CAM)、弹性制造系统(FMS)、计算机集成制造系统(CIMS)的使用日趋普及;在管理方面,采取适时制采购与制造哲学,包括各种新的管理观念与技术,如零库存、慎选供应商并保持良好关系以及全面质量管理等。在这种环境下,直接人工成本下降,制造费用提高。与传统制造环境相比,新制造环境改变了变动成本与固定成本的比例,企业的大部分成本在短期内是固定的,直接人工成本在制造成本中只占很少一部分,制造费用在制造成本中所占的比重很大。

传统管理会计对新制造环境的不适应性主要表现在以下三方面:

(1) 成本计算系统方面。传统的成本计算系统提供的产品成本信息被严重扭曲,不仅不能帮助管理者适应制造环境的变化,而且限制了对这种变化的适应。

(2) 成本控制系统方面。传统的成本控制系统中,标准成本差异分析在新制造环境中无法应用。对于短期成本控制而言,直接人工成本在制造成本中所占的比重较小且基本上属于固定成本,对直接人工成本进行差异分析就没有多大意义。大多数制造费用与短期的业务量变动不具有相关性,所以传统的标准成本差异分析并不能为短期成本控制提供特别有用的信息。

(3) 业绩报告系统方面。传统的业绩报告一般是一月、一旬或一周编报一次,时效性较差。在新的制造环境下,企业的制造周期一般是很短的,通常要求在问题发现之时或当天就能取得相关的信息。此外,传统的业绩报告中缺乏与企业战略直接相关的非货币性指标,如市场占有率、顾客满意度等。

2. 不能适应市场竞争的需要

传统管理会计重点考虑的是成本问题。在当今世界竞争激烈的环境中,衡量竞争优势的指标除成本指标之外还有大量的非财务指标。与企业战略目标密切相关的非财务指标,如产品质量、生产的弹性、顾客的满意程度、从接受订单到交付使用的时间等,传统管理会计系统未能提供,这就会使企业的管理者忽视市场、管理战略等方面的许多重要因素。

3. 缺乏重视外部环境的战略观念

成功的企业管理战略就是要创造和保持持久的相对竞争优势。管理会计应该指出企业在市场竞争中所处的相对地位,提供有利于企业针对竞争进行战略调整的财务和非财务信息,例如,从市场占有额的变化中可以看出企业竞争地位的相对变化。但传统管理会计却未能提供这种信息。如果管理会计报告中包括市场占有额等非财务信息,那么无疑会提高管理会计的相关性。此外,超出会计主体范围本身,联系竞争者来分析企业的竞争优势,通过与外部竞争者的比较来研究本企业销售额、利润和现金流量的相对变化,这对实现企业的战略目标来说更有意义。但是,传统管理会计却未能提供和解释这些有用的信息。

在企业管理已发展到战略管理的阶段,由于传统管理会计不能适应战略管理的信息要求,因此必须对其进行相应的变革,使其过渡到战略管理会计阶段。

二、战略管理会计的产生与发展

最早将管理会计与战略管理联系起来并提出"战略管理会计"概念的是英国学者西蒙斯。西蒙斯于1981年将"战略管理会计"定义为:"对企业及其竞争对手的管理会计数据进行搜集和分析,由此来发展和控制企业战略的会计"。他认为战略管理会计应该侧重于本企业与竞争对手的对比,收集竞争对手关于市场份额、定价、成本、产量等方面的信息。之后,西方学者纷纷开始了对战略管理会计理论的研究,提出了各自的观点。战略管理领域应用的管理会计工具方法,一般包括战略地图、价值链管理等。

目前,在西方经济发达国家,战略管理会计理论仍处于发展初期,无论是基本内容还是基本方法,都尚未成熟、规范。但无论是何种观点,对战略管理会计需要解决的主要问题的看法是基本一致的,即如何适应变化中的内外部条件,企业资源在内部如何分配与利用,如何使企业内部之间协调行动以取得整体上更优的战略效果。

总之,战略管理会计是在当今企业经营环境瞬息万变、全球化市场竞争空前激烈的情况下,为满足现代企业实施战略管理的特定信息需要而建立的新的管理会计信息系统,它对现代会计体系将产生深远的影响。

三、战略管理会计的定义、特点与目标

(一)战略管理会计的定义

战略管理会计是与企业战略管理密切联系的,它运用灵活多样的方法收集、加工、整理与战略管理相关的各种信息,并据此来协助企业管理层确立战略目标、进行战略规划、评价管理业绩。

(二)战略管理会计的特点

1. 战略管理会计重视企业与外部环境的关系,具有外向性的特征

战略管理会计将视角更多地投向影响企业的外部环境,围绕本企业、顾客和竞争对手形成的"战略三角",收集、整理、比较、分析竞争对手有战略相关性的信息。战略管理会计信息需求具有外向性和开放性,如战略决策分析要考虑到顾客需求和竞争者信息,成本控制要扩展到产品的整个寿命周期,而且在标准制定、业绩评价中也要考虑到同行业的平均或先进水平等。

2. 战略管理会计具有结果控制与过程控制相结合的动态系统的特征

战略管理会计从确定战略目标、制定和实施战略计划,一直到战略管理业绩的监控与考评等所有环节(步骤),始终都是以形成企业的整体竞争优势为目标,并从企业管理的各个环节和各个方面来保证其最终实现。这就要求战略管理会计的控制不能仅仅停留于对结果的分析,而且要通过过程控制将企业生产经营的各个环节都和企业整体目标相联系,以过程控制实现对结果的影响和保证目标的实现。

3. 战略管理会计信息的多样化及其处理过程科学性与艺术性的统一

战略管理会计收集、处理和应用的信息是与战略具有相关性的信息,是以外向型为主体

的多样化信息。这种类型的信息,可从企业外部的多种渠道获得,如公开的财务报告、竞争对手广告、行业分析报告、贸易金融报道等。企业的管理会计师在战略决策方案的制订及其实施过程中,就必须破除原来简单、陈旧的决策模式,要体现信息处理过程的科学性与艺术性的统一。

4. 战略管理会计对企业效益的评价立足于全方位的综合性效益

战略管理会计对企业效益的评价,应以企业长期的竞争力的保持为基本出发点,而不应拘泥于一时的得失。它是微观效益和宏观效益、目前效益和长远效益、经济效益和社会效益的有机统一体。

(三)战略管理会计的目标

战略管理会计的目标可以分为最终目标和具体目标两个层次。

战略管理会计的最终目标与企业的总目标一致。传统管理会计的最终目标是利润最大化。利润最大化虽然能够使企业讲求核算和加强管理,但是,它不仅没有考虑企业的远景规划,而且忽略了市场经济条件下重要的风险因素。为了克服利润最大化的短期性和不顾风险的缺陷,战略管理会计立足于企业的长远发展,权衡风险与报酬之间的关系,把企业价值最大化作为自己的最终目标。

战略管理会计的具体目标主要包括以下四个方面:
(1)协助管理当局确定战略目标。
(2)协助管理当局编制战略规划。
(3)协助管理当局实施战略规划。
(4)协助管理当局评价战略管理业绩。

四、战略管理会计与传统管理会计的联系与区别

(一)战略管理会计与传统管理会计的联系

战略管理会计之所以产生并发展,既是当代科学技术突飞猛进和社会经济迅速发展而导致企业管理理论和实践不断发展的产物,也是传统管理会计自身基本思想、基本理论和基本方法不断丰富和发展的产物。

1. 战略管理会计是对传统管理会计的发展

战略管理会计是为了弥补传统管理会计的缺陷而产生的,但这并非意味着传统管理会计没有存在的必要,战略管理会计只是传统管理会计的发展和观念的更新。传统管理会计注重内部管理,并从战术角度深入企业内部的作业水平,致力于"知己";而战略管理会计则站在全球高度,从战略角度扩展到宏观层面,寻求企业的整体竞争优势,致力于"知彼"。两者相辅相成。管理会计作为决策支持系统的性质并未改变,信息支持和控制仍是其两大基本职能。战略管理会计突破了传统管理会计的局限,拓展了管理会计的范围,是管理会计在新的历史条件下取得的新发展。

2. 战略管理会计是对传统管理会计的一次重大变革

随着企业生存环境的改变和竞争压力的增强,战略管理逐渐登上历史舞台。传统管理会计难以提供与战略管理相关的信息,战略管理会计则从更高的起点重新界定了管理会计的内涵,为企业的战略决策寻找方向、把握契机。战略管理会计不是管理会计的一个分支,而是对传统管理会计的一次重大变革。

第十三章 战略管理会计

3. 战略管理会计对传统管理会计提出挑战

战略管理会计对传统管理会计提出了挑战，迫切要求传统管理会计更新观念，尤其是提供战略决策信息，要求提供超越企业本身的更广泛、更有用的与战略管理相关的信息，不仅包括内部信息和财务信息，更重要的是诸如市场需求量、市场占有率等外部信息和非财务信息。

（二）战略管理会计与传统管理会计的区别

战略管理会计与传统管理会计相比，其不同之处表现在：

1. 战略管理会计提供了超越企业本身的更广泛、更有用的信息

营造企业竞争优势是战略管理的重要目标之一，而企业的竞争优势取决于它所拥有的相对成本优势。在相同条件下，谁拥有了成本优势，谁就拥有了竞争优势。因此，战略管理会计特别关注企业外部环境的变化，重点搜集有关竞争对手的信息，了解其相对成本，使企业管理者知己知彼，采取相应的进攻或防御措施，通过占据优势的相对成本和庞大的市场占有额，使企业保持长久的相对竞争优势。

2. 战略管理会计提供了更多的与战略管理有关的非财务信息

传统管理会计所提供的信息更多的是财务信息，而战略管理会计则提供了大量诸如质量、市场需求量、市场占有率等极为重要的非财务信息。如市场占有率，它是反映企业战略地位的主要指标之一，它的变化反映了企业竞争地位的变化，在一定程度上代表了未来的现金流入量。

3. 战略管理会计改进了评价企业业绩的尺度

传统管理会计一般以投资报酬率来评价企业的业绩，而忽略了相对竞争地位在业绩评价中的作用。实际上，企业利润是否稳定增长在很大程度上取决于企业相对的市场竞争地位。因此，战略管理会计将战略管理思想贯穿于企业的业绩评价之中，以竞争地位变化带来的报酬取代传统的投资报酬指标。战略管理会计正是通过对竞争对手的分析，运用财务和非财务指标，利用战略业绩评价，以增加企业的长期竞争优势。

4. 战略管理会计提供了更及时、更有效的业绩报告

处于当今信息时代，多数企业都建立了信息系统，电脑化的信息系统为数据的综合性和及时性提供了极大的可能，编制管理会计业绩报告的时间也大为减少，使得管理会计在问题发生的当时或当天就能提供相关的信息。信息技术的发展为改进信息的质量和时效性提供了可能，为战略管理会计分析提供了可靠的基础，更易于取得时效性和相关性更强的信息。

第二节 战略管理会计的内容

战略管理会计在战略管理理论的基础上产生，并为战略管理服务，两者密不可分。因此，战略管理会计研究的基本问题不可能脱离战略管理理论而单独存在。另外，战略管理会计是对传统管理会计的发展和完善，战略管理会计并未改变传统管理会计的职能，但进行预测、决策、分析、评价时更侧重于对外部信息的搜索和再利用。因此战略管理会计研究的主要内容包括：企业的经营环境分析、价值链分析、企业的竞争能力分析、战略定位。

一、企业的经营环境分析

任何企业都是在一定的外部环境中利用一定的内部条件来开展生产经营活动的。进行战略管理,必须从分析企业的内外环境入手。

(一) 企业外部环境分析

企业外部环境包括宏观环境和特定产业环境两方面。

1. 宏观环境

宏观环境主要是指对所有企业产生较大影响的宏观因素,如政治、法律、经济、科技、自然环境因素。企业必须深入了解这些客观存在因素,并适应宏观环境对企业的要求。

由于政治和法律因素从宏观上对企业生产经营起着规范和导向作用,这就要求企业管理人员知法、懂法、依法经营,关注企业经营的社会效益;经济因素对企业生产经营的影响最直接而且具体,如居民收入水平、原材料及能源的供应状况、国民生产总值、产业结构、总体经济发展趋势等,这为企业的战略选择提供了依据;科技因素主要是指产品开发、专利保护、新技术推广等,这些也会对企业的生产经营产生影响,为企业的新产品开发指明方向;自然环境主要是指地理位置和资源状况,这为企业的生产经营提供优良的先决条件。

2. 特定产业环境

特定产业环境是指企业所属产业中的目标市场。一个企业不可能拥有整个产业市场,这就要求对它所属产业的市场进行"细分",将整个产业市场划分为若干个具有一定特点的细分市场。企业应依据自身生产经营的特点,选择目标市场,并了解目标市场的容量和饱和度以及相关竞争者的数量、手段、影响力等。

相比较而言,特定产业环境直接关系到企业的市场占有率和盈利水平,因此特定产业环境分析应当是企业外部环境分析的核心。

(二) 企业内部环境分析

企业内部环境是指企业的内部条件,包括人力、物力资源,管理水平,经营者的领导才能等。分析的目的在于知己知彼,正确地选择并确定企业的竞争战略。

二、价值链分析

价值链分析是一种战略工具,它是提高企业竞争优势的基本途径。价值链分析不仅与企业所处的产业有关,而且与企业自身的生产经营密切相连,因此价值链分析包括企业的价值链分析和产业的价值链分析。

(一) 企业的价值链分析

企业的价值链分析是指对产品的整个价值链(包括从产品所需材料的供应者、设计与生产,直至产品的销售与售后服务)所进行的分析。这种分析的对象比较宽泛,包括供应商、企业本身以及顾客,分析的内容主要包括:产品生产合理配合分析、作业链分析以及成本动因分析。

1. 产品生产合理配合分析

产品生产合理配合分析研究企业如何改善与供应商以及与顾客之间的相互协作关系,这种分析将视野扩大到企业与供应商之间以及企业与顾客之间的战略策略定位上。其目的在于改善彼此的作业链,从价值上收到双方互利的效果。

对于企业与供应商之间的协作关系,应首先站在各自利益的角度来分析是否有必要建立这种协作关系。从供应商角度看,理所当然是获得利润。而从企业角度看,首先,要考察接受供应商所提供的产品是否符合一个前提条件,即供应商的产品必须具有吸引力,如供应商提供的产品价格低廉、产品质量过关等;然后,要关注供求双方彼此能否实现合理配合,降低不必要的费用,如力求减少不增加价值的存货储备而要求供应商适时供货;最后,要考虑能否简化供应商的产品生产过程,消除不必要的作业而使双方受益,实现双赢。

例 13-1 产品生产合理配合分析的案例(从企业与供应商的关系看)

甲企业常年生产,长期以来从诸多供应商处购入所需的某型号 A 部件,其中,从乙供应商采购的数量最多且相对稳定。甲企业为了保证生产的连续性,日常总要保留一定数量的 A 部件储备库存。

甲企业通过开展产品生产合理配合分析认为,这种采购方式不合理,因为 A 部件在采购到厂后,不能马上投入生产,增加了储备成本,所以决定改变现状。

经过与乙供应商协商后,决定在不改变价格的前提下,采取以下措施:第一,将甲乙双方的供货关系以长期合同的形式确定下来,扩大从乙供应商处采购的数量,减少从其他供应商处采购的数量;第二,改变 A 部件的运输方式,要求乙供应商在规定的时点按规定的数量将所需要的 A 部件适时地直接运达甲企业。这样既减少了甲企业在 A 部件上的储存费用,又扩大了乙供应商对 A 部件的销售量,实现了甲乙双方的双赢。

对于企业与顾客之间的协作分析,类似于企业与供应商之间的分析,因为企业既是生产者,又是消费者。此外,还应从产品寿命周期成本角度进行分析,因为当今世界的发展趋势是,顾客对于从产品开始使用直至产品最终废弃这一整个过程所追加的成本(即购后成本)更为关注,哪个企业的产品购后成本低,顾客就会接受哪个企业的产品。因此降低购后成本,也是提高企业产品在市场上竞争地位的有效途径之一,企业对此不能忽视。

例 13-2 产品生产合理配合分析的案例(从企业与顾客的关系看)

承【例 13-1】,假定甲企业尚未提出任何协调甲乙双方关系的建议。如果你是乙供应商,为了扩大 A 部件的销售量,提高市场占有率,可以考虑在不改变价格的前提下,主动向甲企业提出以下建议:第一,将甲乙双方的供货关系以长期合同的形式确定下来,扩大乙方向甲方的供应量;第二,改变 A 部件的发货方式,承诺在乙方规定的时点按规定的数量将 A 部件适时地直接运达甲方。这样不仅可以扩大乙供应商在 A 部件上的销售量,而且可以使甲企业实现原材料达到"零存货"。

通过比较【例 13-1】和【例 13-2】两个案例可以发现,无论是从企业与供应商相互协作的关系分析,还是从企业与顾客相互协作的关系分析,只要双方能主动换位思考,两者研究的内容就是完全相同的。所不同的是,调整彼此协作关系的动议首先是由谁提出来的。

2. 作业链分析

企业的生产经营是由一个一个的作业构成的,每个作业的进行都要占用并消耗一定的资源,每个作业的产出都包含该作业所创造的一定价值,这些价值凝聚在产成品上,构成产品价值,最后销售出去,体现为顾客价值,从而形成企业的收入。可见,作业链最终通过价值链予以反映。进行作业链分析的目的在于一方面尽可能地消除不增加顾客价值的作业,另一方面尽可能地提高可增加价值作业的运行效率,以便提高顾客价值,优化价值链。至于如何优化价值链的问题,前面已有介绍,在此不赘述。

3. 成本动因分析

成本动因是导致成本发生的因素。传统管理会计认为企业成本的高低只与业务量有关,但如果站在战略的角度分析,企业成本的高低受多方面因素的影响和作用,单一的业务量已无法解释全部成本形成的原因。目前理论界公认的观点是,从战略的角度看,成本动因可以分为结构性成本动因和操作性成本动因两类。

(1) 结构性成本动因。

结构性成本动因是指与企业基础经济结构有关的成本驱动因素。一般形成结构性成本动因的因素主要有规模、范围、经验、技术、厂址和复杂性等项内容。

① 规模,即企业规模,它可以通过企业在生产和研究开发等方面投入资金量的多少来反映。如果企业规模适度,则有利于降低成本,形成经济规模;如果企业规模过大,扩张过度,则会导致成本的上升,虽然具有相当的规模,但不经济。

② 范围,即业务范围,它是指企业进行纵向合并的程度。也就是说,企业跨越产业价值链的长度。企业纵向整合程度的强弱会对成本产生正负双面影响:如果业务范围扩张适度,则可降低成本,带来整合效益;如果业务范围扩张过度,则会提高成本,使效益下滑。因此从战略的高度分析成本动因并进行评价,就显得尤为重要。而企业的横向合并则更多地与企业的规模及复杂性相关。

③ 经验,即经验积累,它是指单位产品所需时间随着工人熟练程度的不断加强而逐渐减少的现象。通常工人经验积累程度越高,操作也就越熟练,单位产品成本就会呈下降趋势。这就是所说的学习曲线或称经验曲线效应。一般学习效应在企业初建时尤为明显,成熟企业的学习效应相对来说不够明显;价格敏感性强的企业,学习效应显著,它可带动需求,加大产量,进而降低成本。

④ 技术,是指企业价值链的每一环节中运用的处理技术。它反映企业生产工艺技术的水平和能力。通常先进的技术会使成本降低,但开发与应用技术以付出较高的成本为代价且存在被淘汰的风险,因此实际应用中,应在技术革新成本与所获利益之间进行权衡并作出正确的决策。

⑤ 厂址,指厂址的选择与确定。企业所处地理位置的好坏对企业的影响是多方面的,既有直接影响也有间接影响。如果企业所处地理位置优越,则需为此付出较高的成本代价,但这可能有利于企业扩大销售量,这种影响有可能导致企业成本的降低;否则,就会得出相反的结论。因此,企业在选择厂址时应在成本和利益之间作出权衡。

⑥ 复杂性,即生产的复杂性,它是指企业向顾客能够提供多宽范围的系列产品和服务。这涉及企业的横向整合程度。

综上所述,结构性成本动因具有以下基本特征:第一,结构性成本动因一旦确定常常难以变动,对企业的影响持久而深远;第二,结构性成本动因常常发生在生产开始之前,其支出属于资本性支出,构成了以后生产产品的长期变动成本;第三,结构性成本动因并不是程度越高越好,这类成本动因存在一个适度的问题,把握不好,就会使成本上升。

(2) 操作性成本动因。

操作性成本动因又称为执行性成本动因,它是指企业在具体操作过程中所引发的成本。这类成本与企业的生产经营过程密切相连,通常包括员工的参与感、全面质量管理、生产能力的利用、工厂的布局、产品设计、关系等。

① 员工的参与感,即员工的责任感,是指员工参与企业持续改善的程度。企业生产经营过程中,员工的责任感与企业成本的高低密切相关,企业要降低成本必须调动全体员工的积极性,否则员工的消极反应将是成本上升的重要因素。

② 全面质量管理,是指与产品相关的质量。实际中,质量与成本密不可分,两者既对立又统一,企业应在质量与成本之间权衡,从而实现质量成本最优、企业效益最大的目标。

③ 生产能力的利用,是指在企业建设规模既定的前提下,生产能力的利用程度,包括员工能力、机器能力和管理能力的利用,以及各种能力的组合是否最优。企业生产经营过程中,各种能力的利用程度越高越好,这样有助于成本的降低。

④ 工厂的布局,是指工厂布局的效率,即按照目前的标准,企业目前布局的效率如何,从成本的角度考虑,是否存在不合理之处。

⑤ 产品设计,是指所设计的产品工艺的复杂性和可接受性。其中,复杂性是指产品工艺的设计是否合理,可接受性是指所设计的产品是否容易操作并掌握。这些都与成本直接相连。

⑥ 关系,是指企业与供应商和客户之间的关系。企业作业分析应拓展到供应商和客户,可以将供应商和客户视为企业作业的一个组成部分,尽量优化作业链,提高价值链。

综上所述,操作性成本动因具有以下基本特征:第一,操作性成本动因是在结构性成本动因决定之后才成立的成本动因;第二,通常操作性成本动因的程度越高越好,对各种情况掌握得越准,分析得越透,将越有助于加强企业的成本管理。

显然,结构性成本动因与企业的战略定位密切相关,通过结构性成本动因分析,有助于企业作出横向规模和纵向规模的战略决策;而分析操作性成本动因则有助于企业加强内部成本管理,可以确保战略目标的实现。

(二) 产业的价值链分析

产业的价值链分析是指整个产业的纵向整体分析,即从产业的最初原料开发开始,经过若干个不同产品的生产环节,直至最终产品被用户消费结束的完整过程。例如,造纸业的产业价值链包括"木材种植→砍伐→纸浆生产→造纸→纸张制品生产→纸张制品销售→最终用户"七个环节,每个环节有着自身的价值链特点,而每个环节又都是产业价值链中的一部分。可见,任何企业的价值链都是产业价值链中的一部分甚至全部,产业价值链分析是从更广阔的视野,对整个产业所属企业的竞争地位和相应的分化、组合等问题进行的战略分析,分析的内容主要包括投资收益率分析和成本动因分析。

1. 投资收益率分析

投资收益率分析是企业进行生产战略定位分析的基础。这种分析首先应确定产业中实际存在的各生产环节,如造纸业有七个环节,便可将产业的价值形成过程分为七个阶段,然后分析各个阶段所产生的价值以及所引发的成本和所占用的资产,在此基础上,确定各阶段的价值与成本占最终产品的价值链和成本的比例关系,最终确定各阶段的投资收益率。投资收益率的高低是决定企业采取相应竞争战略以及战略定位的重要因素之一。

2. 成本动因分析

进行成本动因分析也是产业价值链分析中不可缺少的一项内容。如前所述,成本动因包括结构性成本动因和操作性成本动因两类,产业价值链分析则侧重于结构性成本动因的分析。分析中如果发现横向规模造成成本过高,则应采取措施进行横向发展,可以通过横向合并或资产重组方式,以期达到经济规模;如果发现纵向规模造成的成本过高,则应进行纵向发展,与供应商或顾客合并或资产重组或进行合理协调等;如果发现除横向规模和纵向规模以外的其他成本动因造成企业的成本控制不如竞争对手,则应采取相应的措施进行成本控制,以获得成本领先的战略地位。当然,企业在向横向或纵向发展时,也不排除通过企业自身的积累进行,但这种发展不如并购的速度快、规模大,按照当今社会的发展趋势,企业常常采用后者进行对外扩张。

三、企业的竞争能力分析

企业的竞争能力分析又称 SWOT 分析,是指对企业的优势(Strengths)与劣势(Weaknesses)、机会(Opportunities)与威胁(Threats)所进行的分析。其中,优势是指企业拥有的比其他企业更多的技术和资源,它是企业建立总的竞争战略的基础,也是企业克敌制胜的法宝;与此相反,劣势说明企业与竞争对手相比所缺乏的重要技术和专长。机会是指企业环境中存在的对企业有利的情况;与此相反,威胁是指企业环境中存在的对企业不利的情况。在分析企业内外环境的基础上,关键是要确定企业的优势和劣势,同时发现机会,辨别可能存在的威胁,以此判断企业所处行业的竞争强度。通常可从以下几方面进行判断:

(一) 同行业中不同企业内部资源的对比

要明确企业的优势与劣势、机会与威胁,最有效的途径是将同行业中不同企业的内部资源进行对比,可作如下比较:

(1) 产品。企业的产品有创新吗?产品的范围过宽还是过窄?有没有重要的、领先的或独特的技术?

(2) 管理。企业管理的经验和能力怎么样?方法如何?

(3) 研究与开发。这方面企业领先还是落后?重要产品或服务的前景怎么样?投入的资金有多少?

(4) 生产。当前生产过程有竞争力吗?有弹性吗?生产效率怎么样?技术先进吗?对生产设施和生产过程的改善有什么计划?

(5) 市场。市场营销,包括促销、销售和广告的效果如何?

(6) 战略。企业战略清晰吗?贯彻得如何?得到有效的实施了吗?

(二) 潜在或新进入者的障碍分析

潜在或新进入者一旦进入产业,自然会与原有企业争夺市场份额,从而对原有企业构成威胁。面对潜在或新的进入者,原有企业不会无动于衷,必将采取措施,设置障碍,阻止其进入,如果原有企业没有反应或反应不强烈,说明潜在或新进入者对其的威胁不大。从另一方面来讲,潜在或新进入者拟进入时并非盲目,必将进行市场调查,了解市场的行情和状况,分析进入的障碍,主要考虑的因素有:

(1) 经济规模。原有企业是否在产供销方面达到了一定的规模?如果进入,企业本身能承担多大的风险?企业进入的目标市场定位在哪方面?

(2) 产品。市场上存在独特的产品吗?企业本身的产品是否新颖而别具一格?

(3) 商标的知名度。原有企业中是否存在普遍认同的知名商标?行业中知名商标有多少?推广自己的产品成本有多高?

(4) 资本需求。进入时,所需的创业资金是多少?可以承受吗?

(5) 成本水平。目前原有企业的成本水平怎么样?企业自身在这方面有优势吗?

(6) 法律规定。国际上对该产业的规定有哪些?对企业有利还是不利?

通过上述种种分析,潜在或新进入者会对自身的竞争强度有所估计,如果认为阻力重重,那它就会三思而后行。

(三) 企业退出的抉择

如果企业经营状况不佳或认为所处产业前景暗淡,想要知难而退,那么也会分析退出产业的障碍,因为退出产业会涉及许多问题,解决这些问题有可能会削弱其竞争强度。所考虑的问题主要有:

(1) 所处产业属于朝阳产业还是夕阳产业?是否应退出?

(2) 如果退出,相关资产如何处理?人员如何安排?需支付的人员费用有多少?

(3) 转产的代价有多大?能否适应新产业的管理要求?

(四) 替代产品的威胁分析

替代产品的出现常常会加剧所属产业中不同企业之间的竞争,因为替代产品的价格一般会低于现有产品的价格,再加之产品新颖,所以替代产品的吸引力较大,其市场份额会明显增大。现有企业要想增强自身的竞争实力,一方面应集中一定的技术力量研究和开发替代产品,另一方面要密切注意市场竞争对手的动态:竞争对手是否已生产出替代产品?如果已出现,将采取怎样的应对措施?

(五) 供应商的讨价还价能力分析

供应商的讨价还价能力一方面表现为供应产品价格的提高,另一方面表现为供应产品质量的相对降低。如果供应商的讨价还价能力强,说明企业处于劣势。企业可以通过以下几方面的判断来明确所处地位是优势还是劣势:

(1) 供应商供应的产品是否被少数企业垄断?

(2) 供应商供应的产品是否供小于求?

(3) 供应商供应的产品是否畅销?

(4) 供应商供应的产品是否无法替代?

(5) 供应商有无向后扩展,参与本行业竞争的意图?

如果上述种种全部是肯定的回答,则供应商的讨价还价能力强,企业处于劣势;反之,则供应商的讨价还价能力弱,企业处于优势。

(六) 顾客的讨价还价能力分析

顾客的讨价还价能力直接体现为企业所售产品价格的降低以及产品质量的提高和售后服务的加强,如果顾客的讨价还价能力强,则会降低企业的利润,从而使企业处于劣势。企业可以通过以下几方面的判断来明确所处地位是强还是弱:

(1) 顾客购买量占企业的销售量是否过大?

(2) 企业销售产品的定价水平是否过高?

(3) 顾客是否有很多可供选择的供应者?

(4) 产品对顾客是否没有独特的吸引力?

(5) 顾客是否有变外购为自产的意图?

如果上述种种全部是肯定的回答,则顾客的讨价还价能力强,企业处于劣势;反之,则顾客的讨价还价能力弱,企业处于优势。

四、战略定位

通过上述分析,就会明显地发现企业的竞争优势与劣势,所存在的机会与面临的威胁也趋于明朗化。在此基础上,管理会计人员就可协助企业高层领导建立竞争战略,进行战略定位,所制定的战略应该能够利用优势,抓住机会,弱化劣势,避免或缓和威胁。

(一) 公司层的战略定位

公司层的战略定位是对企业整体所从事事业范围的确定,包括经营类型及经营范围的定位、公司的宗旨和目标的确定等。

1. 经营类型及经营范围的定位

每个企业都是产业价值链的一部分或几部分或全部,决定企业应处于价值链的哪个环节的战略决策建立在企业自身相对优势确定的基础之上,即企业在哪个环节上能够发挥其优势并能为顾客提供更多、更好的服务而获得更多的利润,企业的产品就应定位在这里。

例如,在计算机行业中,计算机硬件的生产需要芯片、处理器、硬盘、显示器等,德州仪器只生产芯片,英特尔只生产处理器,希捷只生产硬盘,索尼只生产显示器,而IBM和康柏则将自制的零件和外购的零件组装生产成完整的计算机,这些企业均获得了成功。

再如制鞋生产中,很多企业将自己的产品销售给零售商,而耐克则把力量集中在设计、销售和推广上,把生产都外包给其他企业。可见,企业的优势一旦确定,产品生产就应定位在这里,企业的产品生产有可能覆盖供、产、销三阶段,也有可能是其中的某个阶段,但所作出的选择必须是企业的优势所在。

至于产业的选择确定,企业应侧重于不同产业的投资收益率的分析,如果选择的新产业的投资收益率大于该企业目前的整体投资收益率,则应进入新产业,否则不能进入。也就是说,通常企业应进入朝阳产业,而不应进入夕阳产业;同样道理,企业应选择朝阳产品经营,而不应选择夕阳产品经营。决策中,一旦确定为夕阳的行业或产品,则应放弃。

2. 企业的宗旨和目标的确定

企业的宗旨和目标是企业竞争战略思想的充分体现,它是企业的长期规划和未来长期努力的方向。管理会计人员以及企业的高层领导必须对此予以高度重视。一般企业所确定的宗旨和目标应高度概括,通俗并简单明了,不能含混。几个成功企业的宗旨和目标如表13-1所示,可供其他企业参考并借鉴。

表13-1　　　　　　　　　　　　　　企业的宗旨和目标

企业名称	宗　旨　和　目　标
华为技术有限公司	公司坚持以客户为中心、以奋斗者为本,持续改善公司治理架构、组织、流程和考核,使公司长期保持有效增长
珠海格力电器股份有限公司	弘扬工业精神,追求完美质量,提供专业服务,创造舒适环境;缔造全球领先的空调企业,成就格力百年的世界品牌
福特汽车公司	让每一个家庭拥有一部汽车;公司要成为低成本、高品质的产品和服务的提供者,为顾客提供最佳价值

续 表

企 业 名 称	宗 旨 和 目 标
通用电器公司	公司参与的所有行业中,市场占有率成为第一位或第二位,从而成为最具有竞争力的公司
桂格麦片公司	净资产报酬率达到20%,销售收入年增长率达到50%,成为市场品牌建立的领导者;改善低回报率的企业或将之剥离
柯达公司	在化学和电子影像方面成为世界第一
联邦快递公司	通过兼并不同的网络,继续扩张联系主要市场的全球网络,为更多的国家提供服务,增加航空站的数量,扩大飞机数量,建立新的航空中心,扩大运输包裹和货物的能力,增加美国机场通道的数量
IBM公司	成为世界上最成功的IT企业
通用汽车公司	成为运输产品和相关服务的世界领导者,通过公司员工的团结、团队工作和创新达到持续改进,从而赢得顾客的热情
多米诺比萨饼公司	在30分钟内向成百万的家庭递送比萨饼

(二)经营层的战略定位

经营层战略的抉择应与企业和产业的具体状况相适应。迈克尔·波特以及安瑟夫提出的竞争战略框架是两种值得借鉴的竞争战略,特别是前者的影响极为广泛。

1. 迈克尔·波特的竞争战略

迈克尔·波特在对企业进行价值链、成本动因以及SWOT分析之后,提出以下三种竞争战略:低成本战略、差异化战略和集聚战略。

(1) 低成本战略。

低成本战略也称为成本领先(Cost Leadership)战略,是指企业通过提供比竞争对手成本更低的产品或服务来超过竞争对手的一种竞争战略。成本领先者通过降低产品成本,能够在较低的价格下维持适当的利润,进而通过价格之战,挤垮竞争对手。这种战略常常在广泛的产业内谋求竞争优势,成本领先者通常拥有相对大的市场份额,尽量避免局部市场,使用低价格占有较广阔的市场。当大多数公司试图为降低成本而努力时,成本领先者可完全把精力放在降低成本上,从而在市场上取得有利的成本和价格优势。

成本领先者所获得的成本优势通常是运用经济规模、专有技术、劳动力低廉和原材料优惠等方式实现的。采用此种战略通常是规模比较庞大的制造商或商业企业,如经销分店遍布全球的大型商业企业沃尔玛就是以此种战略获胜的。

实行低成本战略必须避免的一种倾向是,在降低产品成本的同时可能会降低产品的需求,原因是减少了产品的功能。只有在消费者认为企业的产品或服务与竞争对手的产品相同(至少差不多),且竞争对手的价格更高时,成本领先战略才是有效的。这要求企业在降低产品成本的同时确保产品的原有功能或必要功能的实现。

(2) 差异化战略。

差异化战略也称为别具一格战略,是指企业通过使消费者认识到企业的产品或服务在某一方面是独特的,如质量一流、外观新颖等,使公司可为产品或服务定下更高的价格,维持较高的利润,从而战胜竞争对手的一种战略。这种战略着眼于在广泛的产业内谋求竞争优势,而非某个特定的细分市场。它的运用非常广泛,具有普遍适用性,如家用电器、工业设备、化妆品、珠宝、汽车等行业。

实行差异化战略必须避免的一种倾向是,可能试图降低产品成本而忽视产品的宣传。通常实行差异化战略的企业为使消费者认识企业产品所具有的独特性,必须进行持续的、大规模的产品宣传,否则若忽视产品宣传,差异化战略的作用就会降低,如果企业产品在消费者心目中的独特性不再重要,则低成本竞争对手的产品对消费者就更具有吸引力。这要求企业采用此种战略时,在促销方面投入大量的资金以扩大其产品的影响。

(3) 集聚战略。

集聚战略也称为集中一点战略,是指企业选择市场中的某个特定部分,如特定的顾客群、特定的地理区域等,使其战略适合这一特定的细分目标市场,而不顾及其他市场,在特定细分市场中取胜的一种竞争战略。采用这种战略,企业通常通过避免直接竞争来取得成功,将自身的竞争优势集中在市场的特定对象或竞争最不激烈的某一细分市场或具有其他特征的细分市场。在这一特定市场中,要么企业的成本较低,要么其产品有独特之处,或者以上两者兼而有之。如很小的会计公司通常将力量放在小客户的代理纳税和个人理财服务上,而不与大型公司争夺大型客户。

实行集聚战略需要注意的问题是:企业所处的特定市场可能会由于行业技术改变或消费者消费倾向的变化,其优势会突然消失。如一个对生产高级咖啡有专长的公司,当消费者的口味转向别的饮料时,该公司的日子会很不好过。因此采用这种战略时,企业必须密切关注消费者的消费动态,适时调整产品的生产以满足消费者的消费需求,从而达到不断获利的目的。

以上介绍的三种竞争战略的特征如表 13-2 所示。企业可以通过比较、借鉴来选择和建立适合自身发展的竞争战略。

表 13-2 三种竞争战略比较表

项　　目	低成本战略	差异化战略	集聚战略
战略目标	广阔的市场	广阔的市场	狭窄的市场
竞争优势	整个产品市场中的低成本	独特的产品或服务	特定细分市场中产品或服务的独特性或低成本或两者兼而有之
产品品种	产品品种有限	产品品种多	产品品种可能多,也可能有限
生　　产	在保证产品质量和其基本性能的基础上尽可能地做到低成本	力求生产创新,生产出差异化的产品	生产适应特定市场需要的产品
营　　销	低价格	价格较高	根据特定市场的具体状况灵活定价

2. 安瑟夫的竞争战略

安瑟夫以矩阵形式提出了与迈克尔·波特不同的竞争战略,如图 13-1 所示。

	原有产品	新产品
原有市场	市场渗透	产品开发
新市场	市场开发	多样化

图 13-1　安瑟夫的竞争战略示意图

按照安瑟夫的观点,企业竞争战略主要针对原有产品和新产品,目的是提高企业产品的市场占有率。对于原有产品,一方面可以通过市场渗透来扩大原有产品的市场份额,另一方面可以通过开发新市场来增加原有产品的销售渠道,从而提高原有产品的市场占有率;对于新产品,一方面可以在原有市场上销售新产品,另一方面可以采用产品多样化策略来开辟新的市场,从而达到吸引新顾客、占领新市场的目的。

在实务中,无论是选择迈克尔·波特提出的三种竞争战略,还是利用安瑟夫提出的四种竞争战略,都需要注意以下几个问题:

(1) 一个企业很可能会同时使用两种或两种以上的战略,在这种情况下,实行两种战略的前提条件是,一种战略作为主要战略已获得显著的成效并取得成功,否则一种战略都未获得成效的企业,实施多种战略是不会成功的。这种情形迈克尔·波特将其称为"徘徊其间",徘徊其间的企业很难维持其竞争优势。

(2) 当企业采用多种竞争战略时要格外小心谨慎,否则就会失败。因为企业此时可能向其专长以外的其他领域发展但不一定适应,也可能对新的市场不够了解,还可能对企业本身是否处于成长阶段判断失误而盲目扩大规模,所以拟采用多种战略时,企业要再三斟酌。

(3) 波士顿咨询集团所提出的公司层竞争战略与迈克尔·波特及安瑟夫提出的经营层竞争战略并没有严格的界限,在实践中可以混合使用。

第三节　企业管理会计报告

一、企业管理会计报告

企业管理会计报告,是指企业运用管理会计方法,根据财务和业务的基础信息加工整理形成的,满足企业价值管理和决策支持需要的内部报告。

编制企业管理会计报告的目标是为企业各层级进行规划、决策、控制和评价等管理活动提供有用信息。管理会计报告的形式要件包括报告的名称、报告期间或时间、报告对象、报告内容以及报告人等。企业管理会计报告的对象是对管理会计信息有需求的各个层级、各个环节的管理者。企业管理会计报告的内容应根据管理需要和报告目标而定,易于理解并具有一定灵活性。

企业可根据管理的需要和管理会计活动的性质设定报告期间。一般应以日历期间(月度、季度、年度)作为企业管理会计报告期间,也可根据特定需要设定企业管理会计报告期间。

二、企业管理会计报告体系分类

(一) 按照企业管理会计报告使用者所处的管理层次分类

按照企业管理会计报告使用者所处的管理层级可分为战略层管理会计报告、经营层管理会计报告和业务层管理会计报告。

1. 战略层管理会计报告

战略层管理会计报告是为战略层开展战略规划、决策、控制和评价以及其他方面的管理活动提供相关信息的对内报告。战略层管理会计报告的报告对象是企业的战略层,包括股东大会、董事会和监事会等。战略层管理会计报告包括但不仅限于战略管理报告、综合业绩报告、价值创造报告、经营分析报告、风险分析报告、重大事项报告、例外事项报告等。

战略管理报告的内容一般包括内外部环境分析、战略选择与目标设定、战略执行及其结果,以及战略评价等。

综合业绩报告的内容一般包括关键绩效指标预算及其执行结果、差异分析以及其他重大绩效事项等。

价值创造报告的内容一般包括价值创造目标、价值驱动的财务因素与非财务因素、内部各业务单元的资源占用与价值贡献,以及提升公司价值的措施等。

经营分析报告的内容一般包括过去经营决策执行情况回顾、本期经营目标执行的差异及其原因、影响未来经营状况的内外部环境与主要风险分析、下一期的经营目标及管理措施等。

风险分析报告的内容一般包括企业全面风险管理工作回顾、内外部风险因素分析、主要风险识别与评估、风险管理工作计划等。

重大事项报告是针对企业的重大投资项目、重大资本运作、重大融资、重大担保事项、关联交易等事项进行的报告。

例外事项报告是针对企业发生的管理层变更、股权变更、安全事故、自然灾害等偶发性事项进行的报告。

总之,战略层管理会计报告应精炼、简洁、易于理解,报告主要结果、主要原因,并提出具体的建议。

2. 经营层管理会计报告

经营层管理会计报告是为经营管理层开展与经营管理目标相关的管理活动提供相关信息的对内报告。经营层管理会计报告的报告对象是经营管理层。

经营层管理会计报告主要包括全面预算管理报告、投资分析报告、项目可行性报告、融资分析报告、盈利分析报告、资金管理报告、成本管理报告、绩效评价报告等。

全面预算管理报告的内容一般包括预算目标制定与分解、预算执行差异分析以及预算考评等。

投资分析报告的内容一般包括投资对象、投资额度、投资结构、投资进度、投资效益、投资风险和投资管理建议等。

项目可行性报告的内容一般包括项目概况、市场预测、产品方案与生产规模、厂址选择、工艺与组织方案设计、财务评价、项目风险分析,以及项目可行性研究结论与建议。

融资分析报告的内容一般包括融资需求测算、融资渠道与融资方式分析及选择、资本成本、融资程序、融资风险及其应对措施和融资管理建议等。

盈利分析报告的内容一般包括盈利目标及其实现程度、利润的构成及其变动趋势、影响利润的主要因素及其变化情况，以及提高盈利能力的具体措施等。企业还应对收入和成本进行深入分析。盈利分析报告可基于企业集团、单个企业，也可基于责任中心、产品、区域、客户等进行。

资金管理报告的内容一般包括资金管理目标、主要流动资金项目如现金、应收票据、应收账款、存货的管理状况、资金管理存在的问题以及解决措施等。企业集团资金管理报告的内容一般还包括资金管理模式（集中管理还是分散管理）、资金集中方式、资金集中程度、内部资金往来等。

成本管理报告的内容一般包括成本预算、实际成本及其差异分析，成本差异形成的原因以及改进措施等。

绩效评价报告的内容一般包括绩效目标、关键绩效指标、实际执行结果、差异分析、考评结果，以及相关建议等。

值得注意的是，经营层管理会计报告应做到内容完整、分析深入。

3. 业务层管理会计报告

业务层管理会计报告是为企业开展日常业务或作业活动提供相关信息的对内报告。其报告的报告对象是企业的业务部门、职能部门以及车间、班组等。

业务层管理会计报告应根据企业内部各部门、车间或班组的核心职能或经营目标进行设计，主要包括研究开发报告、采购业务报告、生产业务报告、配送业务报告、销售业务报告、售后服务业务报告、人力资源报告等。

研究开发报告的内容一般包括研发背景、主要研发内容、技术方案、研发进度、项目预算等。

采购业务报告的内容一般包括采购业务预算、采购业务执行结果、差异分析及改善建议等。采购业务报告要重点反映采购质量、数量以及时间、价格等方面的内容。

生产业务报告的内容一般包括生产业务预算、生产业务执行结果、差异分析及改善建议等。生产业务报告要重点反映生产成本、生产数量以及产品质量、生产时间等方面的内容。

配送业务报告的内容一般包括配送业务预算、配送业务执行结果、差异分析及改善建议等。配送业务报告要重点反映配送的及时性、准确性以及配送损耗等方面的内容。

销售业务报告的内容一般包括销售业务预算、销售业务执行结果、差异分析及改善建议等。销售业务报告要重点反映销售的数量结构和质量结构等方面的内容。

售后服务业务报告的内容一般包括售后服务业务预算、售后服务业务执行结果、差异分析及改善建议等。售后服务业务报告重点反映售后服务的客户满意度等方面的内容。

人力资源报告的内容一般包括人力资源预算、人力资源执行结果、差异分析及改善建议等。人力资源报告重点反映人力资源使用及考核等方面的内容。

一般来说，业务层管理会计报告应做到内容具体，数据充分。

（二）按照企业管理会计报告内容分类

按照企业管理会计报告内容可分为综合企业管理会计报告和专项企业管理会计报告。

（三）按照管理会计功能分类

按照管理会计功能可分为管理规划报告、管理决策报告、管理控制报告和管理评价报告。

（四）按照责任中心分类

按照责任中心可分为投资中心报告、利润中心报告和成本中心报告。

（五）按照报告主体整体性程度分类

按照报告主体整体性程度可分为整体报告和分部报告。

三、企业管理会计报告的流程

企业管理会计报告流程包括报告的编制、审批、报送、使用、评价等环节。管理会计报告由企业管理会计信息归集、处理并报送的责任部门编制，并根据报告的内容、重要性和报告对象等，确定不同的审批流程，经审批后的报告方可报出。

企业要合理设计报告报送路径，确保企业管理会计报告及时、有效地送达报告对象。企业管理会计报告可以根据报告性质、管理需要进行逐级报送或直接报送。

企业管理当局对管理会计报告的质量、传递的及时性、保密情况等进行评价，并将评价结果与绩效考核挂钩；还要充分利用信息技术，强化管理会计报告及相关信息集成和共享，将管理会计报告的编制、审批、报送和使用等纳入企业统一信息平台；还要定期根据管理会计报告使用效果以及内外部环境变化对管理会计报告体系、内容以及编制、审批、报送、使用等进行优化。

企业应建立管理会计报告使用的授权制度，报告使用人应在权限范围内使用企业管理会计报告。管理会计报告属内部报告，应在允许的范围内传递和使用，相关人员应遵守保密规定。

典型案例分析

宝洁公司的 SWOT 分析

一、概况

宝洁公司（P&G）是一家庞大的生产日用消费品的公司，总部设于美国辛辛那提，产品畅销全球。创始于 1837 年的美国宝洁公司在全球日化、食品、医药及护理领域所取得的巨大成就举世公认。其经营的 300 多个品牌畅销全球 160 多个国家和地区。在日用消费领域，因宝洁首创并获得大成功的"一品多牌"经营方式，使其具有"品牌教父"的美称。自从 1988 年进入中国以来，其以强大的品牌营销攻势，击败了众多的业内对手，占据了中国日用消费品市场的半壁江山。即便如此，宝洁并不满足，它非常看好中国巨大的市场潜力，进一步加大在中国的投资。

二、SWOT 分析

（一）优势分析

1. 多品牌营销策略

宝洁公司的经营特点是种类多，从香皂、牙膏、洗发精、护发胶到卫生纸、卫生棉，横跨了清洁用品，纸制品等多种行业；二是许多产品大都一种产品多个牌子，以洗衣粉为例，他们推出的牌子就有汰渍、洗好、波特等近 10 种品牌。在中国市场上，香皂用的是舒肤佳，牙膏用的是佳洁士，卫生巾用的是护舒宝。仅洗发精就有"飘柔""潘婷""海飞丝"三种品牌。宝洁公司经营的多种品牌策略不是把同种产品简单地贴上几种商标，而是追求同类产品不同牌子之间的差异,包括功能、宣传等方面,从而形成每个品牌的鲜明个性,这样每个品牌都有自己的空间,市场就不会重叠。宝洁在中国市场的战略是成功的。从以上分析可看出,宝洁公司通过品牌策略,在一般人认为没有缝隙的产品市场上寻找到差异,生产出个性鲜明的商品,并将这种差异推销给消费者。

2. 企业价值观高度统一

宝洁公司的客户业务发展与服务副总监陈东锋在阐释宝洁公司的核心价值观时指出,宝洁核心价值观就是领导能力、主人翁精神、诚实正直、积极求胜与信任。该公司坚信宝洁的所有员工始终是公司最为宝贵的财富,是价值观的核心。这样的企业文化吸引和造就了一大批持同样价值观的优秀人才全身心地为企业工作,而且还吸引着更多的人才申请加入到该公司。

3. 对业务建立完善的管理体系

宝洁的业务管理系统是建立在消费者价值之上的,即为保证有人对"消费者价值"负责,它包括:① 产品经理制;② 严格的备忘录制度;③ 品牌竞争体系。

另外其在分销方面还有"分销商一体化系统"。宝洁公司最早推出了基于DOS系统的分销商生意管理系统(DBS),主要帮助分销商管理其进销存,它包括进货、销售及简单的应收账款管理等模块。

4. 注重人才培养

宝洁在美国总部建立了培训学院,在中国也有专门的培训学院。公司通过为每个雇员提供独具特色的培训计划和极具针对性的个人发展计划,使他们的潜力得到最大限度的发挥。最核心的培训不是课堂上的培训,而是明确指定的直接经理对下属一对一的培养与帮助。除此之外,宝洁还推行"早期责任"制,即从加入公司的第一天起,就让新人开始承担起真正的责任,迅速进入状态。通过一系列培训,使宝洁留住和任用合适的人才,更好地为企业服务。

(二)劣势分析

1. 成本高

宝洁用于消费调、产品研发、广告策划等方面的投入,加大了成本高的压力。例如,宝洁公司建立了庞大的数据库,把用户意见及时反馈给产品开发部,每年用多种工具和技术与全世界超过700万名消费者进行交流;宝洁公司力求从产品的质量、配方及包装设计上满足消费者,它的各种产品每年要做至少一次的改进和改良。总之,在这个化工头的背面藏着不可忽略的成本压力。

2. 业务拓展造成物流体系设置弊端呈现

随着宝洁全国业务的迅速拓展,物流体系设置过于偏慢的弊端日渐呈现。宝宏物流公司是第一家与宝洁在中国合作的物流公司,这家广州本土公司将产品推向全国市场方面,现在常常因为路途过远而延迟上市。以舒蕾营销战役为例,仅山西太原一地,舒蕾的风影比新飘柔早上市两天,就获取50万元的销售额。宝洁在杭州的一次促销活动,也由于到货不及时,不得不将原计划推迟。另外,物流的问题还影响到公司同供应商的关系。行业观察家指出,物流调配不畅是宝洁对中国市场反映迟钝的表现,这也是消费者不再忠于宝洁的原因之一。

三、遇到的问题及解决方案

问题一:物流体系弊端渐现。

解决方案:宝洁开始重整物流体系,在北京、上海、西安、成都、广州5个城市建立物流调配中心,并大规模建立仓储规模,进行生产和物流的弹性式运作虽然整体物流仍借助第三方力量完成,但宝洁对每个环节都会严格控制。为了节约成本,提高效率,宝洁对物流终端实行层层监控,产品从生产车间到达货架共填写5张物流过程监督卡,最后由终端人员反馈给信息员,汇总到中心。而宝洁物流控制网与全国12个生产中心相连,使库存水平与各区销售水平保持1/2的关系。每天都记录在途货物,已入库货物。与此同时,宝洁的物流控制网,可以实现从终端销售市场实行审查,以全面保障宝洁产品市场竞争力。

问题二:市场新需求导致宝洁压力增大。

解决方案:首先宝洁公司每年与超过700万名的消费者进行交谈,建立了庞大的数据库,把用户意见及时反馈给产品开发部,而且建立了用户满意程度检测系统,了解各个国家的消费者对公司产品的反应;接着,根据市场即消费者的需求研制出新产品,产品研制出来后,并没马上投放市场,而是继续请消费者做使用测试;紧接着就是根据消费者的要求,再进行产品改良;最后通过精心的广告策划,把新产品推销出去。

【讨论】宝洁公司的经营理念适合中小企业吗?

本章小结

战略管理会计的形成与战略管理的产生有着密切的关系。由于企业管理从传统的注重内部的管理,发展到现代的既重视内部又重视外部的战略管理,企业管理需要的信息发生了变化,传统管理会计无法满足,其向战略管理会计方向发展便成为必然。

战略管理会计的特点包括:战略管理会计重视企业与外部环境的关系,具有外向性的特征;战略管理会计具有结果控制与过程控制相结合的动态系统的特征;战略管理会计信息的多样化及其处理过程科学性与艺术性的统一;战略管理会计对企业效益的评价是全方位的综合性效益。

战略管理会计研究的主要内容包括:企业的经营环境分析、价值链分析、企业的竞争能力分析、战略定位。企业的经营环境分析包括企业外部环境分析和企业内部环境分析。价值链分析是一种战略工具,它是提高企业竞争优势的基本途径。企业的竞争能力分析又称SWOT分析,是指对企业的优势(strengths)与劣势(weaknesses)、机会(opportunities)与威胁(threats)所进行的分析,通常可从以下几方面进行判断:同行业中不同企业内部资源的对比、潜在或新进入者的障碍分析、企业退出的抉择、替代产品的威胁分析、供应商的讨价还价能力分析、顾客的讨价还价能力分析。战略定位主要体现在管理会计人员协助企业高层领导建立竞争战略,进行战略定位。战略定位包括公司层的战略定位和经营层的战略定位。公司层的战略定位是对企业整体所从事事业范围的确定,包括经营类型及经营范围的定位、公司的宗旨和目标的确定等。

企业管理会计报告,是指企业运用管理会计方法,根据财务和业务的基础信息加工整理形成的,满足企业价值管理和决策支持需要的内部报告。

战略层管理会计报告是为战略层开展战略规划、决策、控制和评价以及其他方面的管理活动提供相关信息的对内报告。经营层管理会计报告是为经营管理层开展与经营管理目标相关的管理活动提供相关信息的对内报告。业务层管理会计报告是为企业开展日常业务或作业活动提供相关信息的对内报告。

第十三章　战略管理会计

复习思考

1. 传统管理会计的局限表现在哪些方面？
2. 战略管理会计的特点是什么？
3. 战略管理会计与传统管理会计的联系有哪些？
4. 战略管理会计与传统管理会计有何不同？

同步实训

一、单项选择题（每小题只有一个正确答案）

1. 战略管理会计比传统管理会计提供了更多的与战略管理有关的（　　）。
   A. 财务信息　　　B. 非财务信息　　　C. 统计信息　　　D. 内部信息
2. 战略管理会计重视企业与（　　）的关系。
   A. 职工　　　B. 资金　　　C. 内部因素　　　D. 外部环境
3. "战略三角"是指（　　）三者之间的关系。
   A. 本企业、合作伙伴和竞争对手　　　B. 政府、顾客和竞争对手
   C. 政府、银行和投资方　　　D. 本企业、顾客和竞争对手
4. 战略管理会计的最终目标是（　　）。
   A. 利润最大化　　　B. 企业价值最大化
   C. 利润率最大化　　　D. 劳动生产率最大化
5. （　　）影响动因，动因影响成本。
   A. 成本　　　B. 作业　　　C. 价值链　　　D. 劳动效率
6. 按照管理会计功能可分为（　　）。
   A. 管理规划报告　　　B. 整体报告　　　C. 分部报告　　　D. 成本中心报告

二、多项选择题（每小题有两个或两个以上正确答案）

1. 传统管理会计的局限表现在（　　）。
   A. 不能适应企业制造环境的变化　　　B. 不能适应市场竞争的需要
   C. 缺乏重视外部环境的战略观念　　　D. 缺乏企业内部管理的观念
2. 战略管理会计能够用来协助企业管理层（　　）。
   A. 确立战略目标　　　B. 进行战略规划
   C. 评价管理业绩　　　D. 组织经营管理
3. 竞争对手分析主要涉及的问题包括（　　）。
   A. 竞争对手是谁
   B. 竞争对手的目标和所采取的战略措施及其成功的可能性
   C. 竞争对手的竞争优势和劣势
   D. 面临外部企业的挑战，竞争对手是如何反应的
4. 战略管理会计对投资方案的评价除了使用传统管理会计中的定量分析模型以外，还应用了大量的定性分析方法，如（　　）等。

A. 价值链分析　　　B. 成本动因分析　　　C. 竞争优势分析　　　D. 本量利分析

5. 战略管理会计的主要内容包括(　　　)。

A. 战略目标的制定　　　　　　　　B. 战略成本管理

C. 投资决策　　　　　　　　　　　D. 企业业绩综合评价

6. 按照使用者所处的管理层级可以将企业管理会计报告分为(　　　)。

A. 战略层管理会计报告　　　　　　B. 经营层管理会计报告

C. 业务层管理会计报告　　　　　　D. 综合企业管理会计报告

三、判断题(正确的在括号内打"√",错误的打"×")

1. 战略管理会计是对传统管理会计的发展。　　　　　　　　　　　　(　　)
2. 战略管理会计是对传统管理会计的一次重大变革。　　　　　　　　(　　)
3. 战略管理会计对传统管理会计提出了挑战。　　　　　　　　　　　(　　)
4. 传统管理会计缺乏重视外部环境的战略观念。　　　　　　　　　　(　　)
5. 战略管理会计能够满足现代企业管理的信息需求,可以完全取代传统管理会计。

(　　)

6. 管理会计报告属内部报告,在允许的范围内传递和使用,相关人员应遵守保密规定。

(　　)

四、计算分析题

宏达公司拟投资开发一种销路没有问题的甲产品,投资全部由自有资金解决,行业基准折现率为15%。相关的固定资产投资为210 000元,使用寿命期为10年,期末无残值,按直线法计提折旧,不涉及追加流动资金和其他投资。建设期为零,于2018年年初完工投产。预计年生产能力为30 000件,新产品的单价为10元/件,单位变动成本为5元/件,固定成本为80 000元。

假设宏达公司没有采取任何有利的防御措施,致使新设立的红光公司轻易介入该产品的生产。红光公司于2019年年初正式投产,产品的单价为9元/件,单位变动成本为5元/件,其他条件与宏达公司保持一致。

红光公司的介入必将对宏达公司产生影响。假设2019年由于经验效应,宏达公司的单位变动成本降至4元/件,而售价下降为9元/件。

要求:试运用战略管理会计的理论分析宏达公司应采取的策略。

查看答案

附录

附表一 复利终值系数表

期数	1%	2%	3%	4%	5%	6%	7%	8%	9%	10%	11%	12%	13%	14%	15%
1	1.01	1.02	1.03	1.04	1.05	1.06	1.07	1.08	1.09	1.1	1.11	1.12	1.13	1.14	1.15
2	1.020 1	1.040 4	1.060 9	1.081 6	1.102 5	1.123 6	1.144 9	1.166 4	1.188 1	1.21	1.232 1	1.254 4	1.276 9	1.299 6	1.322 5
3	1.030 3	1.061 2	1.092 7	1.124 9	1.157 6	1.191	1.225	1.259 7	1.295	1.331	1.367 6	1.404 9	1.442 9	1.481 5	1.520 9
4	1.040 6	1.082 4	1.125 5	1.169 9	1.215 5	1.262 5	1.310 8	1.360 5	1.411 6	1.464 1	1.518 1	1.573 5	1.630 5	1.689	1.749
5	1.051	1.104 1	1.159 3	1.216 7	1.276 3	1.338 2	1.402 6	1.469 3	1.538 6	1.610 5	1.685 1	1.762 3	1.842 4	1.925 4	2.011 4
6	1.061 5	1.126 2	1.194 1	1.265 3	1.340 1	1.418 5	1.500 7	1.586 9	1.677 1	1.771 6	1.870 4	1.973 8	2.082	2.195	2.313 1
7	1.072 1	1.148 7	1.229 9	1.315 9	1.407 1	1.503 6	1.605 8	1.713 8	1.828	1.948 7	2.076 2	2.210 7	2.352 6	2.502 3	2.66
8	1.082 9	1.171 7	1.266 8	1.368 6	1.477 5	1.593 8	1.718 2	1.850 9	1.992 6	2.143 6	2.304 5	2.476	2.658 4	2.852 6	3.059
9	1.093 7	1.195 1	1.304 8	1.423 3	1.551 3	1.689 5	1.838 5	1.999	2.171 9	2.357 9	2.558	2.773 1	3.004	3.251 9	3.517 9
10	1.104 6	1.219	1.343 9	1.480 2	1.628 9	1.790 8	1.967 2	2.158 9	2.367 4	2.593 7	2.839 4	3.105 8	3.394 6	3.707 2	4.045 6
11	1.115 7	1.243 4	1.384 2	1.539 5	1.710 3	1.898 3	2.104 9	2.331 6	2.580 4	2.853 1	3.151 8	3.478 6	3.835 9	4.226 2	4.652 4
12	1.126 8	1.268 2	1.425 8	1.601	1.795 9	2.012 2	2.252 2	2.518 2	2.812 7	3.138 4	3.498 5	3.896	4.334 5	4.817 9	5.350 3
13	1.138 1	1.293 6	1.468 5	1.665 1	1.885 6	2.132 9	2.409 8	2.719 6	3.065 8	3.452 3	3.883 3	4.363 5	4.898	5.492 4	6.152 8
14	1.149 5	1.319 5	1.512 6	1.731 7	1.979 9	2.260 9	2.578 5	2.937 2	3.341 7	3.797 5	4.310 4	4.887 1	5.534 8	6.261 3	7.075 7
15	1.161	1.345 9	1.558	1.800 9	2.078 9	2.396 6	2.759	3.172 2	3.642 5	4.177 2	4.784 6	5.473 6	6.254 3	7.137 9	8.137 1
16	1.172 6	1.372 8	1.604 7	1.873	2.182 9	2.540 4	2.952 2	3.425 9	3.970 3	4.595	5.310 9	6.130 4	7.067 3	8.137 2	9.357 6
17	1.184 3	1.400 2	1.652 8	1.947 9	2.292	2.692 8	3.158 8	3.7	4.327 6	5.054 5	5.895 1	6.866	7.986 1	9.276 5	10.761 3
18	1.196 1	1.428 2	1.702 4	2.025 8	2.406 6	2.854 3	3.379 9	3.996	4.717 1	5.559 9	6.543 6	7.69	9.024 3	10.575 2	12.375 5

附　录

续　表

期数	1%	2%	3%	4%	5%	6%	7%	8%	9%	10%	11%	12%	13%	14%	15%
19	1.208 1	1.456 8	1.753 5	2.106 8	2.527	3.025 6	3.616 5	4.315 7	5.141 7	6.115 9	7.263 3	8.612 8	10.197 4	12.055 7	14.231 8
20	1.220 2	1.485 9	1.806 1	2.191 1	2.653 3	3.207 1	3.869 7	4.661	5.604 4	6.727 5	8.062 3	9.646 3	11.523 1	13.743 5	16.366 5
21	1.232 4	1.515 7	1.860 3	2.278 8	2.786	3.399 6	4.140 6	5.033 8	6.108 8	7.400 2	8.949 2	10.803 8	13.021 1	15.667 6	18.821 5
22	1.244 7	1.546	1.916 1	2.369 9	2.925 3	3.603 5	4.430 4	5.436 5	6.658 6	8.140 3	9.933 6	12.100 3	14.713 8	17.861	21.644 7
23	1.257 2	1.576 9	1.973 6	2.464 7	3.071 5	3.819 7	4.740 5	5.871 5	7.257 9	8.954 3	11.026 3	13.552 3	16.626 6	20.361 6	24.891 5
24	1.269 7	1.608 4	2.032 8	2.563 3	3.225 1	4.048 9	5.072 4	6.341 2	7.911 1	9.849 7	12.239 1	15.178 6	18.788 1	23.212 2	28.625 2
25	1.282 4	1.640 6	2.093 8	2.665 8	3.386 4	4.291 9	5.427 4	6.848 5	8.623 1	10.834 7	13.585 5	17.000 1	21.230 5	26.461 9	32.919
26	1.295 3	1.673 4	2.156 6	2.772 5	3.555 7	4.549 4	5.807 4	7.396 4	9.399 2	11.918 2	15.079 9	19.040 1	23.990 5	30.166 6	37.856 8
27	1.308 2	1.706 9	2.221 3	2.883 4	3.733 5	4.822 3	6.213 9	7.988 1	10.245 1	13.11	16.738 7	21.324 9	27.109 3	34.389 9	43.535 3
28	1.321 3	1.741	2.287 9	2.998 7	3.920 1	5.111 7	6.648 8	8.627 1	11.167 1	14.421	18.579 9	23.883 9	30.633 5	39.204 5	50.065 6
29	1.334 5	1.775 8	2.356 6	3.118 7	4.116 1	5.418 4	7.114 3	9.317 3	12.172 2	15.863 1	20.623 7	26.749 9	34.615 8	44.693 1	57.575 5
30	1.347 8	1.811 4	2.427 3	3.243 4	4.321 9	5.743 5	7.612 3	10.062 7	13.267 7	17.449 4	22.892 3	29.959 9	39.115 9	50.950 2	66.211 8

期数	16%	17%	18%	19%	20%	21%	22%	23%	24%	25%	26%	27%	28%	29%	30%
1	1.16	1.17	1.18	1.19	1.2	1.21	1.22	1.23	1.24	1.25	1.26	1.27	1.28	1.29	1.3
2	1.345 6	1.368 9	1.392 4	1.416 1	1.44	1.464 1	1.488 4	1.512 9	1.537 6	1.562 5	1.587 6	1.612 9	1.638 4	1.664 1	1.69
3	1.560 9	1.601 6	1.643	1.685 2	1.728	1.771 6	1.815 8	1.860 9	1.906 6	1.953 1	2.000 4	2.048 4	2.097 2	2.146 7	2.197
4	1.810 6	1.873 9	1.938 8	2.005 3	2.073 6	2.143 6	2.215 3	2.288 9	2.364 2	2.441 4	2.520 5	2.601 4	2.684 4	2.769 2	2.856 1
5	2.100 3	2.192 4	2.287 8	2.386 4	2.488 3	2.593 7	2.702 7	2.815 3	2.931 6	3.051 8	3.175 8	3.303 8	3.436	3.572 3	3.712 9
6	2.436 4	2.565 2	2.699 6	2.839 8	2.986	3.138 4	3.297 3	3.462 8	3.635 2	3.814 7	4.001 5	4.195 9	4.398	4.608 3	4.826 8
7	2.826 2	3.001 2	3.185 5	3.379 3	3.583 2	3.797 5	4.022 7	4.259 3	4.507 7	4.768 4	5.041 9	5.328 8	5.629 5	5.944 7	6.274 9
8	3.278 4	3.511 5	3.758 9	4.021 4	4.299 8	4.595	4.907 7	5.238 9	5.589 5	5.960 5	6.352 8	6.767 5	7.205 8	7.668 6	8.157 3

续 表

期数	16%	17%	18%	19%	20%	21%	22%	23%	24%	25%	26%	27%	28%	29%	30%
9	3.803	4.108 4	4.435 5	4.785 4	5.159 8	5.559 9	5.987 4	6.443 9	6.931	7.450 6	8.004 5	8.594 8	9.223 4	9.892 5	10.604 5
10	4.411 4	4.806 8	5.233 8	5.694 7	6.191 7	6.727 5	7.304 6	7.925 9	8.594 4	9.313 2	10.085 7	10.915 3	11.805 9	12.761 4	13.785 8
11	5.117 3	5.624	6.175 9	6.776 7	7.430 1	8.140 3	8.911 7	9.748 9	10.657 1	11.641 5	12.708	13.862 5	15.111 6	16.462 2	17.921 6
12	5.936	6.580 1	7.287 6	8.064 2	8.916 1	9.849 7	10.872 2	11.991 2	13.214 8	14.551 9	16.012	17.605 3	19.342 8	21.236 2	23.298 1
13	6.885 8	7.698 7	8.099 4	9.596 4	10.699 3	11.918 2	13.264 1	14.749 1	16.386 3	18.189 9	20.175 2	22.358 8	24.758 8	27.394 7	30.287 5
14	7.987 5	9.007 5	10.147 2	11.419 8	12.839 2	14.421	16.182 6	18.141 4	20.319 1	22.737 4	25.420 7	28.395 7	31.691 3	35.339 1	39.373 8
15	9.265 5	10.538 7	11.973 7	13.589 5	15.407	17.449 5	19.742 3	22.314	25.195 6	28.421 7	32.030 1	36.062 5	40.564 8	45.587 5	51.185 9
16	10.748	12.330 3	14.129	16.171 5	18.488 4	21.113 8	24.085 2	27.446 2	31.242 6	35.527 1	40.357 9	45.799 4	51.923	58.807 9	66.541 7
17	12.467 7	14.426 5	16.672 2	19.244 1	22.186 1	25.547 7	29.384 4	33.758 8	38.740 8	44.408 9	50.851	58.165 2	66.461 4	75.862 1	86.504 2
18	14.462 5	16.879	19.673 3	22.900 5	26.623 3	30.912 7	35.849	41.523 3	48.038 6	55.511 2	64.072 2	73.869 8	85.070 6	97.862 2	112.455 4
19	16.776 5	19.748 4	23.214 4	27.251 6	31.948	37.404 3	43.735 8	51.073 7	59.567 9	69.388 9	80.731	93.814 7	108.890 4	126.242 2	146.192
20	19.460 8	23.105 6	27.393	32.429 4	38.337 6	45.259 3	53.357 6	62.820 6	73.864 1	86.736 2	101.721 1	119.144 6	139.379 7	162.852 4	190.049 6
21	22.574 5	27.033 6	32.323 8	38.591	46.005 1	54.763 7	65.096 3	77.269 4	91.591 5	108.420 2	128.168 5	151.313 7	178.406	210.079 6	247.064 5
22	26.186 4	31.629 3	38.142 1	45.923 3	55.206 1	66.264 1	79.417 5	95.041 3	113.573 5	135.525 3	161.492 4	192.168 3	228.359 6	271.002 7	321.183 9
23	30.376 2	37.006 2	45.007 6	54.648 7	66.247 4	80.179 5	96.889 4	116.900 8	140.831 2	169.406 6	203.480 3	244.053 8	292.300 3	349.593 5	417.539 1
24	35.236 4	43.297 3	53.109	65.032	79.496 8	97.017 2	118.205	143.788	174.630 6	211.758 2	256.383 3	309.948 3	374.144 4	450.975 6	542.800 8
25	40.874 2	50.657 8	62.668 6	77.388 1	95.396 2	117.390 9	144.210 1	176.859 3	216.542	264.697 8	323.045 4	393.634 4	478.904 9	581.758 5	705.641
26	47.414 1	59.269 7	73.949	92.091 8	114.475 5	142.042 9	175.936 4	217.536 9	268.512 1	330.872 2	407.037 3	499.915 7	612.998 2	750.468 5	917.333 3
27	55.000 4	69.345 5	87.259 8	109.589 3	137.370 6	171.871 9	214.642 4	267.570 4	332.955	413.590 3	512.867	634.892 9	784.637 7	968.104 4	1 192.533 3
28	63.800 4	81.134 2	102.966 6	130.411 2	164.844 7	207.965 1	261.863 7	329.111 5	412.864 2	516.987 9	646.212 4	806.314	1 004.336 3	1 248.854 6	1 550.293 3
29	74.008 5	94.927 1	121.500 5	155.189 3	197.813 6	251.637 7	319.473 7	404.807 2	511.951 6	646.234 9	814.227 6	1 024.018 7	1 285.550 4	1 611.022 5	2 015.381 3
30	85.849 9	111.064 7	143.370 6	184.675 3	237.376 3	304.481 6	389.757 9	497.912 9	634.819 9	807.793 6	1 025.926 7	1 300.503 8	1 645.504 5	2 078.219	2 619.995 6

附表二 复利现值系数表

期数	1%	2%	3%	4%	5%	6%	7%	8%	9%	10%	11%	12%	13%	14%	15%
1	0.9901	0.9804	0.9709	0.9615	0.9524	0.9434	0.9346	0.9259	0.9174	0.9091	0.9009	0.8929	0.885	0.8772	0.8696
2	0.9803	0.9612	0.9426	0.9246	0.907	0.89	0.8734	0.8573	0.8417	0.8264	0.8116	0.7972	0.7831	0.7695	0.7561
3	0.9706	0.9423	0.9151	0.889	0.8638	0.8396	0.8163	0.7938	0.7722	0.7513	0.7312	0.7118	0.6931	0.675	0.6575
4	0.961	0.9238	0.8885	0.8548	0.8227	0.7921	0.7629	0.735	0.7084	0.683	0.6587	0.6355	0.6133	0.5921	0.5718
5	0.9515	0.9057	0.8626	0.8219	0.7835	0.7473	0.713	0.6806	0.6499	0.6209	0.5935	0.5674	0.5428	0.5194	0.4972
6	0.942	0.888	0.8375	0.7903	0.7462	0.705	0.6663	0.6302	0.5963	0.5645	0.5346	0.5066	0.4803	0.4556	0.4323
7	0.9327	0.8706	0.8131	0.7599	0.7107	0.6651	0.6227	0.5835	0.547	0.5132	0.4817	0.4523	0.4251	0.3996	0.3759
8	0.9235	0.8535	0.7894	0.7307	0.6768	0.6274	0.582	0.5403	0.5019	0.4665	0.4339	0.4039	0.3762	0.3506	0.3269
9	0.9143	0.8368	0.7664	0.7026	0.6446	0.5919	0.5439	0.5002	0.4604	0.4241	0.3909	0.3606	0.3329	0.3075	0.2843
10	0.9053	0.8203	0.7441	0.6756	0.6139	0.5584	0.5083	0.4632	0.4224	0.3855	0.3522	0.322	0.2946	0.2697	0.2472
11	0.8963	0.8043	0.7224	0.6496	0.5847	0.5268	0.4751	0.4289	0.3875	0.3505	0.3173	0.2875	0.2607	0.2366	0.2149
12	0.8874	0.7885	0.7014	0.6246	0.5568	0.497	0.444	0.3971	0.3555	0.3186	0.2858	0.2567	0.2307	0.2076	0.1869
13	0.8787	0.773	0.681	0.6006	0.5303	0.4688	0.415	0.3677	0.3262	0.2897	0.2575	0.2292	0.2042	0.1821	0.1625
14	0.87	0.7579	0.6611	0.5775	0.5051	0.4423	0.3878	0.3405	0.2992	0.2633	0.232	0.2046	0.1807	0.1597	0.1413
15	0.8613	0.743	0.6419	0.5553	0.481	0.4173	0.3624	0.3152	0.2745	0.2394	0.209	0.1827	0.1599	0.1401	0.1229
16	0.8528	0.7284	0.6232	0.5339	0.4581	0.3936	0.3387	0.2919	0.2519	0.2176	0.1883	0.1631	0.1415	0.1229	0.1069
17	0.8444	0.7142	0.605	0.5134	0.4363	0.3714	0.3166	0.2703	0.2311	0.1978	0.1696	0.1456	0.1252	0.1078	0.0929
18	0.836	0.7002	0.5874	0.4936	0.4155	0.3503	0.2959	0.2502	0.212	0.1799	0.1528	0.13	0.1108	0.0946	0.0808
19	0.8277	0.6864	0.5703	0.4746	0.3957	0.3305	0.2765	0.2317	0.1945	0.1635	0.1377	0.1161	0.0981	0.0829	0.0703
20	0.8195	0.673	0.5537	0.4564	0.3769	0.3118	0.2584	0.2145	0.1784	0.1486	0.124	0.1037	0.0868	0.0728	0.0611

续表

期数	1%	2%	3%	4%	5%	6%	7%	8%	9%	10%	11%	12%	13%	14%	15%
21	0.8114	0.6598	0.5375	0.4388	0.3589	0.2942	0.2415	0.1987	0.1637	0.1351	0.1117	0.0926	0.0768	0.0638	0.0531
22	0.8034	0.6468	0.5219	0.422	0.3418	0.2775	0.2257	0.1839	0.1502	0.1228	0.1007	0.0826	0.068	0.056	0.0462
23	0.7954	0.6342	0.5067	0.4057	0.3256	0.2618	0.2109	0.1703	0.1378	0.1117	0.0907	0.0738	0.0601	0.0491	0.0402
24	0.7876	0.6217	0.4919	0.3901	0.3101	0.247	0.1971	0.1577	0.1264	0.1015	0.0817	0.0659	0.0532	0.0431	0.0349
25	0.7798	0.6095	0.4776	0.3751	0.2953	0.233	0.1842	0.146	0.116	0.0923	0.0736	0.0588	0.0471	0.0378	0.0304
26	0.772	0.5976	0.4637	0.3607	0.2812	0.2198	0.1722	0.1352	0.1064	0.0839	0.0663	0.0525	0.0417	0.0331	0.0264
27	0.7644	0.5859	0.4502	0.3468	0.2678	0.2074	0.1609	0.1252	0.0976	0.0763	0.0597	0.0469	0.0369	0.0291	0.023
28	0.7568	0.5744	0.4371	0.3335	0.2551	0.1956	0.1504	0.1159	0.0895	0.0693	0.0538	0.0419	0.0326	0.0255	0.02
29	0.7493	0.5631	0.4243	0.3207	0.2429	0.1846	0.1406	0.1073	0.0822	0.063	0.0485	0.0374	0.0289	0.0224	0.0174
30	0.7419	0.5521	0.412	0.3083	0.2314	0.1741	0.1314	0.0994	0.0754	0.0573	0.0437	0.0334	0.0256	0.0196	0.0151

期数	16%	17%	18%	19%	20%	21%	22%	23%	24%	25%	26%	27%	28%	29%	30%
1	0.8621	0.8547	0.8475	0.8403	0.8333	0.8264	0.8197	0.813	0.8065	0.8	0.7937	0.7874	0.7813	0.7752	0.7692
2	0.7432	0.7305	0.7182	0.7062	0.6944	0.683	0.6719	0.661	0.6504	0.64	0.6299	0.62	0.6104	0.6009	0.5917
3	0.6407	0.6244	0.6086	0.5934	0.5787	0.5645	0.5507	0.5374	0.5245	0.512	0.4999	0.4882	0.4768	0.4658	0.4552
4	0.5523	0.5337	0.5158	0.4987	0.4823	0.4665	0.4514	0.4369	0.423	0.4096	0.3968	0.3844	0.3725	0.3611	0.3501
5	0.4761	0.4561	0.4371	0.419	0.4019	0.3855	0.37	0.3552	0.3411	0.3277	0.3149	0.3027	0.291	0.2799	0.2693
6	0.4104	0.3898	0.3704	0.3521	0.3349	0.3186	0.3033	0.2888	0.2751	0.2621	0.2499	0.2383	0.2274	0.217	0.2072
7	0.3538	0.3332	0.3139	0.2959	0.2791	0.2633	0.2486	0.2348	0.2218	0.2097	0.1983	0.1877	0.1776	0.1682	0.1594
8	0.305	0.2848	0.266	0.2487	0.2326	0.2176	0.2038	0.1909	0.1789	0.1678	0.1574	0.1478	0.1388	0.1304	0.1226
9	0.263	0.2434	0.2255	0.209	0.1938	0.1799	0.167	0.1552	0.1443	0.1342	0.1249	0.1164	0.1084	0.1011	0.0943

附　录

续　表

期数	16%	17%	18%	19%	20%	21%	22%	23%	24%	25%	26%	27%	28%	29%	30%
10	0.226 7	0.208	0.191 1	0.175 6	0.161 5	0.148 6	0.136 9	0.126 2	0.116 4	0.107 4	0.099 2	0.091 6	0.084 7	0.078 4	0.072 5
11	0.195 4	0.177 8	0.161 9	0.147 6	0.134 6	0.122 8	0.112 2	0.102 6	0.093 8	0.085 9	0.078 7	0.072 1	0.066 2	0.060 7	0.055 8
12	0.168 5	0.152	0.137 2	0.124	0.112 2	0.101 5	0.092	0.083 4	0.075 7	0.068 7	0.062 5	0.056 8	0.051 7	0.047 1	0.042 9
13	0.145 2	0.129 9	0.116 3	0.104 2	0.093 5	0.083 9	0.075 4	0.067 8	0.061	0.055	0.049 6	0.044 7	0.040 4	0.036 5	0.033
14	0.125 2	0.111	0.098 5	0.087 6	0.077 9	0.069 3	0.061 8	0.055 1	0.049 2	0.044	0.039 3	0.035 2	0.031 6	0.028 3	0.025 4
15	0.107 9	0.094 9	0.083 5	0.073 6	0.064 9	0.057 3	0.050 7	0.044 8	0.039 7	0.035 2	0.031 2	0.027 7	0.024 7	0.021 9	0.019 5
16	0.093	0.081 1	0.070 8	0.061 8	0.054 1	0.047 4	0.041 5	0.036 4	0.032	0.028 1	0.024 8	0.021 8	0.019 3	0.017	0.015
17	0.080 2	0.069 3	0.06	0.052	0.045 1	0.039 1	0.034	0.029 6	0.025 8	0.022 5	0.019 7	0.017 2	0.015	0.013 2	0.011 6
18	0.069 1	0.059 2	0.050 8	0.043 7	0.037 6	0.032 3	0.027 9	0.024 1	0.020 8	0.018	0.015 6	0.013 5	0.011 8	0.010 2	0.008 9
19	0.059 6	0.050 6	0.043 1	0.036 7	0.031 3	0.026 7	0.022 9	0.019 6	0.016 8	0.014 4	0.012 4	0.010 7	0.009 2	0.007 9	0.006 8
20	0.051 4	0.043 3	0.036 5	0.030 8	0.026 1	0.022 1	0.018 7	0.015 9	0.013 5	0.011 5	0.009 8	0.008 4	0.007 2	0.006 1	0.005 3
21	0.044 3	0.037	0.030 9	0.025 9	0.021 7	0.018 3	0.015 4	0.012 9	0.010 9	0.009 2	0.007 8	0.006 6	0.005 6	0.004 8	0.004
22	0.038 2	0.031 6	0.026 2	0.021 8	0.018 1	0.015 1	0.012 6	0.010 5	0.008 8	0.007 4	0.006 2	0.005 2	0.004 4	0.003 7	0.003 1
23	0.032 9	0.027	0.022 2	0.018 3	0.015 1	0.012 5	0.010 3	0.008 6	0.007 1	0.005 9	0.004 9	0.004 1	0.003 4	0.002 9	0.002 4
24	0.028 4	0.023 1	0.018 8	0.015 4	0.012 6	0.010 3	0.008 5	0.007	0.005 7	0.004 7	0.003 9	0.003 2	0.002 7	0.002 2	0.001 8
25	0.024 5	0.019 7	0.016	0.012 9	0.010 5	0.008 5	0.006 9	0.005 7	0.004 6	0.003 8	0.003 1	0.002 5	0.002 1	0.001 7	0.001 4
26	0.021 1	0.016 9	0.013 5	0.010 9	0.008 7	0.007	0.005 7	0.004 6	0.003 7	0.003	0.002 5	0.002	0.001 6	0.001 3	0.001 1
27	0.018 2	0.014 4	0.011 5	0.009 1	0.007 3	0.005 8	0.004 7	0.003 7	0.003	0.002 4	0.001 9	0.001 6	0.001 3	0.001	0.000 8
28	0.015 7	0.012 3	0.009 7	0.007 7	0.006 1	0.004 8	0.003 8	0.003	0.002 4	0.001 9	0.001 5	0.001 2	0.001	0.000 8	0.000 6
29	0.013 5	0.010 5	0.008 2	0.006 4	0.005 1	0.004	0.003 1	0.002 5	0.002	0.001 5	0.001 2	0.001	0.000 8	0.000 6	0.000 5
30	0.011 6	0.009	0.007	0.005 4	0.004 2	0.003 3	0.002 6	0.002	0.001 6	0.001 2	0.001	0.000 8	0.000 6	0.000 5	0.000 4

301

附录

附表三　年金终值系数表

期数	1%	2%	3%	4%	5%	6%	7%	8%	9%	10%	11%	12%	13%	14%	15%
1	1	1	1	1	1	1	1	1	1	1	1	1	1	1	1
2	2.01	2.02	2.03	2.04	2.05	2.06	2.07	2.08	2.09	2.1	2.11	2.12	2.13	2.14	2.15
3	3.030 1	3.060 4	3.090 9	3.121 6	3.152 5	3.183 6	3.214 9	3.246 4	3.278 1	3.31	3.342 1	3.374 4	3.406 9	3.439 6	3.472 5
4	4.060 4	4.121 6	4.183 6	4.246 5	4.310 1	4.374 6	4.439 9	4.506 1	4.573 1	4.641	4.709 7	4.779 3	4.849 8	4.921 1	4.993 4
5	5.101	5.204	5.309 1	5.416 3	5.525 6	5.637 1	5.750 7	5.866 6	5.984 7	6.105 1	6.227 8	6.352 8	6.480 3	6.610 1	6.742 4
6	6.152	6.308 1	6.468 4	6.633	6.801 9	6.975 3	7.153 3	7.335 9	7.523 3	7.715 6	7.912 9	8.115 2	8.322 7	8.535 5	8.753 7
7	7.213 5	7.434 3	7.662 5	7.898 3	8.142	8.393 8	8.654	8.922 8	9.200 4	9.487 2	9.783 3	10.089	10.404 7	10.730 5	11.066 8
8	8.285 7	8.583	8.892 3	9.214 2	9.549 1	9.897 5	10.259 8	10.636 6	11.028 5	11.435 9	11.859 4	12.299 7	12.757 3	13.232 8	13.726 8
9	9.368 5	9.754 6	10.159 1	10.582 8	11.026 6	11.491 3	11.978	12.487 6	13.021	13.579 5	14.164	14.775 7	15.415 7	16.085 3	16.785 8
10	10.462 2	10.949 7	11.463 9	12.006 1	12.577 9	13.180 8	13.816 4	14.486 6	15.192 9	15.937 4	16.722	17.548 7	18.419 7	19.337 3	20.303 7
11	11.566 8	12.168 7	12.807 8	13.486 4	14.206 8	14.971 6	15.783 6	16.645 5	17.560 3	18.531 2	19.561 4	20.654 6	21.814 3	23.044 5	24.349 3
12	12.682 5	13.412 1	14.192	15.025 8	15.917 1	16.869 9	17.888 5	18.977 1	20.140 7	21.384 3	22.713 2	24.133 1	25.650 2	27.270 7	29.001 7
13	13.809 3	14.680 3	15.617 8	16.626 8	17.713	18.882 1	20.140 6	21.495 3	22.953 4	24.522 7	26.211 6	28.029 1	29.984 7	32.088 7	34.351 9
14	14.947 4	15.973 9	17.086 3	18.291 9	19.598 6	21.015	22.550 5	24.214 9	26.019 2	27.975	30.094 9	32.392 6	34.882 7	37.581 1	40.504 7
15	16.096 9	17.293 4	18.598 9	20.023 6	21.578 6	23.276	25.129	27.152 1	29.360 9	31.772 5	34.405 4	37.279 7	40.417 5	43.842 4	47.580 4
16	17.257 9	18.639 3	20.156 9	21.824 5	23.657 5	25.672 5	27.888 1	30.324 3	33.003 4	35.949 7	39.189 9	42.753 3	46.671 7	50.980 4	55.717 5
17	18.430 4	20.012 1	21.761 6	23.697 5	25.840 4	28.212 9	30.840 2	33.750 2	36.973 7	40.544 7	44.500 8	48.883 7	53.739 1	59.117 6	65.075 1
18	19.614 7	21.412 3	23.414 4	25.645 4	28.132 4	30.905 7	33.999	37.450 2	41.301 3	45.599 2	50.395 9	55.749 7	61.725 1	68.394 1	75.836 4
19	20.810 9	22.840 6	25.116 9	27.671 2	30.539	33.76	37.379	41.446 3	46.018 5	51.159 1	56.939 5	63.439 7	70.749 4	78.969 2	88.211 8
20	22.019	24.297 4	26.870 4	29.778 1	33.066	36.785 6	40.995 5	45.762	51.160 1	57.275	64.202 8	72.052 4	80.946 8	91.024 9	102.443 6

附　录

续　表

期数	1%	2%	3%	4%	5%	6%	7%	8%	9%	10%	11%	12%	13%	14%	15%
21	23.239 2	25.783 3	28.676 5	31.969 2	35.719 3	39.992 7	44.865 2	50.422 9	56.764 5	64.002 5	72.265 1	81.698 7	92.469 9	104.768 4	118.810 1
22	24.471 6	27.299	30.536 8	34.248	38.505 2	43.392 3	49.005 7	55.456 8	62.873 3	71.402 7	81.214 3	92.502 6	105.491	120.436	137.631 6
23	25.716 3	28.845	32.452 9	36.617 9	41.430 5	46.995 8	53.436 1	60.893 3	69.531 9	79.543	91.147 9	104.602 9	120.204 8	138.297	159.276 4
24	26.973 5	30.421 9	34.426 5	39.082 6	44.502	50.815 6	58.176 7	66.764 8	76.789 8	88.497 3	102.174 2	118.155 2	136.831 5	158.658 6	184.167 8
25	28.243 2	32.030 3	36.459 3	41.645 9	47.727 1	54.864 5	63.249	73.105 9	84.700 9	98.347 1	114.413 3	133.333 9	155.619 6	181.870 8	212.793
26	29.525 6	33.670 9	38.553	44.311 7	51.113 5	59.156 4	68.676 5	79.954 4	93.324	109.181 8	127.998 8	150.333 9	176.850 1	208.332 7	245.712
27	30.820 9	35.344 3	40.709 6	47.084 2	54.669 1	63.705 8	74.483 8	87.350 8	102.723 1	121.099 9	143.078 6	169.374	200.840 6	238.499 3	283.568 8
28	32.129 1	37.051 2	42.930 9	49.967 6	58.402 6	68.528 1	80.697 7	95.338 8	112.968 2	134.209 9	159.817 3	190.698 9	227.949 9	272.889 2	327.104 1
29	33.450 4	38.792 2	45.218 9	52.966 3	62.322 7	73.639 8	87.346 5	103.965 9	124.135 4	148.630 9	178.397 2	214.582 8	258.583 4	312.093 7	377.169 7
30	34.784 9	40.568 1	47.575 4	56.084 9	66.438 8	79.058 2	94.460 8	113.283 2	136.307 5	164.494	199.020 9	241.332 7	293.199 2	356.786 8	434.745 1

期数	16%	17%	18%	19%	20%	21%	22%	23%	24%	25%	26%	27%	28%	29%	30%
1	1	1	1	1	1	1	1	1	1	1	1	1	1	1	1
2	2.16	2.17	2.18	2.19	2.2	2.21	2.22	2.23	2.24	2.25	2.26	2.27	2.28	2.29	2.3
3	3.505 6	3.538 9	3.572 4	3.606 1	3.64	3.674 1	3.708 4	3.742 9	3.777 6	3.812 5	3.847 6	3.882 9	3.918 4	3.954 1	3.99
4	5.066 5	5.140 5	5.215 4	5.291 3	5.368	5.445 7	5.524 2	5.603 8	5.684 2	5.765 6	5.848	5.931 3	6.015	6.100 8	6.187
5	6.877 1	7.014 4	7.154 2	7.296 6	7.441 6	7.589 2	7.739 6	7.892 6	8.048 4	8.207	8.368 4	8.532 7	8.699 9	8.87	9.043 1
6	8.977 5	9.206 8	9.442	9.683	9.929 9	10.183	10.442 3	10.707 9	10.980 1	11.258 8	11.544 2	11.836	12.135 9	12.442 3	12.756
7	11.413 9	11.772	12.141 5	12.522 7	12.915 9	13.321 4	13.739 6	14.170 8	14.615 3	15.073 5	15.545 8	16.032 4	16.533 9	17.050 6	17.582 8
8	14.240 1	14.773 3	15.327	15.902	16.499 1	17.118 9	17.762 3	18.43	19.122 9	19.841 9	20.587 6	21.361 2	22.163 4	22.995 3	23.857 7
9	17.518 5	18.284 7	19.085 9	19.923 4	20.798 9	21.713 9	22.67	23.669	24.712 5	25.802 3	26.940 4	28.128 7	29.369 2	30.663 9	32.015

续表

期数	16%	17%	18%	19%	20%	21%	22%	23%	24%	25%	26%	27%	28%	29%	30%
10	21.321 5	22.393 1	23.521 3	24.708 9	25.958 7	27.273 8	28.657 4	30.112 8	31.643 4	33.252 9	34.944 9	36.723 5	38.592 6	40.556 4	42.619 5
11	25.732 9	27.199 9	28.755 1	30.403 5	32.150 4	34.001 3	35.962	38.038 8	40.237 9	42.566 1	45.030 6	47.638 8	50.398 5	53.317 8	56.405 3
12	30.850 2	32.823 9	34.931 1	37.180 2	39.580 5	42.141 6	44.873 7	47.787 7	50.895	54.207 7	57.738 6	61.501 3	65.51	69.78	74.327
13	36.786 2	39.404	42.218 7	45.244 5	48.496 6	51.991 3	55.745 9	59.778 8	64.109 7	68.759 6	73.750 6	79.106 6	84.852 9	91.016 1	97.625
14	43.672	47.102 7	50.818	54.840 9	59.195 9	63.909 5	69.01	74.528	80.496 1	86.949 5	93.925 8	101.465 4	109.611 7	118.410 8	127.912 5
15	51.659 5	56.110 1	60.965 3	66.260 7	72.035 1	78.330 5	85.192 2	92.669 4	100.815 1	109.686 8	119.346 5	129.861	141.302 9	153.75	167.286 3
16	60.925	66.648 8	72.939	79.850 2	87.442 1	95.779 9	104.934 5	114.983 4	126.010 8	138.108 5	151.376 6	165.923 6	181.867 7	199.337 4	218.472 2
17	71.673	78.979 2	87.068	96.021 8	105.930 6	116.893 7	129.020 1	142.429 5	157.253 4	173.635 7	191.734 5	211.723	233.790 7	258.145 3	285.013 9
18	84.140 7	93.405 6	103.740 3	115.265 9	128.116 7	142.441 3	158.404 5	176.188 3	195.994 2	218.044 6	242.585 5	269.888 2	300.252 1	334.007 4	371.518
19	98.603 2	110.284 6	123.413 5	138.166 4	154.74	173.354	194.253 5	217.711 6	244.032 8	273.555 8	306.657 7	343.758	385.322 7	431.869 6	483.973 4
20	115.379 7	130.032 9	146.628	165.418	186.688	210.758 4	237.989 3	268.785 3	303.600 6	342.944 7	387.388 7	437.572 6	494.213	558.111 8	630.165 5
21	134.840 5	153.138 5	174.021	197.847 4	225.025 6	256.017 6	291.346 9	331.605 9	377.464 8	429.680 9	489.109 8	556.717 3	633.592 7	720.964 2	820.215 1
22	157.415	180.172 1	206.344 8	236.438 5	271.030 7	310.781 3	356.443 2	408.875 3	469.056 3	538.101 1	617.278 3	708.030 9	811.998 7	931.043 8	1 067.279 6
23	183.601 4	211.801 3	244.486 8	282.361 8	326.236 9	377.045 4	435.860 7	503.916 6	582.629 8	673.626 4	778.770 7	900.199 3	1 040.358 3	1 202.046 5	1 388.463 5
24	213.977 6	248.807 6	289.494 5	337.010 5	392.484 2	457.224 9	532.750 1	620.817 4	723.461	843.032 9	982.251 1	1 144.253 1	1 332.658 6	1 551.64	1 806.002 6
25	249.214	292.104 9	342.603 5	402.042 5	471.981 1	554.242 2	650.955 1	764.605 4	898.091 6	1 054.791 2	1 238.636 3	1 454.201 4	1 706.803	2 002.615 6	2 348.803 3
26	290.088 3	342.762 7	405.272 1	479.430 6	567.377 3	671.633	795.165 3	941.464 7	1 114.633 6	1 319.489	1 561.681 8	1 847.835 8	2 185.707 9	2 584.374 1	3 054.444 3
27	337.502 4	402.032 3	479.221 1	571.522 4	681.852 8	813.675 9	971.101 6	1 159.001 6	1 383.145 7	1 650.361 2	1 968.719 1	2 347.751 5	2 798.706 1	3 334.842 6	3 971.777 6
28	392.502 8	471.377 8	566.480 9	681.111 6	819.223 3	985.547 9	1 185.744	1 426.571 9	1 716.100 7	2 063.951 5	2 481.586	2 982.644 4	3 583.343 8	4 302.947	5 164.310 9
29	456.303 2	552.512 1	669.447 5	811.522 8	984.068	1 193.512 9	1 447.607 7	1 755.683 5	2 128.964 8	2 580.939 4	3 127.798 4	3 788.958 3	4 587.680 1	5 551.816 1	6 714.604 2
30	530.311 7	647.439 1	790.948	966.712 2	1 181.881 6	1 445.150 7	1 767.081 3	2 160.490 7	2 640.916 4	3 227.174 3	3 942.026	4 812.977 1	5 873.230 6	7 162.824 1	8 729.985 5

附表四　年金现值系数表

期数	1%	2%	3%	4%	5%	6%	7%	8%	9%	10%	11%	12%	13%	14%	15%
1	0.9901	0.9804	0.9709	0.9615	0.9524	0.9434	0.9346	0.9259	0.9174	0.9091	0.9009	0.8929	0.885	0.8772	0.8696
2	1.9704	1.9416	1.9135	1.8861	1.8594	1.8334	1.808	1.7833	1.7591	1.7355	1.7125	1.6901	1.6681	1.6467	1.6257
3	2.941	2.8839	2.8286	2.7751	2.7232	2.673	2.3243	2.5771	2.5313	2.4869	2.4437	2.4018	2.3612	2.3216	2.2832
4	3.902	3.8077	3.7171	3.6299	3.546	3.4651	3.3872	3.3121	3.2397	3.1699	3.1024	3.0373	2.9745	2.9137	2.855
5	4.8534	4.7135	4.5797	4.4518	4.3295	4.2124	4.0002	3.9927	3.8897	3.7908	3.6959	3.6048	3.5172	3.4331	3.3522
6	5.7955	5.6014	5.4172	5.2421	5.0757	4.9173	4.5665	4.6229	4.4859	4.3553	4.2305	4.1114	3.9975	3.8887	3.7845
7	6.7282	6.472	6.2303	6.0021	5.7864	5.5824	5.3893	5.2064	5.033	4.8684	4.7122	4.5638	4.4226	4.2883	4.1604
8	7.6517	7.3255	7.0197	6.7327	6.4632	6.2098	5.5713	5.7466	5.5348	5.3349	5.1461	4.9676	4.7988	4.6389	4.4873
9	8.566	8.1622	7.7861	7.4353	7.1078	6.8017	6.5152	6.2469	5.9952	5.759	5.537	5.3282	5.1317	4.9464	4.7716
10	9.4713	8.9826	8.5302	8.1109	7.7217	7.3601	7.0236	6.7101	6.4177	6.1446	5.8892	5.6502	5.4262	5.2161	5.0188
11	10.3676	9.7868	9.2526	8.7605	8.3064	7.8869	7.4987	7.139	6.8052	6.4951	6.2065	5.9377	5.6869	5.4527	5.2337
12	11.2551	10.5753	9.954	9.3851	8.8633	8.3838	7.9427	7.5361	7.1607	6.8137	6.4924	6.1944	5.9176	5.6603	5.4206
13	12.1337	11.3484	10.635	9.9856	9.3936	8.8527	8.3577	7.9038	7.4869	7.1034	6.7499	6.4235	6.1218	5.8424	5.5831
14	13.0037	12.1062	11.2961	10.5631	9.8986	9.295	8.7455	8.2442	7.7862	7.3667	6.9819	6.6282	6.3025	6.0021	5.7245
15	13.8651	12.8493	11.9379	11.1184	10.3797	9.7122	9.1079	8.5595	8.0607	7.6061	7.1909	6.8109	6.4624	6.1422	5.8474
16	4.7179	13.5777	12.5611	11.6523	10.8378	10.1059	9.4466	8.8514	8.3126	7.8237	7.3792	6.974	6.6039	6.2651	5.9542
17	15.5623	14.2919	13.1661	12.1657	11.2741	10.4773	9.7632	9.1216	8.5436	8.0216	7.5488	7.1196	6.7291	6.3729	6.0472
18	16.3983	14.992	13.7535	12.6593	11.6896	10.8276	10.0591	9.3719	8.7556	8.2014	7.7016	7.2497	6.8399	6.4674	6.128
19	17.226	15.6785	14.3238	13.1339	12.0853	11.1581	10.3556	9.6036	8.9501	8.3649	7.8393	7.3658	6.938	6.5504	6.1982
20	18.0456	16.3514	14.8775	13.5903	12.4622	11.4699	10.594	9.8181	9.1285	8.5136	7.9633	7.4694	7.0248	6.6231	6.2593

附 录

续 表

期数	1%	2%	3%	4%	5%	6%	7%	8%	9%	10%	11%	12%	13%	14%	15%
21	18.857	17.011 2	15.415	14.029 2	12.821 2	11.764 1	10.835 5	10.016 8	9.292 2	8.648 7	8.075 1	7.562	7.101 6	6.687	6.312 5
22	19.660 4	17.658	15.936 9	14.451 1	13.163	12.041 6	11.061 2	10.200 7	9.442 4	8.771 5	8.175 7	7.644 6	7.169 5	6.742 9	6.358 7
23	20.455 8	18.292 2	16.443 6	14.856 8	13.488 6	12.303 8	11.272 2	10.371 1	9.580 2	8.883 2	8.266 4	7.718 4	7.229 7	6.792 1	6.398 8
24	21.243 4	18.913 9	16.935 5	15.247	13.798 6	12.550 4	11.469 3	10.528 8	9.706 6	8.984 7	8.348 1	7.784 3	7.282 9	6.835 1	6.433 8
25	22.023 2	19.523 5	17.413 1	15.622 1	14.093 9	12.783 4	11.653 6	10.674 8	9.822 6	9.077	8.421 7	7.843	7.33	6.872 9	6.464 1
26	22.795 2	20.121	17.876 8	15.982 8	14.375 2	13.003 2	11.825 8	10.81	9.929	9.160 9	8.488 1	7.895 7	7.371 7	6.906 1	6.490 6
27	23.559 6	20.706 9	18.327	16.329 6	14.643	13.210 5	11.986 7	10.935 2	10.026 6	9.237 2	8.547 8	7.942 6	7.408 6	6.935 2	6.513 5
28	24.316 4	21.281 3	18.764 1	16.663 1	14.898 1	13.406 2	12.137 1	11.051 1	10.116 1	9.306 6	8.601 6	7.984 4	7.441 2	6.960 7	6.533 5
29	25.065 8	21.844 4	19.188 5	16.983 7	15.141 1	13.590 7	12.277 7	11.158 4	10.198 3	9.369 6	8.650 1	8.021 8	7.470 1	6.983	6.550 9
30	25.807 7	22.396 5	19.600 4	17.292	15.372 5	13.764 8	12.409	11.257 8	10.273 7	9.426 9	8.693 8	8.055 2	7.495 7	7.002 7	6.566

期数	16%	17%	18%	19%	20%	21%	22%	23%	24%	25%	26%	27%	28%	29%	30%
1	0.862 1	0.854 7	0.847 5	0.840 3	0.833 3	0.826 4	0.819 7	0.813	0.806 5	0.8	0.793 7	0.787 4	0.781 3	0.775 2	0.769 2
2	1.605 2	1.585 2	1.565 6	1.546 5	1.527 8	1.509 5	1.491 5	1.474	1.456 8	1.44	1.423 5	1.407 4	1.391 6	1.376 1	1.360 9
3	2.245 9	2.209 6	2.174 3	2.139 9	2.106 5	2.073 9	2.042 2	2.011 4	1.981 3	1.952	1.923 4	1.895 6	1.868 4	1.842	1.816 1
4	2.798 2	2.743 2	2.690 1	2.638 6	2.588 7	2.540 4	2.493 6	2.448 3	2.404 3	2.361 6	2.320 2	2.28	2.241	2.203 1	2.166 2
5	3.274 3	3.199 3	3.127 2	3.057 6	2.990 6	2.926	2.863 6	2.803 5	2.745 4	2.689 3	2.635 1	2.582 7	2.532	2.483	2.435 6
6	3.684 7	3.589 2	3.497 6	3.409 8	3.325 5	3.244 6	3.166 9	3.092 3	3.020 5	2.951 4	2.885	2.821	2.759 4	2.7	2.642 7
7	4.038 6	3.922 4	3.811 5	3.705 7	3.604 6	3.507 9	3.415 5	3.327	3.242 3	3.161 1	3.083 3	3.008 7	2.937	2.868 2	2.802 1
8	4.343 6	4.207 2	4.077 6	3.954 4	3.837 2	3.725 6	3.619 3	3.517 9	3.421 2	3.328 9	3.240 7	3.156 4	3.075 8	2.998 6	2.924 7
9	4.606 5	4.450 6	4.303	4.163 3	4.031	3.905 4	3.786 3	3.673 1	3.565 5	3.463 1	3.365 7	3.272 8	3.184 2	3.099 7	3.019

附 录

续表

期数	16%	17%	18%	19%	20%	21%	22%	23%	24%	25%	26%	27%	28%	29%	30%
10	4.833 2	4.658 6	4.494 1	4.338 9	4.192 5	4.054 1	3.923 2	3.799 3	3.681 9	3.570 5	3.464 8	3.364 4	3.268 9	3.178 1	3.091 5
11	5.028 6	4.836 4	4.656	4.486 5	4.327 1	4.176 9	4.035 4	3.901 8	3.775 7	3.656 4	3.543 5	3.436 5	3.335 1	3.238 8	3.147 3
12	5.197 1	4.988 4	4.793 2	4.610 5	4.439 2	4.278 4	4.127 4	3.985 2	3.851 4	3.725 1	3.605 9	3.493 3	3.386 8	3.285 9	3.190 3
13	5.342 3	5.118 3	4.909 5	4.714 7	4.532 7	4.362 4	4.222 8	4.053	3.912 4	3.780 1	3.655 5	3.538 1	3.427 2	3.322 4	3.223 3
14	5.467 5	5.229 3	5.008 1	4.802 3	4.610 6	4.431 7	4.234 6	4.108 2	3.961 6	3.824 1	3.694 9	3.573 3	3.458 7	3.350 7	3.248 7
15	5.575 5	5.324 2	5.091 6	4.875 9	4.675 5	4.489	4.315 2	4.153	4.001 3	3.859 3	3.726 1	3.601	3.483 4	3.372 6	3.268 2
16	5.668 5	5.405 3	5.162 4	4.937 7	4.729 6	4.536 4	4.356 7	4.189 4	4.033 3	3.887 4	3.750 9	3.622 8	3.502 6	3.389 6	3.283 2
17	5.748 7	5.474 6	5.222 3	4.989 7	4.774 6	4.575 5	4.390 8	4.219	4.059 1	3.909 9	3.770 5	3.64	3.517 7	3.402 8	3.294 8
18	5.817 8	5.533 9	5.273 2	5.033 3	4.812 2	4.607 9	4.418 7	4.243 1	4.079 9	3.927 9	3.786	3.653 6	3.529 4	3.413	3.303 7
19	5.877 5	5.584 5	5.316 2	5.07	4.843 5	4.634 6	4.441 5	4.262 7	4.096 7	3.942 4	3.798 5	3.664 2	3.538 6	3.421	3.310 5
20	5.928 8	5.627 8	5.352 7	5.100 9	4.869 6	4.656 7	4.460 3	4.278 6	4.110 3	3.953 9	3.808 3	3.672 6	3.545 8	3.427 1	3.315 8
21	5.973 1	5.664 8	5.383 7	5.126 8	4.891 3	4.675	4.475 6	4.291 6	4.121 2	3.963 1	3.816 1	3.679 2	3.551 4	3.431 9	3.319 8
22	6.011 3	5.696 4	5.409 9	5.148 6	4.909 4	4.69	4.488 2	4.302 1	4.13	3.970 5	3.822 3	3.684 4	3.555 8	3.435 6	3.323
23	6.044 2	5.723 4	5.432 1	5.166 8	4.924 5	4.702 5	4.498 5	4.310 6	4.137 1	3.976 1	3.827 3	3.688 5	3.559 2	3.438 4	3.325 4
24	6.072 6	5.746 5	5.450 9	5.182 2	4.937 1	4.712 8	4.507	4.317 6	4.142 8	3.981 1	3.831 2	3.691 8	3.561 9	3.440 6	3.327 2
25	6.097 1	5.766 2	5.466 9	5.195 1	4.947 6	4.721 3	4.513 9	4.323 2	4.147 4	3.984 9	3.834 2	3.694 3	3.564	3.442 3	3.328 6
26	6.118 2	5.783 1	5.480 4	5.206	4.956 3	4.728 4	4.519 6	4.327 8	4.151 1	3.987 9	3.836 7	3.696 3	3.565 6	3.443 7	3.329 7
27	6.136 4	5.797 5	5.491 9	5.215 1	4.963 6	4.734 2	4.524 3	4.331 6	4.154 2	3.990 3	3.838 7	3.697 9	3.566 9	3.444 7	3.330 5
28	6.152	5.809 9	5.501 6	5.222 8	4.969 7	4.739	4.528 1	4.334 6	4.156 6	3.992 3	3.840 2	3.699 1	3.567 9	3.445 5	3.331 2
29	6.165 6	5.820 4	5.509 8	5.229 2	4.974 7	4.743	4.531 2	4.337 1	4.158 5	3.993 8	3.841 4	3.700 1	3.568 7	3.446 1	3.331 7
30	6.177 2	5.829 4	5.516 8	5.234 7	4.978 9	4.746 3	4.533 8	4.339 1	4.160 1	3.995	3.842 4	3.700 9	3.569 3	3.446 6	3.332 1

参考文献

[1] 刘金星.管理会计[M].大连：东北财经大学出版社,2018.
[2] 刘金星.管理会计：实训与案例[M].大连：东北财经大学出版社,2018.
[3] 刘金星.管理会计实务[M].北京：高等教育出版社,2014.
[4] 刘金星.管理会计[M].北京：中国人民大学出版社,2014.
[5] 刘金星.管理会计实训[M].北京：中国人民大学出版社,2015.
[6] 刘金星. 管理会计[M].北京：科学技术文献出版社,2015.
[7] 刘金星.管理会计[M].2版.上海：上海财经大学出版社,2013.
[8] 刘金星,郑美娜.管理会计.济南：山东人民出版社,2009.
[9] 张静,杨冰,刘金星.管理会计.北京：北京大学出版社,2008.
[10] 薛祖云.会计信息系统[M].厦门：厦门大学出版社,2003.
[11] 余绪缨.管理会计[M].2版.沈阳：辽宁人民出版社,2004.
[12] 吴大军,牛彦秀.管理会计[M].4版.大连：东北财经大学出版社,2017.
[13] 孙茂竹,文光伟,杨万贵.管理会计学[M].7版.北京：中国人民大学出版社,2017.
[14] 于增彪.管理会计研究[M].北京：中国金融出版社,2007.
[15] 余恕莲.管理会计[M].北京：对外经济贸易大学出版社,2004.
[16] 余绪缨,蔡淑娥.管理会计[M].北京：中国财政经济出版社,1999.
[17] 潘飞.管理会计[M].北京：清华大学出版社,2007.
[18] 李天民.现代管理会计学[M].上海：立信会计出版社,1996.
[19] 加里森,诺琳,布鲁尔.管理会计[M].罗飞,陈辉,温倩,译.北京：机械工业出版社,2017.
[20] 阿特金森,卡普兰,玛苏姆拉,等.管理会计[M].5版.刘曙光,等,译.北京：清华大学出版社,2009.
[21] 齐默尔曼.决策与控制会计[M].邱寒,等,译.大连：东北财经大学出版社,2000.
[22] 德瓦尔.绩效管理魔力：世界知名企业如何创造可持续价值[M].汪开虎,译.上海：上海交通大学出版社,2002.
[23] 德鲁克,等.公司绩效测评[M].北京：中国人民大学出版社,1999.
[24] 阿什沃思.整合绩效管理[M].李克成,译.北京：电子工业出版社,2002.

郑重声明

高等教育出版社依法对本书享有专有出版权。任何未经许可的复制、销售行为均违反《中华人民共和国著作权法》，其行为人将承担相应的民事责任和行政责任；构成犯罪的，将被依法追究刑事责任。为了维护市场秩序，保护读者的合法权益，避免读者误用盗版书造成不良后果，我社将配合行政执法部门和司法机关对违法犯罪的单位和个人进行严厉打击。社会各界人士如发现上述侵权行为，希望及时举报，本社将奖励举报有功人员。

反盗版举报电话　（010）58581999　58582371　58582488
反盗版举报传真　（010）82086060
反盗版举报邮箱　dd@hep.com.cn
通信地址　北京市西城区德外大街4号　高等教育出版社法律事务与版权管理部
邮政编码　100120

编号：_____

课程资源及题库使用申请单

学校和院系名称：_____（需院系盖章）

班级人数：_____

联系人：_____   联系方式：_____

　　感谢贵校使用刘金星等编写的《管理会计实务》(第二版)(978-7-04-050885-6)。为了便于学校统一组织教学，授课教师可凭本申请单向秀财网(高顿教育集团旗下公司)申请，免费获得互联网财税实战学习平台(www.xiucai.com)为期4个月的课程资源及题库使用权。

申请方式：

　　1. 详细填写本申请单中学校和院系名称(盖院系章)及相关信息。

　　2. 把本申请单传真或拍照发给高等教育出版社相关业务部门审核(联系方式见下方)，获得申请单编号。

　　3. 凭编号和院系名称，向秀财网(上海达哈那网络科技有限公司)申请使用。

　　4. 本申请单最终解释权归秀财网所有。

高等教育出版社联系方式：

　　胡伟峰　QQ：122803063　　手机：13761157915

秀财网联系方式：

　　客服　QQ：456264087　　电话：021-51847866

高等教育出版社

教学资源索取单

尊敬的老师：

  您好！

  感谢您使用刘金星等编写的《管理会计实务》(第二版)。为便于教学，本书另配有课程相关教学资源，如贵校已选用了本书，您只要加入会计教师论坛 QQ 群，或者添加服务 QQ 号 800078148，或者把下表中的相关信息以电子邮件方式发至我社即可免费获得。

  另外，我们研发有 8 门财会类课程试题库："基础会计""财务会计""成本计算与管理""财务管理""管理会计""税务会计""税法""审计基础与实务"。题库共 25 000 多道试题，知识点全覆盖，题型丰富，可自动组卷与批改。如贵校选用了高教社沪版相关课程教材，我们将免费提供给老师 8 门课程题库生成的各 6 套试卷及答案(Word 格式难中易三档)，老师也可与我们联系获取更多免费题库资源。

我们的联系方式：

(以下 3 个"会计教师论坛"QQ 群，加任何一个即可享受服务，请勿重复加入)

QQ3 群：473802328 QQ2 群：370279388 QQ1 群：554729666

联系电话：(021)56961310/56718921 地址：上海市虹口区宝山路 848 号 邮编：200081
电子邮箱：800078148@b.qq.com   服务 QQ：800078148(教学资源)

姓 名		性别		出生年月		专 业	
学 校				学院、系		教 研 室	
学校地址						邮 编	
职 务				职 称		办公电话	
E-mail						手 机	
通信地址						邮 编	
本书使用情况	用于_____学时教学，每学年使用_____册。						

您还希望从我社获得哪些服务？

□ 教师培训   □ 教学研讨活动
□ 寄送样书   □ 相关图书出版信息
□ 其他_____